Meine Erinnerungen an achtzig Jahre

Chauncey M. Depew

Writat

Diese Ausgabe erschien im Jahr 2024

ISBN: 9789359948300

Herausgegeben von
Writat
E-Mail: info@writat.com

Inhalt

VORWORT

Viele Jahre lang haben meine Freunde darauf bestanden, dass ich die Ereignisse meines Lebens, die sie interessiert haben, in eine dauerhafte Form bringe. Ich hatte das Glück, an historischen Treffen teilzunehmen und mehr oder weniger bekannte Persönlichkeiten der Weltpolitik in vielen Ländern zu kennen. Jeder, der in einer solchen Lage ist, hat eine Flut von Erinnerungen, die bei Gelegenheit in die Erinnerung strömen. Oft möchten die Zuhörer diese für ihren eigenen Gebrauch niederschreiben.

Mein Klassenkamerad in Yale im Jahr 1856, John D. Champlin , ein Literat und versierter Herausgeber, rettete aus meinen eigenen verstreuten Aufzeichnungen und Zeitungsarchiven Material für acht Bände. Meine Sekretärin hat seitdem zwei Bände ausgewählt und zur Veröffentlichung zusammengestellt. Dabei handelt es sich hauptsächlich um Reden, Ansprachen und Beiträge, die öffentlich erschienen sind. Mehrere Autoren haben ohne mein Wissen spezielles Material aus diesen Bänden ausgewählt und daraus Bücher gemacht.

Andrew D. White, Senator Hoar und Senator Foraker, mit denen ich jahrelang verbunden war, haben ausführliche und wertvolle Autobiografien veröffentlicht. Ich versuche nicht, etwas so Ausführliches oder Vollständiges zu schreiben. Da ich nie ein Tagebuch geführt habe, bin ich auf ein gutes Gedächtnis angewiesen. Ich habe die Geschichten verworfen, die erst veröffentlicht werden konnten, nachdem ich mich der Mehrheit angeschlossen hatte.

Ich vertraue und hoffe aufrichtig, dass diese Erinnerungen nichts enthalten, was irgendjemanden beleidigen könnte. Mein Ziel war es, Ereignisse so darzustellen und Geschichten zu erzählen, dass ich die Zeiträume, die ich in den 88 Jahren durchlebt habe, und die Menschen, die ich kannte und mit denen ich viel Freude hatte, beleuchten konnte.

CMD

I.
KINDHEIT UND JUGEND

Mir ist aufgefallen, dass einige Erinnerungen an ein langes Leben für meine Familie und Freunde interessant sein könnten.

Meine Erinnerung reicht mehr als achtzig Jahre zurück. Ich erinnere mich deutlich, wie meine Mutter mich im Alter von etwa fünf Jahren in die Schule von Mrs. Westbrook mitnahm, der Frau des bekannten Pastors der Niederländisch Reformierten Kirche, deren Haus nur ein paar Türen entfernt eine Schule hatte. Die Dame war eine sehr gebildete Frau und ihr Mann, Doktor Westbrook, ein Literat und Prediger. Er hatte sich auf antike Geschichte spezialisiert und das Interesse, das er an der römischen und griechischen Kultur und ihren Errungenschaften weckte, hat mich seitdem nicht mehr losgelassen.

Das Dorf Peekskill hatte damals zwischen zwei- und dreitausend Einwohner. Seine Bewohner waren fast alle Revolutionsfamilien, die sich dort in der Kolonialzeit niedergelassen hatten. Es gab nur sehr wenig Einwanderung aus anderen Staaten oder aus dem Ausland; man kannte sich überall und bei den Aktivitäten der Kirchen war die Zusammenarbeit der Mitglieder allgemein. Der Kirchenbesuch war so einstimmig, dass Leute, ob jung oder alt, die sonntags nicht an ihren gewohnten Orten waren, die Missbilligung der Gemeinde spürten.

Die sozialen Aktivitäten des Dorfes waren sehr einfach, aber sehr angenehm und gesund. Es gab weder sehr reiche noch sehr arme Menschen. Fast jede Familie besaß ein eigenes Haus oder war auf dem Weg, eines zu erwerben. Unglück jeglicher Art weckte gemeinsames Interesse und Mitgefühl. Denjenigen, die in Schwierigkeiten oder Not waren, wurde immer eine helfende Hand der Nachbarschaft gereicht. Peekskill war eine glückliche Gemeinde und bot Lebensbedingungen und ein Leben mit gemeinsamen Interessen, Anstrengungen und Mitgefühl, die in diesen Tagen ruheloser Menschenmengen und erbitterter Konkurrenz nicht möglich waren.

Die Peekskill Academy war die bedeutendste Bildungseinrichtung und zog nicht nur Studenten aus dem Dorf, sondern auch von weiter her an. Sie bereitete sie auf das College vor, und ich war dort etwa zwölf Jahre lang Student. Die Akademie war eine charakterbildende Einrichtung, obwohl sie nicht so gründlich war wie die Vorbereitungsschulen in Neuengland. Ihre Absolventen, die in den Beruf oder in die Wirtschaft eintraten, hatten einen ungewöhnlich hohen Lebenserfolg. Damit meine ich nicht, dass sie große Vermögen anhäuften, aber sie erlangten Unabhängigkeit und waren in allen Gegenden, in denen sie sich niederließen, angesehene und nützliche Bürger.

Ich machte 1852 meinen Abschluss an der Peekskill Academy. Auf dem Übungsprogramm von diesem Tag, das ein alter Student aufbewahrt hat, steht , dass ich mehrere originelle Reden halten sollte, während die anderen Jungen hauptsächlich Rezitationen vorweisen mussten. Offenbar hatten meine Lehrer beschlossen, mein rednerisches Talent zu fördern.

Ich kam 1852 nach Yale und machte 1856 meinen Abschluss. Das College war damals im Vergleich zu der Universität, zu der es sich entwickelt hat, noch sehr primitiv. Unser Jahrgang von 97 Studenten galt als ungewöhnlich groß. Die klassischen Fächer und die Mathematik, Griechisch und Latein, waren die dominierenden Unterrichtsfächer. Leichtathletik gab es noch nicht, obwohl während meiner Amtszeit Rudern und Bootsrennen eingeführt wurden. Das herausragende Merkmal der Institution waren die literarischen Gesellschaften: die Linonia und die Brothers of Unity. Die Debatten bei den wöchentlichen Treffen wurden auf hohem und effizientem Niveau geführt und aufrechterhalten. Beide Gesellschaften waren praktisch beratende Gremien und diskutierten mit Elan die aktuellen Fragen des Tages. Im Rahmen dieser Ausbildung entsandte Yale eine ungewöhnlich große Zahl von Männern, die eloquente Prediger, angesehene Ärzte und berühmte Anwälte wurden. Während die Mehrheit der Studenten, die heute das College verlassen, in die Wirtschaft oder in Berufe wie das Ingenieurwesen einsteigen, die mit der Wirtschaft verwandt sind, war damals fast jeder junge Mann für das Priesteramt, das Jurastudium oder die Medizin bestimmt. Aus meiner Klasse kamen zwei der neun Richter des Obersten Gerichtshofs der Vereinigten Staaten, und eine große Mehrheit derer, die als Rechtsanwälte zugelassen wurden, erlangte richterliche Ehren. Es ist ein bemerkenswerter Kommentar zur Bildung jener Zeit, dass die Studenten, die die höchsten Auszeichnungen erhielten und die College-Preise mit nach Hause nahmen – was nur durch herausragende Leistungen in Latein, Griechisch und Mathematik möglich war – später von ihren Klassenkameraden weit übertroffen wurden, die zwar nicht das hohe Niveau ihrer College-Gelehrsamkeit erreichten, sich aber durch ein allgemeines Interesse an Fächern auszeichneten, die nicht im College-Lehrplan enthalten waren.

Meine Klassenkameraden, die Richter David J. Brewer und Henry Billings Brown, waren beide hervorragende Mitglieder des Obersten Gerichtshofs der Vereinigten Staaten. Brewer zeichnete sich durch sein breites Wissen und seine erhellenden Ansprachen bei öffentlichen Anlässen aus. Er war der zweihundertste Redner des College und ein äußerst angesehener dazu. Wayne MacVeagh , der spätere Generalstaatsanwalt der Vereinigten Staaten, einer der führenden Vertreter der Anwaltschaft und einer der brillantesten Redner seiner Zeit, war mit mir am College, obwohl er kein Klassenkamerad war. Andrew D. White, dessen Genie, Gelehrsamkeit und Organisation es Ezra Cornell ermöglichten, die Cornell University zu gründen, war ein weiterer meiner College-Kameraden. Er wurde einer unserer berühmtesten Diplomaten und Autor zahlreicher Bücher von bleibendem Wert. Meine Freundschaft mit MacVeagh und White hielt während ihrer gesamten Lebenszeit an, das heißt fast sechzig Jahre lang. MacVeagh war einer der schlagfertigsten und ansprechendsten Redner, die ich je kannte. Er hatte einen sehr scharfen und beißenden Witz, der ihn als Tischredner und als Gastgeber in seinem eigenen Haus überaus beliebt machte. Er machte jeden Abend, an dem er Gäste bewirtete, für diejenigen, die das Glück hatten, seine Gäste zu sein, zu einem unvergesslichen Erlebnis.

John Mason Brown aus Kentucky wurde später der führende Anwalt seines Staates und sollte gerade von Präsident Harrison zum Richter am Obersten Gerichtshof ernannt werden, als er plötzlich verstarb. Wäre er ernannt worden, wäre es ein bemerkenswerter Umstand gewesen, dass drei von neun Richtern der größten Gerichte – eine Ehre, die jeder der Hunderttausenden von Anwälten in den Vereinigten Staaten anstrebt – von derselben Hochschule und demselben Jahrgang stammten.

Die Fakultät bleibt mir in Erinnerung, und ich empfinde für ihre Mitglieder dieselbe Ehrfurcht und Zuneigung wie am Tag meines Abschlusses, obwohl ich seit 65 Jahren nicht mehr an der Universität bin. Unser Präsident, Theodore D. Woolsey, war ein wunderbarer Gelehrter und ein äußerst inspirierender Lehrer. Yale hatte immer Glück mit seinen Präsidenten, und das galt ganz besonders für Professor Woolsey. Er hatte persönliches Ansehen, und er strahlte eine Aura der Autorität und zurückhaltenden Macht aus, die selbst den radikalsten und rebellischsten Studenten in Ehrfurcht versetzte, und gleichzeitig genoss er den Respekt und die Zuneigung aller. In seinen Geschichtsvorlesungen hatte er einen Standardwitz über die Chinesen parat, dessen Erzählung ihn mit jeder Wiederholung noch mehr amüsierte. Es ging darum, dass, als eine chinesische Armee in einer Festung belagert und belagert wurde, ihre Vorräte ausgingen und sie beschlossen zu fliehen. Sie wählten eine sehr dunkle Nacht, öffneten die Tore, und als sie hinausmarschierten, trug jeder Soldat eine brennende Laterne.

Zur Fakultät gehörten mehrere Professoren von bemerkenswerter Kraft und Originalität. Der Professor für Griechisch, Mr. Hadley, Vater des angesehenen Ex-Präsidenten von Yale, war in den Gedanken und Gesprächen der Studenten mehr als seine Kollegen. Sein Wissen und seine herausragende Stellung in seiner Abteilung wurden allgemein anerkannt. Er hatte einen beißenden Witz und seine Sprüche waren das aktuelle Gesprächsthema auf dem Campus. Durch die Ausübung dieser Fähigkeit hielt er die Disziplin aufrecht, die damals ziemlich lax war. Einige der Jungen trieben einmal ein Kalb in den Rezitationsraum. Professor Hadley bemerkte ruhig: „Sie werden dieses Tier herausnehmen. Wir werden heute mit unserer üblichen Anzahl auskommen." Es ist unnötig zu erwähnen, dass ein solches Experiment nie wiederholt wurde.

Einmal wurde in der Fakultätssitzung ein Bericht darüber zur Sprache gebracht, dass eine der Geheimgesellschaften im Begriff war, im Keller ihres Clubhauses einen artesischen Brunnen zu bohren. Es wurde vorgeschlagen, solch eine außergewöhnliche Ausgabe zu verbieten. Professor Hadley beendete die Diskussion und lachte über das Thema, indem er sagte, dass nach seinem Kenntnisstand über die Gesellschaft die Bohrung kostenlos durchgeführt werden könne, wenn sie an der Stelle, wo der artesische Brunnen geplant sei, ein paar Sitzungen abhalten würde. Der Professor war den Studenten gegenüber ein mitfühlender und sehr weiser Ratgeber. Wenn jemand in Schwierigkeiten war, ging er immer zu ihm und leistete äußerst hilfreiche Hilfe.

Professor Larned weckte bei den Studenten einen ausgeprägten Geschmack für die beste englische Literatur und eine leidenschaftliche Liebe zu ihren Klassikern. Professor Thacher war einer der stärksten und energischsten Denker und Lehrer seiner Zeit. Er war ein geborener Anführer, und eine Generation von Studenten, die seinen Abschluss machten, trug die Wirkung seiner Lehrtätigkeit und Persönlichkeit in ihr späteres Leben. Wir alle liebten Professor Olmstead, obwohl wir uns nicht sonderlich für seine Abteilung für Physik und Biologie interessierten. Er war ein Purist in seiner Abteilung und so überzeugt von seinen Prinzipien, dass er es für unnötig hielt, sie praktischen Tests zu unterziehen. Einer der Studenten, dessen Zimmer direkt über dem des Professors lag, nahm ein Brett vom Fußboden und stellte fest, dass er, indem er ein sehr kleines Loch in die Decke bohrte, die Prüfungsunterlagen auf dem Schreibtisch des Professors lesen konnte. Als die Fakultät davon erfuhr, wurde der Professor gefragt, ob er die Decke untersucht habe. Er sagte, das sei unnötig, da er den Abstand zwischen der Decke und der Oberfläche seines Schreibtischs gemessen und festgestellt habe, dass die Sichtlinie so weit oben reiche, dass man auf dem Schreibtisch nichts lesen könne.

Timothy Dwight, der spätere Präsident, war damals Privatlehrer. Gelehrsamkeit, gesunder Menschenverstand, Anziehungskraft und rundum gute Kameradschaft waren in Präsident Dwight wunderbar vereint. Er war der beliebteste Lehrer und bei den Jungen am beliebtesten. Er hatte ein bemerkenswertes Organisationstalent, was ihn zu einem idealen Präsidenten machte. Er besaß die seltene Fähigkeit, nicht nur die Studenten, sondern auch seine Kollegen im Lehrkörper und die Mitglieder des Unternehmens zu lenken und zu überzeugen, wenn es um die Diskussion und Entscheidung über Geschäftsvorschläge und politische Fragen ging.

Die Abschlussprüfungen waren vorbei, der Tag der Abschlussfeier war da. Die literarischen Übungen und die Verleihung der Abschlüsse fanden in der alten Center Church statt. Ich war einer der Redner und hatte als Thema „Der Hudson River und seine Traditionen" ausgewählt. Durch frühe Beschäftigung mit den Krisen des Unabhängigkeitskrieges, die an den Ufern des Hudson erfolgreich auf Seiten der Patrioten entschieden wurden, war ich durchdrungen von eingehender Untersuchung und Lektüre. Ich lebte in der Nähe von Washington Irving und kannte seine Werke auswendig, insbesondere die Erzählungen, die dem Hudson eine Romantik wie dem Rhein verliehen. Das Thema war neu für eine akademische Bühne und die Rede war ein Hit. Trotzdem war es der traurigste und bedauerlichste Tag meines Lebens, als ich Yale verließ.

Meine Ausbildung war nach damaligen Maßstäben abgeschlossen, und mein Diplom war der Beweis dafür. Es war für mich eine sehr interessante Frage, wie viel die Akademie und das College zu dieser Ausbildung beitrugen. Ihre Disziplin war notwendig und ihre Ausbildung unerlässlich. Vier Jahre der Zusammenarbeit mit der gelehrten, gut ausgebildeten und sympathischen Fakultät waren eine wunderbare Hilfe. Die freien Verbindungen in den Geheim- und Debattiergesellschaften, auf dem Campus und beim Sport waren von unschätzbarem Wert, und die Freundschaften mit sympathischen Geistern trugen immens zu den Freuden und Belohnungen eines langen Lebens bei.

In diesem Zusammenhang möchte ich hinzufügen, dass ich in meiner besonderen Position, die ich seit mehr als einem halben Jahrhundert als Berater und Ratgeber für ein großes Unternehmen und seine Gründer sowie die vielen erfolgreichen Geschäftsleute in ihrem Umfeld innehabe, erfahren habe, wie sich Männer fühlen, denen in ihrer Jugend die Möglichkeiten zur Bildung verwehrt wurden, wenn sie ein Vermögen besitzen und ihnen die Welt zu Füßen zu liegen scheint. Dann erkennen sie schmerzlich ihre Grenzen, dann erkennen sie ihre Schwäche, dann verstehen sie, dass es Dinge gibt, die man mit Geld nicht kaufen kann, und dass es Befriedigungen und Triumphe gibt, die kein Vermögen sichern kann. Die einzige Klage all dieser Männer war: „Oh, wenn ich eine Ausbildung gehabt hätte, würde ich alles opfern, was ich habe, um die Möglichkeiten des Colleges zu erhalten, um nicht nur Gespräche und Diskussionen mit den gebildeten Männern führen zu können, mit denen ich in Kontakt komme, sondern auch in der Lage zu sein, das zu genießen, was ihnen, wie ich sehe, eine Freude bereitet, die alles übersteigt, was ich kenne."

Aber ich erinnere mich dankbar an andere Einflüsse, die für die Erziehung genauso wichtig waren. Mein Vater war ein typischer Geschäftsmann, einer der Pioniere der Flussschifffahrt zwischen unserem Dorf und New York, außerdem Bauer und Kaufmann. Er war ein strenger Mann, der sich seiner

Familie widmete, und obwohl er ein strenger Zuchtmeister war, liebte er seine Kinder sehr.

Meine Mutter war eine Frau von ungewöhnlichem Intellekt, der an Genie grenzte. Zu jener Zeit gab es keine Möglichkeit für eine höhere Bildung, aber ihr Vater, ein berühmter Anwalt, und ihr Großvater, ein Richter, fanden sie so empfänglich und erzogen sie mit der Sorgfalt, die Jungen zuteil wurde, die für ein Berufsleben bestimmt waren. Sie war in der Literatur der Zeit von Königin Elisabeth und Königin Anne gut bewandert und kannte dank ihres guten Gedächtnisses viele englische Klassiker auswendig. Sie schrieb gut, aber nie für die Veröffentlichung. Zu diesen Fähigkeiten kamen ein seltener gesunder Menschenverstand und prophetische Vision. Die Grundlage und ein Großteil des Überbaus von allem, was ich habe und bin, waren ihr Werk. Sie war eine strenge Calvinistin, und eine ihrer vielen Lektionen war für mich von unschätzbarem Trost. Mehrere Male in meinem Leben hatte ich schweres Unglück und scheinbar unwiederbringliche Verluste. Als ich nach Hause kam, fand ich meine Mutter mit klugen Ratschlägen und Vorschlägen vor, die bereit waren, sich dem Wiederaufbau meines Vermögens zu widmen und mich zu stärken. Sie sagte immer, woran sie fest glaubte: „Mein Sohn, was du für ein so großes Unglück hältst, ist in Wirklichkeit göttliche Disziplin. Der Herr hat sie dir zu deinem Besten geschickt, weil er in seiner unendlichen Weisheit sah, dass du sie brauchst. Ich bin absolut sicher, dass, wenn du dich unterwirfst, anstatt zu nörgeln und zu protestieren, wenn du mit Glauben und dem richtigen Geist um Führung und Hilfe bittest, dir beides zuteil wird und zwar mit größerem Segen, als du jemals zuvor hattest." Dieser Glaube meiner Mutter inspirierte und verstärkte meine Bemühungen und in jedem Fall erwiesen sich ihre Vorhersagen als wahr.

Jede Gemeinde hat einen ehrenamtlichen Bürger, der sich selbstlos dem Gemeinwohl widmet. Dieser Bürger von Peekskill war in jenen frühen Tagen Doktor James Brewer. Er hatte sich ein bescheidenes Vermögen angesammelt, das für seine einfachen Bedürfnisse als Junggeselle ausreichte. Er war entweder der Förderer oder einer der Anführer aller Bewegungen zur Verbesserung der Stadt. Er gründete eine Leihbibliothek zu äußerst liberalen Bedingungen und sie wurde zu einer Bildungseinrichtung mit großem Nutzen. Die Bücher wurden bewundernswert ausgewählt und der Doktor stand den Lesern immer mit Rat und Tat zur Seite. Sein Geschmack ging in Richtung der englischen Klassiker und er kannte alle Standardautoren in den Bereichen Poesie, Geschichte, Belletristik und Essays.

Kein Lesevergnügen in späteren Jahren hat mir so viel Freude bereitet wie die Waverley-Romane. Ich glaube, ich habe diese Bibliothek und einiges davon mehrmals durchgelesen.

Die Aufregung, die mit dem Erscheinen der Romane von Dickens und Thackeray entstand, war beinahe so groß wie die Begeisterung für einen politischen Wahlkampf. Jeder dieser Autoren hatte glühende Verehrer und Anhänger. Die Charaktere von Dickens wurden zu Hausgenossen. Jeder suchte nach einem Gegenstück zu Micawber oder Sam Weller, Pecksniff oder David Copperfield und hatte keine Probleme, sie im Familienkreis oder unter den Nachbarn zu finden.

Dickens' Vorlesungen in New York, die aus Lesungen seiner Romane bestanden, waren ein Ereignis, dessen Interesse kaum wiederholt wurde. Mit großem dramatischen Geschick stellte er dem Publikum die Charaktere aus seinen Romanen vor, die allen bekannt waren. Jeder in der Menge hatte ein idealistisches Bild der Schauspieler der Geschichte im Kopf. Es war merkwürdig festzustellen, dass die Darstellung, die der Autor gab, mit der Vorstellung der Mehrheit seines Publikums übereinstimmte. Ich war frisch vom Land, hatte aber an diesem Abend eine ziemlich ultramodische junge Dame bei mir. Sie sagte, sie sei an der Vorlesung nicht interessiert, weil sie die Art von Menschen vorstellte, die sie nicht kannte und nie erwartete, zu treffen; sie seien ein ganz gewöhnlicher Haufen. In ihrer späteren Karriere in diesem Land und im Ausland hatte sie drei Eheabenteuer und zwei Scheidungen zu verzeichnen, aber keiner ihrer Ehemänner war ein gewöhnlicher Haufen.

Wenn ich von Dickens spreche, ist mir ein Bild unauslöschlich im Gedächtnis geblieben. Es war das Bankett, das ihm gegeben wurde und bei dem Horace Greeley den Vorsitz hatte. Jeder kannte Mr. Pickwick und sein Porträt von Cruikshank in Dickens' Werken so gut wie seinen eigenen Vater. Als Mr. Greeley aufstand, um die Eröffnungsrede zu halten und den Gast des Abends vorzustellen, war seine Ähnlichkeit mit diesem Porträt von Pickwick so bemerkenswert, dass das gesamte Publikum, einschließlich Mr. Dickens, seine Freude darüber ausrief, einen alten und sehr geliebten Freund zu begrüßen.

Eine weitere Bildungsmöglichkeit ergab sich für mich, weil einer meiner Onkel Postmeister des Dorfes war. Über sein Postamt kamen mehrere hochwertige Zeitschriften und ausländische Zeitschriften. Damals gab es keine Zustellung auf dem Land , und die Post konnte nur auf persönliche Anfrage bezogen werden, was dazu führte, dass die Abonnenten dieser Zeitschriften sie oft lange vor dem Abruf liegen ließen. Ich war ein Allesfresser und las alles, was es gab, und infolgedessen wurden diese Veröffentlichungen, insbesondere die ausländischen Zeitschriften, zu einer faszinierenden Quelle der Information und Kultur. Sie enthielten von den ersten Köpfen des Jahrhunderts Kritiken der aktuellen Literatur und Darstellungen politischer Bewegungen und öffentlicher Personen, die in späteren Jahren von unendlichem Wert wurden.

Eine weitere nicht eingetragene, aber dennoch wertvolle Schule waren die regelmäßigen Sitzungen der älteren Staatsmänner des Dorfes in der Apotheke. An bestimmten Abenden nutzten diese Männer, die die meisten Aktivitäten des Dorfes repräsentierten, die gastfreundlichen Stühle um den Ofen und diskutierten nicht nur lokale Angelegenheiten, sondern auch die allgemeinen Bedingungen des Landes. Einige davon drehten sich um die Verfassungsmäßigkeit verschiedener Maßnahmen, die vorgeschlagen und in Gesetze umgesetzt worden waren. Sie bezogen sich fast alle auf die Sklaverei, die Kompromissmaßnahmen, die Einführung von Sklaven in neue Gebiete, das Gesetz über entflohene Sklaven und wurden mit viel Intelligenz und Informationen diskutiert. Die Jungen hörten zu Hause, wie darüber gesprochen wurde, und waren am Rande dieses Dorfkongresses eifrige Zuhörer. Solche Institutionen sind nur durch die allgemeine Bekanntschaft, Kameradschaft und Vertraulichkeit des Dorf- und Landlebens möglich. Sie waren die wichtigsten Faktoren bei der Bildung der öffentlichen Meinung, insbesondere unter den Jugendlichen, die Herrn Lincoln bei seinen erfolgreichen Bemühungen unterstützte, die Union um jeden Preis zu retten.

Ein paar Tage nach meiner Rückkehr von Yale trat ich als Student in die Kanzlei von Edward Wells ein, einem Anwalt aus dem Dorf. Mr. Wells hatte in seinem Beruf einen hohen Rang erreicht, war ein profunder Jurastudent und hatte eine Reihe junger Männer unter seiner Leitung, die er für die Anwaltsprüfung ausbildete.

Ich wurde 1858 als Anwalt zugelassen und eröffnete sofort eine Kanzlei im Dorf. Mein erster Klient war ein wohlhabender Bauer, der eine Stellungnahme zu einer ziemlich komplizierten Frage einholen wollte. Ich bereitete den Fall mit großer Sorgfalt vor. Er fragte mich, wie hoch mein Honorar sei, und ich sagte ihm fünf Dollar. Er sagte: „Ein Dollar und fünfundsiebzig Cent sind genug für einen jungen Anwalt wie Sie." Anschließend legte er den Fall einem der angesehensten Anwälte in New York vor, der zu demselben Schluss kam und ihm fünfhundert Dollar in Rechnung stellte. Aufgrund des landesweiten Rufs dieses Herrn hielt der Bauer dieses Honorar für sehr angemessen. In den folgenden Jahren erhielt ich mehrere sehr hohe Honorare, aber keines davon war so befriedigend wie dieser Dollar und fünfundsiebzig Cent, die ich tatsächlich verdient hatte, nachdem ich so lange von meinem Vater abhängig gewesen war.

Nach einigen Jahren in der Privatpraxis ließ Commodore Vanderbilt mich kommen und bot mir die Anwaltsstelle der New York and Harlem Railroad an. Ich war gerade zum US-Minister für Japan ernannt und bestätigt worden . Die Ernennung kam für mich völlig überraschend, da ich mich nicht um eine Bundesstelle beworben hatte. Das Gehalt betrug 7.500 Dollar und die Vergütung 9.000 Dollar. Das Angebot des Commodore, der Anwaltsstelle der Harlem Railroad, die sein erstes Unternehmen im Eisenbahnwesen war, lag weit unter dem Gehalt eines Ministers. Als ich dem Commodore dies sagte, bemerkte er: „Eisenbahnen sind eine Karriere für einen jungen Mann; Politik hat nichts zu bieten. Seien Sie kein verdammter Narr." Das gab mir den Ausschlag, und am 1. Januar 1921 beendete ich meine 55-jährige Dienstzeit im Eisenbahndienst dieser Gesellschaft und ihrer verbundenen Unternehmen.

Nichts hat mich mehr beeindruckt als kleine und scheinbar unwesentliche Dinge, die die Karrieren vieler Menschen beeinflusst haben. Mein Vater und seine Brüder, allesamt aktive Geschäftsleute, interessierten sich auch sehr für Politik, nicht für die praktische Seite, sondern für politische Maßnahmen und Regierungsmaßnahmen. Sie waren kompromisslose Demokraten der konservativsten Art; sie glaubten, dass jede Art der Einmischung in die Sklaverei die Einheit der Staaten gefährdete und dass die Einheit der Staaten die einzige Rettung für die Ewigkeit der Republik und ihrer Freiheiten war. Ich ging mit diesen Ideen erfüllt nach Yale. Yale war ein beliebtes College für die Südstaatler. Unter den Studenten gab es einen großen Anteil aus den Sklavenhalterstaaten. Dieser Anteil war so groß, dass sich diese Südstaatler aus den großen Debattiergesellschaften des Colleges zurückzogen und ihre eigene Gesellschaft gründeten, die sie die Calliopean nannten . Außer diesen Südstaatlern gab es sehr wenige Demokraten unter den Studenten, und ich wäre beinahe in die Calliopean hineingezogen worden , konnte aber glücklicherweise entkommen.

Die Sklavereifrage in allen ihren Phasen, das Gesetz über entflohene Sklaven und seine Durchsetzung, die Ausweitung der Sklaverei auf die neuen Territorien oder ihr Verbot und die Abschaffung dieser Institution durch Kauf oder Beschlagnahme waren Diskussionsthemen auf dem Campus, in den Literaturgesellschaften und in den häufigen Vorträgen der bekanntesten und begabtesten Redner und Fürsprecher in den Hallen von New Haven.

Das war eine Zeit, in der selbst in den liberalsten Kirchen von der Kanzel aus keine politischen Predigten gehalten werden durften, und die Sklaverei war in erster Linie Politik. Doch nach einem alten Brauch in Neuengland hatte der Pfarrer am Erntedanktag freie Hand, um sich von allem zu befreien, was dort seit einem Jahr brodelte und brodelte. Einer der bedeutendsten und beredtesten Prediger Neuenglands war Reverend Dr. Bacon von der Center Church in New Haven. Seine Erntedankpredigt war ein Ereignis, das von der gesamten College-Gemeinde mit Spannung erwartet wurde. Er war ein entschiedener Gegner der Sklaverei. Seine Predigten wurden nicht nur aufmerksam angehört, sondern auch weithin gelesen, und ihr Einfluss auf die Förderung der Stimmung gegen die Sklaverei war sehr groß.

Das Ergebnis dieser jahrelangen Verbindungen und Diskussionen bekehrte mich, und ich wurde Republikaner auf der Grundlage der Prinzipien, die

1856 im ersten Parteiprogramm dargelegt wurden. Als ich von Yale nach Hause kam, wurde die Situation in der Familie sehr schmerzlich, denn mein Vater war ein starker Parteigänger. Er hatte Vertrauen und Liebe zu seiner Partei und war schockiert und betrübt über den Wandel der Prinzipien seines Sohnes. Er konnte es nicht vermeiden, ständig über diese Frage zu diskutieren, und Widerstand oder Schweigen verletzten ihn gleichermaßen.

II. IM ÖFFENTLICHEN LEBEN

Der Wahlkampf von 1856 sorgte in unserem Dorf für eine Aufregung, wie man sie seit dem Unabhängigkeitskrieg nicht mehr erlebt hatte. Die alten Familien, die sich seit der Kolonialzeit dort niedergelassen hatten, waren hauptsächlich Sklavereibefürworter und Demokraten, während die Republikaner größtenteils aus Neuenglandern rekrutiert wurden und in der Minderheit waren.

In unseren nationalen Wahlkämpfen gab es mehrmals einen Redner, der mehr Publikum anzog, öffentliche Aufmerksamkeit und Zeitungsberichte erhielt als alle anderen Redner. Auf der demokratischen Seite war Horatio Seymour in dieser Zeit der herausragende Redner. Auf der republikanischen Seite im Staat New York war George William Curtis die attraktive Figur. Seine Bücher waren sehr beliebt, seine charmante Persönlichkeit, die Kultur und die Erhabenheit seiner Reden machten ihn zu einer Klasse für sich.

Die Republikaner des Dorfes waren hocherfreut, als sie Mr. Curtis die Zusage erhielten, bei ihrer wichtigsten Massenversammlung zu sprechen. Der Anlass versammelte das größte Publikum, das das Dorf je erlebt hatte, und bestand nicht nur aus Einheimischen, sondern auch aus vielen, die von weit her kamen. Das Organisationskomitee berichtete dem wartenden Publikum schließlich, dass der letzte Zug angekommen sei, Mr. Curtis jedoch nicht gekommen sei.

Plötzlich kam dem Komitee der Gedanke, dass es eine gute Idee wäre, einen jungen Rekruten aus einer bekannten demokratischen Familie anzurufen und ihn öffentlich zu verpflichten. Zuerst kam die Einladung, dann das Geschrei, und als ich aufstand, riefen sie „Podium", und ich wurde zum Podium begleitet, hatte aber keine Absicht, eine Rede zu halten. Meine jahrelange Erfahrung am College und zu Hause hatte mich mit den strittigen Fragen in all ihren Aspekten gesättigt. Aus vollem Herzen und einem schmerzenden Herzen legte ich ein Glaubensbekenntnis ab. Ich dachte, ich hätte nur ein paar Minuten gesprochen, aber später stellte ich fest, dass es über eine Stunde gedauert hatte. Das örtliche Komitee schrieb dem staatlichen Komitee über das Treffen, und ein paar Tage später erhielt ich einen Brief vom Vorsitzenden des staatlichen Komitees, in dem er mich einlud, eine Reihe von Aufgaben im gesamten Staat New York zu übernehmen.

Der Wahlkampf von 1856 unterschied sich von allen anderen Wahlkämpfen, soweit sich die Menschen damals erinnern konnten. Die Streitfragen zwischen den Parteien sprachen die jungen Republikaner an. Unter den jungen Wählern war eine starke Feindschaft gegen die Sklaverei entstanden. Die moralische Kraft der Argumente gegen die Institution fesselte sie. Sie empfanden keine Feindseligkeit gegenüber dem Süden oder den

Sklavenhaltern des Südens; sie betrachteten ihre Stellung als Erbe und waren bereit, Lincolns ursprüngliche Idee zu unterstützen, die Sklaven zu kaufen und freizulassen. Aber dieser Vorschlag fand unter den Sklavenhaltern keine Freunde. Diese jungen Männer glaubten, dass jede Ausweitung oder Stärkung der Institution verheerende Folgen für das Land hätte. Die drohende Auflösung der Union, Sezession oder Rebellion schreckten sie nicht ab.

Politische Versammlungen sind die interessantesten Volksversammlungen. Die Mitglieder wurden von ihren Mitbürgern delegiert, um sie zu vertreten, und sie verfügen über überdurchschnittliche Intelligenz und politische Kenntnisse über die Verhältnisse in Staat und Nation, da die Versammlung den Staat oder die Republik vertritt. Der Glaube, dass sie im Allgemeinen vom Chef regiert werden, ist ein Irrtum. Der Parteiführer, manchmal auch als Chef bezeichnet, berät sich ausnahmslos mit den stärksten Männern, die es auf der Versammlung gibt, bevor er zu einer Entscheidung kommt. Er ist im Allgemeinen erfolgreich, weil er den Weg so gut vorbereitet hat und sein eigenes Urteil bei diesen Konferenzen immer modifiziert und häufig geändert wird.

1858 bekam ich zum ersten Mal das Gefühl, welche Verantwortung ein öffentliches Amt mit sich bringt. Ich hatte mich nicht um das Amt beworben, wusste eigentlich gar nichts davon, bis ich als Delegierter für den republikanischen Staatskonvent des dritten Wahlbezirks von Westchester County gewählt wurde. Der Konvent fand in Syracuse statt. Die Delegierten aus Westchester kamen spät abends oder besser gesagt früh morgens an, und wir kamen mit einer großen Zahl anderer Delegierter aus anderen Bezirken, die mit demselben Zug angekommen waren, im Hotel an. Es war zwei Uhr, aber der Staatsführer Thurlow Weed war in der Lobby des Hotels, um die Delegierten zu begrüßen. Er sagte zu mir: „Sie sind aus Peekskill. Bei wem studieren Sie Jura?" Ich antwortete: „Bei Richter William Nelson." „Oh", bemerkte er, „ich erinnere mich gut an Richter Nelson. Er war im Wahlkampf von 1828 sehr aktiv." Es war eine Meisterleistung des Gedächtnisses, sich so an die Nützlichkeit eines Lokalpolitikers vor dreißig Jahren zu erinnern. Als jeder Delegierte vorgestellt wurde, fiel mir auf, dass Mr. Weed einige Erinnerungen an den Mann aus seiner Nachbarschaft hatte, die ihm einen Stempel aufdrückten.

Als wir am nächsten Tag den Vorsitzenden trafen, nannte er uns mit Namen, nannte uns die Orte, an denen wir lebten, und die Wahlkreise, die wir vertraten. Mr. Blaine war der einzige andere Mann, den ich je getroffen oder gekannt habe, der diese außergewöhnliche Gabe zur Parteiführung besaß.

Es kam zu einer Revolte unter den jungen Mitgliedern, die einen eigenen Kandidaten aufgestellt hatten. Mr. Weeds Kandidat für das Gouverneursamt war Edwin D. Morgan, ein erfolgreicher New Yorker Kaufmann, der sich als Senator des Staates einen guten Ruf erworben hatte. Ich erinnere mich, dass eines von Mr. Weeds Argumenten war, dass die Demokraten überall an der Macht seien und ihre Amtsträger beurteilen könnten, während die Republikaner für ihre Wahlkampfmittel auf freiwillige Spenden angewiesen seien, die nirgends so freizügig kämen wie von Mr. Morgan und seinen Freunden. Als der Konvent zusammentrat, hatte Mr. Weed eine große Mehrheit der Delegierten für seinen Kandidaten gewonnen. Es war nicht nur ein Triumph seines Könnens, sondern auch seiner Anziehungskraft, die er immer erfolgreich auf ein zweifelndes Mitglied ausübte.

Ich wurde 1861 in die Assembly gewählt, den Volkszweig der New Yorker Legislative. Ich wurde während einer Abwesenheit vom Staat nominiert, ohne Kandidat zu sein oder davon zu wissen, bis ich zurückkam. Natürlich konnte ich nichts von meinem Vater erwarten, und mein eigenes Einkommen war nicht groß, also musste ich mich auf eine persönliche Stimmenwerbung in einem Wahlkreis verlassen, der weitgehend von reichen Kandidaten verdorben worden war, die gegeneinander antraten und große Geldsummen ausgaben. Ich führte eine intensive Stimmenwerbung durch, hielt jeden Tag Reden und wurde mit einer Investition von weniger als einhundert Dollar für Reise- und andere Ausgaben triumphierend gewählt.

Das bei weitem interessanteste Mitglied der Legislative war der Sprecher, Henry J. Raymond. Er war einer der bemerkenswertesten Männer, die ich je kennengelernt habe. Während der Sitzung lernte ich ihn kennen, und je besser ich ihn kannte, desto mehr beeindruckte mich sein Genie, die Vielfalt seiner Errungenschaften, die Perfektion seiner Ausrüstung und seine mühelose Beherrschung all seiner Kräfte und Ressourcen. Raymond war damals Herausgeber der New York Times und steuerte jeden Tag einen Leitartikel bei. Er war der beste und überzeugendste Debattierer, den wir hatten. Ich habe ihn oft gesehen, wie er, wenn ein anderes Mitglied den Vorsitz des Ausschusses innehatte und wir eine kritische Frage diskutierten, auf dem Boden Platz nahm und anfing, einen Leitartikel zu schreiben. Im weiteren Verlauf der Debatte stand er auf und beteiligte sich. Wenn er seinen Standpunkt dargelegt hatte, was er immer direkt und klar tat, nahm er das Schreiben seines Leitartikels wieder auf. Die Debatte endete normalerweise damit, dass Herr Raymond seinen Standpunkt vertrat und auch seinen Leitartikel beendete, ein Beispiel, das die Aussage der Metaphysiker zu widerlegen scheint, dass zwei Teile des Geistes nicht gleichzeitig arbeiten können.

Zwei Jahre später, als ich Außenminister war, verbrachte ich viel Zeit in Saratoga, weil es so nahe an Albany lag. Dort schrieb auch Mr. Raymond das „Leben Abraham Lincolns". Ich frühstückte häufig mit ihm und stellte fest, dass er vor dem Frühstück eine Stunde oder länger geschrieben hatte. Er erklärte mir, dass jemand, der sich jeden Morgen vor dem Frühstück eine Stunde Zeit nehmen und sich auf sein Thema konzentrieren würde, bald eine Bibliothek füllen könnte.

Herr Raymond war als junger Mann Reporter im US-Senat. Er erzählte mir, dass er sich, obwohl es damals noch kein Kurzschrift- oder Stenografiesystem gab, selbst ein einfaches System ausgedacht hatte, mit dem er jede Ansprache eines bedachten Sprechers genau aufschreiben konnte.

Daniel Webster, der berühmteste Redner, den unser Land je hervorgebracht hat, sprach sehr bewusst. Er entdeckte Raymonds Talent bald und hatte Raymond mehrere Jahre lang immer bei sich. Einmal sagte er zu ihm: „Ohne Sie hätte die Welt nur sehr wenige meiner Reden kennen können. Ihre Berichte haben sie bewahrt."

Mr. Raymond erzählte mir diese Geschichte über Mr. Websters bemerkenswertes Gedächtnis. Einmal sagte er zu Mr. Webster: „Sie verwenden nie Notizen und haben sich anscheinend nicht vorbereitet, und doch sind Sie der einzige Redner, von dem ich weiß, dass seine Reden in Struktur, Sprache und Rhetorik perfekt sind. Wie ist das möglich?" Webster antwortete: „Es ist mein Gedächtnis. Ich kann eine Rede vorbereiten, sie in meinem Gedächtnis überarbeiten und korrigieren und dann die korrigierte Rede genau so vortragen, wie sie fertig war." Ich habe die meisten großen Redner der Welt gekannt, aber keiner kam auch nur annähernd an eine solche Fähigkeit heran, obwohl einige die vorbereitete Rede nach dem zweiten Lesen wiederholen konnten.

1862 kandidierte ich für die Wiederwahl in die Versammlung. Die politischen Verhältnisse hatten sich so verändert, dass sie sich fast umgekehrt hatten. Auf die Kriegsbegeisterung, die die Republikaner im Jahr zuvor an die Macht gebracht hatte, war allgemeine Unruhe gefolgt. Unsere Armeen waren besiegt worden, und es herrschte eine allgemeine Depression in Industrie und Handel.

Der Führer der Demokratischen Partei im Staat war Dean Richmond. Er war einer jener originellen Männer mit großer Intelligenz, Kraft und Charakter, Menschenkenntnis und Führungsqualitäten, von denen es in dieser Zeit eine Menge gab. Von bescheidenen Anfängen aus hatte er sich in der Politik bis zur Führung seiner Partei und zum Präsidenten des größten Unternehmens des Staates, der New York Central Railroad Company, hochgearbeitet und in seinen vielen und erfolgreichen Abenteuern ein Vermögen angehäuft. Seine Voraussicht war fast eine Gabe der Prophezeiung, und sein Urteil täuschte sich selten. Er glaubte, dass die Katastrophen vor Ort und die schlechten Zeiten zu Hause der Regierung Lincoln angelastet werden könnten und zu einem Sieg der Demokraten führen würden. Er glaubte auch, dass es in der Partei nur einen Mann gab, dessen Führung mit Sicherheit gewinnen würde, und dieser Mann war Horatio Seymour. Aber Seymour hatte höhere Ambitionen als das Gouverneursamt von New York und war sehr zurückhaltend, zu kandidieren. Trotzdem konnte er Richmonds Beharren nicht widerstehen, dass er sich notfalls opfern müsse, um die Partei zu retten.

Die Republikaner nominierten General James W. Wadsworth zum Gouverneur. Wadsworth hatte sich zu Beginn des Krieges gemeldet und sich sowohl als kämpfender Soldat als auch als Verwalter hervorragende Verdienste erworben. Die Republikanische Partei war tief gespalten zwischen Radikalen, die auf die sofortige Emanzipation der Sklaven bestanden, und Konservativen, die der Meinung waren, die Zeit für eine solche Revolution sei noch nicht gekommen. Die Radikalen wurden von Horace Greeley angeführt, die Konservativen von Thurlow Weed und Henry J. Raymond.

Horatio Seymour lieferte einen brillanten Wahlkampf. Er war in keiner der beiden Parteien des Staates in Bezug auf seine charmante Persönlichkeit und seine überzeugende Redekunst vergleichbar. Er vereinte seine Partei und brachte alle Elemente der Unruhe und Unzufriedenheit mit den militärischen und finanziellen Verhältnissen in ihre Reihen. Obwohl General Wadsworth ein idealer Kandidat war, gelang es ihm nicht, die herzliche und einheitliche Unterstützung seiner Partei zu gewinnen. Er vertrat die fortschrittlichen Tendenzen, wie sie Präsident Lincoln zum Ausdruck brachte und glaubte, und war der Reaktion feindlich gesinnt. Unter diesen Bedingungen gewann Gouverneur Seymour den Staat.

Die Wahl hatte die überwältigende republikanische Mehrheit im Parlament des Vorjahres aufgehoben, indem sie in der Versammlung ein Patt herbeiführte. Ich wurde wiedergewählt, allerdings mit reduzierter Mehrheit. Da es in der Versammlung ein Patt gab, dauerte es mehrere Wochen, bis sie sich organisieren konnte. Ich war der Kandidat in der Fraktion der republikanischen Mitglieder für den Sprecherposten, aber nach der Nominierung drohte einer der Mitglieder, Bemus, auszutreten und für den demokratischen Kandidaten zu stimmen, wenn sein Kandidat Sherwood nicht zum Kandidaten ernannt würde. So viele glaubten, dass Bemus seine Drohung wahr machen würde, was die Organisation des Hauses mit einer Mehrheit den Demokraten überlassen würde, dass ich meine Kandidatur zugunsten Sherwoods zurückzog. Nachdem wir über einen langen Zeitraum Tag für Tag hoffnungslos in einer Pattsituation abgestimmt hatten, wurde eine Fraktion der republikanischen Mitglieder einberufen, bei der Sherwood seine Kandidatur zurückzog und auf seinen Antrag hin ich als Parteikandidat für den Sprecherposten nominiert wurde.

In der Nacht kam ein demokratisches Mitglied, TC Callicot aus Kings County, in mein Schlafzimmer und sagte: „Mein Lebensziel ist es, Sprecher der Versammlung zu werden. Laut Gesetz kann die Legislative den US-

Senator nicht wählen, wenn nicht jedes Haus zuerst einen Vorschlag gemacht hat. Dann können Senat und Haus zu einer gemeinsamen Versammlung zusammentreten und eine Mehrheit dieser Versammlung wählt einen Senator. Ihr Republikaner habt eine Mehrheit im Senat, sodass die Legislative, wenn das Haus einen Vorschlag macht, zu einer gemeinsamen Versammlung zusammentreten und einen republikanischen Senator wählen kann. Solange im Haus Stimmengleichheit herrscht, ist dies nicht möglich. Ich schlage nur Folgendes vor: Bevor wir uns morgen früh treffen, rufen Sie Ihre Mitglieder zusammen und nominieren mich als Sprecher. Die Stimmen Ihrer Partei und ich, die für mich selbst stimmen, werden mich wählen. Dann werde ich zustimmen, General Dix, einen Demokraten, zum US-Senator zu ernennen, und wenn Ihr Volk mit mir für ihn stimmt, wird er der Kandidat für die Versammlung sein. Der Senat hat bereits Gouverneur Morgan nominiert. Am nächsten Tag kann die Legislative also Wir werden zu einem gemeinsamen Parteitag gehen und, da wir eine republikanische Mehrheit haben, Gouverneur Morgan zum Senator der Vereinigten Staaten wählen." Ich sagte Herrn Callicot , dass ich die Angelegenheit meinen Parteikollegen vorlegen würde.

Am frühen Morgen kamen Saxton Smith und Colonel John Van Buren, zwei der bedeutendsten Demokraten des Staates und Abgeordnete, zu mir und sagten: „Wir wissen, was Callicot vorgeschlagen hat. Wenn Sie diesen Vorschlag nun ablehnen, werden wir Sie praktisch einstimmig zum Sprecher wählen."

Dies sicherte mir meine Wahl zum Sprecher. Ich hatte große Ambitionen, auf dieser Ehrenliste zu stehen, und da ich der jüngste Mann gewesen wäre, der jemals in dieses Amt gewählt wurde, trug meine Jugend zu dieser Auszeichnung bei. Andererseits brauchte die Regierung in Washington einen erfahrenen Senator ihrer eigenen Partei, wie Edwin D. Morgan, der einer der fähigsten und effizientesten Kriegsgouverneure gewesen war , sowohl bei der Bereitstellung von Truppen als auch bei der Förderung des Ansehens des Landes. Schließlich beschloss ich, das Amt des Sprechers aufzugeben, um das Senatorenamt für meine Partei zu gewinnen . Es fiel mir schwer, meine Kollegen zu überzeugen, aber schließlich stimmten sie zu. Callicot wurde zum Sprecher gewählt und Edwin D. Morgan zum Senator der Vereinigten Staaten.

Das Ereignis war so wichtig und erregte sowohl im Staat als auch im ganzen Land so viel Interesse, dass viele Abgeordnete nach Albany kamen. Die Freude und Begeisterung darüber, dass man so unerwartet einen US-Senator für die Unterstützung der Regierung von Herrn Lincoln gewinnen konnte, waren groß.

An diesem Abend empfingen mich alle im Ballsaal des Hotels. Es gab eine Flut von Lobpreisungen und prophetischen Reden. Ich wurde mit jeder Art von Schmeichelei und Applaus für meine hervorragenden Verdienste um die Partei überschüttet. Um Mitternacht war ich zum Gouverneur des Staates ernannt und gewählt worden, und eine Stunde später war ich bereits Senator der Vereinigten Staaten. Noch vor dem Morgen wartete die Präsidentschaft der Vereinigten Staaten ungeduldig auf den Zeitpunkt, an dem ich alt genug sein würde, um gewählt zu werden. All dies war bald vergessen. Es ist eine allgemeine Erfahrung, wie instabil Versprechen und Hoffnungen sind, die von zufriedenen und glücklichen Enthusiasten kommen, und wie schnell sie sich wie ein Traum auflösen! Ich habe viele solcher Fälle gesehen und habe aufgrund dieser frühen Erfahrung tiefes Mitgefühl mit dem desillusionierten Helden.

Die Demokraten der Versammlung und des Staates waren entschlossen, Herrn Callicot das Amt des Sprechers zu verwehren. Sie leiteten Untersuchungen im Repräsentantenhaus und Schritte vor Gericht ein, um ihn von seinem Amt abzuhalten. Das Ergebnis war, dass ich amtierender Sprecher wurde und dies blieb, bis Herr Callicot seine Feinde besiegt hatte und gegen Ende der Sitzungsperiode seinen Platz als Sprecher einnahm.

Ich war auch Vorsitzender des Ausschusses für Mittel und Wege und der Führer des Repräsentantenhauses. Der Etat meines Ausschusses war aufgrund der Kriegsausgaben größer als üblich. Er belief sich auf etwa sieben Millionen Dollar. Er sorgte für viel mehr Aufregung und allgemeine Diskussionen als der gegenwärtige Etat von einhundertvierzig Millionen. Der Grund dafür sind die unterschiedlichen Bedingungen und öffentlichen Bedürfnisse des Staates New York im Winter 1863 und heute. Teilweise ist dies auch darauf zurückzuführen, dass die Ausgaben des Staates damals durch eine Grundsteuer gedeckt werden mussten, die alle betraf, während heute eine Einkommensteuer eingeführt wurde, die unbegrenzt erhöht werden kann und wegen der vergleichsweise wenigen Interessenten zu grenzenloser Verschwendung einlädt.

1863 war ein ereignisreiches Jahr; der Anfang war voller Düsternis und Unruhe. Als Gouverneur war Horatio Seymour ein heftiger Feind von Präsident Lincoln und seiner Politik. Seymour war patriotisch und sehr fähig, aber er war so sehr mit den Rechten der Staaten und der strengen Auslegung der Verfassung beschäftigt, dass dies sein Urteilsvermögen beeinträchtigte und seine sonst so klare Sicht trübte. In der kritischen Lage des Landes sah Lincoln die Notwendigkeit der Unterstützung des Staates New York. Der Präsident sagte: „Der Gouverneur hat im Moment mehr Macht zum Guten als jeder andere Mann im Land. Er kann die Demokratische Partei auf Linie bringen, den Aufstand niederschlagen und die Regierung erhalten. Sagen Sie ihm von mir, dass ich ihm gerne den Weg zu meinem Nachfolger freimachen werde, wenn er seinem Land diesen Dienst erweist." Auf diese über Thurlow Weed übermittelte Botschaft antwortete Gouverneur Seymour nicht. Er glaubte nicht, dass der Süden besiegt und die Union erhalten werden könnte.

Später schickte Präsident Lincoln einen persönlichen Brief an den Gouverneur. Es war ein sehr menschlicher Brief. Der Präsident schrieb: „Sie und ich sind uns sehr fremd, und ich schreibe dies, damit wir uns besser kennenlernen. Bei der Erfüllung unserer Pflichten ist die Zusammenarbeit Ihres Staates erforderlich und unverzichtbar. Dies allein ist Grund genug, warum ich ein gutes Einvernehmen mit Ihnen wünschen würde. Bitte schreiben Sie mir einen mindestens so langen Brief wie diesen und sagen Sie darin natürlich genau das, was Sie für richtig halten."

Gouverneur Seymour antwortete nicht. Er und die anderen demokratischen Führer hielten den Präsidenten für ungehobelt, ungebildet und sehr schwach. Der Satz „Bitte schreiben Sie mir mindestens einen so langen Brief wie diesen" hinterließ bei dem gelehrten, kultivierten, vorsichtigen und diplomatischen Seymour einen Eindruck, der für seinen Autor äußerst ungünstig war. Seymour bestätigte den Erhalt des Briefes und versprach eine Antwort, tat dies jedoch nie.

Seymours Unmut steigerte sich bis zum Äußersten, als General Burnside im Mai 1863 Clement L. Vallandigham verhaftete . Die Gegner des Krieges und des Friedens um jeden Preis und diejenigen, die entmutigt waren, riefen im ganzen Land Massenversammlungen ein, um gegen diese Verhaftung zu protestieren und sie als eine Schandtat zu bezeichnen. Am 16. Mai wurde in Albany eine Massenversammlung einberufen. Den Vorsitz führte Erastus Corning, einer der bedeutendsten Demokraten des Staates.

Ich war zu der Zeit in Albany und erfuhr von diesem Vorfall. Einer der engen Freunde von Gouverneur Seymour, sein Berater und Vertrauter in persönlichen Angelegenheiten war Charles Cook, der zuvor Rechnungsprüfer des Staates und Senator gewesen war. Cook war ein aktiver Republikaner, ein sehr kluger und fähiger Mann. Er rief den Gouverneur an und versuchte ihn davon zu überzeugen, keinen Brief an das Treffen in Vallandigham zu schreiben , sondern, wenn er das Gefühl habe, etwas sagen zu müssen, an dem Treffen teilzunehmen und eine Rede zu halten. Cook sagte: „Gouverneur, das Land wird letztendlich die Verhaftung von Vallandigham ertragen . Es wird bewiesen, dass er ein Verräter an der Regierung ist und ein sehr gefährlicher Mann, der auf freiem Fuß ist. Was auch immer bei dem Treffen gesagt wird, wird der politischen Zukunft der Autoren ernsthaft schaden. Wenn Sie einen Brief schreiben, wird er aktenkundig, also bitte ich Sie, wenn Sie teilnehmen müssen, nehmen Sie an dem Treffen teil und halten Sie eine Rede. Ein Brief kann nicht abgestritten werden; es kann immer behauptet werden, dass eine Rede falsch wiedergegeben wurde."

Der Brief war eine der heftigsten Äußerungen des Gouverneurs und wurde mit fataler Wirkung gegen ihn verwendet, als er für das Gouverneursamt kandidierte und auch als er Präsidentschaftskandidat war.

Am 11. Juli wurde in New York City mit der Wehrpflicht begonnen. Sie war von jeder Schattierung der Opposition gegen Lincolns Regierung und gegen die Kriegsführung als verfassungswidrig angeprangert worden. Der Versuch, sie durchzusetzen, führte zu einem der schwersten Aufstände in der Geschichte der Stadt, und die Wut der Randalierer richtete sich gegen die Gesetzeshüter, die Zentrale der Wehrpflichtbehörden und vor allem gegen die Neger. Jeder Neger, der gefasst wurde, wurde gehängt oder verbrannt, und das Waisenhaus für Neger wurde durch Feuer zerstört. Der Gouverneur tat sein Bestes, um den Aufständen ein Ende zu setzen. Er erließ eine Proklamation, in der er die Stadt für aufrührerisch erklärte, und forderte Gehorsam gegenüber Gesetz und Behörden.

Auch bei diesem Vorfall ließ der Gouverneur seine Opposition gegen den Krieg zu einer politischen Indiskretion verleiten. Er hielt eine Rede von den Stufen des Rathauses zu den Randalierern. Er begann mit der Anrede „Meine Freunde". Das Ziel des Gouverneurs war es, den Mob zu beruhigen und die Leute nach Hause zu schicken. Statt also „Mitbürger" zu sagen, benutzte er die verhängnisvollen Worte „meine Freunde". Noch nie wurden zwei Worte gegen einen Mann des öffentlichen Lebens mit einer so verhängnisvollen Wirkung verwendet. Jede Zeitung, die gegen den Gouverneur eingestellt war, und jeder Redner beschrieb die Schrecken, Morde und Zerstörungen von Eigentum durch den Mob und sagte dann: „Dies sind die Leute, die Gouverneur Seymour in seiner Rede von den Stufen des Rathauses als ‚meine Freunde' ansprach."

Der Vallandigham- Brief und diese einzelne Äußerung schadeten den künftigen Ambitionen von Gouverneur Seymour mehr als all seine vielen beredten Reden gegen die Regierung Lincolns und die Kriegsführung.

Die politische Situation, die für die nationale Verwaltung so verzweifelt gewesen war, änderte sich schnell zum Besseren mit dem Sieg bei Gettysburg, der General Lee aus Pennsylvania zurück nach Virginia zwang, und auch durch General Grants wunderbare Siegesserie bei Vicksburg und an anderen Orten, die den Mississippi River befreiten.

Unter diesen günstigen Bedingungen traten die Republikaner im Herbst 1863 in den Wahlkampf ein, um den Sieg der Demokraten vom Vorjahr, wenn möglich, rückgängig zu machen. Die republikanischen Kandidaten für den Staat lauteten:

Außenminister ..... Chauncey M. Depew.
Rechnungsprüfer ..... Lucius Robinson.Kanalkommissar ..... Benjamin F.
Bruce.Schatzmeister ..... George W. Schuyler.
Staatsingenieur ..... William B. Taylor.Gefängnisinspektor ..... James K.
Bates.
Richter am Berufungsgericht ..... Henry S. Selden.
Generalstaatsanwalt ..... John Cochran.

Die Wahlkampagne war eine der interessantesten politischen Kampagnen.
Der Präsident war ungewöhnlich aktiv und seine Briefe waren
bemerkenswerte Dokumente. Er hatte das Ohr der Öffentlichkeit, er
beherrschte die Titelseiten der Presse, er verteidigte seine Regierung und ihre
Handlungen und antwortete seinen Feinden mit Geschick, Takt und
äußerster Mäßigung.

Die öffentliche Meinung war eigenartig. Militärische Katastrophen und
steigende Steuern hatten die Lage der Regierung sehr kritisch gemacht, aber
die Siege, die im Sommer erzielt wurden, änderten die Situation. Ich habe in
keiner Wahlkampagne einen Vorfall erlebt, der größere Auswirkungen hatte
als Sheridans Sieg im Shenandoah Valley, und nie ein Abenteuer, das die
Vorstellungskraft der Bevölkerung so beflügelte wie sein Ritt von
Washington an die Front; wie er die zurückweichenden und geschlagenen
Truppen sammelte, sie neu formierte und die Niederlage in einen Sieg
verwandelte. Das Gedicht „Sheridans Ritt" wurde in jedem Publikum, von
jeder Tribüne und von der Bühne in vielen Theatern vorgetragen und löste
wilde Begeisterung aus.

Meinem Freund Wayne MacVeagh , der mit mir in Yale studierte, war es als
radikaler Führer gelungen, seinen Schwager Don Cameron zu besiegen und
zum ersten Mal seit einer Generation die Kontrolle über die Cameron-
Dynastie der Republikanischen Partei in Pennsylvania zu erlangen. Er hatte
eine radikale Liste aufgestellt, auf der Andrew G. Curtin als
Gouverneurskandidat stand.

MacVeagh schrieb mir: „Sie treten in New York als Spitzenkandidat der
Republikaner an. Ihr Kampf muss in Pennsylvania gewonnen werden, und
wenn wir keinen Erfolg haben, können Sie ihn nicht gewinnen. Kommen Sie
her und helfen Sie uns."

Ich nahm die Einladung an und verbrachte mehrere äußerst aufregende und
vergnügliche Wochen im Wahlkampf mit Gouverneur Curtin und seiner
Partei. Die Versammlungen waren phänomenal, was die Menschenmassen
und das Interesse an den Reden anging. Ich erinnere mich an einen
dramatischen Anlass in der Stadt Reading. Dies war eine Hochburg der
Demokraten; es gab keinen einzigen republikanischen Amtsträger im
County. Die einzige Entschädigung für einen Republikaner, der eine

Nominierung annahm und einen Wahlkampf mit hohen Kosten und einer sicheren Niederlage durchführte, war, dass er für den Rest seines Lebens als Ehrenbeweis den Titel des Amtes erhielt, für das er kandidierte, und so war das County voller „Richter, Bezirksstaatsanwälte, Staatssenatoren und Kongressabgeordneter", die nie gewählt worden waren.

Wir kamen nach Mittag in Reading an. Die Hauptstraße, eine sehr breite, war an bestimmten Tagen auch der Marktplatz. Ein Freund des Gouverneurs, der ein schönes Haus in dieser Straße hatte, lud die ganze Gesellschaft zum Mittagessen ein. Das Mittagessen war ein aufwendiges Bankett. Gouverneur Curtin kam zu mir und sagte: „Gehen Sie hinaus und unterhalten Sie die Menge, die sehr ungeduldig wird, und in etwa zwanzig Minuten werde ich jemanden schicken , der Sie ablöst." Es regnete in Strömen; die Menge rief mir aufmunternd zu: „Kümmern Sie sich nicht um den Regen; wir sind daran gewöhnt, aber Sie haben wir nie gehört." Als ich versuchte aufzuhören, riefen sie: „Machen Sie weiter!" Inzwischen hatte sich das Bankett in eine festliche Veranstaltung mit Toasts und Reden verwandelt. Ich hatte über zwei Stunden gesprochen, bevor der Gouverneur und seine Gesellschaft erschienen. Sie hatten zu Abend gegessen, und der 18. Zusatzartikel war noch nicht einmal erwähnt worden. Ich war bis auf die Haut durchnässt, wartete aber, bis der Gouverneur seine zwanzigminütige Rede gehalten hatte; dann ging ich, ohne auf die anderen Redner zu warten, ins Haus, zog mich aus, trocknete mich ab und ging zu Bett.

Völlig erschöpft von den vielen Tagen und Nächten, die ich mit dieser Erfahrung verbracht hatte, wachte ich erst gegen acht Uhr abends auf. Dann ging ich auf die Straße hinaus, fand die Menge immer noch da und den berühmten John W. Forney, der eine Rede hielt. Man erzählte mir, dass er vier Stunden lang gesprochen hatte, eine historische Ansprache gehalten hatte, aber nur die Regierung von General Jackson erreicht hatte. Ich weiß nicht, wie lange er dabei blieb, aber es gab eine Tradition in unserer Gruppe, dass er immer noch sprach, als der Zug am nächsten Morgen abfuhr.

Gouverneur Curtin war ein idealer Parteiführer und Kandidat. Er war einer der attraktivsten Männer seiner Zeit, 1,93 m groß, perfekt proportioniert und mit einer großartigen Figur. Er sprach nie länger als zwanzig Minuten, aber es war die Art, wie ein Experte mit seinen Nachbarn sprach. Er hatte ein herzliches und einnehmendes Wesen, das ihn schnell zum Idol der Menge und zu einem äußerst angenehmen Begleiter in gesellschaftlichen Kreisen machte. Als er Minister in Russland war, fühlte sich der Zar, der dieselbe Größe und Statur hatte, sofort zu ihm hingezogen, und er nahm unter den einflussreichsten Diplomaten den ersten Platz ein.

Als ich nach New York zurückkehrte, um meine eigene Wahlkampagne zu starten, legten mir die staatlichen und nationalen Komitees eine schwere

Bürde auf. Es gab nur wenige Redner mit staatlichem Ruf, während die Menschen nach Versammlungen verlangten. Glücklicherweise hatte ich gelernt, meine Stimme zu schützen. Im Laufe des Wahlkampfs verlor jeder , der mit mir sprach, seine Stimme und musste zur Behandlung nach Hause zurückkehren. Als ich in Yale studierte, war der Professor für Rhetorik ein exzentrischer alter Herr namens North. Die Jungen schenkten ihm wenig Aufmerksamkeit und neigten dazu, seine Eigenheiten zu verspotten. Er sah, dass ich besonders lernbegierig war, und sagte: „Das Wichtigste beim Reden ist, das Zwerchfell statt der Kehle zu benutzen." Seine Lektion zu diesem Thema war mir mein ganzes Leben lang von unendlichem Nutzen.

Das ausgearbeitete Programm sah vor, dass ich durchschnittlich sechs bis sieben Stunden am Tag sprechen sollte. Die Reden dauerten zehn bis dreißig Minuten an verschiedenen Bahnhöfen und endeten mit mindestens zwei Versammlungen in einigen wichtigen Städten am Abend, und jede Versammlung nahm etwa eine Stunde in Anspruch. Diese Versammlungen wurden so angesetzt, dass sie den ganzen Staat abdeckten. Es dauerte etwa vier Wochen, aber das Ergebnis des Wahlkampfes endete dank der Bemühungen der Redner und anderer günstiger Umstände mit der Umkehrung des demokratischen Sieges des Vorjahres, einer republikanischen Mehrheit von dreißigtausend und der Kontrolle der Legislative.

1864 waren die politischen Bedingungen für die Republikanische Partei aufgrund der erbitterten Feindseligkeit zwischen den konservativen und radikalen Elementen sehr ungünstig. Angeführt von so angesehenen Männern wie Thurlow Weed und Henry J. Raymond auf der einen Seite und Horace Greeley mit einem äußerst fähigen Team ernsthafter Leutnants auf der anderen Seite hing die Frage von Erfolg oder Niederlage von der Harmonisierung der beiden Fraktionen ab.

Ohne von den Politikern oder der Presse des Staates anerkannt worden zu sein, hatte Reuben E. Fenton, der zehn Jahre lang Kongressabgeordneter des Chatauqua- Bezirks gewesen war, im Kongress bemerkenswerte organisatorische Fähigkeiten entwickelt. Es war ihm gelungen, Galusha A. Grow zum Sprecher des Repräsentantenhauses zu machen, und er war zu einer Macht in diesem Gremium geworden. Er hatte die aufrichtige Freundschaft und Unterstützung der New Yorker Delegation im Repräsentantenhaus hinter sich und hatte sich in seinem eigenen Staat keine Feindschaft einer der beiden Fraktionen zugezogen. Seine Nominierung rettete die Partei in diesem Wahlkampf.

Wie gefährlich die Lage war, zeigt sich daran, dass zwar über 100.000 Soldaten vor Ort für die Republikaner gestimmt hatten und diese fast einstimmig waren, die Präsidentschafts- und Gouverneurskandidaten jedoch eine Mehrheit von weniger als 8.000 Stimmen erhielten, wobei der Gouverneur vor dem Präsidenten lag.

Die Wiederwahl von Herrn Lincoln und die Wahl von Reuben E. Fenton anstelle von Gouverneur Seymour machten unseren Staat zu einem festen Bestandteil der Republik, und Gouverneur Fenton wurde gleichzeitig Regierungschef und Parteiführer. Er besaß alle Voraussetzungen für eine politische Führung, war ein scharfsinniger Menschenkenner und machte bei der Auswahl seiner Stellvertreter selten Fehler. Er war ein Meister aller aktuellen politischen Fragen und in engem Kontakt mit der öffentlichen Meinung. Meine offiziellen Beziehungen zu ihm als Außenminister wurden sofort vertraut und erfreulich. In späteren Jahren bedurfte es des ganzen meisterhaften Genies von Roscoe Conkling und der Kontrolle über die Bundesförderung, die ihm Präsident Grant gewährte, um Fentons Einfluss auf seine Partei zu brechen.

Gouverneur Fenton war mit einer Tochter gesegnet, die über wunderbare Führungsqualitäten, einzigartigen Charme und Kenntnisse in öffentlichen Angelegenheiten verfügte. Sie machte das Executive Mansion in Albany zu einem der charmantesten und gastfreundlichsten Häuser des Staates. Sein Einfluss strahlte überall hin aus, zog Besucher, Gesetzgeber und Richter an und war ein wichtiger Faktor für die wachsende Popularität und den Einfluss des Gouverneurs.

Eine der interessantesten politischen Zusammenkünfte war der Demokratenkonvent, der im Herbst 1864 in Tredwell Hall in Albany zusammenkam, um einen Nachfolger für Gouverneur Seymour zu wählen. Der Gouverneur hatte öffentlich erklärt, dass er nicht als Kandidat antrete und dass er unter keinen Umständen eine erneute Nominierung akzeptieren würde . Er sagte, sein Gesundheitszustand sei ernsthaft angeschlagen und seine privaten Angelegenheiten seien durch seine Beschäftigung mit öffentlichen Pflichten so lange vernachlässigt worden, dass sie sich in einem peinlichen Zustand befänden und Aufmerksamkeit erforderten.

Die Führer des Konvents trafen sich im Büro von Dekan Richmond und wählten einen Gouverneurskandidaten und eine vollständige Staatsliste. Als der Konvent am nächsten Tag zusammentrat, wurde ich als Zuschauer eingeladen. Alle gingen davon aus, dass die Sitzung sehr formell und kurz sein würde, da die Kandidaten und das Programm bereits vereinbart worden waren. Der Tag war sehr heiß und die meisten Delegierten legten ihre Mäntel, Westen und Kragen ab, vor allem die aus New York City.

Als die Zeit für die Nominierung gekommen war, betrat einer der glaubwürdigsten und gewandtesten Redner, die ich je gehört habe, das Podium. Er hielt eine Lobrede auf Gouverneur Seymour und beschrieb in glühenden Worten, wie sehr die Partei ihm für seine wunderbaren öffentlichen Verdienste zu Dank verpflichtet sei und wie tief alle bedauern müssten, dass er sich ins Privatleben zurückziehen musste. Er fuhr fort, indem er sagte, dass er mit dieser Entscheidung einverstanden sei, aber der Meinung sei, dass es einem großen Patrioten und Wohltäter der Partei gebühre, dass ihm eine erneute Nominierung angeboten werde . Natürlich wussten alle, dass es nur ein Kompliment sein würde, da der Gouverneur seine Position selbst nachdrücklich dargelegt hatte. Daher beantragte er, dass der Gouverneur per Akklamation nominiert und ein Ausschuss ernannt werden sollte, der ihn im Executive Mansion aufsuchte und seine Wünsche in Erfahrung brachte.

Als Herr Richmond von dieser Aktion erfuhr, meinte er, sie sei zwar in Ordnung, aber unnötig, da die Situation zu ernst sei, um sich Komplimente zu erlauben.

Nach einer Stunde kehrte die Delegation zurück, und der Vorsitzende, derselbe Herr, der die Rede und den Antrag gehalten hatte, trat vor die Bühne, um Bericht zu erstatten. Er sagte, der Gouverneur sei sehr dankbar für das Vertrauen, das der Konvent in ihn gesetzt habe, und besonders für die Billigung seiner offiziellen Handlungen als Gouverneur des Staates und Vertreter seiner Partei auf dem Nationalkonvent. Sein langer und intensiver Einsatz für öffentliche Aufgaben habe seine Gesundheit geschädigt und seine Privatangelegenheiten stark beeinträchtigt, aber, aber, fuhr er mit Nachdruck fort. . . Weiter kam er nicht. Senator Shafer aus Albany, der dem Gouverneur gegenüber unfreundlich eingestellt war, sprang auf und rief: „Verdammt, er hat angenommen!"

Als der Kongress schließlich zur Ordnung gerufen wurde, bekräftigte er mit großer Begeisterung und wildem Beifall, dass es sich um eine echte Nominierung handelte.

Als das Ergebnis Herrn Richmond in seinem Büro mitgeteilt wurde, erzählte mir einer der Anwesenden, dass Richmonds bildhafter Wortschatz der Empörung und Anklage in einem solchen Ausmaß bereichert worden sei, dass es sogar die hartgesottenen Demokraten, die diesem Wutausbruch zuhörten, überrascht und schockiert habe.

Ein Komitee wurde ernannt, um den Gouverneur zu bedienen und ihn aufzufordern, vor dem Konvent zu erscheinen. Kurz darauf betrat die bedeutendste Persönlichkeit des Staates oder Landes das Podium. Horatio Seymour war nicht nur ein gutaussehender Mann mit einem hochintellektuellen und ausdrucksstarken Gesicht mit beweglichen Zügen, was die Wirkung seiner Redekunst noch verstärkte, sondern er erschien auch immer nur perfekt gekleidet und in dem Kostüm, das damals allgemein als die Kleidung eines Staatsmannes galt. Seine Lackstiefel, sein Prinz-Albert-

Anzug, sein vollkommen korrekter Kragen und seine Krawatte waren offensichtlich neu, und dies war ihr erster Auftritt. Von Kopf bis Fuß sah er aus wie ein Aristokrat. In wenigen Minuten wurde er zum Idol dieser wilden und überhitzten Menge. Seine Rede war ein Musterbeispiel an Takt, Diplomatie und Beredsamkeit, mit genau dem Maß an Zurückhaltung, das die Begeisterung der Zuhörer steigerte. Der Konvent, der sich zu einem anderen Zweck, einem anderen Kandidaten und einer neuen Politik versammelt hatte, begrüßte seinen alten und großartigen Führer mit Entzücken.

Commodore Vanderbilt bewunderte Dean Richmond sehr. Der Commodore mochte Angeber und Aufschneider überhaupt nicht. Wer seine Gunst gewinnen wollte, machte in der Regel den Fehler, mit dem zu prahlen, was er geleistet hatte, und wurde im Allgemeinen mit der Bemerkung konfrontiert: „Das ist doch nichts wert." Mr. Tillinghast , ein Mann aus dem Westen New Yorks und ein Freund von Richmond, war eines Tages, kurz nach Richmonds Tod, im Büro des Commodore. Tillinghast war General Superintendent der New York Central und hatte es schon erlebt, dass der Commodore ihn mit Füßen trat, wenn er seine eigenen Leistungen lobte, und vertrat daher die entgegengesetzte Linie extremer Mäßigung. Der Commodore fragte Tillinghast , nachdem er Mr. Richmond sehr gelobt hatte: „Wie viel hat er hinterlassen?" „Oh", sagte Tillinghast , „sein Nachlass ist eine große Enttäuschung, und verglichen mit dem, was man erwartet hatte, ist er sehr gering." „Ich bin überrascht", bemerkte der Commodore, „aber wie viel?" „Oh, zwischen fünf und sechs Millionen", antwortete Tillinghast . Zum ersten Mal in seinem Leben war der Kommodore völlig aus der Fassung gebracht und sagte: „ Tillinghast , wenn fünf oder sechs Millionen Dollar eine Enttäuschung sind, was erwarten Sie dann im Westen von New York?" Zu dieser Zeit gab es nur wenige Männer, die so viel Geld wert waren.

Gouverneur Seymour hat den Staat gründlich befragt, und ich wurde von unserem Staatsausschuss zu seinem Nachfolger ernannt. Es war ein einzigartiges Erlebnis, am Tag nach seiner Ansprache mit dem Kandidaten zu sprechen und ihm zu antworten. Der örtliche Ausschuss präsentiert Ihnen einen sehr umfassenden Bericht seiner Rede. Das Problem ist, dass Sie, sofern Sie nicht unter großer Zurückhaltung stehen, aufgrund der Dringlichkeit des örtlichen Ausschusses und der unvermeidlichen Versuchung, unter solchen Bedingungen zu antworten, wenn Ihr Gegner nicht anwesend ist, zu Äußerungen und Persönlichkeiten kommen werden, die Sie zutiefst bereuen werden.

Als die Stimmenauszählung beendet war und der Gouverneur besiegt war, fürchtete ich, dass die angenehmen Beziehungen zwischen uns zerbrochen waren. Aber er war ein durch und durch sportlicher Mensch. Er ließ mich kommen und empfing mich mit größter Herzlichkeit und lud mich ein, ein

Wochenende bei ihm in seinem Haus in Utica zu verbringen. Dort war er der allerliebste Gastgeber und als Gentleman-Farmer sehr interessant. In der Kleidung eines erfahrenen Landwirts und im Bauernwagen fuhr er mich morgens zu seiner Farm, die so gelegen war, dass man von dort aus eine schöne Aussicht auf das Mohawk Valley hatte. Nach der Inspektion des Viehbestands, der Ernten und der Gebäude verbrachte der Gouverneur den Tag damit, eloquent und höchst optimistisch über den möglichen Wohlstand des Bauern zu sprechen. Seiner Meinung nach sollte Käse das Nahrungsmittel der Zukunft sein. Käse hatte einen höheren Nährwert als jedes bekannte essbare Produkt, egal ob tierisch oder pflanzlich. Er konnte das Leben angenehmer erhalten und mehr für Langlebigkeit und Gesundheit tun.

Niemand, der den Gouverneur nicht kannte und das Privileg hatte, seiner anscheinend überaus praktischen und einfallsreichen Rede zu lauschen, hätte sich vorstellen können, dass es sich bei dem Redner um einen der fähigsten Parteimanager, klugsten Politiker und beredtesten Fürsprecher des Landes handelte, der offensichtlich seine ganze Zeit und Gedanken dem Erfolg seiner Partei und der Verwirklichung seiner eigenen Ambitionen widmete.

Als wir nach Hause zurückkehrten, sagte er zu mir: „Sie haben es höher gebracht als jeder andere junge Mann Ihres Alters in diesem Land. Sie haben Talent und Geschmack für das öffentliche Leben, aber ich rate Ihnen, es aufzugeben und sich ganz Ihrem Beruf zu widmen. Das öffentliche Leben ist voller Enttäuschungen, es gibt ungewöhnlich viel Undankbarkeit und die Entschädigungen sind nicht so hoch wie die Misserfolge. Das Land ist voller Männer, die im öffentlichen Dienst eine glänzende Karriere gemacht haben und dann plötzlich fallengelassen und vergessen wurden. Die Zahl solcher Männer, die den Hügel hinauf zur State Street in Albany hinaufgestiegen sind, unter dem Beifall bewundernder Menschenmengen, an die sich heute niemand mehr erinnern kann, würde eine große Armee ergeben.“

Er fuhr mit dieser Geschichte fort: „Im Krieg von 1812 beschlossen der Gouverneur und die Legislative, die sterblichen Überreste eines Helden, dessen Taten die Bewunderung des ganzen Staates erregt hatten, von Kanada nach Albany zu bringen. Es gab eine beeindruckende und ununterbrochene Prozession mit lokalen Feierlichkeiten entlang der gesamten Strecke, von der Grenze bis zur Hauptstadt. An den Zeremonien in Albany nahmen der Gouverneur, Staatsbeamte, die Legislative und Richter teil, und die sterblichen Überreste wurden im Kapitolspark begraben. Es wurde kein Denkmal errichtet. Der Vorfall ist völlig vergessen, niemand erinnert sich, wer der Held war, was seine Taten waren oder an den Ort, an dem er ruht.“

Jahre später, als der Staat ein neues Kapitol baute und ich einer der Kommissare war, wurde bei Ausgrabungen auf dem Gelände ein Skelett gefunden. Es war zweifellos der vergessene Held aus der Geschichte von Gouverneur Seymour.

Als meine Amtszeit im Jahr 1865 zu Ende ging, beschloss ich, das öffentliche Leben zu verlassen und meinen Beruf wieder aufzunehmen. Ich stand am Scheideweg zwischen einer politischen und einer beruflichen Laufbahn. Obwohl meine erneute Ernennung allgemein akzeptiert wurde , legte ich nachdrücklich die Schlussfolgerung dar, zu der ich gelangt war.

Der republikanische Parteitag nominierte General Francis C. Barlow, einen hervorragenden Soldaten im Bürgerkrieg, als meinen Nachfolger als Außenminister. Der demokratische Parteitag verabschiedete ein patriotisches Programm mit fortschrittlichen und progressiven Ansichten und nominierte General Henry W. Slocum als Spitzenkandidaten für den Posten des Außenministers. General Slocum war Korpskommandeur in General Shermans Armee gewesen und war aus dem Krieg einer der größten Kommandeure, was Ansehen und Leistung anging. Es war ein Meisterstreich der demokratischen Führer, ihn an die Spitze ihrer Liste zu setzen. Er war der größte Soldat unseres Staates und beim Volk sehr beliebt. Er war nicht nur ein großartiger Kommandeur, sondern hatte auch eine charmante Persönlichkeit, die ihn für den Erfolg im öffentlichen Leben prädestinierte.

Die Demokraten nominierten auf derselben Liste auch den Justizminister John Van Buren. Er war ein Sohn von Präsident Van Buren und ein Genie. Obwohl er sehr unberechenbar war, war sein Können so groß, dass er, wenn er ernsthaft sprach, nicht nur die Aufmerksamkeit, sondern auch das Urteil der Leute auf sich zog. Er war ein eloquenter Redner und hatte die Gabe, die Menge mit seinem Witz und der Charakterisierung seines Gegners zu fesseln, was verhängnisvoll war. Ich habe Menschenmengen erlebt, die, wenn er ausführlich Einzelheiten erklärte, die für die Verteidigung seiner Position oder der seiner Partei notwendig waren und die sie nicht interessierten, gespannt zuhörten und auf das hofften, was mit Sicherheit kommen würde, nämlich einen jener witzigen Ausbrüche, die eine Rede Van Burens zu einem unvergesslichen Erlebnis machten.

Van Buren war bekannt für seine rücksichtslose Missachtung der Vertraulichkeit privater Gespräche. Einmal war ich mehrere Stunden mit ihm im Zug unterwegs, und in der Vertrautheit, die zwischen politischen Gegnern herrscht, die einander kennen und vertrauen, tauschten wir Ansichten über öffentliche Maßnahmen und insbesondere über öffentliche Personen aus. Ich war sehr indiskret, als ich mit ihm über die Führer meiner eigenen Partei sprach, und er war ebenso offen und unterhaltsam, als er die Führer seiner Partei, insbesondere Gouverneur Seymour, bei lebendigem Leibe traktierte.

Ein paar Tage später hielt er eine Rede, in der er meine Aussagen im Detail wiedergab, was mir die größte Verlegenheit und den größten Ärger einbrachte. Als Vergeltung schrieb ich einen Brief an die Öffentlichkeit, in dem ich seine Aussagen über Gouverneur Seymour darlegte. Die Demokraten verloren bei einer sehr knappen Abstimmung mit 15.000 Stimmen, und Van Buren führte dies immer auf den Unmut von Gouverneur Seymour und seinen Freunden zurück.

In unserem Land ist das öffentliche Leben für einen jungen Mann eine höchst unsichere Karriere. Seine Pflichten und Aktivitäten entfernen ihn von seinem Beruf oder Geschäft und zwingen ihm Arbeits- und Denkgewohnheiten auf, die ihn für gewöhnliche Beschäftigungen ungeeignet machen, insbesondere wenn er lange im öffentlichen Dienst bleibt. Bei einem Regierungswechsel oder einem Wechsel der Popularität seiner Partei kann er jederzeit fallen gelassen und hoffnungslos zurückgelassen werden. Wenn andererseits seine Partei an der Macht ist, hat er dort eine einflussreiche und beliebte Position. Er hat eine Menge Freunde, viele Leute sind in ihrer Position von ihm abhängig, und es fällt ihm nicht leicht, sich zurückzuziehen.

Als ich mich dazu entschloss, nicht länger im öffentlichen Leben zu bleiben und nach Hause zurückzukehren, schlug mich der Kongress meines alten Distrikts, den ich in der Legislative vertreten hatte, mit solcher Ernsthaftigkeit und Zuneigung erneut für die alte Position vor, dass es sehr schwer war, abzulehnen und sie davon zu überzeugen, dass es für mich unbedingt notwendig war, meinen Beruf wieder aktiv aufzunehmen.

Unser Dorf Peekskill, das sich inzwischen zum größten Dorf des Staates mit vielen Industrie- und anderen Betrieben entwickelt hat, war damals verhältnismäßig klein. Jeden Morgen versammelten sich viele Menschen beim Postamt. Als ich einmal ankam, sah ich, wie sie einen großen, an mich adressierten Umschlag studierten, den der Postmeister herumgereicht hatte. Es war ein Brief von William H. Seward, dem Außenminister. Darin teilte er mit, dass der Präsident mich zum US-Gesandten für Japan ernannt hatte und dass die Ernennung an den Senat gesandt und von diesem bestätigt worden war. Er wies mich an, so bald wie möglich in seinem Büro zu erscheinen, um Anweisungen entgegenzunehmen und meinen Posten anzutreten. Einige Tage später erhielt ich einen schönen Brief von Henry J. Raymond, der damals im Kongress saß und mich drängte, den Auftrag anzunehmen.

Als ich in Washington ankam, besuchte ich Mr. Seward, der zu mir sagte: „Ich habe besondere Gründe, Ihre Ernennung beim Präsidenten durchzusetzen. Er belohnt seine Freunde, indem er sie auf diplomatische Positionen bringt, für die sie völlig ungeeignet sind. Ich halte die Öffnung Japans für den Handel und unsere Beziehungen zu diesem neuen und vielversprechenden Land für so wichtig, dass ich um die Ehre gebeten habe, jemanden auszuwählen, den ich für geeignet halte. Ihre Jugend, Ihre Vertrautheit mit dem öffentlichen Leben und Ihre Fähigkeiten scheinen mir ideal für diese Position, und ich habe keinen Zweifel, dass Sie sie annehmen werden."

Ich erklärte ihm, wie notwendig es sei, dass ich nach langer Vernachlässigung meiner privaten Angelegenheiten im öffentlichen Leben zu meinem Beruf zurückkehre, wenn ich Karriere machen wolle, doch Mr. Seward wischte dies beiseite, indem er seine eigenen Erfolge aufzählte, ungeachtet seiner langen Dienste in unserem Staat und in Washington. „Allerdings", fuhr er fort, „befürchtete ich, dass dies Ihre Einstellung sein könnte, also habe ich einen Termin für Sie mit Mr. Burlingame vereinbart, der unser Gesandter in China war und jetzt hier an der Spitze einer Mission von China in die verschiedenen Nationen der Welt steht."

Anson Burlingames Karriere war äußerst glanzvoll und hatte nicht nur die Aufmerksamkeit der Vereinigten Staaten, sondern auch Europas auf sich gezogen. Als Mitglied des Repräsentantenhauses hatte er die Herausforderung eines „Feuerschluckers" angenommen, der sie unter der allgemeinen Annahme geschickt hatte, dass kein Nordstaatler kämpfen würde. Als Gesandter in China hatte er das Vertrauen der chinesischen Regierung so sehr gewonnen, dass er sie dazu überredete, diplomatische Beziehungen mit der westlichen Welt aufzunehmen. Auf ihre Bitte hin hatte er sein Amt in den Vereinigten Staaten niedergelegt und den Posten des Botschafters bei den Großmächten angenommen und stand an der Spitze einer großen Delegation, die aus den wichtigsten, einflussreichsten und repräsentativsten Mandarinen des alten Kaiserreichs bestand.

Als ich ihm meine Karte in sein Hotelzimmer schickte, war seine Antwort: „Kommen Sie sofort herauf." Er rasierte sich gerade und trug nur die Mindestkleidung, die man für den Empfang eines Besuchers braucht. Er erwartete mich und begann sofort mit einer eloquenten Beschreibung der Attraktionen und der Bedeutung der Mission in Japan. Mit dem Rasierpinsel in der einen und dem Rasiermesser in der anderen Hand hielt er eine Rede. Um seine Rede zu unterstreichen und Zeit zum Nachdenken und Durchsetzen einer neuen Idee zu haben, setzte er den Pinsel und das Rasiermesser kräftig an, machte dann eine Pause und fuhr dann fort. Ich kann mich nicht an seine genauen Worte erinnern, aber ich erinnere mich genau an den allgemeinen Tenor seiner Argumentation.

Er sagte: „Ich bin überrascht, dass ein junger Mann wie Sie, unverheiratet und ohne gesellschaftliche Verpflichtungen, auch nur einen Augenblick zögert, diese äußerst wichtige und attraktive Position anzunehmen. Wenn Sie diese Leute für Barbaren halten, kann ich Ihnen versichern, dass sie eine

Zivilisation und eine hochentwickelte Literatur hatten, als unsere Vorfahren noch als Wilde dargestellt wurden. Die westlichen Nationen Europas haben ihre fähigsten Vertreter geschickt, um sich in diesem neu für den Handel erschlossenen Land Vorteile zu sichern. Sie werden dort die Diplomaten aller westlichen Nationen treffen, und Ihre enge Verbindung mit ihnen wird eine Universität der größten Möglichkeiten sein. Sie werden mit den besten Köpfen Europas in Kontakt kommen. Sie können sich in der scharfen Rivalität dieser Lage einen großen Ruf erarbeiten, indem Sie die besten Handelsströme Japans für Ihr eigenes Land an dessen Westküste über die Gewässer des Pazifiks sichern. Sie werden von der japanischen Regierung willkommen geheißen, und der Außenminister wird Ihnen einen Palast zum Wohnen zuweisen, mit einem angeschlossenen Garten, der so perfekt angelegt und gepflegt ist, dass er selbst Shenstone beneidet hätte. Hunderte wunderschöner und gebildeter japanischer Mädchen werden Sie begleiten."

Als ich einer großen Gruppe wartender Stellenbewerber, die sich in meinem Zimmer versammelt hatten, wiederholte, was Mr. Burlingame gesagt hatte, wurden sie alle zu Bewerbern für die Stelle.

Es gibt keinen eindrucksvolleren Beweis für den wunderbaren Fortschritt des japanischen Kaiserreichs und seiner Bevölkerung in jeder Hinsicht als die damaligen und heutigen Bedingungen. Damals dauerte es sechs Monate, um Japan zu erreichen, und ein Jahr für die Hin- und Rückreise. Natürlich gab es keine telegrafische oder Kabelverbindung, und so dauerte es ein Jahr, bis eine Nachricht verschickt und beantwortet wurde. Die japanische Armee war damals größtenteils in Panzer gekleidet und ihre Flotte bestand aus Dschunken.

In fünfzig Jahren ist Japan zu einer der fortschrittlichsten Nationen der Welt geworden. Es hat das Beste der westlichen Zivilisation übernommen und assimiliert und in einem halben Jahrhundert das erreicht, wofür Europa tausend Jahre gebraucht hat. Seine Armee ist in puncto Ausrüstung und Disziplin unübertroffen, und seine Marine und Handelsflotte rücken schnell in die Spitzengruppe vor. Im Krieg gegen Russland hat es seine Tapferkeit unter Beweis gestellt und im jüngsten Krieg seine Diplomatie und Macht.

Japan hat ein volkstümliches Bildungssystem mit öffentlichen Schulen, Akademien und Universitäten geschaffen, das sich weitgehend an das amerikanische Modell anlehnt. Es hat alle modernen Geräte, die durch Elektrizität entwickelt wurden, übernommen und installiert – Telegraf, Kabel, Telefon usw.

Obwohl ich stark versucht war, meinen Entschluss zurückzunehmen und zu gehen, war meine Mutter, deren Gesundheit schwach war, der Meinung, dass eine so lange und weit entfernte Abwesenheit verhängnisvoll wäre, und so lehnte ich ihretwegen ab.

Wenn ich auf die vergangenen fünfzig Jahre zurückblicke, kann ich deutlich erkennen, dass ich in dieser Mission vier, wahrscheinlich sogar acht Jahre lang keine beruflichen und geschäftlichen Möglichkeiten zu Hause gehabt hätte und möglicherweise zwangsläufig zu einem Platzhalter und Platzsucher geworden wäre – mit all seinen Abenteuern und Enttäuschungen.

Hätte ich ernsthaft ein Amt angestrebt und mich darum bemüht, hätte mein Weg die üblichen Schwierigkeiten mit sich gebracht, aber das wankelmütige Schicksal schien entschlossen, meine Rückkehr ins Privatleben durch verlockende Angebote zu verhindern. Die Stelle des Zollbeamten im Hafen von New York war vakant. Aufgrund seiner Protektion war dies eine Position mit großer politischer Macht. Da es keinen öffentlichen Dienst gab, waren die Stellen zahlreich und wichtig genug, um die Partei im Staat New York weitgehend zu kontrollieren, und ihr politischer Einfluss reichte bis in andere Staaten. Es war ein Amt, dessen Honorare enorm waren und dessen Bezüge weit höher waren als die jeder anderen Position im Land.

Die Parteiführer begannen an Präsident Johnson zu zweifeln und wollten als Steuereinnehmer einen Mann, dem sie vollstes Vertrauen schenkten. Der Gouverneur und die Staatsbeamten – allesamt Republikaner –, die republikanischen Abgeordneten des Parlaments, das Staatskomitee, die beiden US-Senatoren und die republikanische Delegation New Yorks im Repräsentantenhaus forderten den Präsidenten daher einstimmig auf, mich zu ernennen.

Präsident Johnson sagte mir: „Eine solche Empfehlung und Billigung ist mir noch nie zuvor vorgelegt worden." Doch die Kluft zwischen ihm und der Partei wurde immer größer, und er konnte zu keiner Entscheidung kommen.

Eines Tages ließ er plötzlich Senator Morgan, Henry J. Raymond, Thurlow Weed und den Finanzminister zu einer Beratung kommen. Er sagte ihnen: „Ich habe beschlossen, Herrn Depew zu ernennen." Die Ernennung wurde vom Finanzminister vorgenommen, und der Präsident wies ihn an, sie am nächsten Morgen an den Senat zu senden. Unter den Republikanern herrschte große Freude, da dies eine positive Wende in der Gesinnung des Präsidenten anzudeuten schien. Tage und Wochen vergingen jedoch, und als das Veto des Bürgerrechtsgesetzes im Senat überstimmt wurde und mit Hilfe der Stimmen der Senatoren aus New York der Bruch zwischen dem Präsidenten und seiner Partei unüberbrückbar wurde, begann die Bewegung für seine Amtsenthebung, die mit dem aufsehenerregendsten und gefährlichsten Prozess unserer politischen Geschichte endete.

Auf meinem Heimweg nach New York, nachdem die Abstimmung der New Yorker Senatoren meine Hoffnung auf eine Ernennung zunichte gemacht hatte, reiste ich mit meinem Freund Professor Davies aus West Point. Er war ein Bruder des hervorragenden Juristen Henry E. Davies, eines großen

Anwalts und Vorsitzenden Richters unseres Berufungsgerichts des Staates New York. Professor Davies sagte zu mir: „Ich glaube, ich muss Ihnen sagen, warum Ihre Nominierung als Steuereinnehmer nicht an den Senat weitergeleitet wurde. Ich war in Washington, um den Präsidenten, mit dem ich sehr eng befreundet bin, zu einer anderen Ernennung zu überreden. Am Abend des Tages, als die Konferenz Ihre Ernennung beschloss, besuchte ich Minister Hugh McCulloch und seine Familie. Minister McCulloch sagte zu mir: ‚Der Streit um die Steuereinnehmerschaft des Hafens von New York ist beigelegt, und Chauncey Depews Name wird morgen früh an den Senat weitergeleitet.‘ „Ich war am nächsten Morgen vor dem Frühstück im Weißen Haus“, fuhr der Professor fort. „Der Präsident empfing mich sofort, weil ich sagte, meine Mission sei dringend und persönlich. Ich erzählte ihm, was mir der Finanzminister gesagt hatte, und sagte: ‚Sie machen einen fatalen Fehler. Sie werden mit Ihrer Partei brechen und eine eigene Partei gründen. Die Zollbehörde des Hafens von New York ist der Schlüssel zu Ihrem Erfolg. Depew ist sehr fähig und ein Parteigänger seiner Partei. Wenn Sie irgendwelche Zweifel haben, bitte ich Sie, die Ernennung zurückzuhalten, bis im Senat die Frage aufkommt, ob das Veto des Bürgerrechtsgesetzes bestätigt oder aufgehoben werden soll. Die Stimmen der beiden New Yorker Senatoren werden entscheiden, ob sie Ihre Freunde sind oder nicht.‘ Der Präsident hielt das für vernünftig, und Sie kennen das Ergebnis.“

Die erstaunlich offene Enthüllung des Professors hatte zumindest eine Genugtuung für mich: Sie beseitigte alle Zweifel, warum ich ein wichtiges Amt und ein für mein Alter und meine Umstände großes Vermögen verloren hatte.

Präsident Andrew Johnson unterschied sich radikal von allen anderen Präsidenten der Vereinigten Staaten, die ich das Glück hatte kennenzulernen. Dies gilt für alle von und einschließlich Herrn Lincoln bis Herrn Harding. Vieles muss verziehen und vieles als Erklärung hingenommen werden, wenn wir sein frühes Umfeld und seine Möglichkeiten betrachten.

In den Interviews, die ich mit ihm führte, machte er auf mich den Eindruck eines Mannes mit energischer Mentalität, eigensinnigem Eigensinn und überwältigendem Vertrauen in sein eigenes Urteilsvermögen und den Mut, zu seinen Überzeugungen zu stehen. Seine Schwäche war der Alkoholismus. Er bot bei seiner Amtseinführung und während seiner Präsidentschaft ein furchterregendes Bild von sich selbst, und besonders während seiner berühmten Reise „um den Kreis“ ging es ihm schlecht.

Er stammte aus einfachen Verhältnissen und war sogar sehr arm. Man sagt, er habe weder lesen noch schreiben können, bis seine Frau es ihm beibrachte. Er machte sowohl als Abgeordneter des Repräsentantenhauses als auch als Senator große Karriere und hatte in beiden Bereichen unbestreitbaren

Einfluss. Mit rücksichtsloser Missachtung seines Lebens hielt er Ost-Tennessee während des Bürgerkriegs in der Union.

General Grant erzählte mir seine eigenen Erfahrungen mit ihm. Johnson, sagte er, sei von den Mitgliedern der alten Familien und der Sklavenaristokratie des Südens immer mit solcher Verachtung behandelt und gesellschaftlich ignoriert worden, dass sein Groll gegen sie rachsüchtig war, und so verkündete er nach der Kapitulation bei Appomattox ständig: „Verrat ist abscheulich und muss bestraft werden." Er wollte auch Grants Bewährungsaufforderung an die konföderierten Offiziere ignorieren und bestand tatsächlich darauf, damit sie wegen Hochverrats angeklagt werden könnten. In dieser Frage der Aufrechterhaltung seiner Bewährung und seiner militärischen Ehre war General Grant unnachgiebig und sagte, er werde nicht nur an den Kongress, sondern auch an das Land appellieren.

Eines Tages ging eine Delegation, bestehend aus den politisch, sozial und familiär bedeutendsten Führern des Südens, ins Weiße Haus. Sie sagten: „Herr Präsident, wir haben Sie nie anerkannt, da Sie einer ganz anderen Klasse angehören als wir, aber es ist die Regel aller Länder und aller Zeiten, dass die dem Einzelnen verliehene höchste Macht ihn, ungeachtet seiner Herkunft, zum höchsten Führer erhebt. Sie sind jetzt Präsident der Vereinigten Staaten und kraft Ihres Amtes unser Führer, und als solchen erkennen wir Sie an." Darauf folgte die Aufmerksamkeit dieser Menschen, die er bewunderte und beneidete, aber auch hasste, auf Gastfreundschaft und Ehrerbietung, die sie Meister der Vergangenheit waren. Es fesselte ihn und veränderte seine ganze Einstellung ihnen gegenüber.

Er ließ General Grant rufen und sagte zu ihm: „Der Krieg ist vorbei und es sollte Vergebung und Versöhnung geben. Ich schlage vor, alle Staaten, die vor kurzem rebellierten, aufzufordern, ihre Senatoren und Abgeordneten der Vereinigten Staaten nach Washington zu schicken , so wie sie es vor dem Krieg getan haben. Wenn der gegenwärtige Kongress sie nicht zulässt, kann ein Kongress aus diesen Senatoren und Abgeordneten der Südstaaten und den Senatoren und Abgeordneten der Nordstaaten gebildet werden, die glauben, dass ich im Recht bin und im Einklang mit der Verfassung handle. Als Präsident der Vereinigten Staaten werde ich diesen Kongress anerkennen und als solcher mit ihnen kommunizieren. Als General der Armee brauche ich Ihre Unterstützung." General Grant antwortete: „Das wird einen Bürgerkrieg auslösen, denn der Norden wird zweifellos den Kongress in seiner jetzigen Form anerkennen und dieser Kongress wird sich auf jede erdenkliche Weise behaupten." „In diesem Fall", sagte der Präsident, „möchte ich, dass der Kongress, den ich anerkenne, auf verfassungsmäßiger Grundlage unterstützt wird." General Grant sagte: „Im Gegenteil, soweit meine Autorität reicht, wird die Armee den Kongress in seiner jetzigen Form unterstützen und den anderen Kongress zerstreuen." Präsident Johnson beorderte General Grant daraufhin zu einer Mission nach Mexiko, doch da er nicht befugt war, einen General der Armee aus den Vereinigten Staaten zu schicken, weigerte sich Grant, die Reise anzutreten.

Kurz darauf erhielt Grant eine sehr vertrauliche Mitteilung von General Sherman, in der er ihm mitteilte, dass er nach Washington beordert worden sei, um das Kommando über die Armee zu übernehmen, und er wollte wissen, was das bedeute. General Grant erklärte die Situation, woraufhin General Sherman dem Präsidenten mitteilte, dass er genau dieselbe Position einnehmen werde wie General Grant. Der Präsident ließ daraufhin das ganze Thema fallen.

III. Abraham Lincoln

Das Amt des Staatssekretärs des Staates New York ist ein sehr angenehmes Amt. Seine vielfältigen Aufgaben sind angenehm und der Amtsinhaber steht in engem Kontakt mit der Staatsverwaltung, der Legislative und dem Volk.

Zu der Zeit, als ich das Amt innehatte, also vor etwa 58 Jahren, hatten wir im Büro des Außenministers sehr interessante Archive. Das Büro war seit der Regierungsgründung der Aufbewahrungsort dieser Dokumente. Viele Jahre später wurden sie in die Staatsbibliothek gebracht. Unter diesen Dokumenten befanden sich zehn Bände mit handschriftlichen Briefen von General Washington an Gouverneur Clinton und andere, die den Feldzug am Hudson während des Versuchs des Feindes, West Point einzunehmen, den Verrat Arnolds und fast den gesamten Unabhängigkeitskrieg behandelten. Im Laufe der Jahre, bevor diese Papiere in die Staatsbibliothek gebracht wurden, verschwand ein großer Teil davon. Das war nicht die Schuld der Regierung, die mir folgte, sondern die Tatsache, dass die Legislative in ihrem Bemühen, Geld zu sparen, sich weigerte, Mittel für die ordnungsgemäße Aufbewahrung dieser unschätzbar wertvollen historischen Dokumente bereitzustellen. Die meisten Briefe Washingtons waren vollständig von ihm selbst geschrieben, und man wundert sich über den phänomenalen Fleiß, der es ihm ermöglichte, so viele Briefe zu schreiben, während er ununterbrochen und mühsam in den aktiven Wahlkampf vertieft war.

Angesichts der bevorstehenden Präsidentschaftswahlen verabschiedete die Legislative ein Gesetz, das vom Gouverneur unterzeichnet wurde und das die Möglichkeit zur Stimmabgabe der Soldaten vorsah. Zu dieser Zeit waren in New York zwischen drei- und vierhunderttausend Soldaten im Einsatz, die in Kompanien, Regimentern, Brigaden und Divisionen über den ganzen Süden verstreut waren. Dieses Gesetz machte es zur Aufgabe des Außenministers, Stimmzettel bereitzustellen, dafür zu sorgen, dass sie jede Einheit einer Kompanie erreichten, die Stimmen zu sammeln und sie an die Wohnorte der Soldaten zu übermitteln. Die Regierung des Staates verfügte über keine Mittel, mit denen diese Aufgabe erledigt werden konnte. Ich wandte mich an die Expressunternehmen, aber alle lehnten mit der Begründung ab, dass sie nicht ausgerüstet seien. Dann ließ ich den alten John Butterfield kommen, der der Gründer des Expressunternehmens war, sich aber zur Ruhe gesetzt hatte und auf seiner Farm in der Nähe von Utica lebte. Er war zutiefst patriotisch und schämte sich über den Mangel an Unternehmungsgeist der Expressunternehmen. Er sagte zu mir: „Wenn sie diese Arbeit nicht leisten können, sollten sie in den Ruhestand gehen." Er organisierte sofort praktisch eine Express-Kompanie, nahm alle bereits vorhandenen auf und fügte viele neue hinzu, nur um die Stimmzettel zu verteilen und die Stimmen der Soldaten zu sammeln. Es war eine gigantische Aufgabe, die dieser patriotische alte Herr erfolgreich erledigte.

Natürlich musste ich zunächst herausfinden, wo sich die New Yorker Truppen befanden, und zu diesem Zweck ging ich nach Washington und blieb dort mehrere Monate, bevor mir das Kriegsministerium die Informationen gab. Kriegsminister war Edwin M. Stanton. Es war vielleicht ein Glücksfall, dass der Kriegsminister nicht nur über außerordentliche Führungsqualitäten verfügte, sondern auch praktisch frei von menschlichen Schwächen war; dass er ein strenger Disziplinarbeamter war und ohne Gnade Recht sprach. Man dachte damals, dass diese Eigenschaften notwendig waren, um der Weichherzigkeit von Präsident Lincoln so weit wie möglich entgegenzuwirken. Wenn der zum Tode verurteilte Junge oder seine Mutter oder sein Vater den Präsidenten rechtzeitig erreichen konnten, wurde er nie hingerichtet. Die Militärbehörden dachten, dies sei eine missverstandene Wohltätigkeit und schwächte die Disziplin. Nach dem Krieg war ich bei einem Abendessen mit einer Reihe von Generälen, die Armeen kommandiert hatten. Einem der berühmtesten dieser Generäle wurde die Frage gestellt: „Wie haben Sie die Urteile Ihrer Kriegsgerichte vollstreckt und Lincolns Begnadigungen entgangen?" Der grimmige alte Krieger antwortete: „Ich habe sie zuerst erschossen."

Ich machte mich jeden Tag auf den mühsamen Weg zum Kriegsministerium, konnte aber keine Ergebnisse erzielen. Die Gespräche waren kurz und unangenehm und der Kriegsminister sehr schroff. Die Zeit wurde knapp. Ich sagte zum Minister: „Wenn die Stimmzettel rechtzeitig verteilt werden sollen, muss ich sofort Informationen haben." Er lehnte dies sehr wütend ab und sagte: „New Yorker Truppen sind in jeder Armee, überall im feindlichen Gebiet. Ihre Standorte bekannt zu geben, würde bedeuten, dem Feind unschätzbare Informationen preiszugeben. Woher weiß ich, ob diese Informationen so geschützt sind, dass sie nicht nach außen dringen?"

Als ich den langen Korridor entlangging, der voll von eiligen Offizieren und Soldaten war, die vom Feld zurückkehrten oder dorthin aufbrachen, begegnete ich Elihu B. Washburne , einem Kongressabgeordneten aus Illinois und engen Freund des Präsidenten. Er hielt mich an und sagte:

„Guten Tag, Herr Sekretär, Sie scheinen sehr beunruhigt zu sein. Kann ich Ihnen helfen?" Ich erzählte ihm meine Geschichte.

"Was werden Sie tun?", fragte er. Ich antwortete: "Zu meinem eigenen Schutz muss ich den Menschen in New York mitteilen, dass die Bestimmung, dass den Soldaten das Wahlrecht gewährt werden kann, nicht umgesetzt werden kann, weil die Regierung sich weigert, Auskunft darüber zu geben, wo sich die New Yorker Soldaten befinden."

"Warum", sagte Mr. Washburne , "das wäre besser als Mr. Lincoln. Sie kennen ihn nicht. Er ist nicht nur ein großer Staatsmann, sondern auch der schärfste Politiker der Welt. Wenn es nicht anders ginge, würde der Präsident eine Reisetasche nehmen und herumgehen und die Stimmen selbst einsammeln. Sie bleiben hier, bis Sie von mir hören. Ich werde sofort hingehen und den Präsidenten aufsuchen."

Nach etwa einer Stunde kam ein Stabsoffizier auf mich zu und fragte: „Sind Sie der Außenminister von New York?" Ich antwortete: „Ja." „Der Kriegsminister möchte Sie sofort sprechen", sagte er. Ich empfand den Minister als äußerst herzlich und charmant.

„Herr Minister, was wünschen Sie?", fragte er. Ich schilderte ihm meinen Fall, wie ich es schon oft getan hatte, und er erteilte einem seiner Mitarbeiter die kategorische Anweisung, dass ich die Dokumente rechtzeitig erhalten solle, damit ich Washington mit dem Mitternachtszug verlassen könne.

Die magische Verwandlung war das Ergebnis eines persönlichen Besuchs von Präsident Lincoln beim Kriegsminister. Lincoln gewann den Staat New York mit einer Mehrheit von nur 6.749 Stimmen, und es war eine Soldatenstimme, die ihm den Empire State bescherte.

Als Ausgleich für meinen langen Aufenthalt in Washington, wo ich versuchte, das Kriegsministerium voranzubringen, bot sich mir die Gelegenheit, Herrn Lincoln zu sehen, die Mitglieder des Kabinetts kennenzulernen, die New Yorker Delegation im Kongress näher kennenzulernen und die zahlreichen wunderbaren Abenteuer und Geschichten aus Washington zu hören.

Das Weiße Haus hatte damals keine Exekutivbüros wie heute, und die Maschinerie für die Exekutivgeschäfte war sehr primitiv. Die Osthälfte des zweiten Stocks hatte einen großen Empfangsraum, in dem der Präsident immer anzutreffen war, und einige angrenzende Räume für seine Sekretäre und Angestellten. Der Präsident hatte sehr wenig Schutz oder Abgeschiedenheit. Im Empfangsraum, der zu bestimmten Stunden immer überfüllt war, konnte man Kongressabgeordnete, Stellensuchende und eine besorgte Gruppe von Vätern und Müttern finden, die um Begnadigung ihrer wegen militärischer Vergehen verurteilten Söhne baten oder um Erlaubnis baten, an die Front zu gehen, wo ein Soldat verwundet oder krank war. Jeder wollte etwas und wollte es unbedingt. Der geduldige Präsident, der von Staatssorgen, der Situation an mehreren feindlichen Fronten, den Erfordernissen im Kongress und der Eifersucht in seinem Kabinett ermüdet war, hörte sich diese Geschichten von Not und Elend geduldig und mitfühlend an. Meine Position war einzigartig. Ich war der einzige in Washington, der persönlich nichts wollte, da meine Mission rein im öffentlichen Interesse lag.

Ich war ein ergebener Anhänger von Herrn Seward, dem Außenminister, und durch den engen Kontakt mit den Offizieren seines Ministeriums erfuhr ich täglich von den Problemen im Kabinett, die im Tagebuch des Marineministers Gideon Welles so anschaulich beschrieben werden.

Der Antagonismus zwischen Herrn Seward und Herrn Chase, dem Finanzminister, brach zwar selten offen aus, war aber dennoch heftig. Herr Seward war dem Präsidenten ergeben und unternahm jede erdenkliche Anstrengung, um seine erneute Nominierung und Wahl zu erreichen. Herr Chase tat sein Bestes, um die erneute Nominierung von Herrn Lincoln zu verhindern und sich selbst zu sichern.

Kein Präsident hatte jemals ein Kabinett, dessen Mitglieder so unabhängig waren, so viele individuelle Gefolgsleute hatten und so unharmonisch waren. Der einzige Ehrgeiz des Präsidenten bestand darin, die fähigsten Männer des Landes für die ihnen zugewiesenen Abteilungen zu gewinnen, ohne Rücksicht auf ihre Loyalität ihm gegenüber. Einer von Mr. Sewards Sekretären berichtete mir häufig von Illoyalität oder persönlicher Feindseligkeit seitens Mr. Chase und klagte: „Der alte Mann – er meinte Lincoln – weiß alles darüber und wird nichts unternehmen."

Ich hatte ein langes und denkwürdiges Gespräch mit dem Präsidenten. Als ich aus der Menge in seinem Empfangszimmer trat, fragte er mich: „Was wollen Sie?" Ich antwortete: „Nichts, Herr Präsident, ich bin nur gekommen, um Ihnen meine Aufwartung zu machen und mich von Ihnen zu verabschieden, da ich Washington verlasse." „Es ist ein solcher Luxus", bemerkte er dann, „einen Mann zu finden, der nichts will. Ich wünschte, Sie würden warten, bis ich diese Menge los bin."

Als wir allein waren, ließ er sich müde auf eine Liege fallen und war offensichtlich sehr erschöpft. Dann ließ er sich, vor und zurück schaukelnd, in Erinnerungen an verschiedene Krisen in seiner Regierung schwelgen und wie er sie bewältigt hatte. In fast jedem Fall hatte er seinen Standpunkt durchgesetzt und seine Gegner entweder mit einer so treffenden, so überzeugenden Geschichte und so vollständigen Antworten überzeugt oder besiegt, dass die Kontroverse vorbei war. Ich erinnere mich an elf dieser Geschichten, von denen jede ein Sieg war.

In Bezug auf dieses Geschichtenerzählen sagte er: „Mir wird vorgeworfen, dass ich sehr viele Geschichten erzähle. Man sagt, dass es die Würde des Präsidentenamtes herabsetzt, aber ich habe festgestellt, dass einfache Leute (ich wiederhole mit Nachdruck einfache Leute), nehmen Sie sie, wie Sie sie vorfinden, leichter durch eine breite und humorvolle Darstellung beeinflusst werden als auf irgendeine andere Weise, und was die wenigen Überkritischen denken, ist mir egal."

Beim Sprechen hatte Mr. Lincoln einen eigentümlichen Rhythmus in der Stimme, der durch die Betonung des Schlüsselworts des Satzes zustande kam. Auf die Frage, woher er so viele Anekdoten kenne, antwortete er: „Ich habe nie Geschichten erfunden, aber ich habe ein gutes Gedächtnis und kann, glaube ich, ganz gut erzählen. Meine Kindheit verbrachte ich unter Pionieren, die den Mut und die Unternehmungslust hatten, sich von der Zivilisation abzuwenden und sich in der Wildnis niederzulassen. Die Dinge, die diesen Ureinwohnern und untereinander in ihren primitiven Verhältnissen widerfuhren, waren weitaus dramatischer als alles, was sich die professionellen Geschichtenerzähler ausdachten. Viele Jahre lang reiste ich als Anwalt durch die Gegend, und normalerweise gab es in den Städten des Landkreises, in denen Gericht gehalten wurde, nur ein Hotel. Der Richter, die Geschworenengerichte, die Anwälte, die Mandanten und Zeugen verbrachten die Nacht damit, spannende oder amüsante Ereignisse zu erzählen, und diese waren unendlich vielfältig und interessant." Er war immer begierig auf eine neue Geschichte, die er seinem Munitions- und Waffenmagazin hinzufügen konnte.

Eines Abends, als in der Residenz des Präsidenten ein Empfang stattfand, gingen Rufus F. Andrews, der Hafeninspektor von New York, und ich zusammen dorthin. Andrews war ein guter Anwalt und war in New York als Korrespondent von Herrn Lincoln tätig gewesen, während er in Illinois als Anwalt tätig war. Er war vertraulicher Berater des Präsidenten in New Yorker Angelegenheiten und häufig in der Residenz des Präsidenten. Als der Zug am Präsidenten vorbeizog, hielt er Andrews an, beugte sich vor und sprach sehr vertraulich mit ihm. Das Gespräch verzögerte den Zug für einige Zeit. Als Andrews und ich ins Hotel zurückkehrten, waren unsere Zimmer voll mit Zeitungsleuten und Politikern, die wissen wollten, worum es bei dem vertraulichen Gespräch ging. Andrews machte ein großes Geheimnis daraus und die Presse tat das auch. Als wir allein waren, erklärte er mir, dass er dem Präsidenten während seines Besuchs am Abend zuvor eine neue Geschichte erzählt hatte. Der Präsident hielt ihn beim Empfang auf und sagte: „Andrews, ich habe den Kern der Geschichte vergessen, die Sie mir gestern Abend erzählt haben; wiederholen Sie sie jetzt."

Obwohl Lincoln über einen äußerst logischen Verstand verfügte und seine Briefe und Reden zu politischen Kontroversen die überzeugendsten aller Staatsmänner seiner Zeit waren, ließ er sich in Gesprächen selten auf längere Diskussionen ein; er beendete die Diskussion immer mit einer passenden Geschichte oder einem Beispiel, das seine Ideen untermauerte.

John Ganson aus Buffalo war der führende Vertreter der Anwaltskammer im Westen des Staates New York. Obwohl er als Demokrat ins Repräsentantenhaus gewählt worden war, unterstützte er die Kriegsmaßnahmen der Regierung. Er war ein Gentleman der alten Schule, von großer Würde und stets tadellos gekleidet. Er war völlig kahl und hatte auch kein Haar im Gesicht. Es war eine düstere Kriegsperiode und die Berichte von der Front waren sehr entmutigend. Kongressabgeordneter Ganson hielt es für seine Pflicht, den Präsidenten zu sprechen und sich über die Lage des Landes zu informieren. Er machte einen offiziellen Besuch und sagte zu Lincoln: „Obwohl ich ein Demokrat bin, gefährde ich meine politische Zukunft, wenn ich Ihre Kriegsmaßnahmen unterstütze. Ich kann verstehen, dass Geheimhaltung bei militärischen Operationen notwendig sein kann, aber ich glaube, ich habe ein Recht darauf, die genauen Bedingungen an der Front zu kennen, ob gut oder schlecht."

Mr. Lincoln sah ihn eine Minute lang ernst an und sagte dann: „ Ganson , wie sauber Sie sich rasieren!" Damit war das Interview beendet.

Der erste nationale Kongress, an dem ich je teilnahm, fand 1864 in Baltimore statt, als Lincoln erneut nominiert wurde . Seitdem war ich viermal Delegierter ohne Sonderaufgaben als Vertreter des gesamten Staates und viele Male Delegierter eines Kongresswahlbezirks. Richter WH Robertson aus Westchester County und ich nahmen gemeinsam am Kongress teil. Wir dachten, wir würden über das Meer fahren, aber unser Schiff kollidierte und wir wurden von einem Lotsenboot gerettet. Als wir nach New York zurückkehrten, beschlossen wir, die Sicherheit der Eisenbahn anzunehmen. Richter Robertson war einer der klügsten und fähigsten republikanischen Politiker im Staat New York. Er war wiederholt zum Bezirksrichter, Staatssenator und Kongressabgeordneten gewählt worden und hatte sich dabei stets gegen eine feindselige demokratische Mehrheit durchgesetzt.

Wir fuhren zunächst nach Washington, um Herrn Seward zu treffen, hatten ein Gespräch mit ihm in seinem Büro und speisten abends mit ihm. Das Essen mit Minister Seward war ein Ereignis, das niemand, insbesondere kein junger Politiker, je vergessen würde. Er war ein überaus charmanter Gastgeber und seine Konversation vermittelte eine liberale Bildung.

Es gab keine Einigkeit über die erneute Nominierung von Herrn Lincoln, aber man war sich allgemein einig, dass der Vizepräsident ein Kriegsdemokrat sein sollte. Die Kandidatur von Daniel S. Dickinson aus New York war so geschickt gemanagt worden, dass er bei weitem der Favorit war. Er war sein ganzes Leben lang, bis zum Ausbruch des Bürgerkriegs, einer der ausgesprochensten extremen und radikalsten Demokraten im Staat New York gewesen. Herr Seward zog Richter Robertson und mich ins Vertrauen. Er war gegen die Nominierung von Herrn Dickinson und sagte, die Situation erfordere die Nominierung eines Vertreters aus den Grenzstaaten zum Vizepräsidenten, dessen Loyalität während des Krieges bewiesen worden sei. Er hielt eine Lobrede auf Andrew Johnson aus Tennessee und gab eine glühende Beschreibung des Mutes und Patriotismus, mit dem Johnson unter Einsatz seines Lebens die Sache der Union vertreten und seinen Staat teilweise loyal gehalten hatte.

Er sagte uns: „Sie können mich gegenüber den Delegierten zitieren, und sie werden glauben, dass ich die Meinung des Präsidenten ausdrücke. Obwohl der Präsident nicht an der Nominierung zum Vizepräsidenten teilnehmen möchte, bevorzugt er dennoch Herrn Johnson."

Als wir auf der Tagung ankamen, erregte dieses Gespräch mit Herrn Seward unser Interesse und änderte sofort die Meinungsströmung, die zuvor fast einstimmig für Herrn Dickinson gewesen war. Schließlich wurde es der New Yorker Delegation überlassen.

Das Treffen der Delegierten aus New York war stürmisch und dauerte bis fast zum Morgen. Mr. Dickinson hatte viele gute Freunde, besonders unter denen, die zuvor den Demokraten angehörten, und der Stolz des Staates, einen Vizepräsidenten zu haben, sprach für ihn. Bei der Schlussabstimmung hatte Andrew Johnson eine Mehrheit. Die Entscheidung aus New York wurde von der Versammlung angenommen und er wurde zum Vizepräsidenten ernannt.

Dies ist ein Beispiel, wie ich es in meinem Leben schon oft erlebt habe, bei dem der Lauf der Geschichte nur um ein Vielfaches geändert wurde. In der politischen Geschichte und in den Zeitungsberichten dieser Zeit wurde der Erfolg von Herrn Johnson den Bemühungen mehrerer bekannter Delegierter zugeschrieben, aber in Wirklichkeit war er größtenteils, wenn nicht sogar ausschließlich, der Botschaft von Herrn Seward zu verdanken, die Richter Robertson und ich den Delegierten überbrachten.

Das Jahr 1864 war voller Stimmungsschwankungen und Überraschungen. Der Norden war des Krieges überdrüssig geworden. Das Volk wollte Frieden, und zwar um fast jeden Preis. Jacob Thompson und Clement C. Clay, ehemalige US-Senatoren aus dem Süden, erschienen an den Niagarafällen auf der kanadischen Seite, und entweder sie oder ihre Freunde gaben bekannt, dass sie dort waren, um über Frieden zu verhandeln. In Bezug auf sie sagte mir Herr Lincoln: „Dieser Versuch zielte darauf ab, die Friedensstimmung im Norden zu entfachen, die Regierung in Verlegenheit zu bringen und die Armee zu demoralisieren, und in gewisser Weise war er erfolgreich. Herr Greeley drängte mich, für den Frieden einzutreten, und sagte, wenn ich diesen Männern nicht entgegenkäme, wäre ich für jeden vergossenen Blutstropfen und jeden ausgegebenen Dollar verantwortlich, und es wäre ein Schandfleck auf meinem Gewissen und meiner Seele. Ich schrieb Herrn Greeley einen Brief und sagte ihm, dass diese beiden ehemaligen US-Senatoren Whigs und alte Freunde von ihm seien, sowohl persönlich als auch politisch, und dass ich ihn auffordere, zu den

Niagarafällen zu fahren und dort vertraulich herauszufinden, welche Referenzen sie hätten, und mich darüber zu informieren."

Der Präsident erklärte, dass Herr Greeley es nicht auf diese Weise getan habe, sondern dass er als Botschafter dorthin gereist sei, sich mit einer Schar von Reportern auf der amerikanischen Seite etabliert und über die Brücke hinweg Verhandlungen mit den beiden angeblichen Gesandten aufgenommen habe. Weiter sagte Herr Lincoln: „Aufgrund vertraulicher Informationen, die ich von einem Mann meines Vertrauens erhalten hatte, der Jefferson Davis, den Präsidenten der Konföderation, interviewt hatte, hatte ich Grund zu der Annahme, dass diese Gesandten keine Autorität besaßen, denn Präsident Davis hatte diesem Freund von mir und seinem gesagt, dass er unter keinen Bedingungen verhandeln würde, außer unter der absoluten Anerkennung der Unabhängigkeit der Südstaaten-Konföderation. Die Aufmerksamkeit des ganzen Landes und der Armee konzentrierte sich auf diese Verhandlungen an den Niagarafällen, und um dem Schaden, den sie anrichteten, Einhalt zu gebieten, berief ich Herrn Greeley zurück und erließ meine Proklamation ‚An alle Interessierten', in der ich erklärte, dass jeder oder jede Delegation an den Niagarafällen oder sonst wo, die befugt war, die Südstaaten-Konföderation zu vertreten und Friedensverhandlungen zu führen, freies Geleit und Sicherheit nach Washington und zurück hätte. Natürlich kamen sie nie, denn ihre Mission war eine Ausrede. Aber sie ließen Greeley an sie glauben, und das Ergebnis ist, dass er mich immer noch angreift, weil ich den Krieg unnötig für meine eigenen Zwecke verlängert habe."

Bei einer Kabinettssitzung sagte eines der Mitglieder zu Lincoln: „Herr Präsident, warum schreiben Sie nicht einen Brief an die Öffentlichkeit, in dem Sie diese Tatsachen darlegen, und damit werden die Angriffe von Herrn Greeley ein Ende haben?" Der Präsident antwortete: „Herr Greeley besitzt eine Tageszeitung, die eine große Verbreitung und großen Einfluss hat. Ich habe keine Zeitung. Die Presse des Landes würde meinen Brief drucken, ebenso die New York Tribune. In Kürze würde die Öffentlichkeit alles vergessen, und dann würde Herr Greeley anhand meines eigenen Briefes beweisen, dass er Recht hatte, und ich wäre natürlich machtlos, ihm zu antworten." Er brachte das Kabinett dazu, ihm einstimmig zuzustimmen, indem er eine seiner typischen Geschichten erzählte.

Diese Affäre und die Verzögerungen bei der Kriegsführung hatten Anfang 1864 die Stimmung aufkommen lassen, dass Lincolns Wiederwahl unmöglich sei. Die Führer sowohl der konservativen als auch der radikalen Elemente der Republikanischen Partei, Weed einerseits und Greeley andererseits, sagten dem Präsidenten offen, dass er nicht wiedergewählt werden könne, und sein enger Freund, der Kongressabgeordnete Elihu B. Washburne , teilte ihm nach einer Umfrage im ganzen Land die gleiche Information mit.

Dann kam der spektakuläre Sieg von Farragut bei Mobile und der triumphale Marsch von Sherman durch Georgia, und die Stimmung im Land änderte sich völlig. Es gab eine aktive Bewegung im Interesse des Finanzministers Chase, die von ihm gefördert wurde, um vor dem regulären republikanischen Parteitag einen unabhängigen Parteitag abzuhalten, um gegen die erneute Nominierung von Herrn Lincoln zu protestieren. Sie wurde von einigen der bedeutendsten und mächtigsten Mitglieder der Partei unterstützt, die ihre Mittel und ihren Einfluss in das Vorhaben einbrachten. Nach diesen Siegen wurde das Vorhaben aufgegeben und Herr Lincoln per Akklamation nominiert. Ich erinnere mich als eine der aufregendsten und freudigsten Erfahrungen meines Lebens an die enthusiastische Zuversicht, die dieser Parteitag ausstrahlte, als sie Lincoln zu ihrem Kandidaten ausriefen.

Gouverneur Seymour, der das Idol seiner Partei war, führte die New Yorker Delegation zum nationalen Demokratischen Parteitag an, um den Präsidenten zu nominieren, und seine Reise zu diesem Parteitag war ein Triumphzug. Es besteht kein Zweifel, dass er damals nicht nur die begeisterte Unterstützung seiner eigenen Partei, sondern auch das Vertrauen der Friedensbefürworter auf seiner Seite hatte. Seine eigene Nominierung und Wahl schien unvermeidlich. Aus Rücksicht auf die Kriegsstimmung wurde jedoch stattdessen General McClellan nominiert, und hier geschah eines jener kleinen Dinge, die in unserem Land so oft das Blatt gewendet haben.

Der Programmausschuss und der anschließende Kongress ließen zu, dass ein von Clement C. Vallandigham aus Ohio vorgeschlagener Satz in das Programm aufgenommen wurde: „Der Krieg ist ein Fehlschlag." Bald nach der Vertagung des Kongresses kamen zu den Siegen von Farragut und Sherman der spektakuläre Feldzug und Sieg von Sheridan im Shenandoah-Tal hinzu. Der Feldzug nahm sofort eine neue Phase an. Dies war die Gelegenheit für den Redner.

Es ist heute schwierig, die Szenen dieses Feldzugs nachzubilden. Die Menschen waren zutiefst entmutigt. Jede Familie hatte einen Trauerfall, einen Sohn verloren und andere waren noch im Dienst. Die Steuern waren hoch und die Wirtschafts- und Geschäftsbedingungen sehr schlecht. Dann kam diese Reaktion, die einen frühen Sieg für die Union zu versprechen schien. Der Redner griff natürlich den Satz „Der Krieg ist ein Fehlschlag" auf; dann stellte er Farragut vor, wie er an die Wanten seines Flaggschiffs gebunden war; dann schilderte er Grants Siege im Mississippi-Feldzug, Hookers „Schlacht über den Wolken", den Vormarsch der Cumberland-Armee; dann beschrieb er enthusiastisch, wie Sheridan das Kriegsministerium verließ, als er von der Schlacht im Shenandoah-Tal hörte, wie er weiterraste und seine besiegten Truppen sammelte, neu formierte und zum Sieg führte, und beendete seine Rede mit der Rezitation einiger der bewegenden Kriegsgedichte.

Die Wahl Lincolns war unter diesen Bedingungen und Umständen wahrscheinlich eher dieser unglücklichen Formulierung im Wahlprogramm der Demokraten zuzuschreiben als irgendeinem anderen Grund.

Auf die Tragödie der Ermordung Lincolns folgte der ergreifendste Vorfall des amerikanischen Lebens – seine Beerdigung. Nach der Zeremonie in Washington hielt der Trauerzug in Philadelphia, New York und Albany. In jeder dieser Städte hatten die Menschen die Möglichkeit, die sterblichen Überreste Lincolns zu sehen.

In meiner offiziellen Funktion als Außenminister war ich für den Zug verantwortlich, nachdem er Albany verlassen hatte. Es war spät am Abend, als wir losfuhren, und der Zug fuhr die ganze Nacht durch Zentral- und West-New York. Sein Fahrplan war auf der gesamten Strecke gut bekannt. Wo immer die Autobahn die Eisenbahnstrecke kreuzte, versammelte sich die gesamte Bevölkerung der Nachbarschaft auf der Autobahn und auf den Feldern. Riesige Freudenfeuer erhellten die Szene. Pastoren der örtlichen Kirchen aller Konfessionen hatten sich zusammengeschlossen, um ihre Gemeinden zur Begrüßung und Verabschiedung ihres geliebten Präsidenten anzuführen. Wenn wir einen Bahnübergang erreichten, waren dort manchmal Hunderte und manchmal Tausende von Männern, Frauen und Kindern auf den Knien, beteten und sangen Kirchenlieder.

Dieser ununterbrochene Gottesdienst aus Gebeten, Gesängen und Flehen dauerte über die 300 Meilen zwischen Albany und Buffalo, von Mitternacht bis zum Morgengrauen.

IV. ALLGEMEINE BEWILLIGUNG

Die Feen, die die Preise verteilen, sind Witzbolde. Ich habe Tausende gekannt, die ein Amt anstrebten, manche wegen der Ehrung, manche wegen der Vergütung und manche wegen beidem; Tausende, die eine Beförderung von ihren bisherigen Ämtern wollten, und andere Tausende, die verlorene Ämter zurückgewinnen wollten, und alle haben bei ihrer Suche versagt.

Ich wäre wahrscheinlich in eine dieser Klassen eingestiegen, wenn ich ein Amt angestrebt hätte. Ich war jedoch fest entschlossen, eine Karriere bei der Eisenbahn zu machen, bis ich, wenn möglich, die höchsten Belohnungen erreicht hatte. Während dieser Zeit wurden mir etwa ein Dutzend politische Ämter angeboten, die meisten von großer Bedeutung und sehr verlockend, aber ich lehnte sie alle ab.

Gegen Ende der Amtszeit von Präsident Grant bat mich George Jones, der damalige Eigentümer und Herausgeber der New York Times, ihn zu besuchen. Herr Jones war in seiner Verbindung mit dem brillanten Herausgeber Henry J. Raymond eine fortschrittliche und ausdauernde Kraft für die finanzielle Seite dieser großartigen Zeitschrift gewesen. Er war walisischer Abstammung und ein sehr hartgesottener, praktischer und kluger Geschäftsmann. Er hatte auch sehr klare Ansichten über Politik und Parteien und ruinierte seine Zeitung mehrmals beinahe, indem er hartnäckig einen Kurs verfolgte, der bei seinen Lesern und Abonnenten vorübergehend unpopulär war. Ich stand mit Herrn Jones auf ausgezeichnetem Fuß und bewunderte ihn. Die New York Times wurde unter seiner Leitung zu einem der schärfsten Kritiker der Regierung von General Grant und des Präsidenten selbst.

Ich ging zu seinem Haus und während des Gesprächs sagte Jones zu mir: „Ich war sehr überrascht, einen Brief vom Präsidenten zu erhalten, in dem er mich bat, ihn im Weißen Haus zu besuchen. Natürlich ging ich hin, da ich ein unangenehmes Interview erwartete, aber es kam genau das Gegenteil. Der Präsident war äußerst herzlich und seine Offenheit äußerst anziehend. Nach einer langen und ausführlichen Diskussion sagte der Präsident, die Times sei sein schonungslosester Kritiker gewesen, aber er sei gezwungen, vielen Aussagen der Times zuzustimmen; er habe mich zu sich rufen lassen, um eine Bitte vorzubringen; er sei ohne jegliche Vorbereitung auf die Aufgaben oder die bürgerlichen Pflichten Präsident geworden; er sei gezwungen gewesen, den besten Rat anzunehmen, den er finden konnte, und sich mit Männern zu umgeben, von denen er viele nie zuvor getroffen hatte und die seine Führer und Lehrer waren; er jedoch übernehme die gesamte Verantwortung für alles, was er getan habe. Im Rückblick und mit der größeren Erfahrung, die er gewonnen hatte, wusste er ganz genau, dass er viele Fehler gemacht hatte. „Und nun, Mr. Jones", fuhr er fort, „habe ich nach Ihnen geschickt, da Sie der einflussreichste und, wie ich glaube, auch gerechteste meiner Kritiker sind. Ich möchte Sie bitten, in Ihrer abschließenden Zusammenfassung meiner acht Jahre zu sagen, dass, wie viele Irrtümer oder Fehler ich auch gemacht habe, es sich dabei um Fehleinschätzungen handelte und dass ich gewissenhaft und auf jede Weise gehandelt habe, die ich für richtig und am besten hielt."

„Ich sagte dem Präsidenten, dass ich mich freuen würde, diese Meinung in der Times zu vertreten. Dann sagte der Präsident, dass er seine Wertschätzung auf eine Weise zeigen möchte, die mir gefallen würde. Ich sagte ihm, dass ich weder für mich selbst noch für einen meiner Freunde etwas in der Art der Schirmherrschaft wollte. Dann sagte er, dass er meine Unterstützung bräuchte, weil er den besten Mann für den Posten des US-Bezirksstaatsanwalts für den Bezirk New York suchte. Da ich viele Bekannte habe, dachte er, dass ich ihm sagen könnte, welcher der Anwälte am besten geeignet wäre. Nach kurzer Überlegung empfahl ich Sie.

„Dann sagte der Präsident: ‚Mr. Depew hat Greeley unterstützt, und obwohl er wieder in der Partei ist und gute Dienste im Wahlkampf leistet, mag ich diese Männer nicht. Trotzdem können Sie ihm das Amt anbieten und ihn um seine sofortige Annahme bitten.'"

Ich teilte Herrn Jones meine beruflichen Ziele mit und obwohl ich seine Freundschaft und das Kompliment des Präsidenten sehr schätze, muss ich ablehnen.

General Grants Fehler während seiner Präsidentschaft resultierten aus einer der größten Tugenden, nämlich der Loyalität gegenüber seinen Freunden. Er hatte uneingeschränktes Vertrauen in sie und konnte ihre Fehler nicht sehen, sich nicht dazu bringen lassen und ihnen auch nicht zuhören. Er selbst war von solch durchsichtiger Ehrlichkeit und Wahrhaftigkeit, dass er andere nach seinen eigenen Maßstäben beurteilte. Skandale unter einigen Beamten seiner Regierung waren ausschließlich dieser großen Eigenschaft geschuldet.

Seine Vertrautheit mit seinen Parteiberatern fiel unter die extremsten Organisationsmitglieder und politischen Machinisten. Als er auf Anraten von Senator Conkling Thomas Murphy zum Zollbeamten des Hafens von New York ernannte, wurde ihm in der Presse vorgeworfen, er habe täglich mehrere Hundert Angestellte entlassen und ihre Plätze mit loyalen Anhängern der Organisation besetzt. Diese Politik, die eine direkte Umkehrung der damals rasch an Stärke gewinnenden Ideen einer Reform des öffentlichen Dienstes darstellte, erregte die aktive Feindseligkeit der Reformer des öffentlichen Dienstes, von denen George William Curtis der bekannteste war.

Als General Grant nach seiner Weltreise nach New York kam, wurde er mit gesellschaftlichen Aufmerksamkeiten überhäuft. Ich traf ihn mehrmals in der Woche beim Abendessen und wurde Opfer der für ihn typischen Kälte, die er vielen Menschen gegenüber an den Tag legte.

Als ich mich an einem St. Patrick's Day in Washington aufhielt, erhielt ich eine ernstgemeinte telegrafische Anfrage von Richter John T. Brady und seinem Schwager, Richter Charles P. Daly, dem Präsidenten der Society of the Friendly Sons of St. Patrick. Darin hieß es: „Den Söhnen wird eine große Feier bevorstehen, denn sie werden durch die Anwesenheit von General Grant geehrt, der auch eine Rede halten wird. Es ist unbedingt erforderlich, dass Sie kommen und uns helfen, ihn willkommen zu heißen.“

Ich kam spät zum Abendessen und ging vor dem Podium zu meinem Platz am anderen Ende, während General Grant sprach. Er war zu dieser Zeit nicht sehr gut auf den Beinen, doch später wurde er sehr geschickt darin, vor Publikum zu sprechen. Er hielt einen Moment inne, bis ich mich gesetzt hatte, und sagte dann: „Wenn Chauncey Depew in meiner Haut stünde und ich in seiner, wäre ich ein viel glücklicherer Mensch.“

Ich warf die Rede, die ich während der sechsstündigen Reise von Washington vorbereitet hatte, sofort weg und begann eine Rede zum Thema „Wer kann jetzt oder in Zukunft in die Fußstapfen von General Grant treten?“ zu halten. Bevor ich an die Reihe kam, hatte ich reichlich Zeit, diese Idee auszuarbeiten, wobei ich nach und nach zeitgenössische Berühmtheiten ausschloss, bis in der Zukunft die herausragende Persönlichkeit, die die Epoche repräsentierte, der Held unseres Bürgerkriegs und der Wiederherstellung der Union sein würde.

Die Begeisterung des Publikums im Verlauf der Rede übertraf alles, was ich je erlebt hatte. Sie stürzten sich auf die Tische und versuchten, den General durch den Raum zu tragen. Als die Begeisterung nachgelassen hatte, kam er zu mir und sagte mit viel Gefühl: „Danke für diese Rede; es ist die großartigste und beredteste, die ich je gehört habe.“ Er bestand darauf, dass ich neben ihm stand, als er die Familien der Mitglieder empfing, und brachte mich in seiner Kutsche nach Hause.

Von dieser Zeit an bis zu seinem Tod war er äußerst herzlich und bestand bei vielen Abendessen darauf, dass mir ein Platz neben ihm zugewiesen wurde.

Unter Fremden und in der allgemeinen Unterhaltung war General Grant der zurückhaltendste Mensch, aber unter den Menschen, die er kannte, ein höchst unterhaltsamer Gesprächspartner. Bei solchen Gelegenheiten sprach er ein weites Feld an und war zu allen Themen interessant, besonders lehrreich, wenn es um militärische Feldzüge und Kommandeure ging. Er teilte mir mit, dass General Philip Sheridan unter allen militärischen Genies der Welt der größte sei und dass Sheridans Auffassungsgabe bei keinem anderen großen General, den er kenne, vergleichbar sei.

Ich war am Tag vor seiner Abreise von New York nach Mount McGregor in der Nähe von Saratoga, wo er starb, bei General Grant zu Hause. Ich erfuhr von der Reise und besuchte ihn sofort. Dort traf ich seinen Sohn, General Frederick D. Grant. Ich sagte zu ihm: „Ich habe erfahren, dass Ihr Vater morgen nach Mount McGregor reist, und ich bin gekommen, um ihm einen Sonderzug anzubieten."

Nachdem alle notwendigen Vorbereitungen getroffen waren, bat er mich, hineinzugehen und den General zu besuchen. Zuvor fragte ich: „Wie geht es ihm?" „Nun", antwortete er, „er liegt im Sterben, aber es ist eine große Erleichterung für ihn, Leute zu sehen, die er kennt und mag, und ich weiß, dass er Sie sehen möchte. Wir bemühen uns, ihn von sich selbst abzulenken und ihn mit allem zu interessieren, von dem wir glauben, dass es ihm helfen könnte, und wenn Sie irgendwelche neuen Vorkommnisse haben, versäumen Sie nicht, es ihm mitzuteilen."

Als ich den Raum betrat, war der General gerade damit beschäftigt, seine „Erinnerungen" zu schreiben. Er begrüßte mich sehr herzlich, sagte, er freue sich, mich zu sehen, und bemerkte dann: „Ich sehe aus den Papieren, dass Sie kürzlich in Hartford waren und einen Vortrag gehalten haben. Erzählen Sie mir davon."

Als Antwort erzählte ich ihm von einer sehr interessanten Reise dorthin, von der Vorlesung und dem anschließenden Abendessen mit Mark Twain als Vorsitzendem, zu dem er Fragen stellte, mehr Einzelheiten wissen wollte und die ganze Geschichte ihn zu interessieren schien. Was ihm besonders zu gefallen schien, war der Vorfall, als ich nach dem Abendessen, das ich am Ende meiner Vorlesung bekommen hatte, im Hotel ankam. Es war etwa drei Uhr morgens, und ich ging sofort zu Bett und bestellte den Frühzug nach New York. Um fünf Uhr klopfte es heftig an der Tür, und als ich sie öffnete, stand ein irischer Kellner mit einem Tablett da, auf dem eine Flasche Champagner und ein Kelch mit Eis standen.

„Sie haben einen Fehler gemacht", sagte ich zum Kellner.

„Nein, Sir", antwortete er, „bei Ihnen kann ich mich nicht irren."

„Wer hat das geschickt?", fragte ich.

„Das Komitee, Sir, mit der ausdrücklichen Anweisung, dass Sie es um fünf Uhr morgens haben sollen", antwortete er.

„Nun, mein Freund", sagte ich, „ist es die Gewohnheit der guten Leute von Hartford, wenn sie beschlossen haben, mit einem frühen Zug nach New

York zu fahren, um fünf Uhr morgens eine Flasche Champagner zu trinken?"

Er antwortete: „Die meisten tun das, Sir."

(Niemand hätte damals vom 18. Zusatzartikel zur US-Verfassung und dem Volstead-Gesetz geträumt.)

Dann sagte General Grant lächelnd: „Nun, es gibt einige Orte in Connecticut, wo das nicht möglich ist, da die lokale Option vorherrscht und die Städte ausgetrocknet sind. So sprach beispielsweise mein Freund, Senator Nye aus Nevada, im letzten Wahlkampf in Connecticut in meinem Namen. Nye war ein freigeistiger, wenn auch kein zügelloser Mann, und, wie Sie wissen, ein sehr guter Redner. Er erzählte mir, dass er bei seiner Ankunft in einer der wichtigsten Industriestädte vom führenden Fabrikanten in seinem großen Haus und in großartigem Stil bewirtet wurde. Das Abendessen war alles, was man sich nur wünschen konnte, außer dass die einzige Flüssigkeit Eiswasser war. Nach einer langen Rede gab Nye nach seiner Rückkehr ins Haus einen Empfang, und das Abendessen war immer noch ausgetrocknet, außer viel Eiswasser.

„Nye ging völlig erschöpft zu Bett, konnte aber weder schlafen noch fand er irgendwelche Stimulanzien. So zog er sich etwa um sechs Uhr morgens an und schlenderte hinunter ins Esszimmer. Der Hausherr kam herein und rief, als er ihn sah: ‚Aber Senator, Sie sind ja früh auf.' Nye antwortete: ‚Ja, wissen Sie, in Nevada gibt es sehr viele Fälle von Malaria, und ich konnte nicht schlafen.' ‚Nun', sagte der Gastgeber, ‚das ist eine Stadt der Abstinenzler. Wir finden, das ist eine ausgezeichnete Sache für die Arbeiter, besonders für die jungen Männer, aber wir haben hier auch Malaria, und dagegen habe ich ein privates Heilmittel.' Daraufhin ging er zu einem Schrank und holte eine Flasche Brandy heraus.

„Nachdem sein Gastgeber gegangen war, machte Nye dort in erfrischter und fröhlicherer Stimmung weiter. Bald kam seine Gastgeberin herein und sagte sehr überrascht: ‚Aber Senator, Sie sind ja so früh auf!' ‚Ja', sagte er, ‚in Nevada gibt es sehr viele Malariafälle, und während ich auf diesen Vortragsreisen bin, bekomme ich heftige Anfälle und kann nicht schlafen. Ich hatte letzte Nacht einen.'

„‚Nun', bemerkte sie, ‚das ist eine Stadt der Abstinenzler, und das ist eine gute Sache für die Arbeiter und die jungen Männer, aber ich selbst habe ab und zu einen Anflug von Malaria.' Dann ging sie zur Teedose und holte eine Flasche Brandy heraus. Der Senator befand sich zu diesem Zeitpunkt in vollkommener Harmonie mit sich selbst und der ganzen Welt.

„Als die Jungen (die Söhne des Entertainers) hereinkamen, sagten sie: ‚Senator, wir haben gehört, dass Sie ein Experte für Vieh, Pferde, Rinder usw.

sind. Kommen Sie nicht mit in die Scheune, damit wir Ihnen einige unserer Meinung nach sehr schöne Exemplare zeigen können?' Die Jungen führten ihn in die Scheune, schlossen die Tür ab, verriegelten sie und flüsterten: ‚Senator, wir haben kein Vieh , aber wir haben hier im Heuhaufen eine Flasche, von der wir glauben, dass sie Ihnen gut tun wird.' Und der Senator schloss seine Erzählung mit den Worten: ‚Der feuchteste Ort, den ich kenne, ist eine trockene Stadt in Connecticut.'"

Am nächsten Tag begab sich General Grant zum Mount McGregor und wie wir alle wissen, verlor er wenige Tage später seine Stimme vollständig.

GEGEN ROSCOE CONKLING

Mehrere Jahre lang verbrachte ich im Herbst einige Wochen als Redner im Wahlkampf, anstatt meinen üblichen Urlaub auf Reisen oder in einem Erholungsort zu verbringen. Bei der Wahlkampagne von 1868 war ich mit Senator Roscoe Conkling verbunden, der einen Assistenten wünschte, da bei Massenversammlungen normalerweise mindestens zwei und wahrscheinlich drei Stunden Redezeit erforderlich waren, und er beschränkte sich auf eine Stunde. General Grant war auf dem Höhepunkt seiner Popularität und das Publikum war riesig. Da wir jeden Tag und manchmal sogar mehrmals am Tag sprechen mussten, teilte Herr Conkling den Ausschüssen mit, dass er nicht im Freien sprechen würde und dass sie in jedem Fall einen Saal zur Verfügung stellen müssten.

Als wir in Lockport, NY, ankamen, teilte der Vorsitzende des Komitees, Burt Van Horn, der Kongressabgeordnete des Bezirks, dem Senator mit, dass mindestens zwanzigtausend Menschen aus der Stadt und andere, die mit Ausflugszügen vom Land kamen, das Messegelände gefüllt hätten. Conkling wurde sehr wütend und teilte dem Kongressabgeordneten mit, dass er die Bedingungen, unter denen er nach Lockport gekommen sei, genau kenne und dass er nicht auf dem Messegelände sprechen würde. Schließlich wurde ein Kompromiss erzielt, bei dem der Senator auf der Bühne erscheinen sollte, das Publikum darüber informiert wurde, dass er im Opernhaus sprechen würde, und ich mich um die Menge kümmern sollte. Die Abreise des Senators vom Gelände war sehr dramatisch. Er erhielt begeisterten Applaus und eine Kapelle fuhr vor seinem Wagen her.

Aus irgendeinem Grund hatte ich nie so viel Erfolg wie bei einer Ansprache vor diesem Publikum. Ich begann mit einer Geschichte, die neu und wirkungsvoll war, und sprach zwei Stunden lang, ohne anscheinend einen Zuhörer zu verlieren.

Als ich ins Hotel zurückkam, fand ich den Senator sehr empört vor. Er sagte, er sei mit dem Komitee ins Opernhaus gegangen; natürlich sei dort keine Versammlung angekündigt worden, aber eine Band sei auf den Balkon gestellt worden, um zu spielen, als ob es sich um eine Attraktion im Groschenmuseum handele; ein paar Bäuerinnen seien hereingekommen, um aus ihren Körben ihr Mittagessen zu sich zu nehmen, und er habe das Opernhaus verlassen und sei ins Hotel zurückgekehrt. Dass das Komitee hereinkam und erzählte, was auf dem Messegelände geschehen war, half seinem herrischen Temperament nicht gerade. Das Komitee bat um eine große Versammlung, die am Abend stattfinden sollte, aber Conkling lehnte ab und befahl mir, dasselbe zu tun, und wir fuhren mit dem ersten Zug ab.

Die freundschaftlichen Beziehungen, die bis dahin bestanden hatten, waren irgendwie zerstört, und er wurde sehr feindselig.

General Grant hatte als Präsident natürlich nie praktische politische Erfahrungen oder Gelegenheiten. Es hieß, er habe vor seiner Wahl nur einmal gewählt, und zwar vor dem Krieg, als er für die Demokraten James Buchanan stimmte.

Alle Senatoren, Abgeordneten und Staatsmänner, die sich um ihn drängten und die Ernennung ihrer Freunde in Ämter forderten, waren ihm persönlich unbekannt. Er entschied rasch, wem von ihnen er vertrauen konnte, und als er einmal zu diesem Schluss gekommen war, war seine Entscheidung unwiderruflich. Er würde einem Freund bis zum letzten Graben zur Seite stehen, ohne Rücksicht auf die Auswirkungen auf ihn selbst.

Natürlich wollte jeder der beiden US-Senatoren, Conkling und Fenton, seine ausschließliche Gunst. Es ist unmöglich, sich zwei Männer vorzustellen, die in jeder Hinsicht so unterschiedlich sind. Grant mochte Conkling ebenso sehr, wie er Fenton nicht mochte. Das Ergebnis war, dass er die Bundesschirmherrschaft des Staates auf Senator Conkling übertrug.

Conkling war ein geborener Führer, sehr autokratisch und diktatorisch. Er begann sofort, Fentons Beamte zu entlassen und durch Mitglieder seiner eigenen Organisation zu ersetzen. Da es damals noch keinen öffentlichen Dienst gab und öffentliche Beamte zwangsläufig aktive Politiker waren, zerstörte Senator Conkling in wenigen Jahren die Organisation, die Fenton als Gouverneur aufgebaut hatte, und wurde Herr der Republikanischen Partei im Staat.

Die Probe aufs Exempel kam auf dem Staatskonvent in Saratoga. Senator Conkling war mir damals feindlich gesinnt, warum, weiß ich nicht, und seine Freunde, die größtenteils auch meine waren, konnten es auch nicht herausfinden. Er verfügte, dass ich nicht als Delegierter zum Konvent gewählt werden dürfe. Um dieses Dekret in Kraft zu setzen, besetzte der Zollbeamte des Hafens von New York meinen Bezirk in Westchester County mit Beauftragten des Zollamts.

Patronage ist ein Bumerang, wenn ihre Kontrolle einer Volksabstimmung unterliegt. Die Ernennung eines Bürgers in einer Stadt erregt den Zorn vieler anderer, die meinen, sie hätten mehr verdient. Ich appellierte an die Bauern mit der einfachen Frage, ob das alte Westchester in einer rein staatlichen Angelegenheit von der Bundesregierung kontrolliert werden sollte. Das Ergebnis des Appells war überwältigend, und als die Bezirksversammlung zusammentrat, hatte das Zollamt keinen einzigen Delegierten.

Der Anführer der Leute vom Zollhaus kam zu mir und sagte: „Es geht um unser tägliches Brot und darum, mit uns zu leben. Es geht Sie nichts an.

Diese Delegierten sind auf dem Kongress gegen uns und für Sie. Nun haben wir einen Plan ausgeheckt, um unser Leben zu retten. Er sieht vor, dass die drei gewählten Delegierten alle Ihre Freunde sein sollen. Sie werden anscheinend besiegt werden. Es wird eine Resolution verabschiedet, dass, wenn einer der Delegierten nicht erscheint oder zurücktritt, die anderen beiden die freie Stelle besetzen können. Einer von ihnen wird zurücktreten, wenn der Kongress zusammentritt, und Sie werden an seine Stelle treten. In der Zwischenzeit werden wir über die Associated Press bekannt geben, dass Sie besiegt wurden." Ich brachte es nicht übers Herz, zuzusehen, wie diese armen Kerle aus ihrem Amt entlassen wurden, und stimmte dem Vorschlag zu.

Als wir bei der Versammlung ankamen, rief Gouverneur Cornell, damals Vorsitzender des Staates , zur Ordnung. Ich stand auf, um einen Antrag zu stellen, als er verkündete: „Sie, Sir, sind kein Mitglied dieser Versammlung." Meine Legitimation gemäß der in Westchester getroffenen Vereinbarung überzeugte ihn jedoch davon, dass er falsch informiert war. Die Conkling-Seite wählte Andrew D. White zu ihrem Vorsitzenden und die andere Seite wählte mich. Nach sorgfältiger Stimmenauszählung hatten wir eine klare Mehrheit.

Es gab mehrere Delegationen, die von Bundesbeamten kontrolliert wurden. An diesem Punkt wird die Klientelarbeit überaus wirksam. Mehreren dieser Amtsträger wurden Telegramme aus Washington vorgelegt, die ihre Entlassung bedeuteten, wenn sie nicht den Anweisungen von Senator Conkling nachkamen. Als der Konvent am nächsten Tag zusammentrat, behielten die Amtsträger den Kopf auf den Schultern, und mein lieber und geschätzter alter Freund Andrew D. White wurde zum Vorsitzenden des Konvents gewählt.

Ich fragte den Anführer der Bundesfraktion aus Westchester, wie er meine Aufnahme in den Kongress erklären würde. „Oh", sagte er, „das war einfach. Unsere Leute haben durch Angebote der Schirmherrschaft und Drohungen der Absetzung so viele Delegierte gewonnen, dass sie es ohne zu zögern glaubten, als ich ihnen sagte, Sie hätten mir meine Delegierten abgekauft, und wir sind alle sicher an unseren Plätzen im Zollhaus." Mein Erfolg war ausschließlich der Empörung der Bauern über die Diktate der Bundesregierung zu verdanken, und die Kampagne hat mich keinen Dollar gekostet.

Roscoe Conkling war von Natur aus für eine große Karriere geschaffen. Dass er sie verpasste, war ganz allein seine Schuld. Körperlich war er der schönste Mann seiner Zeit. Seine geistige Ausstattung grenzte an Genie. Er war bis zu einem gewissen Grad fleißig. Seine rednerischen Fähigkeiten waren von höchster Güte und er war ein Debattierer von außergewöhnlicher Kraft und

Fähigkeiten. Aber sein unerträglicher Egoismus raubte ihm die Vision, die für eine souveräne Führung erforderlich war. Trotz all seiner rednerischen Kraft und seines Talents im Debattieren hinterließ er im Land wenig Eindruck und bei der Nachwelt überhaupt keinen. Seine Position im Senat war meisterhaft und auf der Bühne äußerst attraktiv, aber keine seiner Reden erscheint in den Schulbüchern oder in den Sammlungen großer Reden. Der Grund war, dass seine wunderbaren Gaben ausschließlich parteipolitischen Diskussionen und lokalen Themen gewidmet waren.

Seine Freunde betrachteten seine Philippika gegen George W. Curtis auf dem Parteitag der Republikaner in Rochester als Höhepunkt seiner rednerischen Fähigkeiten. Ich saß neben Mr. Curtis, als Conkling seinen berühmten Angriff startete. Seine Bewunderer hielten dies für die beste Rede, die er je gehalten hatte, und es war sicherlich eine hervorragende Leistung, unterstrichen durch rednerische Fähigkeiten auf hohem Niveau, und sie empfingen sie mit wildester Begeisterung und Applaus.

Der Angriff auf Mr. Curtis war äußerst erbittert, die Beschuldigung sehr streng, und das Opfer wurde mit allen Mitteln des Sarkasmus überschüttet, den Mr. Conkling meisterhaft beherrschte. Seine Bitterkeit wurde durch Mr. Curtis ' freie Kritik an ihm bei verschiedenen Gelegenheiten hervorgerufen. Die Rede dauerte zwei Stunden, und es war merkwürdig, ihre Wirkung auf Mr. Curtis zu beobachten. Nach den Regeln, die die Versammlung verabschiedet hatte, konnte er nicht antworten, also musste er sitzen und es hinnehmen. Das einzige Gefühl oder Anzeichen dafür, dass er durch seine Bestrafung verletzt war, waren Ausrufe an verschiedenen Stellen, die sein Angreifer machte. Sie waren: „Bemerkenswert!" „Außergewöhnlich!" „Was für eine Zurschaustellung!" „Schlechte Laune!" „Sehr schlechte Laune!"

In der langen Kontroverse zwischen ihnen hatte Mr. Curtis die Vorteile, die der Journalist immer hat. Der Redner hat eine Gelegenheit auf der Bühne und die Veröffentlichung am nächsten Tag in der Presse. Der Herausgeber - und Mr. Curtis war damals Herausgeber von Harper's Weekly - kann jeden Samstag wiederkommen und eine exklusive Anhörung vor einem Publikum haben, das nur durch die Auflage seiner Zeitung und die Zitate daraus durch Journalistenfreunde begrenzt ist.

Die Rede veranschaulichte Conklings Methoden der Vorbereitung. Ich hörte von den Freunden des Senators sehr oft, dass er seiner Charakterisierung von Curtis eine weitere Phrase hinzugefügt hatte. Obwohl er ein gewandter Debattierer war, widmete er für eine Anstrengung dieser Art manchmal ein Jahr dem wiederholten Durchgehen des Themas und brachte bei jeder Wiederholung neue Epigramme, zitierfähige Phrasen und Charakterisierungen hervor.

Es gab einmal einen Mitarbeiter des Staatsausschusses namens Lawrence. Er war ein Mann mit einer großen aufnahmefähigen Intelligenz und verehrte den Senator. Mr. Conkling entdeckte diese Eigenschaft und benutzte Lawrence als Zielscheibe oder Abhörposten. Lawrence kam oft in mein Büro und sagte: „Ich hatte eine großartige Nacht. Der Senator hat bis fast zum Morgen mit mir gesprochen oder Reden gehalten." Er erzählte mir, dass er jedes Wort der Philippika von Curtis viele Male gehört habe.

Lawrence erzählte mir von einem weiteren Beispiel für Conklings Vorbereitung auf eine große Anstrengung. Als er die Rede vorbereitete, die seine Freunde, die auf dem Parteitag enttäuscht worden waren, dazu bringen sollte, General Garfield zu unterstützen, bestellte er Lawrence zu Schreibarbeiten nach Hause. Lawrence sagte, der Senator würde schreiben oder diktieren und dann korrigieren, bis er mit der Arbeit zufrieden sei, und das würde eine ganze Weile dauern. Wenn die Arbeit fertig war, machte er lange Spaziergänge auf dem Land und rezitierte auf diesen Spaziergängen die ganze oder Teile seiner Rede, bis er sie perfekt beherrschte.

Diese Rede dauerte in New York vier Stunden, und er hielt das Publikum während dieser langen Zeit in Atem. John Reed, einer der Herausgeber der New York Times, erzählte mir, er habe auf der Bühne neben Conkling gesessen und die im Voraus aufgestellten Korrekturfahnen in den Händen gehalten, die zehn Spalten seiner Zeitung füllten. Er sagte, der Senator habe vom Anfang bis zum Ende kein einziges Wort ausgelassen oder eingefügt. Er bezog sich anscheinend häufig auf Notizen an seinen Manschetten oder kleine Memos, nicht dass er sie gebraucht hätte, aber es war das stets erfolgreiche Bemühen des Redners, den Eindruck zu erwecken, seine Rede sei improvisiert, und das Publikum würde eine Rede, die es für improvisiert hält, viel lieber haben.

Senator Conkling hatte in einer kritischen Periode der Geschichte unseres Landes eine wichtige Position inne. Hätte er seine Macht in höchstem Maße den nationalen konstruktiven Problemen der Zeit gewidmet, wäre er der Führer der herrschenden Partei und Präsident der Vereinigten Staaten geworden. Stattdessen wurde er nur in seinem eigenen Staat zum Führer einer Fraktion und kontrollierte durch den gnadenlosen Einsatz der Bundespatronage zwölf Jahre lang uneingeschränkt die Aktivitäten der Staatsorganisation.

Alle jungen Männer, die in der Legislative oder in Bezirksämtern erschienen und Führungstalent, Unabhängigkeit und Ehrgeiz zeigten, wurden beiseite geschoben. Das Ergebnis war bemerkenswert. Während es vor seiner Zeit viele Männer im öffentlichen Leben des Staates mit nationalem Ruf und Einfluss gab, trieb dieser Eliminierungsprozess junge Männer aus der Politik in die freien Berufe oder die Wirtschaft, und am Ende von Senator Conklings

Karriere gab es in New York kaum ein aktives Mitglied der Republikanischen Partei mit nationalem Ruf, es sei denn, er hatte sich diesen Ruf erworben, bevor Mr. Conkling zum Alleinherrscher der New Yorker Politik wurde. Die politische Maschinerie der Republikanischen Partei in seinem Kongressbezirk wurde zu Beginn seiner Karriere eifersüchtig auf seine wachsende Popularität und seinen Einfluss, sowohl zu Hause als auch im Kongress. Mit maschinellen Methoden besiegten sie ihn und dachten, sie hätten ihn für immer aus dem öffentlichen Leben verbannt.

Als ich zum Außenminister gewählt wurde, erhielt ich eine Nachricht von Mr. Conkling, in der er mich fragte, ob ich ihn treffen wolle. Ich antwortete: „Ja, sofort und in Albany." Er kam mit Ward Hunt dorthin, der später einer der Beisitzenden Richter des Obersten Gerichtshofs der Vereinigten Staaten war. Er griff die Methoden und Politik der Parteimaschinerie heftig an und sagte, sie würden zur Auslöschung allen unabhängigen Denkens, zur Vernichtung aller Ambitionen vielversprechender junger Männer und letztlich zu einem unendlichen Schaden für Staat und Nation führen. „Sie", sagte er, „sind für Ihre gegenwärtige Position ein sehr junger Mann, aber Sie werden bald zum Untergang verurteilt sein."

Dann erklärte er, was er wollte: „Bei der letzten Wahl wurde ich von der Maschinerie besiegt. Sie können mich jetzt nur besiegen, indem sie einen Mann mit großem Talent und großer Popularität in meinem Bezirk einsetzen. Ich möchte, dass Sie diesen Mann zu Ihrem stellvertretenden Außenminister machen. Das ist das beste Amt, das Sie ihm geben können, und er wird vollkommen zufrieden sein."

Ich antwortete ihm: „Ich habe von den Leitern der Staatsorganisation bereits Ernennungen für alle Stellen in meinem Büro erhalten, insbesondere für diese Stelle. Die Ernennung liegt jedoch bei Ihnen, und Sie können sie sofort bekannt geben."

Mr. Conkling erhob sich, als würde er vor Publikum sprechen, und als er dort in dem kleinen Salon der Congress Hall in Albany saß, war er zweifellos eine majestätische Erscheinung. Er sagte: „Sir, was schnell getan ist, ist doppelt getan. Von nun an, solange Sie und ich leben, wird es in keiner Bank eine Einlage geben, weder persönlich, politisch noch finanziell, die nicht Ihrem Scheck unterliegt."

Der von ihm benannte Gentleman wurde mein Stellvertreter. Sein Name war Erastus Clark. Er war ein fähiger und sehr gebildeter Mann und erfüllte seine Aufgaben nicht nur effizient, sondern war auch einer der angenehmsten Gefährten. Sein Gesundheitszustand war schlecht und seine Freunde waren immer, und zu Recht, besorgt um ihn. Trotzdem traf ich ihn Jahre später in Washington, als er über 84 Jahre alt war.

Auf Mr. Conklings Bitte hin verabredete sich Mr. Clark zu einem gemeinsamen Besuch in Trenton Falls, einem bezaubernden Ferienort in der Nähe von Utica. Wir verbrachten das Wochenende dort und ich erlebte Mr. Conkling von seiner besten Seite. Er war bezaubernd in Erinnerungen, in Gesprächen, in seiner Charakterisierung der Hauptdarsteller auf der öffentlichen Bühne und in seinen unterschiedlichen Ansichten über Ambitionen und Karrieren.

Als nach der Wahl von General Grant die Schirmherrschaft vollständig in seine Hände fiel, drängte er mich, zum Postmeister der Stadt New York ernannt zu werden. Es war für ihn schwer zu verstehen, dass ich, obwohl ich mich für Politik interessierte und aktiv an Wahlkämpfen teilnahm, kein Amt annehmen würde. Dann ernannte er einen der besten Postmeister, der später Generalpostmeister wurde, aber auch einer seiner tüchtigsten Stellvertreter war: General Thomas L. James.

Als Mr. Conkling Kandidat für den US-Senat war, galt ich als enger Freund von Gouverneur Fenton. Der Gouverneur war einer der verschlossensten Menschen, und deshalb kannte ich seine Ansichten über den Kandidaten nicht und wusste auch nicht, ob er Präferenzen hatte. Ich glaube, er hatte keine Präferenzen, sondern wünschte Conkling eine Niederlage und wollte gleichzeitig keine Position einnehmen, die ihm oder seinen Freunden die Feindschaft einbringen würde.

Eines Abends gab es eine große öffentliche Demonstration, und als ich dazu aufgefordert wurde, hielt ich vor der Menge, zu der auch die Legislative gehörte, eine Rede, in der ich erklärte, dass wir im Senat der Vereinigten Staaten zu lange ohne Stimme gewesen seien; dass der größte Staat der Union von einem Mann vertreten werden sollte, der allen seine Fähigkeiten bewiesen habe, und dieser Mann war Mr. Conkling. Dies erweckte den Eindruck, dass ich sowohl für den Gouverneur als auch für mich selbst sprach, und die Wirkung auf die Wahl war groß. Mr. Conkling war dieser Meinung, und das führte dazu, dass er auf meine offizielle Anerkennung drängte.

Wie es zu dem Bruch zwischen uns kam und warum er für den Rest seines Lebens ständig feindselig blieb, habe ich nie erfahren. Präsident Arthur, Gouverneur Cornell und andere seiner engen Freunde erzählten mir, dass sie oft versucht hätten, das herauszufinden, aber ihre Bemühungen hätten ihn nur verärgert und nie eine Antwort erhalten.

Senator Conklings eigentümliches Temperament bereitete seinen Stellvertretern große Schwierigkeiten. Sie waren alle fähig und loyal, aber er duldete nicht, dass sie ihr unabhängiges Urteilsvermögen an den Tag legten. Dies führte zum Abbruch aller Beziehungen zu den beiden angesehensten unter ihnen – Präsident Arthur und Gouverneur Cornell.

Ein einmal entstandener Bruch konnte nicht mehr geheilt werden. Eine erbitterte Auseinandersetzung mit Mr. Blaine nahm einen persönlichen Charakter an. In den in der Hitze solcher Debatten üblichen Wortwechseln machte sich Blaine über Conklings Verhalten lustig und nannte ihn einen Truthahn. Gemeinsame Freunde versuchten oft, sie zusammenzubringen. Blaine war immer bereit, Conkling jedoch nie.

Conkling hatte einen nie beigelegten Streit mit Senator Platt, der ihm lange, treu und mit großer Effizienz gedient hatte. Während der zwanzig Jahre, in denen Platt nach Senator Conkling Vorsitzender war, zeigte er die gegenteiligen Eigenschaften. Er war immer zu Beratungen bereit, suchte Rat und duldete große Freiheiten bei der individuellen Entscheidung seiner Kollegen. Er war immer nachsichtig und zog diejenigen, mit denen er Streit hatte, wieder ins Vertrauen .

Eines Sommers machte ich Urlaub in Europa und musste am Vorabend an Bord des Dampfers gehen, da dieser sehr früh am Morgen ablegte. Einer meiner Mitarbeiter erschien und teilte mir mit, dass vor Gericht ein sehr schwerer Angriff auf die New York Central begonnen worden sei und dass die Rechtsabteilung einen externen Rechtsberater benötige und fragte, wen er beauftragen solle. Ich sagte: „Senator Conkling." Er antwortete erstaunt: „Er hat Sie doch schon seit Monaten scharf angeprangert." „Ja, aber das war Politik", sagte ich. „Sie wissen, dass der brillanteste Anwalt der Vereinigten Staaten nach New York kommen könnte, und wenn er keine vorteilhaften Verbindungen zu einigen der älteren Kanzleien eingeht, könnte er keine Mandate bekommen. Nun, dieser Prozess wird sehr auffallen, und die Tatsache, dass Senator Conkling Chefberater der Central ist, wird ihm sofort Ansehen verschaffen und Klienten anziehen." Sein Auftritt in dem Fall verschaffte ihm sofort Bekanntheit und ein hohes Honorar.

Senator Conkling übte eine äußerst erfolgreiche Laufbahn als Anwalt aus und als sein Leben bei der Tragödie des großen Blizzards endete, herrschte allgemeine Trauer.

VI. HORACE G REELEY

Während meiner Amtszeit als Außenminister von New York wurde die alle zehn Jahre stattfindende Volkszählung durchgeführt, und die Ernennung von dreitausend Volkszählern erforderte ebenso viel Druck von Kongressabgeordneten, Senatoren, Abgeordneten und lokalen Führern, als ob die Stellen sehr lukrativ und dauerhaft gewesen wären. Ich entdeckte, welche Macht politische Schirmherrschaft in der Parteiorganisation hat, denn es stellte sich heraus, dass die Ernennung dieser großen Zahl von Männern, die in jeder Stadt des Staates ansässig waren, leicht für die Gründung einer persönlichen Organisation innerhalb der Partei genutzt werden konnte.

Ich war außerordentlich begeistert, wie immer und immer, von politischen Fragen, von Angelegenheiten, die die Regierung, den Staat oder Kommunen, Parteiorganisationen und politische Führer betrafen. Während ich mich meinem Beruf und seiner Arbeit widmete und seine Arbeit und Aktivitäten immer mehr genoss, wurde Politik zu einer interessanten Freizeitbeschäftigung. Da ich kein Verlangen nach einem öffentlichen Amt hatte und entschlossen war, es auch nicht zu tun, waren die Berufung in Parteiräte, die gelegentliche Teilnahme an einer Sitzung des Staatsausschusses und die Teilnahme als Delegierter an Kongressen eine willkommene Abwechslung und ein Ausflug aus der Routine der Berufsarbeit, wie Golf für einen müden Geschäftsmann oder Anwalt.

Die Nominierung von General Grant zum Präsidenten durch die Republikaner und von Horatio Seymour durch die Demokraten hatte New York zum entscheidenden Staat bei den nationalen Wahlen gemacht. John T. Hoffman, der beliebteste unter den jüngeren Demokraten, war ihr Kandidat für den Gouverneursposten. Die Republikaner einigten sich mit großer Einigkeit auf John A. Griswold, einen Kongressabgeordneten aus dem Bezirk Troy. Griswold war das Idol seiner Kollegen in der New Yorker Delegation im Kongress, und seine attraktive Persönlichkeit und sein nachgewiesenes Geschäftsgeschick hatten ihn bei Politikern, Geschäftsleuten und Arbeitern sehr beliebt gemacht. Die Werbung für seine Nominierung war von begeisterten Freunden in allen Teilen des Staates mit großem Eifer geführt worden, und die Delegationen hatten sich praktisch alle seiner Nominierung verschrieben. Niemand träumte davon, dass es einen Gegenkandidaten geben würde.

Im Zug zum Parteitag kam John Russell Young, damals Chefredakteur des New York Tribune unter Mr. Greeley, zu mir und sagte: „Mr. Greeley hat beschlossen, sich auf dem Parteitag als Kandidat für die Nominierung zum Gouverneur aufzustellen. Sie sind sein Freund, er lebt in Ihrem Wahlkreis in Westchester County und möchte, dass Sie die Nominierungsrede halten.“

Ich versuchte, die Frage mit Young zu diskutieren, indem ich ihm die Situation und die völlige Hoffnungslosigkeit eines Versuchs, die Liste zu brechen, schilderte. Er bestand jedoch darauf und sagte, dass alle Zusagen und Vorzugszahlungen aufgrund von Greeleys langjährigen Verdiensten für die Partei verschwinden würden.

Als wir in Syracuse ankamen und unsere Entschlossenheit erklärten, Mr. Greeleys Namen vorzustellen, wurde dies urkomisch und als Scherz aufgefasst. Freunde von Greeley versuchten, ihn davon zu überzeugen, eine solch unmögliche Aufgabe nicht anzunehmen, aber sie hatten keine Wirkung.

Mr. Griswold wurde von Mr. Demers, einem der beredtesten jungen Männer im Staatsministerium und späteren Machtherausgeber, nominiert, und seine Rede erfüllte alle Anforderungen.

Dann stellte ich Herrn Greeley vor. Zunächst war das Publikum feindselig, doch als die Aufzählung der Leistungen des großen Herausgebers immer intensiver und hitziger wurde, begann die Versammlung zu applaudieren und dann zu jubeln. Ein Delegierter schleuderte mir die Frage entgegen: „Wie wäre es, wenn Greeley die Kaution für Jefferson Davis unterzeichnen würde?" Die Stimmung schien sich schlagartig zu ändern, und auf den Jubel folgte Zischen. Dann herrschte absolute Stille, und ich rief sofort: „Es gibt Flecken auf der Sonne."

Die Wirkung war elektrisierend. Die Delegierten standen auf, standen auf Stühlen, die Luft war voller Hüte und der Jubel für Greeley war minutenlang ohrenbetäubend. Mr. Demers, der Delegierte Prediger, verlor das Gleichgewicht, stürzte auf mich zu, schüttelte aufgeregt seine Faust und rief: „Verdammt! Sie haben ihn nominiert und Griswold geschlagen."

Es wurde eine Sitzungspause eingelegt, und als der Kongress wieder zusammentrat, zeigte die Abstimmung, dass die Organisation, wenn man ihr Zeit gibt, ihre zerrütteten Strukturen jederzeit wieder reformieren und die Wirksamkeit von Disziplin unter Beweis stellen kann.

Als ich Herrn Greeley kurz darauf traf, sagte er: „Ich kann nicht verstehen, warum ich die Nominierung zum Gouverneur anstrebe, noch warum irgendjemand das Amt anstreben sollte. Es ist völliger Unsinn. Niemand kann jetzt die zehn letzten Gouverneure des Staates New York nennen."

Nachdem ich diesen Vorschlag seitdem viele Male am Durchschnittsbürger ausprobiert habe, bin ich zu dem Schluss gekommen, dass Herr Greeley absolut recht hatte. Wer anderer Meinung ist, kann versuchen, das Problem selbst zu lösen.

Die Sitzung des Wahlkollegiums im Kapitol von Albany im Jahr 1864 war eine der malerischsten und interessantesten Zusammenkünfte, die je in diesem Staat stattfanden. Menschen kamen aus allen Teilen des Landes, um der Formalität der Stimmabgabe von New York für Abraham Lincoln beizuwohnen. Die Mitglieder des Kollegiums waren größtenteils Männer von großer Bedeutung für unser öffentliches und bürgerliches Leben.

Horace Greeley wurde zum Präsidenten des Colleges gewählt. Die Sitzung fand im Senatssaal statt. Als Mr. Greeley den Vorsitz einnahm, war vom Schreibtisch vor ihm nur seine Büste zu sehen. Mit seinem wunderbar intellektuellen Gesicht, seinem langen, zurückgekämmten grauen Haar und seinem ernsten und ernsthaften Ausdruck war er eine der beeindruckendsten Persönlichkeiten, die ich je als Vorsitzender auf dem Vorsitz gesehen habe.

Einer der Wahlmänner war nicht erschienen. Die meisten von uns wussten, dass er unter dem Druck der großen Aufregung seinen geselligen Neigungen nicht widerstehen konnte, aber niemand nahm an, dass Mr. Greeley möglicherweise von seiner Schwäche wusste. Nach einer Weile beantragte einer der Wahlmänner, dass das College eine halbtägige Pause einlegen sollte. Mr. Greeley wurde sehr blass und hielt, bevor er die Frage stellte, eine kleine Rede, die ungefähr so lautete, mit einer Stimme voller Emotionen, ich möchte fast sagen Tränen: „Meine Brüder, wir sind hier zu dem feierlichsten Anlass unseres Lebens in dieser Krise der Republik zusammengekommen. Von der Regelmäßigkeit dessen, was wir heute hier tun, kann abhängen, ob die Republik lebt oder stirbt. Ich schlage daher vor, dass wir hier schweigend sitzen, bis unser abwesender Bruder, der zweifellos aus gutem Grund von uns ferngehalten wird, erscheint und seinen Platz einnimmt."

Die Wirkung dieser Ansprache auf das Wahlkollegium und das umstehende Publikum war groß. Viele waren in Tränen aufgelöst, und die weiblichen Zuschauer, von denen die meisten um die im Krieg Gefallenen trauerten, weinten alle.

Als Außenminister war es meine Aufgabe, alle Papiere nach der Abstimmung des Kollegiums für die Unterzeichnung vorzubereiten und sie mit dem Staatssiegel zu versehen. Anschließend wurden sie per Sonderkurier nach Washington geschickt, um sie dem Repräsentantenhaus zu übergeben. Bei der Eröffnung der Sitzung sagte Mr. Greeley zu mir: „Chauncey, da ich mit dem Parlamentsrecht nicht sehr vertraut bin, würde ich mich freuen, wenn Sie hier neben mir auf den Stufen Platz nehmen würden, damit ich Sie bei Bedarf konsultieren kann." Nach dieser wirkungsvollen und ergreifenden Rede beugte er sich bis an mein Ohr und sagte: „Chauncey, wie lange wird es Ihrer Meinung nach dauern, bis dieser verdammte betrunkene Narr zurückkommen und seinen Platz einnehmen kann?"

Die Regierung von General Grant stieß bald auf heftigen Widerstand. Carl Schurz, Charles Francis Adams und andere Politiker standen der Regierung und einer zweiten Amtszeit sehr feindlich gegenüber. Das Land sehnte sich nach Frieden. Die „Teppichsack"-Regierungen des Südens waren voller Korruption und Inkompetenz und bürdeten den Südstaaten eine unerträgliche Schuldenlast auf. Es setzte sich allgemein das Gefühl durch, dass es eine allgemeine Amnestie geben müsse, damit die besten und fähigsten Menschen des Südens wieder die Verwaltung ihrer eigenen Angelegenheiten übernehmen könnten.

Dies führte zur Einberufung eines Kongresses der Republikaner, der Horace Greeley zum Präsidenten nominierte. Ich hatte weder den Wunsch noch die geringste Absicht, in diese Kontroverse verwickelt zu werden, sondern ging glücklich meinem Beruf nach und widmete mich zunehmend dem Privatleben.

Eines Tages sagte Commodore Vanderbilt, der eine enge Freundschaft mit Mr. Greeley pflegte, sich aber nicht für Politik interessierte, zu mir: „Mr. Greeley war bei mir und möchte unbedingt, dass Sie ihm helfen . Wenn Sie ihm in irgendeiner Weise helfen können, würde ich mich freuen, wenn Sie das tun würden."

Danach besuchte mich Mr. Greeley zu Hause. „Chauncey", sagte er (er nannte mich immer Chauncey), „wie Sie wissen, wurde ich vom Parteitag der Liberalen Republikaner zum Präsidenten der Vereinigten Staaten nominiert. Wenn ich die Unterstützung der Demokratischen Partei bekomme, ist meine Wahl sicher. Meine demokratischen Freunde sagen mir, dass ich, um das zu erreichen, nachweisen muss, dass ich eine beträchtliche republikanische Anhängerschaft habe. Deshalb haben wir ein Treffen in Rochester einberufen, der Hauptstadt der stärksten republikanischen Bezirke des Staates. Als Hauptredner ist ein Republikaner mit staatlichem und nationalem Ruf erforderlich. Zu diesem Zweck habe ich Sie ausgewählt."

Auf meinen Protest, dass ich weder an dem Wettbewerb teilnehmen noch aktiv politisch tätig sein wolle, sagte er sehr empört: „Ich habe Sie in meiner Zeitung und persönlich während Ihrer gesamten Karriere unterstützt. Ich dachte, wenn jemand dankbar sein kann, dann Sie, und ich habe mit vielen unglückliche Erfahrungen gemacht." Ich konnte einem Appell dieser Art nie widerstehen, also sagte ich impulsiv: „Mr. Greeley, ich werde gehen."

Das Treffen war ein großartiger Erfolg für den Zweck, für den es einberufen wurde. Es war eine rein republikanische Versammlung. Die Menge war um ein Vielfaches größer als der Saal fassen konnte. Henry R. Selden, einer der Richter des Berufungsgerichts und einer der bedeutendsten und angesehensten Republikaner des Staates, führte den Vorsitz. Die zweihundert Vizepräsidenten und Sekretäre auf der Bühne kannte ich seit

Jahren als republikanische Führer ihrer Bezirke und Wahlkreise. Die Demonstration beeindruckte die demokratischen Staatsführer so sehr, dass Mr. Greeley auf dem nationalen Demokratenkonvent unterstützt wurde.

In diesem Jahr fanden gleichzeitig zwei Staatskonvente statt, einer der Demokraten und einer der Liberalen Republikaner. Bei der Ämterverteilung wurde der Demokratischen Partei, da sie die größere war, das Gouverneursamt übertragen und den Liberalen Republikanern das Amt des Vizegouverneurs. Ich wurde zum Vorsitzenden des Liberalen Republikanischen Konvents gewählt und einstimmig auch zu dessen Kandidat für das Amt des Vizegouverneurs ernannt. Der Demokratische Konvent nominierte Francis Kernan , einen der angesehensten Anwälte des Staates und späteren US-Senator.

Wäre die Wahl schon zu einem frühen Zeitpunkt des Wahlkampfs abgehalten worden, hätte Mr. Greeley zweifellos mit überwältigender Mehrheit gewonnen. Sein Problem war, dass er als Herausgeber des New York Tribune ein Vierteljahrhundert lang der unbarmherzigste, erbittertste und furchterregendste Kritiker und Gegner der Demokratischen Partei gewesen war. Die tiefsitzende Feindseligkeit gegen ihn wurde im Verlauf des Wahlkampfs durch eine Propaganda entfacht, die diese früheren vernichtenden Leitartikel des New York Tribune in die Hände jedes Demokraten legte. Ihre Wirkung auf die demokratischen Wähler war nach einiger Zeit offensichtlich, und als North Carolina bei den Wahlen im September die Republikaner wählte, kehrte eine große Masse der Republikaner, die sich entschlossen hatten, Mr. Greeley zu unterstützen, zu ihrer Partei zurück, und er wurde vernichtend besiegt.

Zu Beginn seiner Wahlkampfkampagne unternahm Mr. Greeley eine Rundreise durch das Land. Es hat viele solcher Reisen von Präsidentschaftskandidaten gegeben, aber keine war wie diese. Sein Marsch war ein Triumphzug und sein Publikum riesig und höchst enthusiastisch. Das ganze Land staunte über seine intellektuelle Vielseitigkeit. Er sprach jeden Tag, oft sogar mehrmals am Tag, und jede Rede war absolut neuartig. Seine Originalität, seine Frische oder die neuen Blickwinkel, aus denen er die Wahlkampfthemen präsentierte, schienen keine Grenzen zu kennen. Kein Kandidat wurde jemals so bitter beschimpft und verleumdet.

Ein erfahrener Redner macht im Laufe seiner Karriere originelle Erfahrungen. Die Herzlichkeit und Reaktionsfähigkeit seines Publikums ist nicht immer ein Indiz für deren Zustimmung zu seinen Argumenten. Während des Wahlkampfs kam Mr. Greeley zu mir und sagte: „Ich habe ermutigende Berichte aus dem Staat Maine erhalten. Ich habe einen Brief von einem solchen Ort" – er nannte ihn – „vom Direktor der dortigen Akademie. Er schreibt mir, dass der kongregationalistische Pfarrer, der die größte

Kirche der Stadt hat, der Bankpräsident, der Fabrikant, der Hauptanwalt und er selbst lebenslange Leser der Tribune sind und dass diese standhaften Republikaner beabsichtigen, mich zu unterstützen. Er glaubt, wenn sie eine öffentliche Versammlung mit einem Redner von nationalem Ruf abhalten können, könnte das Ergebnis in dieser Gemeinde, die fast einstimmig republikanisch ist, zu meinen Gunsten ausfallen und den ganzen Staat beeinflussen, und", fuhr Mr. Greeley fort, „er schlägt Sie als Redner vor, und ich bitte Sie ernsthaft, hinzugehen."

Als ich am Veranstaltungsort ankam, wurde ich vom Fabrikanten unterhalten. Das Publikum füllte den größten Saal der Stadt. Der Rektor der Akademie leitete die Veranstaltung, der kongregationalistische Pfarrer eröffnete die Übungen mit einem Gebet, und ich wurde vorgestellt und mit großer Herzlichkeit empfangen.

Vor einem solchen Publikum bestand mein Vortrag darin, General Grant als den größten General der modernen Zeit zu preisen und zu zeigen, wie sehr die Erhaltung der Union von seinem militärischen Genie abhing. Dann schilderte ich die enorme Verantwortung, die das Präsidentenamt mit sich bringt, und wie unmöglich es einem Mann, so groß er auch als Soldat sein mag, mit seiner lebenslangen militärischen Ausbildung, Umgebung und Erfahrung, in einem zivilen Amt erfolgreich sein kann, insbesondere in einem so bedeutenden wie dem Präsidentenamt der Vereinigten Staaten. Dann folgte natürlich eine Lobrede auf Horace Greeley, den Macher der öffentlichen Meinung, den Gestalter nationaler Politik, den beredtesten und einfallsreichsten Führer der Republikanischen Partei seit ihrer Gründung. Das Publikum bejubelte all diese Anspielungen auf General Grant mit großer Begeisterung und reagierte mit gleicher Begeisterung auf mein Lob für Horace Greeley.

Als ich fertig war, standen sie auf und gaben mir herzlichen Applaus, und der Vorsitzende trat vor und sagte: „Ich schlage jetzt vor, dass wir diese Sitzung mit drei stürmischen Applausrufen für Horace Greeley beenden." Der Direktor der Akademie, der Fabrikant, der Pfarrer, der Anwalt, einige wenige Zuschauer und mehrere Frauen antworteten. Nach diesem Frost erhob sich ein Bauer allmählich, und als er begann, Glied um Glied seines Körpers, der etwa sieben Fuß groß zu sein schien, herauszulassen, erreichte er seine volle Größe und rief dann mit einer Stimme, die man eine Meile weit hören konnte: „Dreimal Applaus für General Grant!" Die Antwort ließ beinahe das Dach des Hauses abfallen. Ich verließ den Staat am nächsten Morgen und sagte Mr. Greeley, dass er Maine nicht tragen könne.

Zu den amüsanten Episoden des Wahlkampfs gehörte eine, die sich bei einer öffentlichen Massenversammlung in Watertown, NY, ereignete. John A. Dix war als republikanischer Kandidat für das Gouverneursamt nominiert worden, und ich sprach über ihn und seine Karriere. Er hatte im Laufe seiner langen Karriere fünf oder sechs Mal die Partei gewechselt und jedes Mal ein Amt erhalten. Es gab große Zweifel hinsichtlich seines Alters, denn in der American Encyclopaedia war sein Geburtsdatum mit einem bestimmten Jahr angegeben, während in der French Encyclopaedia , die seine Biographie aus seiner Zeit als französischer Gesandter veröffentlichte, ein ganz anderes Datum angegeben war. In voller parteipolitischer Redekunst ging ich auf diese Wechsel der politischen Aktivität ein und wie jeder davon belohnt worden war, auch auf die Zweifel hinsichtlich seines Alters, und dann rief ich: „Ich habe in den Aufzeichnungen der Pilgerväter entdeckt, dass sie, als sie auf dem Plymouth Rock landeten, John A. Dix auf dem Felsen stehen sahen und verkündeten, dass er sich den Indianern anschließen würde, wenn sie ihn nicht zum Friedensrichter ernannten." Ein empörter Bauer, der seinen Zorn nicht länger zurückhalten konnte, schrie: „Das ist eine Lüge! Die Pilger sind vor mehr als zweihundertfünfzig Jahren gelandet." Ich sah, dass mein Unterbrecher meinen Köder mit Haut und Haar, mit allem Drum und Dran, mit der Angel und allem anderen geschluckt hatte, und schrie voller Empörung: „Sir, ich habe diesen historischen Vorfall im ganzen Staat erzählt, von Montauk Point bis zu den Niagarafällen, und Sie sind der erste Mensch, der die Dreistigkeit besitzt, ihn in Frage zu stellen."

Ein anderer Bauer trat an den Zwischenrufer heran und sagte: „Hier ist mein Hut, Nachbar. Den können Sie behalten. Ich werde für den Rest meines Lebens barhäuptig herumlaufen." Die Menge stimmte in sein schallendes Gelächter ein. Es dauerte Jahre, bis der fragende Bauer Watertown besuchen konnte, ohne unzähligen Fragen zu begegnen, wann die Pilger am Plymouth Rock gelandet waren.

Die letzte Versammlung der Kampagne fand in Mr. Greeleys Haus in Chappaqua in Westchester County statt. Wir alle wussten, dass der Kampf aussichtslos und die Niederlage sicher war. Ich war einer der Redner, sowohl als sein Nachbar als auch als Freund, und begleitete ihn nach New York. Eine raue Menge im Zug verhöhnte ihn, als wir weiterfuhren. Wir gingen in sein Büro, und dort sprach er über die Lügen, die über ihn erzählt worden waren und die von der Öffentlichkeit geglaubt worden waren; über die Karikaturen, die ihn falsch dargestellt hatten, insbesondere die von Tom Nast, und von denen viele herumlagen. Auf seinen Schreibtisch gelehnt, ein entmutigter und hoffnungsloser Mann, sagte er: „Ich habe mein Leben der Befreiung der Sklaven gewidmet, und dennoch hat man sie glauben lassen, ich sei ein Sklaventreiber. Es wurde der Anschein erweckt, und die Leute wurden glauben gemacht, dass ich falsch oder treulos war oder auf der anderen Seite der Reformen stand, für die ich mein ganzes Leben lang eingetreten bin. Ich werde in der Kampagne geschlagen werden und bin für mein Leben ruiniert." Er war überwältigt von seinen Gefühlen und es war das traurigste Interview, das ich je mit jemandem hatte. Es brach mir wirklich das Herz. Er starb, bevor die Stimmen ausgezählt waren.

Im ganzen Land kam es sofort zu einem gewaltigen Stimmungsumschwung. Er hatte während des Wahlkampfs seine Frau verloren, und die Menschen wurden sich plötzlich der Sorgen bewusst, die er durchlitten hatte, seines Genies als Journalist, seiner Tätigkeit als Reformer und seiner Nützlichkeit, die unter seinen Zeitgenossen beispiellos war. Der designierte Präsident, General Grant, und der designierte Vizepräsident, Schuyler Colfax, nahmen an der Beerdigung teil, und sein Tod wurde ohne Unterschied der Partei allgemein betrauert.

Nach der Wahl sagte Commodore Vanderbilt bei einer Beratung über Eisenbahnangelegenheiten zu mir: „Ich bin sehr froh, dass Sie besiegt wurden." Damit wollte er mir mitteilen, dass er nicht wollte, dass ich die Eisenbahn verlasse oder andere Aufgaben übernehme, die meine Effizienz beeinträchtigen würden.

Mit dem tragischen Tod von Herrn Greeley endete die Liberal-Republikanische Bewegung. Die meisten von uns, die ihm gefolgt waren, nahmen sofort ihre Beziehungen zur Republikanischen Partei wieder auf und beteiligten sich im nächsten Wahlkampf aktiv an ihrer Arbeit. Der Aufstand wurde, bis auf wenige Ausnahmen, vergeben, und die Männer von Greeley kehrten an ihren jeweiligen Standorten in ihre alten Positionen zurück und erlangten im offiziellen Leben des Staates eine prominente Stellung. Ich nahm wie üblich im Herbst meinen Urlaub auf der Plattform der Partei.

VII. RUTHERFORD B. HAYES UND WILLIAM M. EVARTS

Es ist eine der Tragödien der Geschichte, dass im Lauf der Ereignisse, der Anhäufung von Vorfällen, Jahr für Jahr und Generation für Generation, berühmte Persönlichkeiten jeder Epoche so schnell verschwinden.

Am Ende des Bürgerkriegs gab es im Norden und ebenso viele im Süden mindestens zwanzig Generäle, deren Namen in aller Munde waren. Seit Kriegsende sind etwa fünfundfünfzig Jahre vergangen, und der Durchschnittsbürger kennt nur zwei von ihnen – Grant und Lee.

Eine der letzten Amtshandlungen von General Grant bestand darin, Senator Conkling die Position des Vorsitzenden Richters des Obersten Gerichtshofs der Vereinigten Staaten anzubieten. Conkling hatte sich durch sein Senatorenamt und die Führung seiner Partei einen hervorragenden Ruf erworben, dem sein späterer Dienst im Senat wenig bis gar nichts hinzufügen konnte. Er war Anfang vierzig, auf dem Höhepunkt seiner Kräfte, und als Vorsitzender Richter dieses großen Gerichtshofs hätte ihm ein langes Leben voller Nutzen und Ehre bevorgestanden.

Conkling war im Grunde Anwalt und besaß als Anwalt nicht das nötige juristische Temperament. Obwohl es eine große Überraschung war, dass er diese wunderbare Gelegenheit ausschlug, können wir heute erkennen, dass die Umstände und Beschränkungen der Position dies diesem feurigen und ehrgeizigen Geist unmöglich gemacht hätten. Es war allgemein bekannt, dass General Grant, soweit er die Handlungen des Nationalkonvents der Republikaner beeinflussen konnte, Senator Conkling als seinen Nachfolger bevorzugte. Die Freunde des Senators glaubten und ließen ihn glauben, dass die Präsidentschaft in seiner Reichweite lag.

Als der Nationalkonvent zusammentrat, stellte sich heraus, dass die Bitterkeit zwischen den beiden Führern Blaine und Conkling eine Harmonie unmöglich machte. Die Bitterkeit war zu diesem Zeitpunkt auf Conklings Seite gegen Blaine gerichtet. Angesichts der Veranlagung des letzteren konnte die Verbitterung nicht sehr lange anhalten. Es ist eine interessante Spekulation, was passiert wäre, wenn diese beiden Führer Freunde geworden wären. Es ist möglich, dass beide das große Ziel ihrer Ambitionen erreicht und Präsidenten der Vereinigten Staaten geworden wären.

Das herausragendste Merkmal dieses Kongresses in der Geschichte dieser interessanten Zusammenkünfte war die Rede von Colonel Robert G. Ingersoll, in der er Herrn Blaine nominierte. In ihrer Wirkung auf das Publikum, in ihrer Aufnahme durch das Land und als solches ist sie beispiellos und unübertroffen.

Wie bei Volkskonventen üblich, bei denen die Feindseligkeit der Parteiführer und die Erbitterung ihrer Parteilichkeit die Einheit der Partei bedrohen, wurde ein „Außenseiter" nominiert und der Konvent schloss seine Arbeit mit der Vorstellung von General Rutherford B. Hayes als Kandidat für das Amt des Vorsitzenden ab.

Präsident Hayes war zwar einer der liebenswürdigsten, freundlichsten und umgänglichsten Präsidenten und besaß alle Eigenschaften, um Menschen an sich zu binden und herzliche Freundschaften zu schließen, aber er war trotzdem einer der isoliertesten. Er erbte alle geschäftlichen Schwierigkeiten, die wirtschaftliche Desorganisation und die Währungsstörungen, die aus der Panik von 1873 entstanden waren. Er erlebte mehr Bankrotte als je zuvor in unserer Wirtschaftsgeschichte.

Mit außergewöhnlichem Mut und vollkommener Gutmütigkeit setzte er grundlegende Reformen durch, die angesichts der damaligen Organisationsform der Partei und der öffentlichen Meinung praktisch jeden beleidigten. Er versetzte die extremen Radikalen seiner Partei in einen Wutanfall, indem er die „Teppichsack"-Regierungen beseitigte und die Selbstverwaltung des Südens wiederherstellte. Er führte eine Reform des öffentlichen Dienstes ein, brachte damit aber die meisten Senatoren und Abgeordneten gegen sich auf.

Als er feststellte, dass der Zollbeamte des Hafens von New York, Chester A. Arthur, und der Landvermesser, Alonzo B. Cornell, ihre Ämter mit ihrer großen Klientel streng nach den Regeln der Partei führten und dass dies die allgemeine Zustimmung der Parteiführer fand, entließ er sie und ernannte zu ihren Nachfolgern General Edwin A. Merritt und Silas W. Burt, mit der Anweisung, niemanden aus politischen Gründen zu entlassen und niemanden für den Posten zu ernennen, der nicht seine Eignung bewiesen hatte. Er verfolgte dieselbe Politik in der Steuerbehörde und der Post. Diese Politik bedrohte die Vorherrschaft der Conkling-Maschine.

Präsident Hayes hatte ein sehr starkes Kabinett. Der Außenminister William M. Evarts und der Finanzminister John Sherman waren zwei der fähigsten Männer des Landes. Evarts war der Führer der nationalen Anwaltskammer und hatte in seiner Mentalität weder innerhalb noch außerhalb des Berufs seinengleichen. Sherman war der führende und bestinformierte Ökonom und außerdem ein großer Staatsmann. In enger Absprache mit Sherman führte Hayes die Wiedereinführung der Zahlung in Münzgeld durch. Die „Greenbackers", die für unbegrenztes Papiergeld waren, und die Silver Men, die für unbegrenzte Silbermünzen waren und von denen es sehr viele gab, schlossen sich der Aufständischenbrigade an.

Zwar trat Herr Hayes mit einer Art einstimmigem Beschluss von seinem Präsidentenamt zurück, doch hatte er die Bedingungen geschaffen, die den Erfolg seiner Partei im Jahr 1880 ermöglichten.

Es war eine erfrischende Erfahrung, den Präsidenten in diesen schwierigen Zeiten zu treffen. Während alle anderen aufgeregt waren, blieb er vollkommen ruhig. Während die meisten großen Männer im Kapitol tobten, war er am anderen Ende der Straße ruhig und gelassen. Er sagte einmal zu mir: „Es ist eine neue Erfahrung, wenn man das tut, was man für richtig und das Beste für das Land hält, und es dann so allgemein kritisiert und missbilligt wird. Aber als Ausgleich dafür erwartet man Feindseligkeit und Missbilligung und würde denken, dass mit seinen Entscheidungen etwas nicht stimmt, wenn man sie nicht erhält."

Die allgemeinen Beschimpfungen, denen er von so vielen Seiten ausgesetzt war, beeinflussten die öffentliche Meinung über ihn. Nachdem er das Präsidentenamt verlassen hatte, sagte er mir, er halte es für die Pflicht eines Ex-Präsidenten, das Prestige, das mit dem Amt verbunden sei, zugunsten der Bildung zu nutzen. „Ich habe festgestellt", sagte er, „dass es in Colleges und Schulen enorm hilft, Vorlesungen, Unterrichtsstunden usw. über Geschichte und Patriotismus abzuhalten und dahinter die Persönlichkeit eines Ex-Präsidenten der Vereinigten Staaten zu sehen."

Als Beispiel dafür, wie unser Volk sich nicht mehr für angesehene Männer interessiert, wenn sie nicht an der Macht sind, erinnere ich mich an meine Begegnung mit Mr. Hayes vor der Obsttheke eines bekannten Lebensmittelladens. Nach der Begrüßung sagte ich zu dem Lebensmittelhändler : „Das ist der ehemalige Präsident Hayes. Wollen Sie ihn nicht kennenlernen?" Der Lebensmittelhändler antwortete: „An ihm bin ich nicht interessiert, aber ich habe die beste Birnensammlung der Stadt und möchte Ihnen einige verkaufen."

Das Kapitol war voll von den reichen und gewagten Charakterisierungen, Epigrammen und Sarkasmen, die Senator Conkling täglich über Präsident Hayes und insbesondere Außenminister Evarts ausschüttete. Nach allen Regeln der senatorischen Höflichkeit in jenen Tagen der Maschinen hätte ein Kabinettsmitglied aus New York ein Freund seines US-Senators sein sollen. Mr. Evarts war ein zu großer Mann, um in irgendeine andere Klasse oder Kategorie als seine eigene eingeordnet zu werden. Natürlich wurden all diese Kritikpunkte sowohl an den Präsidenten als auch an den Außenminister herangetragen. Der Präsident erwähnte sie nie, und ich hörte von Evarts, obwohl ich ihn häufig traf, nur einmal eine Antwort.

Beim Abendessen mit Herrn Evarts, der ihn charmant unterhielt, sagte ein sehr angesehener englischer Jurist, der in einer besonderen Mission hier war: „Herr Minister, ich war heute im Senat und habe Senator Conkling sprechen hören. Sein großartiges persönliches Auftreten, zusammen mit seiner hervorragenden Redekunst, muss ihn zu einem der beeindruckendsten Anwälte Ihrer Anwaltskammer und Ihrer Gerichte machen." Der englische Richter dachte natürlich, dass Herr Evarts als Leiter der amerikanischen Anwaltskammer und ständig vor Gericht jeden angesehenen Anwalt kennen würde. Herr Evarts antwortete trocken: „Ich habe Herrn Conkling nie vor Gericht gesehen."

Es ist immer gefährlich, eine gewagte Geschichte zu kommentieren oder zu erzählen, in der es um das persönliche Leid einer Person geht. Eines Abends speiste Mr. Evarts mit einem sehr angesehenen General unseres Bürgerkriegs, der eine wichtige Figur in der nationalen Politik gewesen war. Er war sehr neugierig auf Mr. Tilden und insbesondere auf die Wahrheit eines Berichts, wonach Mr. Tilden einen Schlaganfall erlitten hatte. Das gefiel mir, da ich gerade aus New York kam. Ich erzählte eine damals aktuelle Geschichte, in der Mr. Tilden den Bericht dementiert hatte, indem er einem Freund sagte: „Sie sagen, ich kann meine linke Hand nicht an den Kopf heben." Dann legte er seine rechte Hand unter den linken Ellbogen, schoss die linke Hand leicht zum Gesicht und sagte: „Sehen Sie, meine Linke hat ihr Ziel erreicht."

Ich sah, dass Mr. Evarts diese Anekdote in Verlegenheit brachte, und erfuhr später, dass der angesehene Gast vor Kurzem einen ähnlichen Schlaganfall auf der linken Seite erlitten hatte und seinen linken Arm und seine linke Hand nur mit Unterstützung der rechten bewegen konnte.

Bei den Senatswahlen von 1882 kam meine alte Angst wieder hoch, ins Amt gewählt zu werden. Zum ersten Mal seit einer Generation war die Legislative völlig führerlos. Die alte Organisation war verschwunden und eine neue hatte sich noch nicht herauskristallisiert.

Mr. Evarts wollte unbedingt Senator werden, und ich versprach ihm meine Unterstützung. Evarts fehlte völlig die Kunst, die Leute anzusprechen. Er war der größte Anwalt und der liebenswerteste Mensch, aber er konnte nicht um Wählerstimmen werben. Außerdem war er in seinen Vorstellungen völlig unabhängig von jeglichem Diktat oder jeglicher Kontrolle durch eine Organisation und lehnte beides ab. Er glaubte nicht, dass ein Mann des öffentlichen Lebens ein öffentliches Amt unter irgendwelchen Verpflichtungen antreten sollte, und lehnte derartige Vorschläge ab.

Eine große Gruppe von Abgeordneten war der Meinung, dass es eine gute Sache für das Land wäre, wenn New York diesen überaus versierten, fähigsten und brillantesten Mann im Senat der Vereinigten Staaten hätte. Sie drängten die Legislative, deren Mitglieder ihn persönlich nicht kannten, nachdrücklich auf ihn, und Mr. Evarts wollte nicht nach Albany gehen.

Die Mitglieder wählten ein Komitee aus, das nach New York kommen und Herrn Evarts besuchen sollte. Sie wollten herausfinden, inwieweit er sich an diejenigen erinnerte, die ihn gewählt hatten. Ihr Besuch war ein kläglicher Fehlschlag. Sie kamen voller Empörung in mein Büro und sagten, sie hätten nicht vor, einen so kalten und unsympathischen Mann als ihren Vertreter nach Washington zu schicken, und baten mich inständig um meine Zustimmung, mich bei der Versammlung am nächsten Morgen zu nominieren.

Das Komitee rief nach Albany und erhielt die Zustimmung aller Fraktionen ihrer Partei zu diesem Vorschlag. Dann schlugen sie vor, dass Mr. Evarts bei der Versammlung natürlich lobende Reden von seinen Freunden erhalten sollte. In der Zwischenzeit sollten andere nominiert werden, und dann sollte ein von ihnen bestimmtes langjähriges Mitglied mich im Interesse der Harmonie und der Einheit der Partei vorschlagen, woraufhin die Sponsoren des anderen Kandidaten ihren Mann zurückziehen und ich per Akklamation nominiert werden würde. Meine Antwort war ein äußerst ernsthafter Appell an Mr. Evarts. Dann versammelten sich Mr. Evarts' Freunde zu seiner Unterstützung und er wurde gewählt.

Ich halte Herrn Evarts für einen der besten Anwälte, Witzbolde und Diplomaten. Er hat die berühmtesten Fälle seiner Zeit erfolgreich vor Gericht gebracht und wiederholt sein bemerkenswertes Genie unter Beweis gestellt. Als General Counsel der Eisenbahn und damit als Verwalter bei der Beauftragung angesehener Anwälte habe ich viele der besten Männer der Anwaltskammer kennengelernt, aber nie einen mit einem so umfassenden und klaren Intellekt wie William M. Evarts. Die Geheimnisse der kompliziertesten Fälle schienen einfach, die rechtlichen Schwierigkeiten klar und die Lösung für jeden verständlich, der sie analysierte.

Mr. Evarts war der geistreichste Mensch, den ich je getroffen habe. Es ist schwierig, den Sprüchen eines Witzbolds den vollen Charakter einer Äußerung wiederzugeben. Bei einem Mann mit Humor ist es leichter. Evarts war sehr stolz auf seine Leistungen als Farmer auf seinem großen Anwesen in Vermont. Zu seinen Preisen gehörte eine Herde Schweine. Er schickte dem Obersten Richter Morrison R. Waite eine Kopie seiner Grabrede auf den Obersten Richter Salmon P. Chase, Waites Vorgänger, und gleichzeitig einen Schinken. In seinem Brief schrieb er: „Mein lieber Oberster Richter, ich schicke Ihnen heute einen meiner preisgekrönten Schinken und auch meine Grabrede auf den Obersten Richter Chase, beides Produkte meiner Feder."

Über die guten Dinge, die Mr. Evarts sagte, sprach man noch lange nach dem Abendessen. Ich erinnere mich an eine Gelegenheit, bei der sein berühmter Partner, Mr. Choate, ein Harvard-Student war, während Evarts ein

Absolvent von Yale war. Er stellte Mr. Evarts vor, indem er sagte, er sei überrascht, dass ein Yale-Student mit all den Vorurteilen dieser Institution gegenüber den überlegenen Vorteilen von Harvard bei einem Harvard-Dinner seinen Bauch riskierte. Mr. Evarts antwortete: „Wenn ich zu einem Harvard-Dinner gehe, lasse ich meinen Bauch immer zu Hause."

Als ich ihn einmal auf seinem Landsitz besuchte, erzählte mir Herr Evarts, dass ein alter Mann, auf den er zeigte und der Holz sägte, der vernünftigste Philosoph in der Nachbarschaft sei. Herr Evarts sagte: „Er redet immer mit sich selbst, und ich fragte ihn, warum." Seine Antwort war: „Ich rede immer lieber mit mir selbst als mit anderen, weil ich gern mit einem vernünftigen Mann spreche und einem vernünftigen Mann zuhöre."

VIII. GENERAL GARFIELD

Der Sieg der Demokraten in Maine bei den Wahlen im September 1880 hatte eine äußerst deprimierende Wirkung auf die Republikaner und eine ebenso belebende auf die Demokraten. Die lähmende Wirkung der einfachen Äußerungen bei Volkswahlen lässt einen fast glauben, dass jeder Kandidat Matthew Quays berühmter Rat an seinen Gouverneurskandidaten: „Beaver, halt den Mund.“

Im Wahlkampf um die Präsidentschaft begann General Winfield Scott eine wichtige Mitteilung mit der Aussage, er werde antworten, sobald er einen hastigen Teller Suppe genommen habe. Dieser „hastige Teller Suppe“ tauchte in Cartoons auf, war an Wänden abgebildet usw. auf jede erdenkliche Weise lächerlich gemacht und war einer der Hauptgründe für seine Niederlage.

Als es Garfield gegen Ende der Abstimmung gelungen war, die Zölle zum Hauptthema zu machen, wurde General Hancock nach seiner Meinung zu den Zöllen gefragt. (Man muss bedenken, dass der General Soldat war und nie in der Politik tätig war.) Der General antwortete: „Die Zölle waren in Pennsylvania eine rein lokale Angelegenheit.“ Das ganze Land brach in schallendes Gelächter aus, und Hancocks Wahlkampf hatte einen Riss, der nie wieder ausgebessert werden konnte.

Es gab nie zwei malerischere Gegner als General Garfield und General Hancock. Hancock war das Idol der Potomac-Armee, und jeder erinnerte sich an McClellans Depesche nach einer der blutigsten Schlachten der Halbinselkampagne: „Hancock war heute großartig.“ Er war ein außerordentlich gutaussehender Mann und eine der vornehmsten Gestalten in Uniform im ganzen Land.

General Garfield machte auch ein sehr schönes Äußeres. Er war ein großer Mann mit wohlproportionierten Zügen und sehr einnehmenden Manieren. Er hatte auch ein ungewöhnliches Talent für ansprechende öffentliche Reden, nicht nur über Politik, sondern über viele andere Themen, insbesondere Bildung und Patriotismus. Ich werde nie vergessen, als die Nachricht von Lincolns Ermordung New York erreichte. Die wütende und gefährliche Menge, die den Broadway auf und ab und durch die Wall Street strömte, drohte, die Banken und Geschäftshäuser zu ruinieren, die angeblich mit den Konföderierten sympathisierten.

Garfield erschien plötzlich auf dem Balkon des Zollhauses in der Wall Street und schaffte es, die Menge zu beruhigen. Mit einer Stimme, die bis zur Trinity Church reichte, mahnte er zur Ruhe in Gedanken und Taten, verurteilte jegliche Gewalt und rief dann in einem leidenschaftlichen Appell an die

Hoffnung trotz der Tragödie impulsiv aus: „Gott regiert und die Republik lebt noch."

Einige Freunde baten mich, General Garfield zu besuchen und zu erfahren, wie er die politische Lage einschätzte, die während des Wahlkampfs von 1880 nicht gerade hoffnungsvoll aussah. Ich nahm den nächsten Zug, verbrachte den Tag mit ihm und war am nächsten Tag wieder in New York.

Als ich morgens in Cleveland den Zug verließ, drückten mir die Zeitungsjungen eine Tageszeitung der Demokraten aus Cleveland in die Hand, deren Titelseite ein Hahnenbild einnahm und die die Demokraten in Maine für sich entschieden hatten. Damals herrschte allgemein die Ansicht, dass „die Union so gewinnt, wie Maine gewinnt", und welche Partei auch immer diesen Staat bei den Wahlen im September gewinnen würde, das ganze Land würde ihnen bei den Präsidentschaftswahlen im November folgen.

Ich nahm den nächsten Zug nach Mentor, der Residenz von General Garfield. Am Bahnhof fand ich etwa zwanzig Landwagen und Kutschen, die auf Passagiere warteten. Ich fragte die Bauern: „Will mich einer von euch zur Residenz von General Garfield bringen?" Einer von ihnen antwortete: „Wir werden euch heute Morgen alle mitnehmen, aber wenn ihr gestern gekommen wäret, hättet ihr warten müssen, bis ihr an der Reihe wart."

Dies war ein erschreckendes Beispiel für die Veränderlichkeit der öffentlichen Meinung. Delegationen aus aller Welt hatten auf dem Weg, um dem Kandidaten ihre Glückwünsche zu überbringen, die Morgenzeitungen gelesen, waren dann aber umgekehrt und hatten beschlossen, nicht hinzugehen.

Ich habe erlebt, wie Garfield tapfer darum kämpfte, seine Depression zu überwinden. Er war überall in Kontakt mit der Situation und diskutierte sie mit Urteilsvermögen und Hoffnung.

Der ergreifendste Vorfall ereignete sich, während ich mit ihm sprach. Seine Mutter ging durch das Zimmer, klopfte ihm auf die Schulter und sagte: „James, die Nachbarn finden das in Ordnung; sie hängen ein Banner an der Ecke auf."

Zwei alte Soldatenfreunde kamen herein, und das Mittagessen war ein seltenes geistiges Fest. Der General war ein brillanter Gesprächspartner. Seine Gedanken wandten sich zuerst den Zufällen der Karriere zu. Er fragte mich, ob es in meinen frühen Kämpfen nicht eine Zeit gegeben habe, in der ich, wenn die Vorsehung mir eine bescheidene Sicherheit geboten hätte, nicht meine ganze Zukunft dafür eingetauscht hätte, und fuhr dann fort: „Es gab eine Zeit in meinen frühen Kämpfen als Lehrer, in der ich, wenn man mir die Direktorenstelle einer Stiftungsakademie mit einem angemessenen

Gehalt angeboten hätte, mit der Bedingung , dass ich mich ihren Interessen widmen und alles andere aufgeben müsse, ganz sicher angenommen hätte ."

Der hoffnungsvolle Aspekt dieses Vorfalls im Hinblick auf die Niederlage in Maine lag natürlich darin, dass er, da ihm kein solches Angebot gemacht oder angenommen worden war, eine glorreiche Karriere in der Armee gemacht hatte, bis zum Oberbefehlshaber des Generalstabs aufgestiegen war, zwanzig Jahre lang die führende Persönlichkeit im Repräsentantenhaus gewesen war und nun, kurz zuvor, als US-Senator und Präsidentschaftskandidat ausgewählt worden war.

Dann wandte er sich den Fällen zu, in denen in Schlachten aus Niederlagen Siege errungen wurden. Nachdem er viele Beispiele angeführt hatte, beschrieb er die Schlacht von Chickamauga in Worten, was das Beste war, was ich je gehört oder gelesen habe.

Nachdem seine beiden Kameraden gegangen waren, erzählte ich ihm, wie sehr meine Freunde an seiner Wahlkampfkampagne interessiert waren und dass ich ihren Beitrag zum Wahlkampfkomitee beitragen würde. Der General war sofort begeistert und jubelte. Er rief geradezu: „Habe ich Ihnen nicht den ganzen Tag lang bewiesen, dass es immer einen Silberstreifen am Horizont gibt und dass die dunkelste Stunde kurz vor der Morgendämmerung ist?"

Einer der Gründe für General Garfields Erfolg als Redner war seine große Emotionalität und Sentimentalität. Trotz aller Kämpfe und Enttäuschungen, aber auch aller Erfolge beim Aufbau einer Karriere, trug er glücklich die lebhaften, hoffnungsvollen, kameradschaftlichen und liebevollen Interessen mit sich, die den ehrgeizigen Senior auszeichnen, der gerade das College verlassen hat, um sich in die Aktivitäten des Lebens zu stürzen.

Was unseren Staat anbelangte, hing viel von der Haltung von Senator Conkling ab. Seine große und triumphale vierstündige Rede an der Academy of Music in New York brachte alle seine Freunde auf Linie, aber die größte Hilfe, die General Garfield erhielt, war die großzügige, selbstlose und enthusiastische Unterstützung von General Grant.

General Grant war der führende Kandidat auf dem Parteitag, der Garfield schließlich nominierte, aber er erschien freiwillig auf der Bühne in mehreren Staaten und in Garfields Haus. Seine kurzen, aber äußerst wirkungsvollen Reden versammelten nicht nur die gesamte Wählerschaft der alten Soldaten um Garfield, sondern auch diejenigen, die aufgrund des Ergebnisses des nationalen republikanischen Parteitags unzufrieden oder gleichgültig geworden waren.

Es gab wahrscheinlich keine Wahlkampfveranstaltung, bei der der republikanische Redner jemals so viele Gelegenheiten hatte, alle seine Fähigkeiten unter Beweis zu stellen. Sein Kandidat hatte sich als Soldat im Feld und als Staatsmann im Kongress, als Pädagoge und beliebter Redner zu Fragen von lebenswichtigem Interesse einen hervorragenden Ruf erworben, während die Opposition reichlich Gelegenheiten zum Angriff bot.

Nach der Präsidentschaftswahl fand die Versammlung der Legislative des Staates New York statt, um einen Senator der Vereinigten Staaten zu wählen. Die Legislative war überwiegend republikanisch, und die Organisations- oder Parteirepublikaner stellten eine große Mehrheit. Die Versammlung wurde organisiert und Ausschüsse eingesetzt, um die Wahl eines Organisationsmitglieds sicherzustellen.

Es geschah etwas sehr Ungewöhnliches. Die Kräfte der Organisation waren zwischen zwei Kandidaten aufgeteilt: Thomas C. Platt und Richard Crowley. Mr. Conkling hatte seine Präferenz für keinen von beiden erklärt, da beide ihm treue Freunde waren, obwohl er die Macht hatte, eine Auswahl zu treffen und diese Auswahl von der Legislative genehmigen zu lassen. Der designierte Vizepräsident Chester A. Arthur trat als Manager für Mr. Crowley auf. Platt führte seine eigene Stimmenwerbung durch.

Ich wurde zu einem Treffen nach New York gerufen, bei dem auch Außenminister Blaine anwesend war. Herr Blaine sagte, die Verantwortlichen der Verwaltung hätten die Legislative gründlich befragt und festgestellt, dass ich der Einzige sei, der genügend Stimmen gegen die Organisation auf sich vereinen könne, um gewählt zu werden. Deshalb hätten General Garfield und seine Freunde entschieden, dass ich ins Rennen einsteigen müsse. Ich wollte das nicht tun, und zu diesem Zeitpunkt wollte ich auch nicht Senator werden . Es schien mir jedoch eine klare Pflicht zu sein. Eine Befragung ergab, dass Herr Platt, Herr Crowley und ich ungefähr gleich viele Stimmen hatten. Herr Blaine wusste natürlich, dass Senator Conkling der Regierung feindlich gesinnt sein würde, und wollte deshalb verhindern, dass er einen Kollegen hatte, der sich ihm anschloss und so den Staat New York gegen die Politik des künftigen Präsidenten aufbringen würde.

Nachdem die Stimmenauszählung eine Zeit lang gedauert hatte, kam Mr. Platt zu mir und fragte mich, warum ich dabei sei. Ich sagte ihm offen, dass ich dabei sei, um, wenn möglich, dafür zu sorgen, dass der designierte Senator die Regierung unterstützt. Er sagte: „Also gut, das werde ich tun."

Ich rief sofort meine Unterstützer zusammen. Herr Platt erschien vor ihnen und erklärte, dass er im Falle seiner Wahl den Präsidenten und seine Regierung in jeder Hinsicht unterstützen würde. Er wurde gefragt, ob er für die Bestätigung der vom Präsidenten ausgewählten Kandidaten stimmen würde, die bei Senator Conkling besonders in Ungnade gefallen waren, insbesondere Senator William H. Robertson. Herr Platt sagte: „Ja, das werde ich." Meine Freunde gingen alle zu ihm und er wurde gewählt.

General Garfield wurde im März 1881 vereidigt und seine Schwierigkeiten begannen mit seinem Kabinett. Senator Conkling, der klar erkannte, dass seine Organisation in New York mit Blaine im Kabinett in Gefahr war, wollte nicht, dass einer seiner Freunde einen Kabinettsposten annahm. Levi P. Morton wurde die Marine angeboten, doch auf Ersuchen von Senator Conkling lehnte er ab.

Als die Zeit für Ernennungen im Zollamt von New York gekommen war, schickte General Garfield den Namen von William H. Robertson, dem Führer der Anti-Maschinen-Kräfte des Staates. Mr. Conkling forderte sofort, dass Mr. Platt sich ihm anschließen solle, um den Senat dazu zu bewegen, die Nominierung abzulehnen. Nach den Regeln der senatorischen Höflichkeit hätte der Senat dies zweifellos getan, wenn die beiden Senatoren von New York gemeinsam gehandelt hätten. Mr. Platt erzählte Mr. Conkling von seinem Versprechen an die Mitglieder der Legislative und dass er sich daran halten müsse, und wie er mir erzählte, schlug er Mr. Conkling vor, dass er immer sein Freund gewesen sei und keinen Bruch mit ihm wolle, und dass das einzig Ehrenhafte, was getan werden könne, sei, dass beide zurücktreten und zur Wiederwahl in die Legislative zurückkehren, mit einem Mandat, das es ihnen ermöglichen sollte, die Ernennung von Richter Robertson und alle ähnlichen Ernennungen abzulehnen.

Da die Legislative überwiegend republikanisch war und die Organisation eine große Mehrheit hatte, dachten beide Senatoren, sie würden sofort wiedergewählt. Aber es ist merkwürdig, wie starke Parteilichkeit die fähigsten und schlausten Politiker blind machen kann. Die Senatoren Conkling und Platt gehörten zu den fähigsten und fähigsten politischen Managern ihrer Zeit. Womit sie nicht gerechnet hatten, war, dass die Bevölkerung des Staates New York, oder besser gesagt, die Republikaner des Staates, die gerade einen Präsidenten gewählt hatten, es nicht positiv sehen würden, wenn die Legislative des Staates zwei Senatoren entsenden würde, um ihre eigene Regierung in Verlegenheit zu bringen. Es gab kaum eine Zeitung im Staat oder im ganzen Land, die nicht eine feindselige Haltung einnahm.

Mr. Blaine kam erneut nach New York und bestand darauf, dass ich mich an der Wahlkampagne beteilige, denn ich sei der Einzige, der alle Stimmen gegen die Organisation auf sich vereinen könne.

Da die Demokraten für ihren eigenen Kandidaten stimmten und die gewerkschaftsfeindlichen Männer für mich, war es unmöglich, dass einer von ihnen eine Mehrheit hatte. Der Kampf war äußerst erbittert. Die wirkungslosen Abstimmungen gingen monatelang jeden Tag weiter. Dann wurde Garfield ermordet. Der Anführer der Conkling-Kräfte kam zu mir und sagte: „Sie haben jetzt eine Mehrheit der republikanischen Mitglieder, die für Sie stimmen. Natürlich ist die Feindseligkeit gegenüber Ihrer Kandidatur so groß geworden, dass wir nicht für Sie stimmen können, aber wenn Sie Ihre Kandidatur zurückziehen, werden wir eine Versammlung abhalten.“

Ich nahm den Vorschlag sofort an, traf meine eigenen Leute und wir wählten Warner Miller als Vertreter der Regierung und den Kongressabgeordneten Lapham, einen sehr fähigen und kompetenten Stellvertreter von Herrn Conkling, als Vertreter der Organisation. Die Fraktion nominierte sie einstimmig und sie wurden gewählt. Senator Conkling ließ sich sofort in New York nieder, um als Anwalt zu arbeiten , und zog sich aus der Politik zurück.

Es ist eine Ironie des Schicksals, dass General Garfield, der mehr als jeder andere Staatsmann dazu beigetragen hat, die Öffentlichkeit aus ihrer Aufregung nach der Ermordung Lincolns zu befreien und sie wieder zu einer ruhigen und besonnenen Betrachtung der nationalen Lage zu bewegen, so kurz nach seiner Amtseinführung selbst das Opfer eines Attentäters wurde.

Lincoln wurde im April nach seiner zweiten Amtseinführung im März ermordet, während Garfield am 2. Juli nach seiner Amtseinführung im Bahnhof von Washington erschossen wurde. Der Präsident wurde in ein Cottage in Long Branch, New Jersey, gebracht und verbrachte dort über zwei Monate unter großem Leid.

Ich lebte in diesem Sommer in Long Branch und fuhr jeden Tag zu meinem Büro in New York. Das ganze Land war von abwechselnden Gefühlen der Hoffnung und Verzweiflung erfüllt, als die täglichen Bulletins die verschiedenen Phasen des Zustands des berühmten Patienten verkündeten. Die Menschen waren auch sehr beeindruckt von seiner wunderbaren Selbstbeherrschung, seiner heldenhaften Geduld, Ausdauer und Liebenswürdigkeit.

Es war ein einmaliges Erlebnis in der Psychologie der menschlichen Natur, Abend für Abend die Menschen zu treffen, die sich im Hotel in Long Branch versammelten. Die meisten von ihnen waren auf der Suche nach einem Amt. Manche hofften sehr auf Garfields Genesung, andere, engstirnige Maschinisten und Organisationsmenschen, glaubten, wenn Garfield sterbe und Vizepräsident Arthur Präsident werde, würde er die alte Ordnung wiederherstellen, wie sie während seiner Amtszeit bestanden hatte.

Es waren sehr fähige und erfahrene Zeitungsleute anwesend, die jede große Zeitschrift des Landes vertraten. Die Abendsitzungen dieser erfahrenen Beobachter öffentlicher Personen waren äußerst interessant. Ihre kritische Analyse der Geschichte und der Motive der ankommenden Besucher wäre, wenn sie veröffentlicht worden wäre, der wertvollste Band des „Who's Who“

gewesen, der jemals veröffentlicht wurde. Als Präsident Garfield starb, trauerte das ganze Land.

9. Chester A. Arthur

Chester A. Arthur übernahm sofort die Präsidentschaft. Ich hatte das Glück, alle Präsidenten, angefangen mit Lincoln, so gut zu kennen, und der jetzige Bewohner des Weißen Hauses war ein lebenslanger Freund.

Präsident Arthur war ein sehr gutaussehender Mann in der Blüte seines Lebens, mit überragendem Charakter und Intelligenz und mit den perfekten Manieren und Höflichkeiten eines gebildeten Mannes von Welt. Ein erfahrener Staatsmann, der die meisten unserer Präsidenten gut kannte und unter vielen von ihnen im Kongress saß, sagte, als er die Liste mit mir auf dem jüngsten Kongress in Chicago durchging: „Arthur war der einzige Gentleman, den ich je im Weißen Haus gesehen habe."

Natürlich meinte er das nicht genau so. Er meinte, dass Arthur der einzige unserer Präsidenten war, der aus den kultivierten gesellschaftlichen Kreisen der Metropolen oder aus anderen Hauptstädten stammte und alle Künste und Konventionen der sogenannten „besten Gesellschaft" beherrschte. In dieser Hinsicht hätte er den gleichen Rang einnehmen können wie der Prince of Wales, der später König Edward VII. wurde.

Der „Freund unseres Herrn", der während seiner Zeit als Parteivorsitzender in New York auf vertrautem Fuß mit ihm gestanden hatte, stellte bei dem Versuch, die alten Vertrautheiten wiederherzustellen, fest, dass ihr Vorsitzender zwar noch immer ihr Freund war, aber dass er nun Präsident der Vereinigten Staaten war.

Arthur war zwar in seiner Zeit als lokaler Führer einer der strengsten Organisatoren und Parteigänger, erhöhte aber durch die Männer, die er um sich scharte, die Parteistandards. Er lud eine bemerkenswerte Gruppe junger, überaus fähiger und ehrgeiziger Männer in den Parteidienst und in persönliche Beziehungen ein. Viele von ihnen haben sich später im öffentlichen und beruflichen Leben einen Namen gemacht. Der fähigste von ihnen war ein Gentleman, der, wie ich glaube, heute im In- und Ausland allgemein als der fähigste und versierteste amerikanische Diplomat und Anwalt anerkannt wird – Elihu Root.

Es gibt keine Karriere, die so voller dramatischer Überraschungen ist wie die politische. Präsident Hayes brachte die Reform des öffentlichen Dienstes auf den Weg und setzte ihre Prinzipien ohne die Hilfe der notwendigen Gesetze energisch durch. Zu den Opfern seiner Durchsetzung gehörte General Arthur, den er als Zollbeamter des Hafens von New York ablöste. Zur Überraschung aller und zum Erstaunen seiner alten Freunde bestand eine der ersten Amtshandlungen Präsident Arthurs darin, die Verabschiedung eines Gesetzes über den öffentlichen Dienst zu fordern, das von der Civil

Service Association initiiert worden war und deren prominenteste Mitglieder George William Curtis und Carl Schurz waren.

Die Dringlichkeit des Präsidenten sicherte die Verabschiedung der Maßnahme. Anschließend ernannte er eine umfassende Kommission für den öffentlichen Dienst und erfüllte während seiner Amtszeit alle Anforderungen des Systems. Dabei entfremdete er sich von all seinen alten Freunden, darunter General Grant, Ex-Senator Conkling, Thomas C. Platt und auch Mr. Blaine, den er gebeten hatte, als Außenminister im Kabinett zu bleiben. Unter ihnen war auch John Sherman, den er ebenfalls als Finanzminister behalten wollte.

Arthurs Regierung findet sowohl in der Innen- als auch in der Außenpolitik die Anerkennung der Geschichte und das unparteiische Urteil der Nachwelt. Aber er war weder groß noch stark genug, um sich mit den mächtigen Männern auseinanderzusetzen, die ihm, insbesondere durch seine Tendenzen zur Reform des öffentlichen Dienstes, zum Feind wurden. Als der republikanische Parteitag 1884 zusammentrat und einen neuen Kandidaten nominierte, war allgemein, auch vom Präsidenten, anerkannt, dass seine politische Karriere beendet war.

Präsident Arthur war einer der liebenswertesten Gastgeber und machte das Weiße Haus zum Zentrum kultivierter Gastfreundschaft und gesellschaftlichen Charmes. Er war ein scharfsinniger Analytiker der menschlichen Natur und erzählte Geschichten voller Humor und dramatischer Wirkung über einige seiner Zeitgenossen.

General Arthur, damals Vorsitzender der Republikanischen Partei in New York, lud mich zu einem Abendessen ein, das ihm ein Freund gegeben hatte, der gerade von einem Jagdausflug mit einer großen Sammlung von edlem Wild zurückgekehrt war. Mit Ausnahme von mir waren alle Gäste aktive Führer des Staatsapparats.

Während des Abendessens sagte der General zu mir: „Wir ziehen Sie zwar jeden Herbst als Hilfe bei unserer Stimmenwerbung heran, aber nachdem wir unsere Kandidaten aufgestellt haben, vermissen wir Sie in unseren Räten und brauchen Sie.“

„Nun“, antwortete ich, „ich weiß nicht, was los ist, noch warum Senator Conkling weiterhin so feindselig eingestellt ist. Ich spüre diese Feindseligkeit nur, wenn es an der Zeit ist, Delegierte für den Staatskonvent zu wählen.“

Der General fuhr fort: „Wir können es auch nicht herausfinden. Es ist jedoch absurd, und wir werden dafür sorgen, dass Sie Delegierter des Nationalkonvents sind, und wir möchten, dass Sie beim Staatskonvent in Utica dabei sind.“

Ich fuhr nach Albany, da ich wusste, dass dort im Executive Mansion eine Konferenz mit General Arthur, Gouverneur Cornell und Senator Conkling stattfinden würde, um ein Programm für den Kongress auszuarbeiten. Ich traf den damaligen Sekretär des Staatsausschusses, Herrn Johnson, und erzählte ihm von meinem Gespräch mit General Arthur. Er sagte, er würde an der Konferenz teilnehmen und mir Bericht erstatten.

Als Mr. Johnson zurückkam, erzählte er mir, dass General Arthur, Gouverneur Cornell und andere mich dringend aufgefordert hätten, Delegierter zu werden, und dass Senator Conkling sehr empört reagierte und sagte, dass er mich nicht wieder in der Organisation haben wolle und dass es ihm gleichgültig sei, auf welcher Seite ich stehe. Es ist unnötig zu erwähnen, dass ich nicht an der Versammlung in Utica teilnahm.

Mr. Johnson erzählte mir auch, dass unter anderem beschlossen worden sei, dass im Falle einer Nominierung von General Grant für eine dritte Amtszeit die alte Maschinerie unter Senator Conkling stärker denn je gemacht werde; dass die Männer, die sich während der Amtzeit von Präsident Hayes als Mitglieder des Senats und der Versammlung des Staates sowie des Kongresses hervorgetan hatten, in den Ruhestand geschickt würden, und dass eine andere staatliche Zeitung gegründet würde, die das Albany Evening Journal verdrängen würde, weil es Präsident Hayes und seine Politik unterstützt hatte.

Während der Kongress in Utica tagte, hatte ich ein Interview mit Mr. George Dawson, dem Herausgeber des Albany Evening Journal, und er gelangte zu der Überzeugung, dass er nichts zu verlieren hatte, wenn er sofort in einen offenen Antagonismus eintrat, sofern es irgendeine Möglichkeit gab, diesen wirksam zu gestalten.

Ich sagte zu Herrn Dawson: „Die einzige Rettung für diejenigen, die während der Ära der Freiheit, die durch Präsident Hayes' Politik im öffentlichen Dienst eingeleitet wurde, profitiert haben, besteht darin, die nationale Versammlung daran zu hindern, die Einheitsregel zu übernehmen."

Die Einheitsregel besagt, dass, wenn die Mehrheit der Delegierten eines Staates eine Entscheidung trifft, der Delegationsvorsitzende die gesamte Stimme der Delegation des Staates für das von der Mehrheit erzielte Ergebnis abgibt, sei es ein Kandidat oder eine politische Linie. Unter der Einheitsregel habe ich schon erlebt, dass eine knappe Mehrheit von einer Stimme für einen Kandidaten stimmte und der Delegationsvorsitzende dann die gesamte Stimme für den Kandidaten abgab, obwohl die Minderheit ihm gegenüber sehr feindselig eingestellt war.

Die Delegierten des Staatskonvents in Utica kehrten noch am selben Abend nach Albany zurück. Viele von ihnen waren Staatssenatoren, deren

Enthauptung sicher war, wenn die alte, von der Regierung unterstützte Maschinerie wiederbelebt würde. Staatssenator Webster Wagner war einer von ihnen. Er und ich charterten einen Zug und luden die gesamte Staatsdelegation ein, mit uns nach Chicago zu fahren. In den Vorgesprächen vor dem Zusammentreten des Nationalkonvents beschlossen 26 von 78 Delegierten, unabhängig zu handeln.

Wayne MacVeagh , ein lebenslanger Freund von mir, hatte eine starke Gefolgschaft in der Delegation aus Pennsylvania, und als er von unserer Position erfuhr, brachte er auch seine Leute mit. Emory Storrs, der die Delegation aus Illinois leitete, kam zu mir und sagte, wenn wir Elihu B. Washburne , der für die Nominierung kandidierte, nicht unterstützen würden, würden wir die Stimmen aus Illinois bekommen. Das Ergebnis der Stimmenauszählung war, dass sich der Kongress gegen die Einheitsregel entschied. Dies gab so vielen einzelnen Delegierten die Möglichkeit, unabhängig zu handeln, dass das Feld frei war und niemand die Mehrheit hatte. Die führenden Kandidaten waren General Grant, James G. Blaine und John Sherman.

In der Geschichte der Rednerkunst bei Kongressen nehmen die Nominierungsreden von Senator Conkling für General Grant und James A. Garfield für John Sherman den höchsten Rang ein. Conkling nahm auf dem Podium eine erhabene Position ein. Seine Rede war perfekt vorbereitet, wurde mit großer dramatischer Wirkung vorgetragen und erhielt universellen Applaus im Saal und auf der Galerie.

General Garfield hingegen, ebenfalls ein gutaussehender Mann und geübter Redner, vermied das dramatische Element, in dem er nicht mit Conkling mithalten konnte, sondern hielt eine Rede, die dem durchschnittlichen Denken und Verständnis seines Publikums entsprach und großen Eindruck machte. Es war ein gängiger Kommentar: „Er hat sich selbst nominiert."

Unter den Zuhörern befanden sich Tausende von Blaine-Enthusiasten. Seit Lincoln hatte kein öffentlicher Mann jemals so begeisterte, ergebene und fast verrückte Anhänger wie Mr. Blaine. Diese Enthusiasten warteten darauf, das Dach zum Beben zu bringen und die Nominierung ihres Kandidaten zu sichern, wenn der ausgewählte Redner seinen Favoriten vorstellte.

Der Herr, der ausgewählt wurde, um Herrn Blaine vorzustellen, war ein bedeutender Geschäftsmann und Großunternehmer, aber ich bezweifle, dass er jemals zuvor gesprochen hatte, außer vor einem Vorstand. Natürlich war ein solcher Mann in diesem riesigen Saal furchtbar benachteiligt und konnte nicht sehr gut gehört werden. Er schloss mit der Nennung seines Kandidaten ungefähr so: „Ich habe jetzt die Freude und Ehre, diesen hervorragenden Staatsmann James S. Blaine als Kandidaten für diesen Kongress vorzuschlagen." Fast jeder auf dem Kongress wusste, dass Herr Blaines zweiter Vorname Gillespie war.

Die Anhänger Blaines, deren Empörung während der gesamten Rede immer größer wurde, weil sie von ihrem Favoriten höchste rednerische Fähigkeiten erwarteten, riefen im Chor: „G., du Narr, G!"

Als General Garfield gewählt wurde, wies er die Abstimmung empört zurück und bezeichnete sie als eine Beleidigung seiner Ehre, da er seinen Freund John Sherman nominieren wollte. Senator George F. Hoar aus Massachusetts leitete die Versammlung. Er unterbrach Garfield, indem er ihn zur Ordnung rief, da es nicht angebracht war, die Namensaufrufung zu unterbrechen, und er tat dies aus Angst, Garfield könnte so weit gehen und sagen, dass er die Nominierung nicht annehmen würde, wenn sie vorgenommen würde. Bei der letzten Abstimmung änderten Staat für Staat, die alle versuchten, vor den anderen zu kommen, ihre Stimme von Sherman oder Blaine zu Garfield, und dieser wurde nominiert.

Als Besucher der Delegation aus Ohio saß ich in seiner Nähe. Es war ein merkwürdiges Beispiel dafür, wie ein hochsensibler und sehr aufgeregter Mann plötzlich und unerwartet seinen Lebenstraum verwirklichen konnte. Er war so überwältigt, dass seine Freunde ihn praktisch aus dem Kongress tragen mussten.

Senator Conkling war über das Ergebnis sehr empört und brachte seinen Ärger mit seiner üblichen Betonung und Bildhaftigkeit zum Ausdruck. Die Führer von Ohio waren damals bestrebt, New York zu besänftigen, aber Conkling wollte nichts mit ihnen zu tun haben. Sie kamen dann zu uns, die wir gegen die Einheitsregel waren, und wollten Vorschläge, welchen New Yorker sie zum Vizepräsidenten wählen sollten. Levi P. Morton wurde vorgeschlagen. Mr. Morton sagte, er würde akzeptieren, wenn Senator Conkling damit einverstanden sei, und dass er nicht ohne die Zustimmung des Senators handeln würde , da er ein Mann der Organisation sei. Der Senator verweigerte seine Zustimmung und sagte Mr. Morton, dass keiner seiner Freunde auf die Wahlliste kommen würde.

Dann wurde vorgeschlagen, General Arthur vor Gericht zu stellen, der Conklings erster Leutnant und Vorsitzender des Republikanischen Staatskomitees von New York war. Senator Conkling gab General Arthur dieselbe Antwort, sagte aber offen zu Conkling: „Eine solche Ehre und Gelegenheit kommt nur sehr wenigen der Millionen Amerikaner zuteil, und dieser Mann nur einmal. Niemand kann sie ablehnen, und ich werde es nicht tun." Und so wurde General Arthur zum Vizepräsidenten nominiert.

X. GROVER CLEVELAND

Grover Cleveland war ein bemerkenswerter Mann. Er besaß mehr politischen Mut vom Typ General Jackson als fast jeder andere Mann, der jemals verantwortungsvolle Positionen innehatte. Als Gouverneur des Staates widersetzte er sich Tammany Hall und als Präsident forderte er wiederholt die stärksten Elemente seiner Partei heraus. Drohungen einer Niederlage oder Vergeltung ließen ihn nie beeindrucken. Wenn er sich einmal entschieden hatte und glaubte, dass er Recht hatte, konnten ihn weder Vorschläge der Zweckmäßigkeit noch der Popularität beeinflussen.

Im persönlichen Umgang schloss er Freundschaften und hatte großen Charme. Der Wahlkampf gegen ihn, als er für das Amt des Gouverneurs von New York kandidierte, wurde rücksichtslos geführt. Ich hielt die Handlungen seiner Feinde für unfair und war überzeugt, dass sie sich im Wahlkampf darauf auswirken würden. Ich diskreditierte sie alle in meinen Reden und bat unser Volk, sie nicht in den Vordergrund zu rücken.

Ich kannte Mr. Cleveland und als Zeichen meiner Wertschätzung für seinen Charakter und seine Fähigkeiten bot ich ihm die Stelle des Chefjuristen der New York Central Railroad in Buffalo an, als diese frei wurde, und sagte: „Es liegt mir außerordentlich am Herzen, dass Sie diese Stelle annehmen. Ich denke, durch eine Umstrukturierung Ihrer Kanzleiverwaltung können Sie Ihre Privatpraxis behalten und Ihr Einkommen um etwa fünfzehntausend Dollar pro Jahr steigern."

Mr. Cleveland antwortete: „Ich habe einen sehr konkreten Lebensplan und habe entschieden, wie viel ich arbeiten kann, ohne meine Gesundheit zu gefährden, und wie viel zusätzliche Verantwortung ich übernehmen kann. Ich habe etwa 75.000 Dollar angespart, und meine Praxis bringt mir ein Einkommen ein, das für meine Bedürfnisse ausreicht und eine sinnvolle Ergänzung meines Kapitals für mein Alter darstellt. Kein Geldbetrag würde mich dazu verleiten, meine derzeitige Arbeit zu ergänzen oder zu erhöhen."

Ich bezweifle, dass es in den Vereinigten Staaten viele Anwälte gab, die diese Philosophie hatten oder ihre Ambitionen unter Kontrolle hatten. Sein Jahreseinkommen aus seinem Beruf war erheblich geringer als die Vergütung, die ihm ein General Counsel bei der New York Central bot.

Cleveland war als Präsident äußerst zufriedenstellend, was seine schnelle und entschiedene Beurteilung der ihm vorgelegten Angelegenheiten anging. Es gab keine Verzögerungen, keine Revisionen, ja keine diplomatischen Methoden, um eine unangenehme Entscheidung zu vermeiden. Er sagte einem in kürzester Zeit und auf die klarste Art und Weise, was er tun würde.

Ein großer gesellschaftlicher Führer und Schiedsrichter in sozialen Angelegenheiten in New York wünschte sich sehr, dass der Präsident sein Urteil in Bezug auf eine Ernennung, die ein Mitglied seiner Familie betraf, revidieren sollte. Ich gab ihm einen Brief, der ihm ein persönliches und vertrauliches Gespräch verschaffte. Als er zu mir zurückkam, sagte er: „Das ist der außergewöhnlichste Mann, den ich je gesehen habe. Nachdem er mir zugehört hatte, sagte er, er verstehe die Angelegenheit völlig und würde seine Meinung oder sein Handeln nicht ändern. Er hat keine gesellschaftliche Stellung und hatte sie nie. Ich versuchte, die Vorzüge der Sache und meine Fähigkeit, ihm in dieser Hinsicht zu helfen, darzulegen, aber er lachte nur; ja, er lachte wirklich."

Präsident Hayes hatte zwar Schwierigkeiten mit der Reform des öffentlichen Dienstes und zog sich die Feindseligkeit der republikanischen Organisation und der Parteigänger zu, doch die Situation mit ihm war weitaus weniger schwierig als mit Cleveland, der ein aufrichtiger Reformer des öffentlichen Dienstes und zudem ein ernsthafter Demokrat war. Obwohl ein demokratischer Senator aus Ohio, Mr. Pendleton, während der Hayes-Regierung ein Gesetz zur Reform des öffentlichen Dienstes verabschiedet hatte, glaubte die große Mehrheit der Demokratischen Partei an Minister Marcys Erklärung, dass „den Siegern die Beute gehört".

Erschwerend kam hinzu, dass die Demokraten seit 24 Jahren nicht mehr im Amt waren. Wir können uns ihren Hunger nach Ämtern heute kaum vorstellen oder vorstellen. Die Regel, um Menschen zu retten, die vor Hunger sterben, ist, ihnen häufig und in sehr kleinen Mengen Nahrung zu geben. Indem er dies versuchte, wurde der Präsident zu einem der unbeliebtesten Männer, die je ein Amt bekleidet hatten; tatsächlich war er unter den demokratischen Senatoren und Abgeordneten so unbeliebt, dass eine Geschichte, die Zebulon Vance aus North Carolina erzählte, im ganzen Land die Runde machte und noch heute existiert. Vance, der einen großen Teil der Bürger von North Carolina auf seiner Warteliste hatte und keinen von ihnen zum Präsidenten ernennen konnte, sagte, die Situation, die eigentlich eine Freude über die Wahl eines Präsidenten durch seine eigene Partei sein sollte, sei wie die eines Klienten von ihm, der eine Farm von seinem Vater geerbt hatte. Es gab so viele Schwierigkeiten mit dem Titel und dem Besitz und die Verzögerung, dass der Sohn sagte: „Ich wünschte fast, mein Vater wäre nicht gestorben."

Doch Mr. Cleveland schaffte auf seine bewusste Art das Unmögliche. Er gewann die Gunst seiner Partei weitgehend zurück, indem er deren Forderungen erfüllte, und erweiterte gleichzeitig den Umfang der Anforderungen an den öffentlichen Dienst so sehr, dass er dafür die Anerkennung der beiden großen Führer der Beamtenbewegung erhielt - George William Curtis und Carl Schurz.

Präsident Cleveland begann seine zweite Amtszeit mit größerer Popularität im Land als die meisten seiner Vorgänger. Als er sein Amt niederlegte, geschah dies praktisch einstimmig. Es gehört zu den Tragödien des öffentlichen Lebens, dass er das Vertrauen seiner Partei und in gewissem Maße des gesamten Volkes völlig verlor, indem er seinem Land den größten öffentlichen Dienst leistete.

Ein Streik der Eisenbahner legte den Verkehr lahm. Eisenbahnen sind die Arterien des Reisens, des Handels und des Handels. Sie zu stoppen bedeutet, den Transport von Lebensmitteln oder Kohle zu verhindern und Städte und Gemeinden auszuhungern und zu erfrieren. Cleveland nutzte die gesamte Macht der Bundesregierung, um den Verkehr auf den Eisenbahnen freizuhalten und diejenigen, die versuchten, sie zu stoppen, als Feinde des ganzen Volkes zu bestrafen. Dies war eine Lektion, die seitdem von unschätzbarem Wert war, um diese großen Autobahnen offen zu halten.

Er setzte die Aufhebung des Silberankaufgesetzes mit allen Mitteln und Druckmitteln und durch uneingeschränkte Nutzung von Mäzenatentum durch. Seine Partei war fast einstimmig für den Silberstandard und empfand diese Aufhebung als Verbrechen, aber sie rettete das Land vor dem allgemeinen Bankrott. Außer durch die Nutzung von Mäzenatentum zur Unterstützung seiner Silbergesetzgebung verärgerte er seine Partei, indem er den öffentlichen Dienst verbesserte und Theodore Roosevelt als Leiter der Kommission für den öffentlichen Dienst behielt. Diese Krisen erforderten vom Präsidenten ein außerordentliches Maß an Mut und Standhaftigkeit.

Als sich Herr Cleveland ins Privatleben zurückzog, erfreute er sich einer beispiellosen Missbilligung in der Bevölkerung, doch im Lauf der Jahre wuchs sein Ruhm als Präsident und er nahm in der Wertschätzung des Volkes rasch eine führende Position ein.

Mr. Cleveland hatte in seinen Reden und öffentlichen Dokumenten einen eigentümlichen Stil. Er wurde als mühsam und essayistisch kritisiert . Nachdem er sich ins Privatleben zurückgezogen hatte, fragte ich ihn, wie er sich diesen Stil angeeignet hatte. Er sagte, sein Vater sei Geistlicher gewesen und er sei größtenteils zu Hause von ihm erzogen worden. Sein Vater legte großen Wert auf seine Kompositionen und sein Englisch, sodass er sich einen geistlichen Stil aneignete. Dies hatte zur Folge, dass er jedes Mal, wenn ein Mitglied der örtlichen Anwaltskammer starb, aufgefordert wurde, die Nachrufe zu schreiben.

Um einen Blick auf die dazwischenliegenden Jahre zu werfen: Nachdem Mr. Cleveland nach seiner zweiten Amtszeit in den Ruhestand gegangen war, traf ich ihn sehr häufig bei gesellschaftlichen Anlässen und offiziellen Feierlichkeiten. Er gab seine Tätigkeit als Anwalt bald auf und ließ sich in

Princeton nieder, wo er bis zu seinem Tod als Treuhänder der Universität und Dozent für die Studenten große und nützliche Dienste leistete.

Während er mit ihm im gleichen Wagen bei der großen Prozession zur Beerdigung von General Sherman fuhr, schwelgte er in höchst interessanten Erinnerungen an seine Erfahrungen als Präsident. Ab und zu brach in der Menge ein Jubelschrei aus, und dann ertönte einer der alten Wahlkampfslogans: „Grover, Grover, noch vier Jahre." Mr. Cleveland bemerkte: „Als Präsident bemerkte ich eine gewisse Regelmäßigkeit und ein Wiederaufflammen des Applauses, und das war überall, wo ich hinkam, dasselbe." Dieser Ruf: „Grover, Grover, noch vier Jahre!" erklang jeden dritten Block, und während unserer langen Fahrt blieb die mathematische Tradition erhalten.

XI. BENJAMIN HARRISON

Das Jahr 1888 stellte für mich ein einzigartiges Erlebnis dar. Ich ging meinen beruflichen Pflichten sehr hart nach und schenkte den öffentlichen Angelegenheiten keinerlei Aufmerksamkeit.

Die Distriktversammlungen, die Delegierte zur nationalen Versammlung in Chicago entsenden sollten, begannen mit der Wahl ihrer Delegierten und Stellvertreter und verabschiedeten Resolutionen mit der Anweisung, für mich als ihren Präsidentschaftskandidaten zu stimmen.

Nachdem mehrere Bezirke so gehandelt hatten, wurde ich gebeten, mich in Whitelaw Reids Büro im Tribune Building mit Thomas C. Platt, unserem Staatsführer, und dem US-Senator Frank Hiscock zu treffen. Platt wollte wissen, warum ich diese Wählerwerbung durchführte, ohne die Organisation zu konsultieren oder sie zu informieren. Ich sagte ihm, dass ich weder Briefe, Telegramme noch Interviews mit ihnen schickte; dass ich niemanden gesehen hätte und niemand zu mir gekommen wäre.

Mr. Platt, der sein Leben lang durch die Organisation viel erreicht hatte, glaubte nicht an spontane Aufstände und fragte mich freimütig: „Sind Sie ein Kandidat?" Ich sagte ihm, dass ich das nicht sei, weil ich nicht glaubte, dass ich angesichts der gegenwärtigen öffentlichen Meinung zum Thema Eisenbahnen nominiert werden könnte, und ich war Präsident eines der größten Eisenbahnsysteme.

Dann wurde mir vorgeschlagen, dass ich der Tribune, dem Parteiorgan, gestatten sollte, zu erklären, dass ich kein Kandidat sei und auch nicht sein wolle. Am nächsten Morgen wurde mir das in der Tribune ausführlich erklärt. Die Parteitage traten weiterhin zusammen und unterrichteten ihre Delegierten auf die gleiche Weise.

Es wurde eine weitere Konferenz einberufen, und dann wurde ich gebeten, die Erklärung abzugeben, dass ich im Falle einer Nominierung die Nominierung nicht annehmen und im Falle einer Wahl ablehnen würde. Ich sagte meinen Konferenzteilnehmern: „Meine Herren, es gibt keinen Amerikaner, der groß genug ist, um das zu sagen. Erstens ist es grober Egoismus, zu glauben, dass so etwas passieren könnte." Das Ergebnis war, dass die Organisation die Situation akzeptierte.

Dieses einstimmige Vorgehen der Partei auf ihren Parteitagen in den Kongresswahlbezirken des Staates kann ich mir nur als das kumulative Ergebnis der Wertschätzung selbstloser Arbeit für die Partei erklären. Ein Vierteljahrhundert lang war ich jeden Herbst in jedem Teil des Staates auf der Bühne und habe nach meinen Möglichkeiten zur Stimmenwerbung auf Staats- und lokaler Ebene beigetragen. Während dieser Zeit habe ich nichts verlangt und nichts angenommen. Wenn ich eine so große Formulierung auf eine vergleichsweise unwichtige Angelegenheit anwenden darf, würde ich die oft zitierte Maxime „Republiken sind undankbar" verneinen.

Als der Kongress zusammentrat, herrschte eine überwältigende Zustimmung zu Herrn Blaine, aber seine Ablehnung war positiv und absolut. Ich war immer ein herzlicher Unterstützer und Freund von Herrn Blaine gewesen, und seine Anhänger waren mir gegenüber sehr freundlich.

Die sogenannten „Granger States", insbesondere Iowa, waren der Eisenbahnverwaltung und den Eisenbahnern gegenüber sehr feindselig eingestellt. Sie verabschiedeten Gesetze, die praktisch die Beschlagnahmung der Eisenbahnsicherheiten bedeuteten. Die Ausschüsse dieser Staaten besuchten alle anderen staatlichen Delegationen und äußerten sich verbittert über meine Kandidatur. Die Stärke meiner Kandidatur lag darin, dass New York einstimmig für mich war, mit Ausnahme einer Stimme aus New York City, und kein Kandidat konnte hoffen, gewählt zu werden, wenn er nicht in New York gewinnen konnte.

Nachdem ich 99 Stimmen erhalten hatte, stellte ich fest, dass ich beim nächsten Wahlgang eine sehr viel höhere Stimme erhalten würde, und beschloss, mich zurückzuziehen. Ich rief die New Yorker Delegation zusammen und legte meinen Standpunkt und die Gründe dafür dar. Es kam zu einer beträchtlichen Debatte. Der Antrag wurde gestellt und einstimmig angenommen, dass die vier Delegierten zusammenkommen und prüfen sollten, ob sie sich auf einen Kandidaten einigen könnten, der die Unterstützung der gesamten Delegation des Staates auf sich ziehen würde. Das Ziel war natürlich, den Staat mit seiner größeren Zahl an Delegierten als jeder andere Bundesstaat zu einem entscheidenden Faktor bei der Auswahl zu machen.

Die Delegierten waren: Thomas C. Platt, Senator Frank Hiscock, Warner Miller und ich. Als wir uns trafen, sprachen sich Platt und Hiscock für Senator Allison aus Iowa aus. Warner Miller verkündete mit gleicher Begeisterung, dass er für John Sherman sei.

Es kam zu einer hitzigen Kontroverse zwischen Herrn Platt und Herrn Miller, in deren Verlauf Herr Platt sagte, weder er noch einer seiner Freunde würden für Sherman stimmen, wenn dieser nominiert würde. Senator Hiscock, der immer ein Beruhiger war, unterbrach sie und sagte: „Herr Depew hat bisher nichts gesagt. Ich schlage vor, dass wir seine Ansichten hören."

Herr Platt und Herr Miller reagierten auf diesen Vorschlag und ich antwortete: „Meine Herren, New York hat mir seine herzliche und praktisch einstimmige Unterstützung zugesagt und ich hatte unter diesen Umständen das Gefühl, dass ich folgen und nicht führen sollte. Die Situation, die sich aus dieser Diskussion hier ergeben hat, schließt zwei Kandidaten aus. Ohne die Hilfe von Senator Platt und seinen Freunden könnte Herr Sherman New York nicht gewinnen. Iowa ist bis zum Äußersten gegangen und hat radikale Gesetze erlassen, die die Wertpapierinvestitionen seiner Eisenbahnen bedrohen, und New York ist ein so kapitalistischer Staat, dass kein Mann, der sich mit diesen Gesetzen identifiziert, die Mehrheit der Stimmen seiner Bevölkerung gewinnen könnte, und das macht Allison unmöglich. Es gibt hier einen Kandidaten, der derzeit anscheinend keine Chance hat, der mir aber dennoch mehr populäre Qualifikationen zu besitzen scheint als jeder andere, und das ist General Benjamin Harrison aus Indiana. Ich kenne ihn nicht, habe ihn nie getroffen, aber er hat sich aus den bescheidensten Anfängen hochgearbeitet, bis er der Führer der Anwaltskammer seines Staates wurde. Er trat als Leutnant in den Bürgerkrieg ein und wurde aufgrund seiner auffallenden Tapferkeit und Geschicklichkeit auf dem Schlachtfeld Brigadegeneral. Als Senator der Vereinigten Staaten wurde er über Bundesangelegenheiten informiert. Sein Großvater, Präsident William H. Harrison, führte einen der malerischsten Feldzüge unserer Geschichte. Es gibt genügend Überlebende dieses „Apfelwein- und Blockhütten"-Wahlkampfes, um bei jeder Versammlung einen attraktiven Beitrag auf der Bühne zu leisten und so General Harrisons Kandidatur eine gewisse historische Note zu verleihen."

Nach einiger Diskussion stimmten die anderen drei zu. Wir berichteten der Delegation von unserer Schlussfolgerung, die mit überwältigender Mehrheit den Schlussfolgerungen der vier Delegierten zustimmte. Diese Entscheidung regelte die Frage auf der Versammlung, und nach einigen Abstimmungen wurde General Harrison nominiert. New York wurde die Vizepräsidentschaft zuerkannt und wählte Levi P. Morton.

Während Harrisons Amtszeit war ich mit meinen Pflichten als Präsident der New York Central Railroad beschäftigt und war selten in Washington. Doch bald nach seiner Amtseinführung schickte er mir ein Kongressmitglied aus Indiana mit einer besonderen Botschaft. Dieser Kongressabgeordnete sagte: „Ich komme von Präsident Harrison, und er hat mich beauftragt, Ihnen einen Platz in seinem Kabinett anzubieten. Er möchte Sie unbedingt in seiner offiziellen Familie haben."

Ich sagte ihm, dass ich nicht bereit sei, ins öffentliche Leben einzutreten, und dass ich, obwohl ich mich außerordentlich über das Angebot freue, es unmöglich anzunehmen sei.

Der Kongressabgeordnete sagte: „Ich bin ein armer Mann, kann aber nicht verstehen, wie jemand es ablehnen kann, Mitglied des Kabinetts des Präsidenten der Vereinigten Staaten zu werden. Wenn mir ein solches

Angebot gemacht würde und die Bedingungen unserer übergeordneten Vorsehung wären, dass ich und meine Familie für den Rest unseres Lebens in Not und Armut leben sollten, würde ich es ohne Zögern annehmen."

Ich hatte Benjamin Harrison zum ersten Mal getroffen, als wir während der Stimmenwerbung geschäftlich durch Indianapolis kamen. Er beeindruckte mich sehr, aber seine Strenge fiel denen auf, die ihn in offiziellen Angelegenheiten aufsuchten. Ich empfand ihn als einen der freundlichsten und umgänglichsten Menschen, und dieser Eindruck verstärkte sich, als ich ihn im Weißen Haus traf. An seinem eigenen Tisch und bei Familienessen war er einer der charmantesten Gastgeber. Leider hatte er ein abstoßendes Benehmen und eine raue Stimme. Im Umgang mit denen, die ihn um offizielle Gefälligkeiten baten, machte ihn dies bei Senatoren und Mitgliedern des Repräsentantenhauses zu einem der unbeliebtesten Präsidenten.

Als Redner auf der Bühne hatte er nur wenige, die ihm ebenbürtig waren. Er war äußerst klar und überzeugend und besaß das, was nur wenige Redner besitzen, was ihm im Wahlkampf und auf seinen Reisen durch das Land als Präsident von besonderem Nutzen war: die Fähigkeit, jeden Tag eine neue Rede zu halten, und jede davon war gut. Es war ein Talent, Fragen aus vielen Blickwinkeln zu präsentieren, von denen jede sein Thema beleuchtete und sein Publikum fesselte. Ein Senator, der sein Freund war, sagte über ihn, und diese Bemerkung wird von Senator Hoar zitiert, dass er, wenn er vor einem Publikum von zehntausend Menschen sprechen würde, jeden von ihnen zu seinem Freund machen würde, aber wenn er jedem von ihnen später vorgestellt würde, würde jeder von ihnen seine Feinde verlassen . Ich denke, dass sein so unglückliches Benehmen daher rührte, dass seine Karriere von seinen frühen Kämpfen bis zu seinem triumphalen Erfolg eine des Kampfes gewesen war.

Kurz vor dem Nationalkonvent im Jahr 1892 kam Senator Frank Hiscock zu mir und sagte, Präsident Harrison habe ihn gebeten, mich zu bitten, seine Kräfte auf dem Konvent zu führen. Ich sagte ihm, ich sei ein loyaler Mann der Organisation und wolle mich nicht mit unserem Führer, Senator Platt, streiten. Dann erzählte er mir, er habe Platt gesehen, der bemerkt habe, niemand könne Harrison helfen und ich würde den Wahlkampf mit besserer Einstellung führen als jeder andere, und deshalb habe er keine Einwände gegen meine Annahme der Position. Es gab ein Hindernis, das ich aus dem Weg räumen wollte. Ich war Mr. Blaine sehr ergeben und war nicht nur einer seiner politischen Unterstützer, sondern mochte ihn auch persönlich sehr. Mr. Blaine war zufällig in der Stadt, und ich besuchte ihn sofort. Sein Gesundheitszustand war damals sehr schlecht.

„Mr. Blaine", sagte ich zu ihm, „wenn Sie ein Kandidat sind, wissen Sie, dass ich Sie mit größter Freude unterstützen werde, aber wenn nicht, dann werde ich die Einladung des Präsidenten annehmen."

Mr. Blaine war sehr herzlich. Er sagte, er hätte keinerlei Einwände gegen meine Übernahme des Amtes, bezweifle jedoch, dass der Präsident erneut nominiert werden könne , und dass er im Falle einer Nominierung nicht wiedergewählt werden könne. Harrison sei ein ausgezeichneter Präsident gewesen, aber seine Art, die Menschen zu behandeln, die zu ihm kamen, habe dem Land erbitterte und mächtige Feinde beschert, während er nur sehr wenige Freunde habe.

Dann erwähnte er mehrere andere mögliche Kandidaten, zweifelte aber offensichtlich am Erfolg der Republikanischen Partei bei der Wahl. Über sich selbst sagte er: „Wenn ich die Nominierung annehmen würde, könnte ich die Mühen und die Aufregung des Wahlkampfs nicht ertragen. Es würde mich umbringen." Diese Diagnose seines Zustands war richtig und wurde durch die Tatsache belegt, dass er kurz nach der Wahl starb, aber lange bevor er im Falle einer Wahl sein Amt antreten konnte.

Alle Organisationsführer der Partei waren sich gegen die Nominierung von Präsident Harrison einig. Die Führer waren Platt, Quay und Clarkson, der auch Vorsitzender des Nationalkomitees war. Sie waren die größten Meister der Organisation und des Managements, die wir je in der Politik hatten, insbesondere Platt und Quay. Ihre Methoden waren immer geheim, also entschied ich, dass die einzige Hoffnung auf Erfolg für Präsident Harrison in der größtmöglichen Publizität lag.

Die Position, die ich angenommen hatte, wurde bald bekannt, und ich begann, ausführliche Interviews zu geben, jedes ein Argument für die Wiederernennung des Präsidenten. Ich ging ein paar Tage vor dem Kongress nach Chicago, wurde dort von etwa fünfzig Pressekorrespondenten empfangen und hielt ihnen eine Rede, die in den Morgenzeitungen als Flugblatt erschien, wobei jeder Korrespondent sie auf seine Weise als sein eigenes individuelles Interview behandelte .

Diese Erklärung oder vielmehr dieses Argument war für die Delegierten von überall her bestimmt, die auf dem Weg zum Kongress waren und durch Chicago reisen mussten, und das gelang ihnen auch. Der Kongress fand in Minneapolis statt. Ich erhielt aus dieser Stadt eine Einladung, vor einer Versammlung von New Yorkern, die sich im Westen niedergelassen hatten, vor zwei patriotischen Zuhörern zu sprechen und die Ansprache bei der Einweihung der großen Halle zu halten, in der der Kongress stattfinden sollte.

Es war offensichtlich, dass jeder Delegierte vor Abschluss dieser Verpflichtungen an einigen dieser Treffen teilgenommen hatte, und daher war ich aufgrund der Beziehung zwischen einem Sprecher und seinem Publikum praktisch der einzige Mann auf dem Kongress, den jedes Mitglied persönlich kannte. Diese Beziehung war bei der Durchführung der Stimmenauszählung von enormem Vorteil.

Die großen Führer der Organisation waren schwer zugänglich und führten ihre Kampagne durch vertrauenswürdige Mitglieder der jeweiligen Staatsdelegation. Meine Räume standen allen offen. Aufgrund der widersprüchlichen Aussagen der Mitglieder der Staatsdelegationen war es sehr schwierig, eine genaue und detaillierte Liste derjenigen zu erstellen, die für den Präsidenten und derjenigen, die für Herrn Blaine waren. Mir kam der Gedanke, dass es hilfreich sein könnte, ein Treffen der Harrison-Delegierten einzuberufen. Viele hielten dies für riskant, da sich dadurch möglicherweise eine Mehrheit in die andere Richtung entwickeln könnte.

An der Sitzung nahm jedoch jeder Delegierte teil, und die Gegner kamen aus Neugier. Ich übernahm den Vorsitz und bat ein Mitglied jeder Delegation, aufzustehen und zu sagen, wie viele Stimmen seiner Meinung nach aus seinem Staat zu erwarten seien. Natürlich wurde die Aussage jedes Delegierten oft von anderen anwesenden Delegierten aus seinem Staat lautstark angefochten. Als das Ergebnis bekannt gegeben wurde, zeigte es eine Mehrheit von drei Stimmen für General Harrison. Ein erfahrener Wahlkämpfer bat mich, es mit fünfzig Stimmen zu verkünden, aber ich weigerte mich. „Nein", sagte ich, „das knappe Ergebnis, bei dem jede Möglichkeit zur Manipulation besteht, würde überzeugen."

Ein alter Herr, der neben mir stand, hatte einen Stock aus Ebenholz mit einem goldenen Knauf. Ich ergriff ihn und schlug ihn mit solcher Kraft auf den Tisch, dass er in zwei Teile zerbrach, und verkündete, die Zahlen zeigten absolute Gewissheit für die Wiedernominierung von Präsident Harrison . Ich bezweifle, dass es eine verlässliche Mehrheit gab, aber die Bekanntgabe dieses Ergebnisses brachte genug von denen, die immer darauf erpicht sind, auf den Zug aufzuspringen, um es sicher zu machen.

Bald nach meiner Rückkehr nach Hause erhielt ich einen Brief vom Besitzer des Stocks. Er schrieb: „Ich war sehr wütend, als Sie meinen Stock kaputt machten. Es war ein wertvolles Geburtstagsgeschenk meiner Kinder. Er steht jetzt in einer Glasvitrine in meiner Bibliothek und auf der Vitrine steht folgendes Schild: ‚Mit diesem Stock wurde ein Präsident der Vereinigten Staaten nominiert.‘"

Herr McKinley, der damalige Gouverneur von Ohio, hatte den Vorsitz bei der Versammlung. Ich stand dicht neben ihm, als ich meine Rede für Harrisons Wiedernominierung hielt. Obwohl ich sie gründlich vorbereitet hatte, war sie in gewisser Weise spontan gehalten, um Forderungen oder Einwänden Rechnung zu tragen. Mitten im Satz sagte McKinley laut zu mir: „Sie halten eine bemerkenswert gute Rede." Diese Bemerkung brachte mich aus der Fassung, wie es eine Opposition niemals getan hätte. Ich verlor den Faden und wäre beinahe zusammengebrochen, aber glücklicherweise gab mir der Applaus Zeit, wieder in die Spur zu kommen.

Zu meinen Kollegen in der New Yorker Delegation gehörte James W. Husted. General Husted war schwer erkrankt und konnte während des Kongresses sein Zimmer nicht verlassen. Eines Morgens ließ er mich rufen und sagte: „Ich habe gerade einen Anruf von Gouverneur McKinley erhalten. Er sagt, Sie hätten die Befugnis, ihn zu nominieren, und Harrison könne nicht nominiert werden. Wenn Sie Harrisons Truppen für ihn befehligen, wird er der nächste Präsident sein."

Ich sagte Husted, dass ich für den Krieg eingezogen worden sei und dass dies, obwohl ich große Bewunderung für McKinley hege, unmöglich sei.

Bald nach meiner Ankunft zu Hause erhielt ich eine Einladung des Präsidenten, ihn in Washington zu besuchen. Ich nahm den Nachtzug und kam morgens dort an. Ich war zum Mittagessen mit ihm verabredet.

Im Laufe des Morgens kam Stephen B. Elkins, der damalige Kriegsminister, zu Besuch und bat mich, einen Spaziergang zu machen. Während wir gingen, sagte er mir, dass der Präsident mir als Nachfolger von Herrn Blaine das Amt des Außenministers anbieten würde und dass ich es annehmen sollte. Dann führte er mich zum Außenministerium und zeigte auf die Porträts der verschiedenen Minister an den Wänden, angefangen mit Thomas Jefferson. Elkins sagte, dass es eine größere Auszeichnung sei, auf dieser Liste zu stehen, als an den Wänden des Weißen Hauses zu stehen, weil diese Männer von weitaus größerer Bedeutung seien.

Nach dem Mittagessen lud mich der Präsident in den Blauen Raum ein und sagte mit großer Ergriffenheit: „Sie sind der einzige Mensch, der sich jemals selbstlos mit mir angefreundet hat. Ich bin vor allem Ihren Bemühungen zu verdanken, dass ich Präsident wurde, und ich bin Ihnen für meine erneute Nominierung zu großem Dank verpflichtet. Ich habe mein Bestes getan, um meine Wertschätzung zu zeigen, indem ich Sie in mein Kabinett und auf andere Weise gebeten habe, aber Sie haben alles abgelehnt, was ich Ihnen bisher angeboten habe. Jetzt möchte ich Ihnen das Beste geben, was ich habe, nämlich den Posten des Außenministers. Das ist gebrochenes Brot, denn wenn ich nicht wiedergewählt werde, wird es nur bis zum 4. März dauern, aber wenn ich wiedergewählt werde, dann für weitere vier Jahre. Ich persönlich möchte Sie in meinem Kabinett haben."

Ich sagte dem Präsidenten, dass ich das nicht akzeptieren könne; selbst wenn ich von meinem Amt als Präsident der Eisenbahn zurücktrete, würde ein direkter Wechsel von diesem Posten die Eisenbahnfrage, die sehr akut sei, auf den Tisch bringen. Er sagte, er glaube nicht, dass das etwas bringen würde, aber ich erkannte, dass seine Niederlage, wenn er besiegt würde, auf diesen Fehler zurückgeführt werden würde.

Dann sagte er: „Und was ist, wenn ich wiedergewählt werde?" Ich sagte ihm, dass ich meine Ernennung als die größte Ehre und die damit verbundene Zusammenarbeit als die angenehmste meines Lebens betrachten würde.

„Sehr gut", sagte er. „Ich werde Herrn John W. Foster, der dem Außenministerium hervorragende Dienste geleistet hat, bis zum 4. März ernennen. Sie können sich dann darauf vorbereiten, an diesem Tag hierher zu kommen."

Das Schmerzlichste, das mit der Stimmenauszählung in Minneapolis vor dem Parteitag verbunden war, war der Auftritt von Herrn Blaine als Kandidat. Er war aus dem Kabinett zurückgetreten und hatte dem Druck seiner Freunde nachgegeben, Kandidat zu werden.

Trotz meines Interviews und seiner Aussagen ließ er mir keinerlei Nachricht zukommen, und ich persönlich hatte weder Informationen noch eine Benachrichtigung, dass seine Kandidatur von ihm selbst autorisiert war. Was der Aussage, dass er die Nominierung annehmen würde, jedoch viel Glaubwürdigkeit verlieh, war die Tatsache, dass sein Sohn Emmons unter denen war, die sich darum bemühten, dies zu erreichen.

Außer Henry Clay hat es in unserem öffentlichen Leben noch nie einen Staatsmann gegeben, der so ergebene Freunde wie Mr. Blaine hatte. Henry Clay erreichte zwar nie die Präsidentschaft und wurde bei seinem Versuch ziemlich geschlagen, aber es besteht kein Zweifel daran, dass Mr. Blaine 1884 gewählt wurde und dass er trotz des Unglücks um Burchard immer noch ein Sieger gewesen wäre, wenn es in New York nicht offensichtliche Betrügereien gegeben hätte.

General Harrison war der bei weitem fähigste und profundeste Anwalt unter unseren Präsidenten. Keiner von ihnen kam ihm als Redner gleich . Seine Staatspapiere waren von sehr hohem Rang. Wenn die Geschichte die Männer zusammenzählt, die das hohe Amt des Präsidenten der Vereinigten Staaten innehatten, wird General Harrison einer der Ersten sein.

Wie viele unserer Präsidenten schied er als verhältnismäßig armer Mann aus seinem Amt aus. Nach seiner Pensionierung begann er sofort mit der Ausübung seines Anwaltsberufs und wurde fast sofort als einer der führenden Vertreter der amerikanischen Anwaltskammer anerkannt.

XII. JAMES G. BLAINE

Ich habe seit 1856 bei jeder nationalen Wahlkampfveranstaltung gesprochen. Es war eine interessante Erfahrung, als Mitredner mit fast jedem Mann des Landes, der ein nationales Ansehen genoss, auf derselben Bühne zu stehen. Die meisten von ihnen hielten nur eine Rede, die sehr lang, sorgfältig vorbereitet und so in Abschnitte unterteilt war, dass der Redner durch Auswahl oder Zusammenfassung dieser Abschnitte für eine Rede beliebiger Länge zwischen fünfzehn Minuten und vier Stunden gerüstet war. Nur wenige von ihnen trauten sich zu, spontan zu sprechen. Der vielseitigste und fähigste von denen, die dazu in der Lage waren, war James G. Blaine. Er war immer bereit, ließ sich gerne unterbrechen und war brillant effektiv. Mit wenigen Sätzen hatte er sein Publikum gefangen genommen und gefesselt. Kein öffentlicher Mann in unserem Land, außer vielleicht Henry Clay, hatte eine so ergebene Anhängerschaft.

Mr. Blaine hatte eine weitere außergewöhnliche Gabe, die angeblich nur Königen zu eigen ist: Er vergaß nie jemanden. Noch Jahre nach einer Vorstellung erinnerte er sich daran, wo er den Fremden zum ersten Mal getroffen hatte, und erinnerte sich an seinen Namen. Dieses Kompliment machte diesen Mann zu Blaines treuem Freund fürs Leben.

Ich hatte eine interessante Erfahrung mit seiner Bereitschaft und Vielseitigkeit, als er 1884 für das Präsidentenamt kandidierte. Er bat mich, ihn an den verschiedenen Bahnhöfen vorzustellen, an denen er lange oder kurze Ansprachen halten sollte. Nach mehreren dieser Gelegenheiten fragte er: „Was ist der nächste Bahnhof, Chauncey?" Ich antwortete: „Peekskill." „Nun", sagte er, „was gibt es über Peekskill?" „Ich bin dort geboren", antwortete ich. „Nun", sagte er und stand auf, „ich dachte immer, Sie wären in Poughkeepsie geboren." „Nein, Peekskill." Gerade dann liefen wir in den Bahnhof ein, und als der Zug anhielt, trat ich vor, um ihn der großen Menschenmenge vorzustellen, die sich dort aus einem Umkreis von fünfzig Meilen versammelt hatte. Er stieß mich auf sehr dramatische Weise zurück und rief: „Mitbürger, erlauben Sie mir, Sie hier vorzustellen. Als ich im letzten Vierteljahrhundert oft Ihren wunderschönen Hudson River mit seiner majestätischen Landschaft, die durch das Genie Washington Irving berühmt wurde, und den schwimmenden Palästen, die nirgendwo sonst auf der Welt ihresgleichen suchen , auf und ab bereiste, oder als der Dampfer durch diese malerische Bucht und gegenüber Ihrem Dorf fuhr, empfand ich Gefühle der Zärtlichkeit und liebevoller Erinnerungen, stärker als jene, die mich an jede andere Stadt zurückbringen, weil ich mir sagte: ‚Das ist der Geburtsort eines meiner besten Freunde, Chauncey Depew.'"

Lokale Komitees, die den Kandidaten einsetzen wollen, um die Partei in ihrer Nachbarschaft und auch ihre Bezirkswahllisten zu unterstützen, sind in ihren Ansprüchen an die Zeit des Kandidaten ausnahmslos höchst unvernünftig und gnadenlos. Sie wissen ganz genau, dass er viele Male am Tag sprechen muss; dass seine Kraft und seine Stimmbänder begrenzt sind, und dennoch werden sie ihm eine Anstrengung abverlangen, die ihn, wenn möglich, daran hindern würde, andere Verpflichtungen wahrzunehmen. Dies war notorisch der Fall während Mr. Blaines Reise durch den Staat New York und danach durch das Land. Die Belastung für ihn war beispiellos, und ganz natürlich zeigte er manchmal seine Gereiztheit und ein gewisses Temperament.

Die örtlichen Komitees würden gemeinsam mit der Eisenbahngesellschaft und Blaines Managern in New York ihr Bestes tun, um seinen Aufenthalt und seine Rede an jeder Station zu verlängern. Je nach Wichtigkeit des Ortes würde er für fünf, zehn, fünfzehn, zwanzig oder dreißig Minuten eingeplant.

Bevor wir Albany erreichten, bat er mich, ihn bis zum Ende unserer Linie in Buffalo zu begleiten und wie üblich an den Bahnhöfen die Einführung zu machen. Dem Komitee gelang es manchmal, das Programm zu ändern und die Aufenthalte an den verschiedenen Orten zu verlängern. Mr. Blaines Vereinbarung mit mir war, dass ich, nachdem er entschieden hatte, wie lange er sprechen würde, die Zeit ausfüllen sollte, egal ob sie länger oder kürzer war. Das würde meine Rede oft verlängern, aber ich war jung und kräftig und hatte keine Verpflichtungen.

Ich erinnere mich an ein Komitee, bei dem der Zug für zehn Minuten eingeplant war, aber eine Stunde Verspätung erreichte und statt einer kurzen Ansprache vom Bahnsteig des Wagens die Präsidentendelegation zu einem Stand auf dem zentralen Platz führte, wo sich Tausende versammelt hatten. Erstens stand diese Stadt nicht auf Mr. Blaines Plan, und da es nach einem anstrengenden Tag schon später Nachmittag war, teilte er dem Komitee kategorisch mit, dass zehn Minuten seine Grenze seien. Dann sagte er zu mir: „Chauncey, Sie müssen die Stunde ausfüllen.“

Mr. Blaines wunderbare Anziehungskraft, der Eindruck, den er auf alle machte, und seine taktvolle Schmeichelei des Lokalstolzes trugen viel dazu bei, die Vorurteile gegen ihn abzubauen, die durch die Propaganda eines „ Mugwump “-Komitees in New York geschürt wurden. Diese Propaganda griff, wie üblich, seine persönliche Integrität an.

Trotz der damaligen Vorhersagen wurde er nominiert, und später wurde wiederholt, dass er in New York nicht gewinnen würde. Aufgrund meiner langjährigen Erfahrung mit den Menschen des Staates und aus Sicht des Wahlprogramms war ich zuversichtlich, dass er bei der Wahl eine Mehrheit haben würde.

Ein paar Tage vor Ende der Wahlkampagne, als ich mich im westlichen Teil des Staates aufhielt, erhielt ich ein dringendes Telegramm von Mr. Blaine, ich solle ihn auf dem Zug begleiten, der am nächsten Morgen früh die Grand Central Station in New York zu seiner Tour durch Neuengland verlassen sollte. Bei meiner Ankunft wurde ich von einem Boten empfangen, der mich sofort zu Mr. Blaines Wagen brachte, der wenige Minuten später losfuhr.

herrschte eine ungewöhnliche Aufregung, die schnell erklärt wurde. Die beste Erklärung dafür gab mir Mr. Blaine selbst: „Ich hatte das Gefühl, dass in New York alles in Ordnung war. Es war gegen mein Urteil, hierher zurückzukehren. Unser Nationalkomitee stellte jedoch fest, dass eine große Gruppe protestantischer Geistlicher mich treffen und mir ihre Unterstützung anbieten wollte. Sie dachten, dies würde die Anschuldigungen des ‚Mugwump' -Komitees ausgleichen. Ich glaubte nicht, dass eine solche Anerkennung notwendig war. Ihre Forderungen nach meiner Rückkehr und einem Treffen mit dieser Gruppe wurden jedoch so aufdringlich, dass ich mein eigenes Urteil fällen musste.

"Ich war mit dem Komitee und anderen Besuchern in meinem Zimmer beschäftigt, als ich in die Hotellobby gerufen wurde, um die Geistlichen zu treffen. Ich hatte keine Rede vorbereitet, ja, mir auch keine Antwort überlegt. Als ihr Sprecher, Reverend Dr. Burchard , anfing, mich anzusprechen, war meine einzige Hoffnung, dass er lange genug weitermachen würde, damit ich mir eine angemessene Antwort zurechtlegen konnte. Ich hatte eine sehr genaue Vorstellung davon, was er sagen würde, und schenkte seiner Rede daher wenig Aufmerksamkeit. Am Abend strömten die Reporter herein und wollten meine Meinung zu Dr. Burchards Aussage hören, dass das Hauptthema der Kampagne ‚Rum, Romanismus und Rebellion' sei. Wenn ich ihn diese Worte hätte sagen hören, hätte ich sofort geantwortet, und das wäre wirksam gewesen, aber ich bin mir immer noch nicht sicher, was ich jetzt dazu sagen soll. Die Situation ist sehr schwierig, und fast alles, was ich sage, könnte die eine oder andere Seite bitter beleidigen. Jetzt möchte ich, dass Sie alle Vorstellungen übernehmen und mir heute so weit wie möglich zur Seite stehen. Ich bin bei jedem misstrauisch geworden, und Sie sind immer so sicher." Dieses Kompliment habe ich seitdem immer sehr geschätzt.

Als wir durch die Straßen von New Haven fuhren, hatten die Demokraten Männer auf die Dächer der Häuser zu beiden Seiten gestellt und sie warfen Tausende von Flugblättern in die Luft, auf denen Blaine beschuldigt wurde, dem Thema zuzustimmen, das Doktor Burchard aufgestellt hatte: „Rum, Romanismus und Rebellion". Die Luft war so erfüllt von Flugblättern, dass es wie ein Regenschauer aussah, und die Straßen waren übersät.

Ein angesehener katholischer Prälat sagte zu mir: „Wir mussten eine solche Beleidigung übelnehmen, und ich schätze, dass diese Bemerkung 50.000 Stimmen verändert hat." Ich weiß persönlich von ungefähr 5.000 Stimmen, die in unserem Staat verändert wurden, aber Blaine verlor New York und die Präsidentschaft trotzdem mit einer Mehrheit von nur 1.149 Stimmen gegen ihn.

Wann immer ich Washington besuchte, besuchte ich Mr. Blaine. Die Faszination des Staatsmannes und seine wunderbare Gesprächsführung machten jeden Besuch zu einem unvergesslichen Ereignis. Einmal sagte er zu mir: „Chauncey, ich bin heute sehr niedergeschlagen. Ich habe den ersten Band meiner ‚Zwanzig Jahre im Kongress' durchgelesen, der gerade in den Drucker geht, und habe ihn vernichtet. Ich habe ihn komplett diktiert, aber ich finde, dass Genauigkeit und Eleganz nur mit der Spitze einer Feder erreicht werden können. Ich werde die Memoiren mit Tinte neu schreiben. Heutzutage ist das Schreiben mit der Schreibmaschine oder durch den Stenografen so üblich." Es wird viele geben, die anderer Meinung sind als Mr. Blaine.

XIII. WILLIAM McKINLEY

Bei der Wahlkampagne von 1896 beschloss die republikanische Organisation des Staates New York, wenn möglich, Levi P. Morton von der Nationalversammlung zum Präsidenten nominieren zu lassen. Mr. Morton gewann die Gunst der Bevölkerung als Vizepräsident und die Wahlkampagne für ihn sah vielversprechend aus. Doch ein neuer Mann von außergewöhnlicher Kraft und Fähigkeit trat in diese Kampagne ein, und dieser Mann war Mark Hanna aus Ohio. Mr. Hanna war einer unserer erfolgreichsten Geschäftsleute. Er hatte ein seltenes Organisationstalent und besaß Einfallsreichtum, Mut und Kühnheit. Er war äußerst praktisch veranlagt und hatte gleichzeitig Vorstellungskraft und Weitblick. Obwohl er sich sehr wenig an öffentlichen Angelegenheiten beteiligt hatte, hatte er ziemlich plötzlich beschlossen, seinen ergebenen Freund William McKinley zum Präsidenten der Vereinigten Staaten zu machen.

Innerhalb kurzer Zeit spürte jeder Bundesstaat die Kraft von Mr. Hannas Bemühungen. Er wandte die Methoden, mit denen er seine großen Industrieinteressen so erfolgreich vorangetrieben hatte, in der Politik an. Unter Hannas magischer Führung entstanden überall McKinley-Clubs und lokale McKinley-Organisationen. Als der Kongress zusammentrat, war klar, dass McKinleys Nominierung sicher war.

Die New Yorker Delegation beschloss jedoch, Mortons Namen vorzuschlagen und seine Kandidatur zur Abstimmung zu stellen. Ich wurde ausgewählt, eine Nominierungsrede zu halten. Wenn es überhaupt Hoffnung gibt, ist es so, dass ein Redner bei einer solchen Gelegenheit Inspiration hat. Aber wenn er weiß, dass er geschlagen ist, kann er nicht die Leidenschaft aufbringen, die nötig ist, um ein Publikum zu beeindrucken. Es ist nicht möglich, mit Nachdruck und Wirkung zu sprechen, wenn man nicht an seine Sache glaubt.

Nachdem Mr. McKinley nominiert worden war, beantragte ich, dass die Nominierung einstimmig erfolgen sollte. Der Kongress forderte so eindringlich eine Rede und ein Podium, dass dieser Aufforderung Folge geleistet werden musste. Das Folgende ist ein Zeitungsbericht von diesem Tag meiner improvisierten Rede. Die in der Rede erwähnte Geschichte erzählte mir Senator Proctor aus Vermont, als ich das Podium betrat.

"Ich bin jetzt in der glücklichen Lage, eine Rede für den Mann zu halten, der gewählt werden soll. (Gelächter und Applaus.) Es ist eine großartige Sache für einen Amateur, wenn seine erste Nominierung gescheitert ist, einzuspringen und den Mann zu unterstützen, der Erfolg hatte. New York ist hier ohne Bitterkeit und ohne Enttäuschung. Wir wissen, dass die Wellen uns überschwemmt haben, aber wir sind gelassen aufgetaucht. (Lautes

Gelächter.) Es war eine Kanone aus New York, die als erste die Nachricht von McKinleys Nominierung verkündete. Von Gouverneur Mortons Vater sagte man, er sei ein Geistlicher aus Neuengland gewesen, der eine Familie mit zehn Kindern mit 300 Dollar im Jahr großgezogen habe und trotzdem begabt im Gebet gewesen sei. (Gelächter.) Es macht keinen Unterschied, wie arm er sein mag, wie arbeitslos, wie zerlumpt, wie sehr jemand in den Vereinigten Staaten heute Abend neben einem Landstreicher leben mag, er wird am Ende dieses Kongresses ‚begabt im Gebet‘ sein. (Jubel und Gelächter.)

"Es gibt ein Prinzip, das den Amerikanern am Herzen liegt. Es ist das Prinzip, das die amerikanischen Spindeln bewegt, die Industrie in Gang setzt und dafür sorgt, dass die Lohnempfänger gesucht werden, anstatt nach Arbeit zu suchen. Dieses Prinzip wird in McKinley verkörpert. Seine Persönlichkeit erklärt die heutige Nominierung. Und seine Persönlichkeit wird die Bestrebungen der amerikanischen Wähler, der amerikanischen Familien, der amerikanischen Heime, den Schutz der amerikanischen Industrie und Amerika für die Amerikaner in den Präsidentenstuhl tragen." (Beifall.)

Da jeder Nationalkonvent, wie auch jeder einzelne, seine Besonderheiten hat, war die besondere Besonderheit des Republikanischen Konvents von 1896 die Annahme des Goldwertstandards. Ein erstaunlicher und aufschlussreicher Teil unserer politischen Literatur jener Zeit ist der Anspruch, den verschiedene Staatsmänner und Publizisten auf die Urheberschaft des Goldplankens im Programm erheben.

Senator Foraker, der Vorsitzende des Resolutionsausschusses, widmet einen beträchtlichen Teil seiner interessanten Autobiographie der Diskussion dieser Frage. Er geht sehr streng mit allen ins Gericht, die behaupten, die Idee zu haben. Mehrere Staatsmänner haben mich gebeten, ihre Ansprüche auf die Urheberschaft geltend zu machen.

Der Silberwahn war noch nicht abgeebbt. Der Bimetallismus hatte in unserem Konvent starke Befürworter und Anhänger. Ich glaube, selbst unser Kandidat war damals nicht völlig von der Weisheit der Erklärung überzeugt. Sie wurde eher als Wagnis denn als Glaubensbekenntnis in das Programm aufgenommen, aber zur Überraschung sowohl der Journalisten als auch der Wahlkampfredner stellte sich heraus, dass die Menschen zum Goldstandard übergetreten waren, und es erwies sich als die stärkste und beliebteste Erklärung des Konvents.

Als die Kampagne begann, wurde Mark Hannas Genie schnell offensichtlich. Er organisierte eine Aufklärungskampagne, wie sie sich niemand hätte träumen lassen, geschweige denn versuchen können. Reisende Werbeagenten mit Wagenladungen voller Broschüren füllten die Straßen und Nebenstraßen, und kein Haus war so isoliert, dass es nicht seinen Anteil erhielt. Die Spalten der Zeitungen, insbesondere der Landzeitungen, waren mit Artikeln gefüllt, die von Experten geschrieben wurden, und die Bühne war noch nie so voll von öffentlichen Rednern.

Eine solche Kampagne ist unwiderstehlich. Ihr Einfluss ist für jeden spürbar; ihre Argumente werden automatisch und fast unmerklich zur gemeinsamen Sprache des Volkes. Aber die Kosten sind so enorm, dass man so etwas nie wieder versuchen wird. In Mr. Hannas Führung gab es weder Korruption noch Stimmenkauf. Es war Werbung und nochmals Werbung, aber es kostete fast fünf Millionen Dollar. Um die 110 Millionen Menschen in den Vereinigten Staaten auf diese Weise zu erreichen, wäre eine so enorme Summe erforderlich, dass die öffentliche Meinung niemals eine Annäherung daran zulassen würde.

Mr. McKinleys Wahlkampf war ein malerisches und fesselndes Ereignis. Der Kandidat war ein gutaussehender Mann und ein eloquenter Redner, dessen herzliche und sympathische Art alle überzeugte. Delegationen aus allen Teilen des Landes und aus allen Bereichen des amerikanischen Lebens erschienen in Mr. McKinleys Residenz. Seine Ansprache an sie war immer angemessen und sein Empfang machte die Besucher zu seinen engen Freunden.

Ich erhielt eine persönliche Einladung, ihn zu besuchen, und bei dieser Gelegenheit sagte er zu mir: „In gewissen großen landwirtschaftlichen Bezirken gibt es aufgrund der schlechten Bedingungen unter den Bauern eine sehr gefährliche Revolte in unserer Partei. Weizen und Mais werden unter den Produktionskosten verkauft. Ich wünschte, Sie würden zu ihnen gehen und Reden halten, in denen Sie die wirtschaftlichen Bedingungen erklären, die zu diesem Ergebnis geführt haben, und wie wir Abhilfe schaffen wollen und wollen."

„Mr. McKinley", sagte ich, „ich fürchte, meine Position als Präsident einer Eisenbahngesellschaft würde sie gegen sich aufbringen."

„Im Gegenteil, gerade Ihre Position wird das größte Publikum anziehen und die größere Aufmerksamkeit erhalten."

Das Ergebnis gab ihm Recht.

Ich erinnere mich besonders an eine Versammlung. Tausende waren anwesend, allesamt Bauern. Mitten in meiner Rede stand ein Mann auf und sagte: „Chauncey Depew, wir freuen uns, dass Sie hierhergekommen sind, und wir sind sehr gespannt, Sie zu hören. Ihre Rede ist sehr charmant und interessant, aber ich möchte Ihnen Folgendes persönlich sagen. Wir hier leiden unter den Marktbedingungen für die Produkte unserer Farmen. Die Preise sind so niedrig, dass wir Schwierigkeiten haben, die Zinsen für unsere Hypotheken zu zahlen und unsere Steuern zu bezahlen, egal wie sehr wir sparen. Jetzt sind Sie der Präsident einer der größten Eisenbahngesellschaften des Landes. Es wird berichtet, dass Sie ein Gehalt von 50.000 Dollar pro Jahr erhalten. Sie sind hier in einem Privatwagen. Glauben Sie nicht, dass der Kontrast zwischen Ihnen und uns es uns armen Bauern schwer macht, Ihnen den Empfang zu bereiten, den wir uns wünschen würden?"

Ich sah sofort, dass ich mein Publikum verloren hatte. Dann wagte ich es, Bedingungen zu stellen, die ich oft und immer erfolgreich versucht habe. Ich sagte: „Mein Freund, was Sie über mich sagen, ist wahr. Was nun meine Karriere betrifft, so bin ich in einem Dorf geboren und aufgewachsen, das dem hier in Ihrer Nähe ähnelt. Mein Vater hat mir meine Ausbildung gegeben und sonst nichts, womit ich mein Leben beginnen konnte. Als junger Anwalt suchte ich nach Klienten und nicht nach einem Büro. Ich kam zu dem Schluss, dass das Dorf keine Möglichkeiten bot, sondern dass die Erfolgschancen im Dienste von Unternehmen lagen. Das Ergebnis ist, dass ich das erreicht habe, was Sie beschrieben haben. Nun, mein Freund, ich glaube, dass Sie einen vielversprechenden Jungen haben. Ich glaube auch, dass er zu Ihrem Stolz und Ihrer Zufriedenheit das benachbarte College hier besucht und dass Sie ihn aufgrund seiner Intelligenz und Fähigkeiten zum Anwalt machen wollen. Wenn er als Anwalt zugelassen wird, erwarten Sie dann, dass er versucht, das zu tun, was ich erreicht habe, und sich eine unabhängige Position im Leben zu erarbeiten, oder wird er scheitern?"

Der Bauer rief: „Chauncey, dir geht es gut. Mach weiter so."

Meine Argumente und mein Vortrag waren nicht besser als die vieler anderer Redner, aber wie Mr. McKinley vorausgesagt hatte, erregten sie aufgrund der Aussage des alten Bauern Aufmerksamkeit und lösten eine Diskussion aus, die kein anderer Aktivist hervorrufen konnte.

Mr. McKinley ließ mich erneut rufen und sagte: „Gefühle sind eine wunderbare Kraft in der Politik. Mr. Bryan, mein Gegner, hat eine bemerkenswerte Vortragsreise durch unseren Staat unternommen. Er startete am frühen Morgen von Cleveland aus mit einer Rede. Sein Zug machte auf dem Weg nach Cincinnati, wo er am Abend ankam, viele Zwischenstopps, und an jedem Ort sprach er vor großen Zuhörerschaften, während er den Staat von einer Seite zur anderen durchquerte. Sein Durchhaltevermögen und seine Vielseitigkeit haben bei unseren Leuten großen Eindruck gemacht. Um diesem Eindruck zu begegnen und ihn zu überwinden, habe ich Sie gebeten, hierher zu kommen und Bryans Bemühungen zu wiederholen. Sie sind so viel älter als er – ich glaube, wir können sagen, Sie sind fast doppelt so alt wie er –, dass, wenn Sie es schaffen, und ich hoffe, Sie schaffen es, dieses Gefühl verfliegen wird."

Ich bin Mr. Bryans Route gefolgt, habe an denselben Stationen angehalten und vor ähnlichen Zuhörerschaften Reden von ungefähr gleicher Länge gehalten. Als ich abends in Cincinnati ankam, wurde ich von einem Komitee empfangen, dessen Vorsitzender sagte: „Wir sind Ihnen die ganze Zeit von Cleveland aus gefolgt, wo Sie heute Morgen um sieben Uhr aufgebrochen sind, und es ist großartig. Als Mr. Bryan hier ankam, hatte er keine Versammlung. Wir haben siebentausend Leute in der Music Hall, und wenn Sie dorthin gehen und fünf Minuten sprechen, wird Ihre Reise ein phänomenaler Erfolg."

Ich ging in die Music Hall, hatte natürlich eine wunderbare Zeit, stürmischen Applaus und sprach eine Stunde lang. Am nächsten Tag ging es mir nach dieser zwölfstündigen Erfahrung nicht schlechter.

Präsident McKinley hatte den größten Teil seines Lebens im Repräsentantenhaus verbracht. Er liebte die Verbindungen und das Leben im Kongress. Für eine Exekutive, die seine Launen und Eigenschaften nicht versteht, ist der Kongress das unbeständigste und unsicherste Gremium. McKinley war darin ein Meister. Fast jeder Präsident war sehr erleichtert, wenn der Kongress vertagt wurde, aber Mr. McKinley äußerte mir gegenüber oft seinen Wunsch, der Kongress möge immer in Sitzung sein, da er nie so glücklich war, als wenn er täglich mit ihm in Kontakt sein konnte. Seine Tür stand einem Senator oder einem Mitglied des Repräsentantenhauses jederzeit offen. Wenn einer von ihnen ihn nicht mindestens einmal pro Woche sah, erhielt der Abwesende normalerweise eine Nachricht, dass der Präsident ihn zu einem Besuch aufforderte. Er war sehr darauf bedacht, jede Verärgerung eines Senators oder Mitglieds über eine Enttäuschung oder eine eingebildete Beleidigung zu entdecken, und es gelang ihm immer äußerst taktvoll, die Angelegenheit zu klären. Er war der Opposition gegenüber genauso aufmerksam und genau wie gegenüber Mitgliedern seiner eigenen Partei.

Präsident McKinley hatte eine wunderbare Art, mit Stellenbewerbern und ihren Freunden und Unterstützern umzugehen. Ein Satz von ihm wurde Teil der Umgangssprache der Hauptstadt. Er lautete: „Mein lieber Freund, ich möchte Ihnen unbedingt einen Gefallen tun, aber ich bin in einer Lage, in der ich Ihnen nicht geben kann, was Sie wollen. Ich werde jedoch versuchen, etwas ebenso Gutes für Sie zu finden." Der besorgte Gefallensucher, der das gewünschte Amt nicht bekam, nahm immer eine Blume oder einen Blumenstrauß mit, die ihm der Präsident geschenkt hatte, und fügte eine lobende Bemerkung hinzu, die man sich merken sollte. Unter den Stellenbewerbern wurde bald klar, dass ein gewünschtes Konsulat in England nicht gewährt werden konnte, ein gleichwertiges Konsulat in Südafrika jedoch möglich war.

Im Senat gab es viele gute Geschichten über sein Taktgefühl im Umgang mit der Opposition. Ein Senator aus den Südstaaten, der sich als General im Bürgerkrieg auf der Seite der Konföderierten einen Namen gemacht hatte, war sehr verärgert und bemerkte gegenüber seinen Freunden häufig, „dass unser Präsident leider kein Gentleman ist und in seiner Abstammung sehr gewöhnliches Blut steckt."

Mr. McKinley überredete einige seiner Kollegen aus dem Süden, ihn ins Weiße Haus zu holen. Er drückte dem Senator gegenüber sein Bedauern darüber aus, dass er ihn in irgendeiner Weise beleidigt haben sollte, und fragte ihn, was er getan habe. Der Senator antwortete: „Sie haben für die Stadt, in der meine Schwester lebt, einen Nigger, und noch dazu einen bösen Nigger, zum Postmeister ernannt, und meine Schwester muss für ihre Briefe und Briefmarken zu ihm gehen." Der Präsident arrangierte die Versetzung dieses Postmeisters und die Ernennung eines vom Senator empfohlenen Mannes. Der Senator ging dann zu seinen Freunden und sagte: „Habe ich Ihnen gegenüber jemals bemerkt, dass unser Präsident kein Gentleman war und irgendwo in seiner Abstammung sehr gewöhnliches Blut hatte? Wenn ja, ziehe ich die Aussage zurück und entschuldige mich. Mr. McKinley ist ein perfekter Gentleman."

Alle Maßnahmen, die der Präsident durchsetzen wollte, erhielten, sofern sie nicht absolut parteipolitischer Natur waren, im Nachhinein stets die Unterstützung des Senators aus dem Süden.

Ich war während eines Teils seiner Amtszeit im Senat und fast jeden Tag im Weißen Haus. Dort wurde er so herzlich empfangen und behandelte die Angelegenheit mit so viel Sympathie, dass es ein Vergnügen war, dorthin zu gehen, anstatt, wie üblich, eine der unangenehmsten Aufgaben zu sein, die einem Senator auferlegt werden.

Er hatte eine Art, einen zu einer privaten Konferenz einzuladen und einem dabei den vertraulichen Charakter und das Vertrauen, das er in den Rat und das Urteil setzte, zu vermitteln, was äußerst schmeichelhaft war.

Im Weißen Haus gab es häufig Unterhaltungsveranstaltungen, und er schaffte es, jedes Abendessen zu einem unvergesslichen Ereignis zu machen. Ich glaube, er war zwar allen gegenüber sehr höflich, aber mir gegenüber war er es aufgrund eines Vorfalls vor seiner Amtseinführung noch mehr als sonst.

Eines Tages kam ein bekannter Journalist in mein Büro und sagte: „Ich komme gerade aus Kanton, wo ich mehrere Tage mit dem Präsidenten verbracht habe. Ich habe mit ihm über Ernennungen auf Bundesebene gesprochen – unter anderem über die Mission nach England, an der ich interessiert bin, weil mein Vater Engländer ist. Sowohl mein Vater als auch ich möchten Sie unbedingt auf diesem Posten haben. Mr. McKinley hat mich ermächtigt, Sie zu fragen, ob Sie die Mission annehmen würden."

Die Botschaft in England war für mich besonders attraktiv, da ich den Prinzen von Wales und die meisten führenden englischen Staatsmänner und Persönlichkeiten des öffentlichen Lebens persönlich kannte. Der Journalist sagte, wenn ich mein Angebot annehme, würde er die Presse befragen. Das tat er, und die Reaktion von Zeitungen aller politischen Richtungen war äußerst schmeichelhaft.

Etwa zur Zeit der Amtseinführung sagte Vizepräsident Hobart, der ein herzlicher Freund von mir war, zu mir: „Mit Ihnen und dem Präsidenten stimmt etwas nicht. Es ist sehr ernst, und Sie können von der Regierung keine Anerkennung erwarten." Ich wusste überhaupt nicht, was ich mir über die Angelegenheit erklären sollte, und wollte der Sache nicht weiter nachgehen. Nicht lange danach kam der Vizepräsident zu mir und sagte: „Ich habe die Wahrheit über Ihre Angelegenheit herausgefunden und sie dem Präsidenten zufriedenstellend erklärt, der zutiefst bedauert, dass er durch einen falschen Bericht eines Freundes, dem er vertraute, in die Irre geführt wurde." Bald darauf bot mir der Präsident eine Mission in Deutschland an. Ich verstand die Sprache nicht und hatte das Gefühl, dass ich dort wenig helfen konnte, also lehnte ich ab.

Als Präsident McKinley in Buffalo schwer verwundet lag, nachdem der Anarchist Czolgosz auf ihn geschossen hatte, ging ich dorthin, um zu sehen, ob man etwas für seine Genesung tun konnte. Eine Zeit lang bestand die Hoffnung, dass er sich erholen würde und dass es besser für ihn wäre, nach Washington zu gehen. Ich traf alle Vorbereitungen, um ihn in die Hauptstadt zu bringen, wenn die Ärzte dies für möglich hielten. Doch plötzlich, wie es bei Wunden dieser Art immer der Fall ist, trat eine Krise ein, an der er starb.

Vizepräsident Roosevelt kampierte in den Adirondack Mountains. Er erhielt eine Nachricht und kam am nächsten Morgen in Buffalo an. Das Kabinett von Mr. McKinley beschloss, dass der Vizepräsident sofort als Präsident vereidigt werden sollte. Colonel Roosevelt war Gast im Haus von Mr. Ainsley Wilcox. Er lud mich ein, seiner Amtseinführung beizuwohnen, die am selben Abend stattfand. Eine kleine Gesellschaft versammelte sich im Salon von Mr. Wilcox' Haus. Elihu Root, Außenminister, hielt, vor Erregung erstickt und mit tränenerstickter Stimme, eine Rede, die eine schöne Hommage an den verstorbenen Präsidenten und eine klare Aussage über die Notwendigkeit sofortigen Handelns zur Vermeidung einer Interregnum-Phase in der Regierung war. John Raymond Hazel, Bezirksrichter der Vereinigten Staaten, nahm den Amtseid ab und der neue Präsident hielt eine kurze und ergreifende Antwort auf Mr. Roots Ansprache.

Diese Amtseinführung stand in ergreifendem und schlichtem Gegensatz zu der vorangegangenen im Kapitol in Washington. Unter den wenigen Anwesenden war Senator Mark Hanna. Er hatte mehr als jeder andere in den Vereinigten Staaten zur Wahl von Mr. McKinley zum Präsidenten und zu seiner triumphalen Wahl beigetragen. Mr. McKinley setzte absolutes Vertrauen in Hanna, und Hanna war die mächtigste Persönlichkeit des Landes. Keine zwei Männer des öffentlichen Lebens passten je so wunderbar zueinander wie Präsident McKinley und Senator Hanna. Am Tag vor dem Tod des Präsidenten konnte Hanna auf vier Jahre wachsender Macht und Nützlichkeit unter dem gerade wiedergewählten Präsidenten blicken. Aber als er an jenem Abend mit mir Mr. Wilcox' Haus verließ, spürte er zutiefst, dass er nie eine solche Beziehung zu Colonel Roosevelt haben könnte. Er war Mr. McKinley persönlich außerordentlich zugetan, und zu seiner Trauer über den Tod seines Freundes kam die volle Besorgnis über dessen veränderte Stellung im amerikanischen öffentlichen Leben hinzu.

XIV. THEODORE ROOSEVELT

Die Kugel des Attentäters hatte tödlich gewirkt, und McKinley war tot. Vizepräsident Theodore Roosevelt wurde Präsident. Damals erkannten nur wenige, dass einer der bemerkenswertesten, fähigsten und originellsten Männer, die je im Weißen Haus saßen, Präsident der Vereinigten Staaten geworden war.

Während der folgenden sieben Jahre war Präsident Roosevelt nicht nur ein bedeutender Politiker, sondern er prägte auch die öffentliche Bühne der Vereinigten Staaten. Selbst heute, zwei Jahre oder mehr nach seinem Tod, ist Roosevelt, mit Ausnahme von Präsident Wilson, der bekannteste Amerikaner der Welt. Es ist schwierig, die Zukunft vorherzusagen, da öffentliche Personen manchmal, wenn auch selten, idealisiert werden, doch Colonel Roosevelt nimmt schnell eine Position als Dritter ein, neben Washington und Lincoln als den beiden anderen.

Meine Beziehungen zu Colonel Roosevelt waren immer sehr interessant. Sein Vater, der ein herzlicher Freund von mir war, war einer der bedeutendsten Bürger New Yorks. Bei allen bürgerlichen Pflichten und vielen Wohltätigkeitsaktivitäten nahm er den ersten Platz ein. Die öffentlichen Aktivitäten des Vaters hatten großen Einfluss auf die Charakterbildung und die Ambitionen seines Sohnes.

Roosevelt trat schon sehr früh ins öffentliche Leben ein und wie alles, was ihn betraf, stets auf dramatische Weise. Eine der interessantesten Persönlichkeiten New Yorks war Frederick Gibbs, ein aktiver Politiker und Bezirksvorsteher. Gibbs wurde später Nationalkomiteemitglied von New York im Nationalkomitee der Republikaner. Als er starb, hinterließ er eine Bildersammlung, die zum Erstaunen aller zeigte, dass er ein liberaler und anspruchsvoller Kunstmäzen war.

Gibbs hatte einen Bezirk zu verwalten, der schwer zu verwalten war, da er von den Slums bis zur Fifth Avenue reichte. Normalerweise war er demokratisch, aber es gelang ihm, seine Partei am Leben zu erhalten und oft zu gewinnen, und so erlangte er den Ruf, mit Tammany im Bunde zu sein. Eines Tages kam er zu mir und sagte: „Unsere Organisation hat das Vertrauen der ‚Intellektuellen‘ verloren. Sie haben nicht viele Stimmen, aber ihre Namen haben Gewicht und ihre Beiträge sind im Wahlkampf von unschätzbarem Wert. Um ihr Vertrauen zurückzugewinnen, denken wir darüber nach, den jungen Theodore Roosevelt, der gerade aus Harvard zurückgekehrt ist, als Abgeordneten für die Legislative zu nominieren. Was halten Sie davon?"

Natürlich habe ich mich sehr dafür eingesetzt. „Gut", sagte er, „wir werden bei Delmonico zu Abend essen. Es werden ausschließlich ‚Intellektuelle' dabei sein. Wir möchten, dass Sie die Hauptrede halten und den jungen Roosevelt vorstellen, der natürlich antworten wird. Ich werde nicht beim Abendessen sein, aber ich werde in der Speisekammer sein."

Das Abendessen war ein phänomenaler Erfolg. Etwa dreihundert Leute in Anzügen, weißen Westen und weißen Krawatten diskutierten die Situation und sagten: „Woher kommen diese Geschichten und Verleumdungen über unseren Bezirk, dass er ein Annex von Tammany sei und Verbindungen zu Tammany habe? Wir sind der Bezirk und wir kennen uns alle."

Als der junge Roosevelt aufstand, um zu sprechen, sah er aus wie ein Achtzehnjähriger, obwohl er erst dreiundzwanzig war. Seine Rede war sorgfältig vorbereitet und er las sie von einem Manuskript ab. Bemerkenswert war die nachdrückliche Art, mit der er zunächst die Missstände in der Stadt-, Staats- und Bundesregierung aufzeigte und wie er sie korrigieren würde, wenn er jemals die Gelegenheit dazu hätte. Es ist ein merkwürdiges Beispiel jugendlicher Bestrebungen, dass er jede dieser Gelegenheiten bekam und bei jeder von ihnen Geschichte schrieb und bleibenden Ruhm erlangte.

Die Amtszeit von Frank Black, Gouverneur des Staates New York, neigte sich dem Ende zu. Black war ein Mann von großem Können und Mut. Das Volk hatte neun Millionen Dollar für die Verbesserung des Eriekanals bewilligt. Es gab hartnäckige Gerüchte über Betrug bei den Arbeiten. Gouverneur Black ordnete eine Untersuchung durch ein von ihm eingesetztes fähiges Komitee an. Das Komitee stellte fest, dass etwa eine Million Dollar verschwendet oder gestohlen worden waren. Black ergriff sofort Maßnahmen, um das Geld nach Möglichkeit zurückzuerhalten und die Schuldigen strafrechtlich zu verfolgen. Die Opposition nutzte dies aus, um in der Öffentlichkeit den Eindruck der Korruption der republikanischen Regierung zu erwecken. Die brennende Frage war: „Sollte Gouverneur Black erneut nominiert werden ?"

Colonel Roosevelt war gerade aus Kuba zurückgekehrt, wo er sich als Kommandeur der Rough Riders großes Ansehen erworben hatte. Er und sein Kommando befanden sich in einem Lager auf Long Island.

Senator Platt, der Staatsführer, pflegte mich zu konsultieren, und sein Vertrauen in mein Urteil war umso größer, da er wusste, dass ich nichts wollte, während die meisten Leute, die den Führer umgaben, Empfänger seiner Gunst waren und entweder Ämter innehatten oder eine gewisse Gegenleistung erwarteten. Er bat mich, ihn in Manhattan Beach zu besuchen. Wie üblich ging er sofort auf die vorliegende Frage ein und sagte: „Ich bin sehr besorgt über das Gouverneursamt. Frank Black war ein ausgezeichneter Gouverneur und tat das Richtige, als er eine Untersuchung der

Kanalbetrügereien anordnete, aber das Ergebnis der Untersuchung war, dass die Demokraten durch die Aufdeckung der Betrügereien den Eindruck erwecken konnten, dass die gesamte Staatsverwaltung schuldig sei. Die politische Situation ist in jeder Hinsicht sehr kritisch. Benjamin Odell, der Vorsitzende unseres Staatsausschusses, drängt auf die Nominierung von Colonel Roosevelt. Wie Sie wissen, ist Roosevelt kein Freund von mir, und ich halte nicht viel von dem Vorschlag. Nun, was denken Sie?"

Ich antwortete sofort: „Mr. Platt, ich betrachte eine öffentliche Frage immer aus der Sicht der Plattform. Ich spreche vor Publikum, seit ich Wähler bin, und mein Urteil über die öffentliche Meinung und die Ansichten der Menschen wird davon bestimmt, wie sie die gestellten Fragen aufnehmen oder aufnehmen und darauf reagieren werden. Wenn Sie nun Gouverneur Black nominieren und ich vor einem großen Publikum spreche – und das werde ich sicherlich –, wird der Zwischenrufer im Publikum aufstehen und mich unterbrechen und sagen: ‚Chauncey, wir stimmen dem zu, was Sie über die Grand Old Party und all das sagen, aber was ist mit dem Kanalraub?' Ich muss erklären, dass der gestohlene Betrag nur eine Million beträgt, und das wäre fatal. Wenn Colonel Roosevelt nominiert wird, kann ich dem Zwischenrufer empört und begeistert antworten: „Ich bin sehr froh, dass Sie diese Frage gestellt haben. Wir haben einen Mann zum Gouverneur nominiert, der in öffentlichen Ämtern und auf dem Schlachtfeld bewiesen hat, dass er ein Kämpfer für das Recht ist und immer siegreich ist. Wenn er ausgewählt wird, wissen Sie und wir alle aufgrund seiner nachgewiesenen Eigenschaften, seines Mutes und seiner Fähigkeiten, dass jeder Dieb gefasst und bestraft wird und jeder Dollar, der gefunden werden kann, der Staatskasse zurückgegeben wird." Dann werde ich dem Colonel folgen, der seine Rough Riders den San Juan Hill hinaufführt, und die Band bitten, das „Star-Spangled Banner" zu spielen."

Platt sagte sehr impulsiv: „Roosevelt wird nominiert."

Als der Landeskonvent zusammentrat, um einen Kandidaten für den Staat zu nominieren, wurde ich ausgewählt, den Namen von Colonel Roosevelt als Gouverneurskandidaten vorzuschlagen. Ich habe das schon sehr oft bei Konventen getan, aber noch nie eine solche Resonanz erhalten. Als ich weiter die Leistungen Roosevelts, seine Karriere, seine Erfolge und sein großes Versprechen aufzählte, geriet der Konvent vor Begeisterung außer sich. Es war klar, dass man bei der Auswahl dieses Kandidaten keinen Fehler gemacht hatte.

Während des Feldzugs schuf er eines der malerischsten Gemälde, die der Staat je gesehen hat. Auf seinen Reisen wurde er von einem großen Rednerstab begleitet, beherrschte aber mühelos die Situation und zog das Publikum mit sich. Er war sehr amüsiert über eine Versammlung, bei der einer seiner Rough Riders, der in der Kompanie war, darauf bestand, eine Rede zu halten. Der Rough Rider sagte: „Meine Freunde und Mitbürger, mein Oberst war ein großartiger Soldat. Er wird ein großartiger Gouverneur sein. Er hat uns Jungen immer in die Schlacht geschickt, wo wir getötet worden wären, wenn es die Chance dazu gegeben hätte, und das wird er auch mit euch tun."

Roosevelt war als Gouverneur wie immer höchst originell. New York war ein organisierter Staat mit Mr. Platt als Führer und mit Bezirksführern von außergewöhnlicher Fähigkeit und Stärke. Gouverneure waren es gewohnt, sich sowohl in Bezug auf Rat als auch Unterstützung auf die Organisation zu verlassen. Roosevelt konnte keinerlei Kontrolle ertragen. Er suchte Rat in jeder Richtung und traf dann seine Entscheidung. Dies brachte ihn oft in Konflikt mit lokalen Führern und manchmal mit der allgemeinen Organisation.

Bei einer Gelegenheit verabschiedete sich der Vorsitzende des Staates, der sich am letzten Tag der Legislative immer in Albany aufhielt, um in der Eile und Verwirrung, die zu dieser Zeit für die Gesetzgebung charakteristisch waren, die Verabschiedung schlechter oder unpopulärer Maßnahmen zu verhindern, um Mitternacht vom Gouverneur, da die Legislative am folgenden Tag vertagt werden sollte und die Gesetzgebung praktisch beendet war.

Am nächsten Morgen traf eine große Immobiliendelegation ein, die wie üblich den Wunsch hegte, Immobilien durch eine andere Verlagerung von der Besteuerung zu befreien. Sie kamen mit dem Vorschlag, öffentliche Versorgungsbetriebe neu zu belasten. Es war zu spät, um eine Maßnahme zu einer so wichtigen Frage zu formulieren und einzuführen, aber es gab einen Gesetzesentwurf, der die meiste Zeit der Sitzung im Parlament lag und nie ernsthaft erörtert wurde. Der Gouverneur sandte eine Dringlichkeitsbotschaft an das Parlament, dem nur noch eine Stunde blieb, um diesen Gesetzesentwurf zu verabschieden.

Am nächsten Tag geriet das enorme Interesse an öffentlichen Versorgungsunternehmen in Panik, weil der Gesetzentwurf so grob war, dass er einer Beschlagnahmung gleichkam. Als der Gouverneur angesprochen wurde, sagte er: „Ja, ich weiß, dass der Gesetzentwurf sehr grob und nicht gesetzesfähig ist, aber eine Gesetzgebung zu diesem Thema ist absolut notwendig. Ich werde Folgendes tun: Ich habe dreißig Tage Zeit, bevor ich mich entscheiden muss, den Gesetzentwurf zu unterzeichnen oder ihn ohne meine Unterschrift zum Gesetz werden zu lassen. Innerhalb dieser dreißig Tage werde ich die Legislative erneut zusammenrufen. Dann können Sie einen ordentlichen Gesetzentwurf vorbereiten und mir vorlegen, und wenn wir uns darauf einigen können, werde ich ihn der Legislative vorlegen. Wenn die Legislative diese Maßnahme verabschiedet, werde ich sie unterzeichnen, aber wenn nicht, werde ich die vorliegende Maßnahme, so schlecht sie auch ist, zum Gesetz werden lassen."

Das Ergebnis dieser Drohung war, dass ein sehr gutes und zeitgemäßes Gesetz zur Besteuerung öffentlicher Versorgungsbetriebe vorgelegt wurde, eine Maßnahme, die die Einnahmen der Gemeinden und des Staates erheblich steigerte. Ich kenne keinen Gouverneur zu meiner Zeit, der die Originalität und Kühnheit gehabt hätte, seine Wünsche mit solch drastischen Maßnahmen zu erreichen.

Roosevelts Regierung war hochgesinnt und patriotisch. Aber weil er sein Urteil unabhängig ausübte und häufig Dinge tat, ohne die Führer auf Landes- oder lokaler Ebene zu konsultieren, machte er sich bei der Organisation äußerst unbeliebt. Es war offensichtlich, dass es sehr schwierig sein würde, ihn erneut zu nominieren. Es war auch klar, dass die Partei aufgrund seiner Popularität beim Volk eine Niederlage erleiden würde, wenn seine erneute Nominierung scheiterte. Daher wurde einstimmig beschlossen, ihn auf nationaler Wahlliste als Vizepräsidenten aufzustellen.

Der Gouverneur wehrte sich mit aller Leidenschaft dagegen. Er mochte das Gouverneursamt. Er dachte, es gäbe viele Dinge, die er in einer anderen Amtszeit tun könnte, und er glaubte und erklärte, dass das Amt des Vizepräsidenten ein Grab sei. Er glaubte, dass niemand wieder auferstehen könne, wenn er einmal in diesem Sarkophag begraben sei.

Der Nationalkonvent der Republikaner im Jahr 1900 war eine Ratifizierungsversammlung. Präsident McKinleys Regierung war außerordentlich populär gewesen. Der Konvent trat praktisch zusammen, um McKinleys öffentliche Handlungen zu billigen und ihn für eine weitere Amtszeit erneut zu nominieren. Die einzige zweifelhafte Frage war die Vizepräsidentschaft. Es herrschte allgemeine Übereinstimmung zugunsten von Gouverneur Roosevelt, die nur durch seine beharrliche Ablehnung blockiert wurde.

Roosevelt und ich waren beide Delegierte auf freiem Fuß, und diese Position gab ihm mehr Gelegenheit, seine Abneigung zu betonen. Ein sehr enger Freund von ihm besuchte mich und bat mich, meinen ganzen Einfluss zu nutzen, um die Nominierung des Obersten zu verhindern. Dieser Freund sagte zu mir: „Die offizielle und persönliche Situation des Gouverneurs macht es ihm unmöglich, nach Washington zu gehen. Auf der offiziellen Seite stehen seine unvollendeten Gesetze und die neuen Gesetze, die der Staat dringend benötigt, was seinen Ruf enorm steigern und den Weg für seine Zukunft ebnen wird. Er hat sehr wenig Mittel. Als Gouverneur ist sein Gehalt reichlich. Die Executive Mansion ist kostenlos, mit vielen beitragspflichtigen Vorteilen, und die Schulen von Albany sind bewundernswert für die Ausbildung seiner sechs Kinder. In Washington hingegen ist das Gehalt eines Vizepräsidenten völlig unzureichend, um die Würde des Amtes zu unterstützen, und es ist das Ende eines jungen Mannes mit einer höchst vielversprechenden Karriere."

Ich wusste, was mein Freund nicht wusste, nämlich, dass Roosevelt nicht wieder Gouverneur werden konnte. Ich hing so sehr an ihm und war so besorgt um seine Zukunft, dass ich es als meine Pflicht empfand, wenn möglich seine Nominierung zu erzwingen.

Gouverneur Odell war Vorsitzender der Delegation für alle Zwecke des Kongresses, aber bei der Ehrung wurde ich zum Vorsitzenden der Sitzungen ernannt. Die Delegation traf sich, um über die Vizepräsidentschaft zu beraten. Es wurden mehrere sehr beredte Reden zugunsten von Herrn Roosevelt gehalten, aber in einer nachdrücklichen Ansprache lehnte er die Nominierung ab. Er erhielt dann einstimmige Stimmen, lehnte aber erneut ab. Dann stand ein Delegierter auf und schlug vor, er solle seine Entscheidung überdenken, und mehrere andere schlossen sich dieser Bitte aufrichtig an. Roosevelt war zutiefst betroffen, lehnte aber dennoch entschieden ab.

Ich wusste, dass es ein Mitglied der Delegation gab, das sich dafür eingesetzt hatte, die Ehre zu sichern, falls Roosevelt unmöglich werden sollte, und dass der nächste Antrag die Nominierung dieses Kandidaten sein würde. Also erklärte ich die Sitzung abrupt für beendet. Ich tat dies in der Hoffnung, dass der Oberst im Laufe der Nacht unter dem auf ihm lastenden Druck seine Meinung ändern würde. Am Morgen gab Herr Roosevelt seine Überzeugungen auf und stimmte zu, die Nominierung anzunehmen.

Auf jedem Kongress gibt es eine große Anzahl prominenter Männer in ihren jeweiligen Delegationen, die allgemeine Aufmerksamkeit und Publizität erlangen möchten. Da es keine Meinungsverschiedenheiten über die Kandidaten oder die Plattform gab, waren diese Herren alle bestrebt, Reden zugunsten der Kandidaten McKinley und Roosevelt zu halten. Es gab so viele dieser Reden, die natürlich größtenteils Wiederholungen waren, dass der Kongress ermüdend und ungeduldig wurde. Die letzten Reden wurden aufgrund der Verwirrung und Ungeduld der Delegierten überhaupt nicht gehört . Während ein Redner vor sich hin säuselte, kam eine Delegation aus einem westlichen Staat zu mir und sagte: „Wir im äußersten Westen haben Sie noch nie sprechen hören, und wären Sie uns nicht der Gefallen, das Podium zu betreten?"

Ich antwortete: „Das Publikum wird keine weitere Ansprache ertragen." Roosevelt, der direkt vor mir saß, bemerkte dann: „Doch, von Ihnen werden sie es. Diese Reden haben die Wählerstimmen beinahe vernichtet, und wenn es so weitergeht, ist die Wahl vorbei und McKinley und ich sind tot." Dann packte er mich und warf mich beinahe auf die Bühne.

Die Neuartigkeit der Situation, die von den Delegierten begriffen wurde, erregte Aufmerksamkeit. Ich erinnerte mich daran, was Mr. Lincoln mir einmal gesagt hatte, um seinen häufigen Gebrauch von Anekdoten zu verteidigen, und zwar so: „Einfache Leute, man nehme sie, wie man sie findet, lassen sich durch eine breite und humorvolle Illustration leichter beeinflussen als auf irgendeine andere Weise."

Ich hatte eine neue Geschichte gehört, eine seltene Sache, und begann mit der Erzählung davon. Neben dem Vorsitzenden saß Senator Thurston. Er war ein guter Redner, sehr kunstvoll und rhetorisch. Er ließ sich nie in Humor fallen oder ließ seine Würde und Förmlichkeit fallen. Ich hörte ihn mit Grabesstimme zum Vorsitzenden sagen: „Großer Gott, Sir, die Würde und Feierlichkeit dieses höchst wichtigen und historischen Anlasses soll durch eine Geschichte ruiniert werden." Glücklicherweise war die Geschichte ein Erfolg und gab dem erschöpften Publikum zwei Gelegenheiten, meine Rede zu hören. Ihr Lachen war eine innere Erleichterung und es verschaffte ihnen die äußere Erleichterung, ihre Positionen gegen neue und ruhigere auszutauschen.

Mein Freund John M. Thurston kam mit einer sehr ausführlichen und hervorragenden Rede nach Philadelphia. Ich saß dreimal im Publikum und habe sie beim letzten Mal mit ebenso viel Freude gehört wie beim ersten Mal.

Als Roosevelt als Vizepräsident den Senatsvorsitz übernahm, war bald klar, dass er keinen Erfolg haben würde. Er war sowohl exekutiv als auch administrativ begabt. Die Position des Vorsitzenden des US-Senats ist einfach und schwierig zugleich. Der Senat erwartet von seinem Vorsitzenden Unparteilichkeit, Ausgeglichenheit und Kenntnis des Parlamentsrechts. Er wird sich jedoch keinem Versuch des Vorsitzenden beugen, ihm Anweisungen oder Ratschläge zu erteilen, und wird jede willkürliche Entscheidung sofort ablehnen. Natürlich leitete Roosevelt nur einige wenige Sitzungen vor der endgültigen Vertagung. Als der Kongress erneut zusammentrat, war er Präsident der Vereinigten Staaten.

Senatoren und Abgeordnete stellten bald fest, dass es im Weißen Haus einen Wandel gab. Keine zwei Männer waren jemals in jeder Hinsicht so radikal verschieden wie McKinley und Roosevelt. Roosevelt liebte es, die Menschen in Massen zu sehen und legte selten Wert auf private oder vertrauliche Gespräche. Er war äußerst gastfreundlich und brachte ständig Besucher zum Mittagessen mit, wenn die Morgensitzungen in den Büros der Exekutive beendet waren und er keine Gelegenheit hatte, sie zu hören oder zu sehen.

Senator Hanna war es gewohnt, einige seiner Senatskollegen häufig zum Abendessen einzuladen, um sich über effektivere Maßnahmen zu beraten. Präsident Roosevelt, der über alles Bescheid wusste, was vor sich ging, platzte nach dem Abendessen oft in Hannas Haus und legte ihm mit größter Offenheit die Probleme vor, die im Weißen Haus aufgetreten waren und bei denen er Rat oder, wenn nicht Rat, so doch Unterstützung wünschte – häufiger Unterstützung.

Jeder, der an den Morgenkonferenzen teilnahm, bei denen er Senatoren, Abgeordnete und die Öffentlichkeit traf, konnte sich sicher sein, dass er gut unterhalten wurde. Ich erinnere mich, dass ich einmal von mehreren seiner Freunde, einflussreichen und angesehenen Männern in New York, gebeten wurde, einen angesehenen Journalisten um die Ernennung zum Minister einer ausländischen Regierung zu bitten. Als ich den Kabinettssaal betrat, war er überfüllt, und der Präsident wusste, dass es mir nicht gut ging. Also rief er sofort meinen Namen und fragte, wie es mir ginge und was ich wolle. Ich sagte ihm, dass ich Washington auf Anraten meines Arztes an diesem Tag verlassen müsse, um mich auszuruhen, und dass ich den Namen eines Herrn vorschlagen wolle, der zum Minister ernannt werden könne, wenn ich ihn fünf Minuten lang sprechen könne.

Der Präsident rief aus: „Wir haben hier keine Geheimnisse. Sagen Sie es offen." Dann legte ich den Fall dar. Er fragte, wer hinter dem Antragsteller stehe. Ich sagte es ihm. Dann sagte er zu jedem: „Ja, das ist in Ordnung", bis ich auch die Mitarbeiter der Zeitung des Herrn erwähnte, die eine der bekanntesten und einflussreichsten im Land war, aber ein gnadenloser Kritiker des Präsidenten. Er rief sofort: „Damit ist die Sache geklärt. Nichts, was diese Zeitung wünscht, wird von mir berücksichtigt." Merkwürdigerweise wurde die Zeitung später einer seiner glühenden Befürworter und Unterstützer.

Bei einer anderen Gelegenheit betrat ich gerade sein Privatbüro, als ein anderer Senator aus dem voll besetzten Kabinettssaal kam. Er rief: „Senator Depew, kennen Sie den Mann, der da rausgeht?" Ich antwortete: „Ja, er ist ein Kollege von mir im Senat." „Nun", rief er, „er ist ein Gauner." Seine Einschätzung erwies sich später als richtig.

Mr. Roosevelt und seine Frau waren ihr ganzes Leben lang in das gesellschaftliche Leben der alten New Yorker Familien eingebunden, die anerkannte Führungspersönlichkeiten waren. Sie brachten die Kultur und die Gepflogenheiten der sogenannten besten Gesellschaft der großen Hauptstädte der Welt ins Weiße Haus. Diese Erfahrung und Bildung kam einem Paar zugute, das in seinen Ansichten äußerst demokratisch war. Sie liebten es, Leute zu treffen, und begegneten jedem mit herrlicher Gastfreundschaft und unterhielten ihn.

Roosevelt war ein Wunder an Vielseitigkeit. Neben seiner Tätigkeit als Gouverneur eines großen Staates und als Verwaltungsbeamter und Polizeipräsident von New York war er Autor populärer Bücher und ein Naturforscher mit seltenen Kenntnissen. Er war auch ein großartiger Sportler. Ich hatte oft Gelegenheit, ihn in dringenden Angelegenheiten zu sehen, und wurde in seine Turnhalle gerufen, wo er einen Boxkampf mit einem bekannten Faustkämpfer austrug und seinen Gegner besiegte oder seinen Fechtmeister attackierte. Die sportlichen Wettkämpfe wurden unterbrochen und wieder aufgenommen, sobald er auf seine schnelle und direkte Art das erledigt hatte, was ich ihm präsentierte.

Reiten war eine seiner Lieblingsbeschäftigungen, und seine Erfahrungen auf seiner Westernranch und in der Armee hatten ihn zu einem der besten Reiter der Welt gemacht. Die ausländischen Diplomaten in Washington, deren Ausbildung darin bestand, in engem Kontakt mit dem obersten Beamten zu stehen, sei es Zar, Königin, König oder Präsident, fanden ihre Ausbildung nicht geeignet, um Präsident Roosevelt nahe zu bleiben, mit einer Ausnahme, und er erzählte mir mit großer Freude, dass er, obwohl er ein schlechter Reiter war, den Präsidenten bei seinen morgendlichen Ausritten begleitete. Manchmal, sagte er, wenn sie an einen sehr steilen, hohen und schroffen Hügel kamen, rief der Präsident: „Lasst uns nach oben klettern", und der Diplomat kämpfte sich über die Steine, das Unterholz und die Schluchten und kehrte mit zerrissenen Kleidungsstücken zu seinem Pferd zurück, nachdem er den Hügel hinuntergerutscht war. Ein anderes Mal, als wir am Ufer des Potomac waren, wo das Wasser reißende Stromschnellen hatte, sagte der Präsident: „Wir werden zu der Insel in der Mitte des Flusses gehen" und sofort hineinspringen. Der Diplomat folgte ihm und erreichte die Insel nach Waten und Schwimmen und kehrte mit großer Mühe mit genügend Kraft zurück, um nach Hause zu gelangen. Er erlitt durch diese ungewöhnliche Exposition einen Lungenentzündungsanfall, aber danach erwarb er sich den Neid und die Bewunderung seiner Kollegen und steigerte das Vertrauen seiner eigenen Regierung durch diese Vertrautheit mit dem Präsidenten.

Die Abendessen und Mittagessen des Präsidenten waren aufgrund seiner umfassenden Bekanntschaft mit Literaten und Wissenschaftlern einzigartig. Normalerweise waren einige von ihnen anwesend. Seine ansteckende Begeisterung und herzliche Herzlichkeit brachten die besten Seiten jedes Gastes zum Vorschein. Eines Abends war ich bei einem großen Abendessen anwesend, als sich ein Vorfall ereignete, der ihn sehr amüsierte. Es waren etwa vierzig Gäste da. Als sie sich gesetzt hatten, bemerkte der Präsident vier leere Stühle. Er schickte einen seiner Assistenten, um das Problem zu ermitteln. Der Assistent entdeckte einen älteren Senator mit seiner Frau und einen anderen Senator und eine Dame, die sehr trostlos aussahen. Der betagte Senator weigerte sich, eine Dame auszuführen, wie es seine Karte vorsah, oder seine Frau einem Kollegen zu überlassen. Er sagte dem Assistenten des Präsidenten, der ihm sagte, dass das Abendessen auf ihn wartete und was er zu tun habe: „Wenn ich esse, esse ich mit meiner Frau, oder ich esse überhaupt nicht." Der alte Herr setzte seinen Willen durch.

Der Präsident hatte eine Geschichte, die er oft und mit viel Freude erzählte. Während er auf der Ranch war, hatten die Nachbarn einen Pferdedieb gefangen und gehängt. Sie merkten bald, dass sie einen Fehler gemacht und den falschen Mann gehängt hatten. Der diplomatischste unter den Ranchern wurde ausgewählt, die Leiche nach Hause zu bringen und seiner Frau die Neuigkeit behutsam beizubringen. Der Cowboy-Botschafter fragte die Frau: „Sind Sie die Frau von ——?" Sie antwortete: „Ja." „Nun", sagte der Botschafter, „Sie irren sich. Sie sind seine Witwe. Ich habe seine Leiche im Wagen. Sie brauchen sich deswegen nicht schlecht zu fühlen, denn wir haben ihn gehängt, weil wir dachten, er sei der Pferdedieb. Bald darauf stellten wir fest, dass er unschuldig war. Der Witz geht auf unsere Kosten."

Mr. Roosevelt war sehr menschlich und versuchte selten, seine Gefühle zu verbergen. Er sollte auf der New York State Fair in Syracuse sprechen. Die Leitung hatte mich als US-Senator aus New York eingeladen, daran teilzunehmen. Mindestens zwanzigtausend Menschen waren auf dem Messegelände, und Mr. Roosevelt las seine Rede vor, die er sorgfältig vorbereitet hatte und in der er seinen Plan zur Harmonisierung der Beziehungen zwischen Arbeit und Kapital im Detail darlegte. Die Rede war lang und sehr geistreich und zur Veröffentlichung im ganzen Land bestimmt. Aber sein Publikum, bestehend aus Bauern, interessierte sich nicht besonders für das Thema. Außerdem waren sie müde davon, auf dem Gelände herumzulaufen und die Ausstellungsstücke zu besichtigen, während sie darauf warteten, dass die Veranstaltung begann. Ich kenne nichts, das körperlich und geistig so ermüdend ist, als Stunden damit zu verbringen, die Ausstellungsstücke einer großen Messe zu besichtigen. Als der Präsident fertig war, begann das Publikum nach mir zu rufen. Ich kannte mich praktisch jeder von ihnen aus meiner langen Karriere auf der Bühne.

Da ich Roosevelt gut kannte, war ich entschlossen, nicht zu sprechen, aber die Messeleitung und das Publikum ließen sich nicht abweisen. Ich machte dem Präsidenten die gebührenden Komplimente und dann, da ich wusste, dass Humor das einzig Mögliche bei einer so müden Menge war, hatte ich mit ihnen eine ausgelassene Zeit. Sie ließen sich von der Stimmung des Spaßes mitreißen und reagierten auf höchst ausgelassene Weise. Ich hörte, wie Roosevelt sich an den Präsidenten der Messe wandte und sehr wütend sagte: „Sie haben mir versprochen, Sir, dass es keinen anderen Redner geben würde."

Als ich den Präsidenten an diesem Abend bei einem großen Abendessen traf, das Senator Frank Hiscock gab, begrüßte er mich mit äußerster Herzlichkeit. Er war in Hochform und übernahm schon früh beim Abendessen die volle Leitung der Diskussion. Drei Stunden lang sprach er höchst interessant, und niemand sonst trug ein Wort bei. Trotzdem haben wir alle den Abend genossen, und nicht zuletzt der Präsident selbst.

Ich habe mich immer gefragt, wie er trotz seiner vielen Aktivitäten und Verpflichtungen die Zeit fand, so viel zu lesen. Verlage schicken mir häufig neue Bücher. Wenn ich dachte, dass sie ihn interessieren könnten, erwähnte ich ihn auf das Werk, aber ausnahmslos hatte er es bereits gelesen.

Als meine erste Amtszeit als Senator zu Ende ging und die Frage meiner Wiederwahl vor dem Parlament stand, sprach mir Präsident Roosevelt seine herzlichste und aufrichtigste Unterstützung zu.

Ereignisse, die ihm als Präsident zugeschrieben werden und die in die Geschichte eingehen werden, sind in ihrer Zahl und Bedeutung außergewöhnlich. Um nur einige zu nennen: Er stellte die Monroe-Doktrin vor den europäischen Regierungen auf eine uneinnehmbare Grundlage, indem er dem deutschen Kaiser die Stirn bot, als er sich weigerte, ein Schiedsverfahren anzunehmen und entschlossen war, Venezuela den Krieg zu erklären. Der Präsident kabelte: „Admiral Dewey mit der Atlantikflotte segelt morgen los." Und der Kaiser akzeptierte das Schiedsverfahren. Raissuli , der marokkanische Bandit, der einen amerikanischen Bürger namens Perdicaris gefangen genommen und gegen Lösegeld festgehalten hatte , gab seinen Gefangenen frei, als er dieses Kabel erhielt: „ Perdicaris am Leben oder Raissuli tot." Er beendete den Krieg zwischen Russland und Japan und gewann den Friedensnobelpreis.

Roosevelt baute den Panamakanal, nachdem andere Versuche fünfhundert Jahre lang gescheitert waren. Als Senator seines eigenen Staates beriet ich mich ständig mit ihm, während er auf die Gesetzgebung drängte, die notwendig war, um die Konzession für den Bau des Kanals zu erhalten. Die in beiden Häusern zu überwindenden Schwierigkeiten schienen unüberwindbar und wären es auch gewesen, wenn der Präsident nicht über den wunderbaren Einfallsreichtum und die Macht verfügt hätte.

Als der Parteitag der Republikaner 1908 zusammentrat, war ich erneut Delegierter. Es war ein Parteitag Roosevelts, und es war verrückt, ihn erneut nominieren zu lassen . Man glaubte, er könne die öffentliche Meinung gegen eine dritte Amtszeit überwinden. Roosevelt war anderer Meinung. Er glaubte, um eine dritte Amtszeit akzeptabel zu machen, müsse es eine Zwischenzeit mit einer weiteren und anderen Regierung geben. Als der Parteitag feststellte, dass sein Entschluss, die Nominierung selbst nicht anzunehmen, unabänderlich war, war er bereit, jeden von ihm empfohlenen

Kandidaten anzunehmen. Er wählte seinen Kriegsminister und engsten Freund William Howard Taft aus. Taft hatte eine wunderbare Persönlichkeit, erwarb sich als Richter einen Namen und hatte sich als Gouverneur der Philippinen als bewundernswerter Verwalter erwiesen. Nach Mr. Tafts Wahl unternahm der Präsident eine zweijährige Auslandsreise, damit der neue Präsident und seine Regierung nicht durch seine Anwesenheit und sein Ansehen in Verlegenheit gerieten.

Während dieser Reise war er im In- und Ausland so präsent wie kaum ein anderer Mensch auf der Welt. Wenn er mit dem Kaiser die deutsche Armee besichtigte, war die Presse voll von den Gemeinsamkeiten und Unterschieden der beiden Männer und von dem beispiellosen Ereignis, dass der Gast dem Kaiser Ratschläge erteilte.

Bei seinem Besuch in England berichtete er in einer öffentlichen Rede von seinen Erfahrungen in Ägypten und empfahl der englischen Regierung, Ägypten selbst zu regieren, falls sie weiterhin regieren wolle.

Ganz Frankreich war entsetzt und zugleich urkomisch, als er in einer Ansprache vor den Fakultäten der Sorbonne sofort den Schwachpunkt der Zukunft und Macht Frankreichs anprangerte: den Rassenselbstmord.

XV. SENAT DER VEREINIGTEN STAATEN

Meine zwölf Jahre im Senat gehörten zu den glücklichsten meines Lebens. Der Senat genießt seit langem den Ruf, der beste Club der Welt zu sein, aber er ist mehr als das. Mein alter Freund, Senator Bacon aus Georgia, sagte oft, dass er die Position des Senators der des Präsidenten oder des Obersten Richters der Vereinigten Staaten vorziehe. Eine Amtszeit von sechs Jahren bietet Unabhängigkeit, was für die gesetzgeberische Arbeit des Senators von enormem Wert ist. Das Mitglied des Repräsentantenhauses, das alle zwei Jahre vor seinen Wahlkreis treten muss, muss die meiste Zeit damit verbringen, sich um seine Wiederwahl zu kümmern. Da der Senat ein kleineres Gremium ist, sind die Verbindungen sehr eng und vertraut. Ich habe nicht vor, auf die Maßnahmen einzugehen, die während meiner Zeit die Aufmerksamkeit des Senats in Anspruch nahmen. Sie sind Teil der Weltgeschichte. Der Wert einer Arbeit dieser Art, wenn sie überhaupt einen Wert hat, liegt in persönlichen Ereignissen.

Eine der schönsten Verbindungen meines Lebens in persönlicher und politischer Hinsicht war die mit Vizepräsident James S. Sherman. Während der 22 Jahre, die er im Repräsentantenhaus war, war er selten in der Stadt New York, ohne mich zu besuchen. Er wurde der beste Parlamentarier im Kongress und wurde in der Regel zum Vorsitzenden berufen, wenn das Haus zu einem Ausschuss zusammentrat. Er war mit jeder politischen Bewegung in Washington bestens vertraut und besaß ein seltenes Talent für die differenzierte Beschreibung sowohl der Ereignisse als auch für die Analyse der Hauptfiguren des Washingtoner Dramas. Er war einer der weisesten Berater bei der Organisation seiner Partei auf nationaler und bundesstaatlicher Ebene.

Als Präsident Roosevelt Herrn Taft zu seinem Nachfolger ernannte, machte er keine Angaben zum Vizepräsidenten. Natürlich war die Nominierung Herrn Tafts unter solchen Bedingungen eine ausgemachte Sache, und als der Parteitag zusammentrat, war man praktisch einstimmig für Roosevelts Wahl. Die Frage, wer der beste Mann für die Nominierung zum Vizepräsidenten war, um die Kandidatenliste zu stärken, brachte die Manager der Taft-Kampagne in Verlegenheit . Die republikanischen Kongressabgeordneten, die auf dem Parteitag anwesend waren, waren praktisch einstimmig für Sherman, und ihr Anführer war Onkel Joe Cannon. Wir aus New York trafen die Taft-Manager dabei an, Kandidaten aus jedem zweifelhaften Bundesstaat zu diskutieren. Wir überzeugten sie schließlich, dass New York der wichtigste sei, aber sie waren mit den Kandidaten aus den Bundesstaaten so weit gegangen, dass es zu einer ernsthaften Frage wurde, wie man sie loswerden konnte, ohne ihre Bundesstaaten zu beleidigen.

Die Methode, die einer der führenden Manager anwandte, war geschickt und riskant zugleich. Er rief einen Kandidaten an und sagte zu ihm: „Die Freunde von Mr. Taft sind Ihnen als Vizepräsident sehr wohlgesonnen. Werden Sie die Nominierung annehmen?" Der Kandidat zögerte und begann, seine Ambitionen, seine Karriere und ihre Möglichkeiten sowie die Angelegenheit zu schildern, die er zu bedenken hätte. Bevor der potenzielle Kandidat fertig war, sagte der Manager: „Es tut mir sehr leid, ich bedauere es zutiefst" und legte auf.

Als die Nominierung erfolgte, kamen diese Herren, die Erfolg gehabt hätten, zum Manager und sagten ungeduldig und empört: „Ich war in Ordnung. Warum haben Sie mich rausgeworfen?" Diese Herren haben jedoch ihre Entschädigung bekommen. Wann immer Sie einen von ihnen treffen, wird er zu Ihnen sagen: „Mir wurde die Vizepräsidentschaft bei Taft angeboten, aber ich war so gestellt, dass ich das Angebot nicht annehmen konnte."

Eines Abends während des Kongresses trieb ein Sturm mit Regen alle ins Haus. Die große Lobby der Congress Hall war überfüllt, und die meisten von ihnen waren Delegierte. Plötzlich wurde laut nach einer Rede gerufen, und ein kräftiger und sportlicher Bürger packte mich und hob mich auf einen Stuhl. Nach einer Geschichte und einem Witz, die die Menge in eine aufnahmebereite Stimmung versetzten, hielt ich praktisch eine Nominierungsrede für Sherman. Die Reaktion war intensiv und einstimmig. Als ich von einem Höhenflug der Fähigkeiten und Popularität zu den menschlichen Qualitäten von „Sunny Jim" herunterkam, fand ich „Sunny Jim" eine so einnehmende Charakterisierung, dass sie immer wieder wiederholt wurde. Ich behaupte nicht, dass die Rede Sherman nominierte, sondern nur, dass fast jeder, der anwesend war, zu einem lautstärksten Befürworter von Sherman als Vizepräsident wurde.

Die Position des Vizepräsidenten ist eine der schwierigsten in unserer Regierung. Sofern der Präsident ihn nicht um Rat oder Unterstützung bittet, hat er keine öffentliche Funktion, außer den Vorsitz im Senat zu führen. Kein Präsident hat den Vizepräsidenten jemals in seine Räte berufen. McKinley kam dem während seiner Amtszeit mit Hobart am nächsten, konnte es aber nicht aufrechterhalten.

Präsident Harding hat einen Präzedenzfall für die Zukunft geschaffen, indem er Vizepräsident Coolidge einlud, an allen Kabinettssitzungen teilzunehmen. Der Vizepräsident hat die Einladung angenommen und trifft sich regelmäßig mit dem Kabinett.

Sherman hatte gegenüber anderen Vizepräsidenten den Vorteil, dass er fast ein Vierteljahrhundert lang ein führender Politiker im Kongress gewesen war. Nur wenige, wenn überhaupt, die dieses Amt jemals innehatten, waren beim Senat so beliebt und so taktvoll und einflussreich, als sie die sehr schwierige Aufgabe übernahmen, die Maßnahmen eines Senats zu beeinflussen, der sehr eifersüchtig auf seine Vorrechte achtete und leicht nachtragend und feindselig wurde.

Unter meinen Kollegen im Senat befanden sich mehrere bemerkenswerte Männer. Sie besaßen große Fähigkeiten und außerordentliche Kompetenz in der Gesetzgebung, und obwohl sie keine großen Redner waren, besaßen sie die seltene Gabe, ihre Argumente in kurzen und wirkungsvollen Reden deutlich zu machen. Unter ihnen war Senator Frye aus Maine. Er war viele Jahre Vorsitzender des großen Handelsausschusses. Was wir an Handelsmarine hatten, war größtenteils seinen beharrlichen Bemühungen zu verdanken. Er sparte der Regierung bei der äußerst schwierigen Aufgabe, das Fluss- und Hafengesetz zu beschneiden, Dutzende von Millionen. Er besaß das absolute Vertrauen beider Parteien und war der einzige Senator, der den Senat im Allgemeinen für oder gegen eine Maßnahme auf seine Seite ziehen konnte. Obwohl er weise war und über ein Höchstmaß an gesundem Menschenverstand verfügte, war er doch einer der einfältigsten unter uns . Damit meine ich, dass er keine Arglist kannte und auch keine bei anderen vermutete. Was ihm im Kopf herumging, kam zum Vorschein. Diese Eigenschaften machten ihn zu einem der angenehmsten Gefährten und zu einem der harmonischsten Männer, mit denen man in einem Ausschuss zusammenarbeiten konnte.

Clement A. Griscom , der prominenteste amerikanische Schiffseigner und -direktor, mochte Senator Frye sehr. Griscom unterhielt seine Gäste auf seinem Landsitz in der Nähe von Philadelphia sehr gut. Er erzählte mir, dass Senator Frye einmal über ein Wochenende bei ihm zu Gast war. Zum Abendessen am Samstagabend hatte er bedeutende Bankiers, Anwälte und Industriekapitäne aus Philadelphia eingeladen. Ihre Unterhaltung reichte von Unternehmen und Zusammenschlüssen erfolgreicher Industrien und Unternehmen bis hin zu Privatvermögen und wie diese angehäuft wurden. Die Atmosphäre war schwer von Millionen und Milliarden. Plötzlich wandte sich Griscom an Senator Frye und sagte: „Ich weiß, dass unsere erfolgreichen Freunde hier nicht nur erfreut wären, zu hören, sondern auch viel lernen würden, wenn Sie uns von Ihrer Karriere erzählen würden." „Es gibt nicht viel zu erzählen", sagte Senator Frye, „besonders nach diesen Geschichten, die wie Kapitel aus Tausendundeiner Nacht klingen." Ich war als junger Anwalt sehr erfolgreich und stieg zu einer führenden Kanzlei und zum Leiter der Anwaltskammer meines Staates auf, als mir eine Wahl ins Repräsentantenhaus angeboten wurde. Ich war der Meinung, dass dies eine dauerhafte Karriere sein würde und dass damit kein Geld zu verdienen sei. Ich beriet mich mit meiner Frau und sagte ihr, dass dies bedeutete, dass ich alle Aussichten auf ein Vermögen oder sogar auf Unabhängigkeit aufgeben würde, aber es war mein Ehrgeiz und ich glaubte, dass ich der Öffentlichkeit wertvolle Dienste leisten könnte und dass der allgemeine Nutzen dieser Karriere jeden Erfolg als Anwalt bei weitem übertreffen würde. Meine Frau stimmte mir herzlich zu und sagte, dass sie ihrerseits in jedem erforderlichen Maße sparen würde.

"Also", fuhr der Senator fort, "ich bin seit fast dreißig Jahren im Kongress, einen Teil dieser Zeit im Repräsentantenhaus und den Rest im Senat. Mit meinem Gehalt konnte ich unseren bescheidenen Bedarf decken und unsere Kinder erziehen. Ich war nur einmal verschuldet. Natürlich mussten wir genau kalkulieren und genügend Geld beiseitelegen, um unsere zusätzlichen Ausgaben in Washington und unsere normalen Ausgaben zu Hause zu decken. In jedem Jahr außer einem kamen wir etwas besser weg. In diesem Jahr berief der Präsident völlig unerwartet eine Sondersitzung ein, und zum ersten Mal seit zwanzig Jahren hatte ich Schulden bei unserem Vermieter in Washington."

Griscom sagte mir, dass diese schlichte Erzählung eines Staatsmannes von nationalem Ruf die monumentalen Errungenschaften seiner millionenschweren Gäste kaum in den Vordergrund zu rücken scheine.

Senator Fryes freundliche Persönlichkeit und lebhafte Konversation machten ihn zu einem gern gesehenen Gast bei allen Unterhaltungen in Washington. Damals gab es in der Hauptstadt eine Dame, die viel Gäste unterhielt und selbst sehr beliebt war, aber sie begann das Gespräch mit dem Herrn, der sie ausführte, immer mit der Erzählung, wie sie ihren Ehemann gewonnen hatte. Eines Tages sagte ich zu Senator Frye: „Heute Abend wird es bei So-und-so eine bemerkenswerte Gesellschaft geben. Gehen Sie hin?“ Er antwortete: „Ja, ich werde hingehen; aber ich musste diese Dame“ – ich nannte sie beim Namen – „diesen Winter dreizehn Mal zum Abendessen begleiten. Sie hat mir dreizehn Mal die Geschichte ihrer Brautwerbung erzählt. Wenn ich das Glück habe, ihr heute Abend zugeteilt zu werden, und sie diese Geschichte anfängt, werde ich den Tisch und das Haus verlassen und nach Hause gehen.“

Senator Aldrich aus Rhode Island wurde einst von Senator Quay als der Schulmeister des Senats bezeichnet. Als Vorsitzender des Finanzausschusses hatte er enormen Einfluss und dank seiner gesetzgeberischen Fähigkeiten und seiner genauen Kenntnis der Regeln war er der Anführer, wann immer er sich dazu entschloss. Dies tat er immer dann, wenn die von ihm gewünschte Politik oder die von ihm propagierte Maßnahme eine Mehrheit hatte und die Opposition auf Obstruktionstaktiken zurückgriff. Da es im Senat keine Debattenbeschränkungen gibt oder zu meiner Zeit keine gab, konnte die Minderheit die Mehrheit nur dadurch besiegen, dass sie den Gesetzesentwurf zerredete. Ich habe nur einmal erlebt, dass diese Methode erfolgreich angewandt wurde, denn bei der Prüfung der Ausdauer gewinnt die größere Zahl. Die einzige erfolgreiche Rede gegen die Zeit hielt Senator Carter aus Montana. Carter war ein hervorragender Debattierer. Er war von unschätzbarem Wert in Zeiten, in denen die Diskussion sehr erbittert und persönlich geworden war. Dann besänftigte er auf seine höflichste Art die wütenden Elemente und brachte den Senat dazu, die Frage wieder in Ruhe zu erörtern. Wenn er bei solchen Gelegenheiten aufstand, war die übliche Bemerkung derjenigen, die noch einen kühlen Kopf bewahrt hatten: „Carter wird jetzt seine Ölkanne herausholen und Öl auf die aufgewühlten Wogen gießen" – und diese Bemerkung erwies sich im Allgemeinen als wirksam.

Senator George F. Hoar aus Massachusetts schien eine Wiederbelebung dessen zu sein, was wir uns als die Staatsmänner vorstellten, die die Verfassung der Vereinigten Staaten entwarfen, oder als die Senatoren, die mit Webster, Clay und Calhoun zusammensaßen. Er war ein Mann mit hohen Idealen und Hingabe an den öffentlichen Dienst. Er verlieh jedem Thema, über das er sprach, eine Erhabenheit und Würde, die es aus gewöhnlichen Senatorendiskussionen heraushob. Er hatte die meisten historischen Persönlichkeiten unseres öffentlichen Lebens in den letzten fünfzig Jahren kennengelernt und kannte sie sehr gut, und er war einer der unterhaltsamsten und lehrreichsten Gesprächspartner, die ich je traf.

Senator Benjamin Tillman aus South Carolina hingegen, ein glühender Verehrer von Senator Hoar, war in jeder Hinsicht sein Gegenteil. Tillman und ich wurden sehr gute Freunde, obwohl er anfangs äußerst feindselig war. Er hasste alles, was ich vertrat. Trotz all seiner Rauheit und anfänglichen Brutalität hatte er eine eigentümliche emotionale Ader.

Ich habe bei der Gründung des Gridiron Clubs beim ersten Abendessen gesprochen und war seitdem viele Male sein Gast. Der Gridiron Club ist eine Vereinigung der Zeitungskorrespondenten in Washington, und die Abendessen, die mehrmals im Jahr stattfinden, werden mit größtem Interesse erwartet und von allen genossen, die das Privileg haben, daran teilzunehmen.

Der Gridiron Club plante einen Ausflug nach Charleston, South Carolina, wo sie eine Einladung erhalten hatten. Sie luden mich und Senator Tillman ein, mitzukommen. Tillman weigerte sich, mir vorgestellt zu werden, weil ich Vorstandsvorsitzender der New York Central Railroad war und er meine Verbindungen und Kollegen hasste. Wir wurden von der gastfreundlichsten aller Städte, der am schönsten gelegenen Stadt Charleston, herzlich empfangen. Bei den vielen Ausflügen, Mittagessen und Versammlungen wurde ich als Redner vorgeschlagen, was während unseres dreitägigen Besuchs mehrere Versuche pro Tag bedeutete. Der Gridiron-Stunt für Charleston war sehr gewagt. Es gab natürlich viele Redner, darunter auch Senator Tillman, der Charleston und die Einwohner von Charleston hasste, weil er sie für Aristokraten hielt und ihnen das auch sagte. Viele wurden als

Redner eingeladen, ließen ihr Abendessen unangetastet, während sie sich der Durchsicht ihrer Manuskripte widmeten, und deren Namen am Ende des Abendessens auf der Liste verlesen wurden, aber ihre Reden wurden nie verlangt.

Auf dem Heimweg machten wir in einem Lokal außerhalb von Charleston Mittag. Während des Mittagessens erschütterte ein Erdbeben den Tisch und ließ die Teller klappern. Ich wurde gebeten, die Abschiedsrede des Gridiron Clubs an den Staat South Carolina zu halten. Natürlich boten das Erdbeben und seine Möglichkeiten sowohl Gelegenheit für Pathos als auch für Humor, und Tillman war tief betroffen. Als wir im Zug saßen, kam er zu mir, ergriff mit großer Ergriffenheit meine Hand und sagte: „Chauncey Depew, ich habe mich in Ihnen geirrt. Sie sind ein verdammt guter Kerl." Und wir waren gute Freunde bis zu seinem Tod.

Ich fragte Tillman, was er seinen phänomenalen Aufstieg und seine Stärke im konservativen Staat South Carolina verdankte. Er antwortete: „Wir in unserem Staat wurden während der Kolonialzeit und danach bis zum Ende des Bürgerkriegs von einer Klasse regiert. Sie besaßen große Plantagen, Hunderttausende von Negern, waren für das öffentliche Leben ausgebildet, vertraten unseren Staat bewundernswert und leisteten dem Land große Dienste. Sie waren Aristokraten und schenkten uns armen Bauern, die die Mehrheit der Bevölkerung ausmachten, wenig Beachtung. Der einzige Unterschied zwischen uns bestand darin, dass sie Oberste oder Generäle im Unabhängigkeitskrieg oder Delegierte des Kontinentalkongresses oder des Verfassungskonvents gewesen waren, während wir einfache Soldaten, Korporale oder Sergeanten gewesen waren. Sie besaßen im Allgemeinen tausend Sklaven, und wir hatten zehn bis dreißig. Ich beschloss, dass wir einen Teil der Ehre haben sollten, und sie lachten mich aus. Ich organisierte die Mehrheit und verdrängte die alten Familien aus dem Geschäft, und wir wurden und sind die Herrscher des Staates."

Zu den brillantesten Rednern aller gesetzgebenden Körperschaften gehörten die Senatoren Joseph W. Bailey aus Texas und John C. Spooner aus Wisconsin. Sie hätten jeder gesetzgebenden Körperschaft der Welt Ehre und Ehre erwiesen. Senator Albert J. Beveridge aus Indiana und Senator Joseph B. Foraker aus Ohio waren Redner von sehr hohem Niveau. Der Senat verfügt noch immer über die Staatskunst, Eloquenz, Gelehrsamkeit, Vision und Kultur von Senator Lodge aus Massachusetts.

Eines der Wunder des Senats war Senator WM Crane aus Massachusetts. Er hielt nie eine Rede. Ich kann mich nicht erinnern, dass er jemals einen Antrag gestellt hätte. Dennoch war er das einflussreichste Mitglied dieses Gremiums. Seine Weisheit, sein Taktgefühl, sein gesundes Urteilsvermögen und sein enzyklopädisches Wissen über öffentliche Angelegenheiten und öffentliche Personen machten ihn zu einer Autorität.

Senator Hanna, ein reiner Geschäftsmann, der mit der Gesetzgebung überhaupt nicht vertraut war, entwickelte sich zu einem Redner von bemerkenswerter Kraft und Einfluss. Gleichzeitig tat er sich auf gesellschaftlicher Ebene mit seinen häufigen Unterhaltungen stärker für die Maßnahmen ein, die ihn interessierten. Diese waren natürlich hauptsächlich finanzieller und wirtschaftlicher Natur.

Eine der Persönlichkeiten des Senats und eine der Umwälzungen der populistischen Bewegung war Senator Jeff Davis aus Arkansas. Davis war lautstark, lautstark und lautstark ein Freund des Volkes. Was genau er zum Wohle des Volkes tat, war nie ganz klar, aber wenn wir ihm glauben müssen, war er der einzige Freund des Volkes. Zu seinen Bemühungen, dem Volk zu helfen, gehörte die Verurteilung von Großunternehmen aller Art und allem, was viele Arbeitsplätze bot oder über großes Kapital verfügte. Ich denke, in seinen eigenen Vorstellungen hätte der ideale Staat aus kleinen Landbesitzern und gelegentlich einem Anwalt bestanden. Er selbst war Anwalt.

Eines Tages griff er mich, während ich da saß und ihm zuhörte, auf bösartigste Weise an, als Vertreter großer Konzerne, insbesondere der Eisenbahnen, und als einer der führenden Männer der schlimmsten Stadt der Welt, New York, und als Verbündeter von Bankiers und Kapitalisten. Als er fertig war, ging Senator Crane zu seinem Platz und sagte ihm, er habe einen großen Fehler gemacht, warnte ihn, er sei so weit gegangen, dass ich ihm persönlich gefährlich werden könnte, aber außerdem würde ich ihn mit meinem Spott und Humor zum Gespött des Senats und des Landes machen. Jeff, hochgradig erschrocken, watschelte zu meinem Platz und sagte: „Senator Depew, ich hoffe, Sie haben das, was ich gesagt habe, nicht ernst genommen. Ich habe es nicht gegen Sie gemeint. Ich werde es nicht wieder tun, aber ich dachte, es würde Ihnen nichts ausmachen, denn es wird Ihnen nicht schaden und es hilft mir in Arkansas." Ich antwortete: „Jeff, alter Mann, wenn es Ihnen hilft, tun Sie es so oft Sie wollen." Unnötig zu sagen, dass er es nicht wiederholte.

Ich habe mich schon immer sehr für den Schutz der Wälder interessiert und bin ein begeisterter Befürworter der Waldschützer. Ich habe die Situation in den Appalachen untersucht, wo die Holzfäller ihr Schlimmstes taten und Millionen Hektar fruchtbaren Bodens aus den entwaldeten Bergen jedes Jahr von den Fluten ins Meer gespült wurden. Ich habe in meinem Ausschuss einen Bericht über den Kauf dieses Schutzgebiets erstellt, der acht Staaten betraf, und ihn in einer Rede unterstützt. Senator Eugene Hale, ein einflussreicher Führer im Senat, war im Allgemeinen gegen diese Gesetzgebung. Er interessierte sich dafür und als ich meine Rede beendet hatte, kam er zu mir und sagte: „Ich habe diesem Thema nie viel Aufmerksamkeit geschenkt. Sie haben mich überzeugt und dieser Gesetzentwurf sollte sofort verabschiedet werden, und ich werde den Antrag stellen." Mehrere Senatoren aus den betroffenen Staaten baten um Aufschub, damit sie Reden für die lokale Bevölkerung halten konnten. Der psychologische Moment war vorüber und diese Gesetzgebung konnte erst zehn Jahre später wiederbelebt werden, und dann in einer ernsthaft modifizierten Form.

Ich habe sehr hart für die amerikanische Handelsmarine gearbeitet. Ein Zuschuss von vier Millionen Dollar pro Jahr aus Postverträgen hätte zusätzlich zu den Einnahmen der Schiffe ausgereicht, um uns Linien nach Süd- und Mittelamerika, Australien und Asien zu eröffnen.

Shakespeares berühmte Aussage, dass eine Rose unter jedem anderen Namen genauso süß duften würde, hat Ausnahmen. In der Psychologie des amerikanischen Geistes ist das Wort Subvention in jeder Hinsicht verheerend. Nach sorgfältigster Untersuchung während meiner Zeit im Senat bestätigte ich diese Aussage, dass eine Postsubvention von vier Millionen pro Jahr den Vereinigten Staaten eine Handelsmarine bescheren würde, die unserem Handel neue Handelsrouten eröffnen würde. Dieser Beitrag würde es den Schiffseignern ermöglichen, die Verluste auszugleichen, die es ihnen unmöglich machten, mit den Schiffen anderer Länder zu konkurrieren, von denen einige Subventionen erhielten und alle zu niedrigeren Betriebskosten führten. Es wäre nicht alles ein Beitrag, denn ein Teil davon wäre eine legitime Gebühr für den Posttransport. Das Wort Subvention könnte jedoch eine Flut von flammenden Reden auslösen, in denen behauptet wurde, dass die Bevölkerung der Vereinigten Staaten besteuert werden sollte, um Geld in die Taschen der Spekulanten in New York und der Finanzbetrüger in der Wall Street zu pumpen.

Wir haben jetzt durch das Shipping Board eine Handelsmarine geschaffen, die die Welt in Erstaunen versetzt. Sie hat etwa fünfhundert Millionen gekostet. Ein Teil davon ist bereits Schrott, und ein Teil wird aufgrund diskriminierender Gesetze mit enormen Verlusten betrieben. Kürzlich wurde dem Kongress ein Gesetzentwurf über etwa sechzig Millionen Dollar vorgelegt, um die Verluste unserer Handelsmarine für das Jahr auszugleichen. Während eine Subvention von vier Millionen unter privater Verwaltung ein Erfolg gewesen wäre, aber als Verbrechen abgelehnt wurde, werden die sechzig Millionen als patriotischer Beitrag zur öffentlichen Versorgung begrüßt.

Ein Fluss- und Hafengesetz in Höhe von dreißig bis fünfzig Millionen Dollar wurde mit Spannung erwartet und enthusiastisch unterstützt. Es war bekannt, dass es sich um ein Geben und Nehmen, ein Tauschgeschäft handelte, bei dem einige unverzichtbare Verbesserungen eine große Anzahl von Ausbaggerungen von Flüssen, Bächen und Bayous nach sich ziehen mussten, die nie schiffbar gemacht werden konnten. Viele Millionen wurden jedes Jahr durch diese Fluss- und Hafengesetze zum Fenster hinausgeworfen, aber vier Millionen pro Jahr zur Wiederherstellung der amerikanischen Handelsmarine lösten eine Flut empörter Beredsamkeit, heftiger Proteste und wilder Anprangerung der Kapitalisten aus, die Schiffe bauen und besitzen wollten, und es war immer verhängnisvoll für die Handelsmarine.

Glücklicherweise hat der Krieg den Binnen- und Bergstaaten unter anderem gezeigt, dass die USA eine Handelsmarine ebenso brauchen wie ihre Marine, und dass wir ohne entsprechende Schiffe nicht auf eine Ausweitung und Aufrechterhaltung unseres Handels hoffen können.

Ich erinnere mich an ein Jahr, als der Fluss- und Hafengesetzentwurf am Tag vor der endgültigen Vertagung zur Verabschiedung anstand. Die Frist war von beiden Häusern festgelegt worden und konnte daher nicht von einem Haus verlängert werden. Die Regierung fürchtete sich vor dem Gesetzentwurf, weil er viele unhaltbare Extravaganzen enthielt. Gleichzeitig bot er so viele politische Möglichkeiten, dass der Präsident sich nicht traute, sein Veto einzulegen. Senator Carter war der Regierung immer treu ergeben und wurde deshalb vorgeschlagen, den Gesetzentwurf zu zerreden. Er hielt dreizehn Stunden lang daran fest, ohne das Wort zu erteilen, bis die Stunde der Vertagung eine Abstimmung über die Maßnahme unmöglich machte.

Ich saß die ganze Nacht da und beobachtete diese bemerkenswerte Anstrengung. Der übliche Blockierer hat schnell sein gesamtes Material aufgebraucht und schickt dann Seiten mit irrelevantem Inhalt an den Schreibtisch, damit der Angestellte ihn lesen kann, oder er liest selbst aus den Seiten des Protokolls oder aus Büchern, aber Carter blieb seinem Text treu. Er war ein Mann mit Witz und Humor. Viele Punkte im Fluss- und Hafengesetz boten ihm die Gelegenheit zu zeigen, wie Bäche und Forellenbäche durch die Magie des Geldes des Finanzministeriums in schiffbare Flüsse verwandelt und unzugängliche Teiche zu Häfen ausgebaggert werden sollten, um die Flotten der Welt schwimmen zu lassen.

Die Rede war sehr anekdotenreich und hatte einen erfreulichen Erfolg, da sie geschickt einen Befürworter der Maßnahme dazu verleitete, die Filibuster-Taktik zu unterstützen, indem er die von Carter gegen ihn erhobenen Vorwürfe empört zurückwies. Auf diese Weise verschaffte sich Carter durch die Torheit seines Gegners Ruhe. Der Senat war voll und die Galerien waren die ganze Nacht über überfüllt, und als der Hammer des Vizepräsidenten verkündete, dass keine weitere Debatte zulässig sei und die Zeit für die Vertagung gekommen sei, und er seine Abschiedsrede hielt, nahm Carter inmitten des Wracks von Millionen und der Hoffnungen der Ausbeuter seinen Platz ein, und die Staatskasse der Vereinigten Staaten war durch einen unerwarteten Verfechter gerettet worden.

Das Land weiß die enorme Macht der Ausschüsse nicht zu schätzen, da die Gesetzgebungsarbeit ständig und fast geometrisch zunimmt. Die Gesetzgebung des Landes wird fast ausschließlich in Ausschüssen behandelt. Es bedarf möglicherweise einer Revolution, um die Feindseligkeit eines Ausschusses zu überwinden, selbst wenn das Repräsentantenhaus und das Land anderer Meinung sind. Einige Männer, deren Namen überhaupt nicht im Protokoll des Kongresses und selten in den Zeitungen auftauchen, haben ein gewisses Talent für Plackerei und Detailarbeit, das sehr selten ist, und wenn man es mit Schlauheit und Menschenkenntnis kombiniert, wird ein solcher Senator oder Abgeordneter zu einer Macht, mit der man in Ausschüssen rechnen muss. Ein solcher Mann ist in der Lage, fast alles aufzuhalten.

Während meiner Zeit in Washington habe ich die enorme Bedeutung der gesellschaftlichen Seite erkannt. In den beiden Häusern des Kongresses sitzen mehrere hundert Männer, die in puncto Intelligenz, Charakterstärke und Leistungsfähigkeit weit über dem Durchschnitt liegen. Sonst wären sie nicht gewählt worden. Sie sind sehr isoliert und genießen weit mehr gesellschaftliche Aufmerksamkeiten als diejenigen, die die Möglichkeit eines Clublebens haben. Beim Abendessen kommt der wahre Charakter des Gastes zum Vorschein, und er reagiert am empfänglichsten auf diese Aufmerksamkeiten. Mrs. Depew und ich gaben sehr viele Abendessen, zu unserem großen Vergnügen und, ich möchte sagen, zu unserer Bildung. Auf diese Weise lernte ich viele der interessantesten Persönlichkeiten, die ich je getroffen habe, auf eine Weise kennen, die mir besser bekannt war, als es sonst möglich gewesen wäre.

Es muss etwas getan werden, und zwar schnell, um die immer größer werdende Kluft zwischen Exekutive und Kongress zu überbrücken. Unsere Erfahrungen mit Präsident Wilson haben dies gezeigt. Als egozentrischer Autokrat, der von sich selbst überzeugt und anderen gegenüber misstrauisch war und Ratschlägen und Diskussionen ablehnend gegenüberstand, wurde er zum absoluten Herrscher des Kongresses, während seine Partei die Mehrheit hatte.

Der Kongress war kein gleichrangiger Zweig, sondern tagte eigentlich nur, um den gebieterischen Willen des Präsidenten zu akzeptieren, zu verabschieden und in Gesetze umzusetzen. Als jedoch die Mehrheit wechselte, herrschte zwischen der Exekutive und der Legislative kein Vertrauen mehr, und das notwendige Verfahren war fast völlig lahmgelegt. Der Präsident blieb unnachgiebig und der Kongress bestand auf der Anerkennung seiner verfassungsmäßigen Rechte. Selbst wenn der Präsident, wie McKinley, in engem und häufigem Kontakt mit dem Senat und dem Repräsentantenhaus steht, ist die Beziehung vorübergehend und ungleich und nicht das, was sie sein sollte: automatisch.

Glücklicherweise haben wir ein Haushaltssystem eingeführt; das Kabinett sollte jedoch Sitze im Plenum der Häuser haben und befugt sein, Fragen zu beantworten und an Debatten teilzunehmen. Wenn unser System nicht radikal geändert würde, könnten wir den englischen Plan, die Mitglieder des Kabinetts ausschließlich aus dem Senat und dem Repräsentantenhaus auszuwählen, nicht übernehmen. Wir könnten jedoch eine Regierung haben, die immer in engem Kontakt mit dem Kongress steht, wenn die Kabinettsmitglieder anwesend wären, wenn Angelegenheiten diskutiert und beschlossen würden, die ihre jeweiligen Ressorts betreffen.

Ich hörte Senator Nelson W. Aldrich, einen der klügsten und fähigsten Gesetzgeber unserer Generation, sagen, wenn man die Regierungsgeschäfte in der von ihm erlernten Weise betriebswirtschaftlich orientierten Weise angehen würde, ließen sich 300 Millionen Dollar pro Jahr einsparen. Seit dem Ersten Weltkrieg stehen uns jährlich Mittelzuweisungen von fünf bis sechs Milliarden Dollar bevor. Ich denke, die von Senator Aldrich vorgeschlagenen 300 Millionen könnten im Verhältnis zu der enormen Erhöhung der Mittelzuweisungen noch gesteigert werden.

Es wurde viel darüber diskutiert, die unbegrenzten Debatten im Senat einzuschränken und eine strikte Regel für die Beendigung von Debatten einzuführen. Ich erinnere mich, dass während meiner zwölfjährigen Amtszeit keine gute Maßnahme durch unbegrenzte Debatten zunichte gemacht wurde, viele schlechte jedoch zu Tode geredet wurden. Es gibt eine merkwürdige Eigenschaft bei der Diskussion von Gesetzgebungsakten, und zwar die Art und Weise, wie Senatoren, die sich daran gewöhnt haben, jeden Tag zu jeder Frage zu sprechen, ihren Wortschatz offenbar erweitern, während ihre Ideen verfliegen. Zwei Senatoren aus meiner Zeit, von denen man sich darauf verlassen konnte, dass sie täglich eine Stunde oder länger so flüssig wie das ruhige Wasser eines Baches sprachen, hatten die einzigartige Fähigkeit, scheinbar viel Wichtiges zu sagen, während sie in Wirklichkeit keine Ideen entwickelten. Um sie zu verstehen, während der Senat sich leerte, weil seine Mitglieder in ihre Ausschussräume gingen, war ich ein geduldiger Zuhörer. Das habe ich schließlich aufgegeben, weil ich, obwohl ich mit einer angemessenen Intelligenz und einem intensiven Wissensdurst ausgestattet war, nie verstehen konnte, worauf sie hinauswollten.

XVI. BOTSCHAFTER UND MINISTER

Die Vereinigten Staaten waren am Hof von St. James immer bewundernswert vertreten. Ich betrachte es als ein seltenes Privileg und eine wunderbare Erinnerung, dass ich diese angesehenen Botschafter und Minister, die während meiner Amtszeit dienten, gut gekannt habe. Ich war nicht in England, als Charles Francis Adams Minister war, aber seine Arbeit während des Bürgerkriegs weckte großes Interesse an Amerika. Es wird zugegeben, dass er Großbritannien daran gehindert hat, Maßnahmen zu ergreifen, die den Krieg verlängert und das Ziel gefährdet hätten, das Mr. Lincoln zu erreichen versuchte, nämlich die Erhaltung der Union. Seine knappe Antwort an Lord John Russell: „Das bedeutet Krieg", änderte die Politik der britischen Regierung.

James Russell Lowell erfüllte alle Anforderungen der Position, aber mehr noch: Seine Werke waren schon vor seiner Ernennung in England gelesen und bewundert worden. Das literarische England hieß ihn mit offenen Armen willkommen, und das offizielle England war bald von seinem diplomatischen Geschick beeindruckt. Er war einer der besten Tischredner, und das brachte ihn in Kontakt mit den besten Persönlichkeiten des englischen öffentlichen Lebens. Er erzählte mir eine amüsante Begebenheit. Sobald er ernannt worden war, gingen alle, die ihn kennenlernen wollten, in die Buchhandlungen und kauften seine Werke. Darunter waren natürlich auch die „ Biglow Papers". Eine Dame fragte ihn, ob er Mrs. Biglow mitgebracht habe .

Der Botschaftssekretär, William J. Hoppin , war ein sehr gebildeter Gentleman. Er war Präsident des Union League Clubs gewesen, und ich kannte ihn sehr gut. Eines Tages besuchte ich die Botschaft mit einem in Europa lebenden Amerikaner, um diesen Landsmann um einen Gefallen zu bitten. Die Botschaft war überschwemmt von Amerikanern, die um Gefälligkeiten baten, und so holte Hoppin , ohne mich anzusehen oder auf die Bitte zu warten, sofort seine Formel hervor, wie er seine Besucher auf einer schiefen Ebene auf die Straße schieben konnte. Er sagte: „Jeder Amerikaner – und es gibt Tausende von ihnen –, der nach London kommt, besucht die Botschaft. Sie alle möchten in den Buckingham Palace eingeladen werden oder Karten für das House of Lords oder das House of Commons haben. Unsere Privilegien in dieser Hinsicht sind sehr gering, so gering, dass wir kaum jemanden zufriedenstellen können. Warum Amerikaner versuchen sollten, in den Buckingham Palace oder die Houses of Parliament zu kommen, wenn es in diesem alten Land, aus dem unsere Vorfahren stammen und mit dessen Literatur wir so vertraut sind, so viel zu sehen gibt, ist unverständlich. In Reading gibt es eine sehr bewundernswerte Viehschau.

Ich habe ein paar Karten und werde sie Ihnen, meine Herren, gerne geben. Sie werden die Schau außerordentlich interessant finden."

Ich nahm die Karten, aber wenn es etwas gibt, worüber ich kein qualifizierter Richter bin, dann sind es preisgekrönte Rinder. An diesem Abend war mein Freund Hoppin bei einem großen Abendessen anwesend, das von einem bekannten englischen Gastgeber gegeben wurde, und begrüßte mich sofort mit herzlicher Herzlichkeit. Natürlich konnte er sich an das Morgentreffen nicht erinnern. Unser Gastgeber wollte, wie üblich, wenn ein neuer Amerikaner anwesend ist, wissen, ob ich neue amerikanische Geschichten zu erzählen hätte, und ich erzählte mit etwas Übertreibung und Ausschmückung die Geschichte der Viehschau in Reading. Der gute alte Hoppin war ziemlich verlegen über die Ärgernisse, die er erhielt, aber er nahm sie mit Fassung, und von da an stand die Gesandtschaft ganz zu meinen Diensten.

Mr. Edward J. Phelps war außerordentlich erfolgreich. Er war ein großartiger Anwalt, und der Vorsitzende Richter des Obersten Gerichtshofs der Vereinigten Staaten sagte mir, dass es niemanden gegeben habe, der vor diesem Gericht erschienen sei, dessen Argumente zufriedenstellender und überzeugender gewesen seien als die von Mr. Phelps. Er hatte die seltene Ehre, ein häufiger Gast bei den Benchers-Dinners in London zu sein. Einer der englischen Richter erzählte mir, dass die Richter bei einem Benchers-Dinner einen neuartigen Punkt diskutierten, der in einem der Fälle, die vor kurzem vor ihnen verhandelt worden waren, aufgekommen war. Er sagte, dass in der Diskussion, an der Mr. Phelps teilnehmen sollte, die Ansicht, die der US-Minister vortrug, so überzeugend war, dass die Entscheidung, die praktisch vereinbart worden war, geändert wurde, um Mr. Phelps' Ansicht zu entsprechen. Ich war bei mehreren von Mr. Phelps' Dinners. Es waren bemerkenswerte Zusammenkünfte der Besten aus fast jedem Bereich des englischen Lebens.

Bei einem seiner Abendessen hatte ich ein wunderbares Gespräch mit dem Dichter Browning. Browning erzählte mir, dass er als junger Mann mehrere Male Gast bei den berühmten Frühstücken des Dichters und Bankiers Samuel Rogers gewesen sei. Rogers, sagte er, sei bei diesen Frühstücken mit seinen Gästen äußerst willkürlich gewesen und er tadelte ihn streng, weil er die Grenzen überschritten habe, die seiner Meinung nach einem jungen Dichter vorbehalten sein sollten.

Mr. Browning sagte, nichts erfreue ihn mehr als die Popularität seiner Werke in den Vereinigten Staaten. Besonders erfreut und auch verlegen war er über unsere Browning-Gesellschaften, von denen es hier offenbar sehr viele gab. Sie schickten ihm Aufsätze, die von Mitgliedern der Gesellschaften gelesen wurden, die seine Gedichte interpretierten. Diese amerikanischen Freunde entdeckten Bedeutungen, die ihm nie in den Sinn gekommen waren, und boten ihm eine völlig neue Sicht auf seine eigenen Werke. Er erwähnte auch, dass ihm jeder Geschenke und Souvenirs schickte, alle als Anerkennung und einige als Anregungen und Hilfe. Darunter befanden sich mehrere Kisten mit amerikanischem Wein. Er erkannte den Zweck der Geschenke, aber die Flüssigkeit gefiel ihm nicht.

Er erzählte mir, dass er einmal Gast bei den Abendessen war, die für den Schah von Persien gegeben wurden. Dieser Monarch war ein Barbar, aber das britische Außenministerium hatte ihn um jede erdenkliche Höflichkeit gebeten und ihm jede erdenkliche Höflichkeit erwiesen, da damals darüber gestritten wurde, ob Großbritannien, Frankreich oder Russland den größeren Teil Persiens bekommen sollte. Frankreich und Russland hatten ihn mit aufwendigen Militärparaden und anderen Regierungsveranstaltungen unterhalten, die ein demokratisches Land wie Großbritannien nicht nachahmen konnte. Also bat das Außenministerium alle, die in London oder auf dem Land große Häuser besaßen und großzügige Gäste bewirteten, alles für den Schah zu tun, was sie konnten.

Browning war bei einem großen Abendessen anwesend, das für den Schah in Stafford House gegeben wurde, dem Wohnsitz des Herzogs von Sutherland und dem schönsten Palast in London. Jeder Gast wurde gebeten, um den Schah zu beeindrucken, alle ihm gebührenden Ehrenzeichen zu tragen. Das Ergebnis war, dass die Adligen in ihren Gewändern kamen, die sie sonst bei einer solchen Gelegenheit nicht tragen würden, und alle anderen in den Ehrengewändern, die ihren Rang widerspiegelten. Browning sagte, er habe einen Abschluss in Oxford gemacht und das berechtige ihn zu einem scharlachroten Umhang. Da die Gäste nach Rang platziert wurden, war er so weit unterlegen, dass er am Fußende des Tisches saß. Der Schah sagte zu seinem Gastgeber: „Wer ist dieser vornehme Herr im scharlachroten Umhang am anderen Ende des Tisches?" Der Gastgeber antwortete: „Das ist einer unserer größten Dichter." „Das ist kein Platz für einen Dichter", bemerkte der Schah; „bringen Sie ihn hierher und lassen Sie ihn neben mir sitzen." Auf königlichen Befehl nahm der Dichter also den Ehrenplatz ein. Der Schah sagte zu Browning: „Ich bin sehr froh, Sie in meiner Nähe zu haben, denn ich bin selbst ein Dichter."

Bei diesem Abendessen hörte Browning, wie der Schah dem Prinzen von Wales, der rechts neben ihm saß, sagte: „Das ist ein wunderbarer Palast. Ist er königlich?" Der Prinz antwortete: „Nein, er gehört einem unserer großen Adligen, dem Herzog von Sutherland." „Nun", sagte der Schah, „ich möchte Ihnen etwas klarmachen. Wenn einer meiner Adligen oder Untertanen reich genug wird, um einen Palast wie diesen zu besitzen, schlage ich ihm den Kopf ab und nehme ihm sein Vermögen."

Eine sehr schöne englische Dame erzählte mir, dass sie bei Ferdinand Rothschild war, wo der Schah zu Gast war. Um seine Erwerbslust zu minimieren, waren die wunderbaren Schätze von Herrn Rothschilds Haus versteckt. Der Schah bat um eine Vorstellung bei dieser Dame und sagte zu ihr: „Sie sind die schönste Frau, die ich seit meiner Zeit in England gesehen habe. Ich muss Sie mit nach Hause nehmen." „Aber", sagte sie, „Eure Majestät, ich bin verheiratet." „Gut", antwortete er, „bringen Sie Ihren Mann mit. Wenn wir in Teheran, meiner Hauptstadt, ankommen, werde ich mich um ihn kümmern."

Mr. Phelps' Talent als Redner war seinen Landsleuten vor seiner Auslandsreise völlig unbekannt. Während seiner Amtszeit als Minister hielt er mehrere bemerkenswerte Ansprachen, die in Großbritannien großes Interesse und Bewunderung erregten. Er war sowohl bei formellen Reden als auch bei Tischreden erfolgreich. Mrs. Phelps hatte einen so phänomenalen gesellschaftlichen Erfolg, dass sich die Damen der beiden großen Parteien zusammenschlossen, als ihr Mann abberufen wurde und sie England verließen, und ihr durch Lady Rosebery, die Vorsitzende der Liberalen, und Lady Salisbury von den Konservativen eine sehr ungewöhnliche und schmeichelhafte Hommage erwiesen.

Während John Hays Amtszeit als US-Gesandter in Großbritannien waren meine Besuche in England sehr erfreulich. Hay war einer der charmantesten Männer des öffentlichen Lebens seiner Zeit. Er hatte großen Erfolg als Journalist, Autor und im öffentlichen Dienst. In seinem Haus in London traf man fast jeden, der in der englischen Literatur, im öffentlichen Leben und in der Gesellschaft von Bedeutung war .

In den Gesprächsstunden mit ihm, in denen ich ihn über die neuesten Entwicklungen in Amerika informierte, waren seine Kommentare über die führenden Persönlichkeiten der Zeit äußerst gewagt und witzig. Viele von ihnen hätten einen Staatsmann einbalsamiert, wenn das Epigramm erhalten geblieben wäre, wie eine Fliege in Bernstein. Offiziell hatte er während des Spanischen Krieges eine sehr schwierige Aufgabe. Die Sympathien aller europäischen Regierungen lagen bei Spanien. Dies galt insbesondere für den Kaiser und die deutsche Regierung. Mr. Hays Aufgabe war es, Großbritannien neutral zu halten und zu verhindern, dass es sich der allgemeinen Allianz zur Unterstützung Spaniens anschloss, die einige der kontinentalen Regierungen anzettelten.

Glücklicherweise war Herr Balfour, der britische Außenminister, unser herzlicher und offener Freund. Er verhinderte diese Vereinigung gegen die Vereinigten Staaten.

Während eines Teils meiner Amtszeit als Senator war John Hay Außenminister. Sein Büro zu besuchen und an einer Diskussion über aktuelle

Angelegenheiten teilzunehmen, war ein unvergessliches Ereignis. Er machte eine Vorhersage, die das Ergebnis seiner eigenen Schwierigkeiten mit dem Senat war: Wegen der Zweidrittelmehrheit, die für die Ratifizierung eines Vertrags erforderlich ist, würde kein wichtiger Vertrag, der vom Präsidenten an den Senat geschickt wird, jemals wieder ratifiziert werden. Glücklicherweise hat sich diese düstere Prognose als nicht ganz richtig erwiesen.

Herr Hay rettete China bei der Regelung der Entschädigungen aus dem Boxerkonflikt vor der Gier der europäischen Großmächte. Eine seiner größten Leistungen bestand darin, die offene Tür für China zu verkünden und die Zustimmung der Großmächte zu gewinnen. Das war ein Bluff seinerseits, denn er hätte nie die aktive Unterstützung der Vereinigten Staaten haben können, aber er machte seinen Vorschlag mit einer Zuversicht, die den Glauben weckte, dass er in dieser Hinsicht keine Zweifel hatte. Glücklicherweise hatte er es mit Regierungen zu tun, die die Vereinigten Staaten nicht verstanden und auch jetzt nicht verstehen. Wenn ein Außenminister eine ernsthafte politische Erklärung abgibt, ist es bei ihnen selbstverständlich, dass er die gesamte militärische, maritime und finanzielle Unterstützung seiner Regierung hinter sich hat. Aber bei uns ist es ein langer und sehr steiniger Weg, bevor eine so ernste Aktion mit so großen Folgen die Zustimmung der kriegsführenden Macht im Kongress erhalten kann.

Ich besuchte Hay eines Morgens, als Cassini, der russische Botschafter, gerade abreiste. Cassini war einer der klügsten und fähigsten Diplomaten im russischen Dienst. Es hieß, er habe zwölf Jahre lang alle Delegationen in Peking unter Kontrolle gehabt und diese außergewöhnliche Herrscherin Chinas, die Königinwitwe, unter Kontrolle. Cassini erzählte mir, dass er aufgrund seiner engen Beziehungen zu ihr die Meinung gewonnen habe, sie sei Katharina von Russland durchaus ebenbürtig, die er als die größte Herrscherin aller Zeiten betrachtete.

Hay sagte mir: „Ich hatte gerade eine sehr lange und bemerkenswerte Diskussion mit Cassini. Er ist eine Offenbarung in Sachen Geheimdiplomatie. Er brachte mir die umfangreichen Anweisungen seiner Regierung zu unserer Politik der offenen Tür. Nachdem wir sie sorgfältig durchgegangen waren, schloss er seine Mappe, schob sie beiseite und sagte: ‚Nun, Herr Minister, hören Sie Cassini zu.‘ Er präsentierte sofort eine Politik, die genau den Anweisungen entgegengesetzte und für uns völlig vorteilhaft war, und sagte: ‚Das ist, was meine Regierung tun wird.‘“ Sein so früher Tod war ein großer Verlust für die russische Diplomatie.

Als Senator tat ich alles in meiner Macht Stehende, um die Ernennung von Whitelaw Reid zum Botschafter in Großbritannien zu erreichen. Er und ich waren seit seinen Anfängen als Journalist in New York vor vielen Jahren befreundet. Reid war damals Eigentümer und Herausgeber der New York Tribune und einer der brillantesten Journalisten des Landes. Er war auch ein ausgezeichneter Redner. Sein langjähriger und enger Kontakt mit öffentlichen Angelegenheiten und seine Vertrautheit mit Persönlichkeiten des öffentlichen Lebens machten ihn zu idealen Kandidaten für diese Ernennung. Er hatte bereits als Botschafter in Frankreich große Verdienste erworben.

Die Vergütung unserer Vertreter im Ausland war und ist immer noch völlig unzureichend, um es ihnen zu ermöglichen, im Vergleich zu den Vertretern anderer Regierungen die Würde ihres eigenen Landes zu wahren. Alle anderen Großmächte unterhalten in den Hauptstädten schöne Residenzen für ihre Botschafter, die gleichzeitig die Botschaft sind. Unser Kongress hat sich, mit Ausnahme der letzten Jahre, immer geweigert, diese Vorkehrung zu treffen. Das Gehalt, das wir zahlen, beträgt kaum jemals mehr als ein Drittel des Betrags, den europäische Regierungen in ähnlichen Diensten zahlen.

Ich habe während meiner Zeit im Senat hart daran gearbeitet, diese Situation zu verbessern, da ich mit dieser Frage sehr vertraut bin. Als ich mit diesen Bemühungen begann, stellte ich fest, dass die Überzeugung weit verbreitet war, der gesamte Auswärtige Dienst sei eine unnötige Ausgabe. Als Roosevelt Präsident wurde und ich ihn häufig wegen diplomatischer Ernennungen sprechen musste, erfuhr ich, dass dies seine Ansicht war. Er sagte zu mir: „Diese auswärtigen Angelegenheiten der Regierung können, da das Kabel jetzt perfekt ist, zwischen unserem Außenministerium und der Kanzlei jeder Regierung der Welt abgewickelt werden. Trotzdem bin ich dafür, den diplomatischen Dienst beizubehalten. Alle alten Nationen haben verschiedene Methoden, um herausragende Staatsdiener zu belohnen. Die einzige, die wir haben, ist der diplomatische Dienst. Wenn ich also einen Mann zum Botschafter oder Minister ernenne, glaube ich, dass ich ihm eine Auszeichnung verleihe, und der Grund, warum ich Botschafter und Minister auswechsele, ist, dass ich möchte, dass so viele wie möglich diese Auszeichnung besitzen."

Je länger Roosevelt Präsident blieb und je näher er unseren Außenbeziehungen kam, desto mehr schätzte er den Wert des persönlichen Kontakts und der umfassenden Kenntnisse, die ein amerikanischer Botschafter oder Minister vor Ort mit uns hatte.

Mr. Reid bewirtete seine Gäste großzügiger und gastfreundlicher als je ein Botschafter in England, sowohl in seinem Londoner Haus als auch auf seinem Landsitz. Er erkannte die wachsende Notwendigkeit einer engeren Verbindung der englischsprachigen Völker für den Weltfrieden und den Fortschritt der Zivilisation. Bei seinen schönen und reizvollen Unterhaltungen kamen Amerikaner mit Engländern unter Bedingungen in

Kontakt, die für die gegenseitige Wertschätzung äußerst günstig waren. Der Charme der Gastfreundschaft von Mr. und Mrs. Whitelaw Reid war so echt, so herzlich und so allgemein, dass es für Amerikaner, die England besuchten, ein Ereignis war, ihr Gast zu sein. Es gibt keine Hauptstadt der Welt, in der Gastfreundschaft so viel zählt wie in London, und kein Land, in dem die Hausparty Menschen unter so günstigen Bedingungen zusammenbringt. Sowohl die Stadt als auch die Landhäuser von Mr. und Mrs. Reid waren Universitäten des internationalen Wohlfühlens. Auf offizieller Seite vertrat Mr. Reid sein Land bewundernswert und hatte die engsten Beziehungen zu den Regierungsmächten Großbritanniens.

Ich erinnere mich mit größter Freude daran, wie viel mein alter Freund Joseph H. Choate dafür getan hat, dass jeder meiner London-Besuche während seiner Amtszeit voller bezaubernder und wertvoller Erinnerungen war. Seine Abendessen waren von seiner Anwesenheit angezogen, und er zeigte besonderes Geschick darin, seinen amerikanischen Gästen genau die berühmten Männer aus der Londoner Gesellschaft vorzustellen, die die Amerikaner kennenlernen wollten.

Choate war ein guter Gesprächspartner, ein Witzbold und Humorist von hohem Rang. Seine Kühnheit trug ihm große Triumphe ein, aber wenn sie von einem weniger begabten Mann ausgeübt worden wäre, hätte er ständig in Schwierigkeiten geraten. Er hatte die Fähigkeit, die Kunst, Gespräche so zu lenken, dass bei seinen Veranstaltungen jeder eine gute Zeit hatte, und eine Einladung wurde immer hoch geschätzt. Er wurde von den englischen Richtern und Anwälten sehr geschätzt. Sie erkannten ihn als den Führer seines Berufsstandes in den Vereinigten Staaten an. Sie wählten ihn zum Bencher des Middle Temple, dem ersten Amerikaner, dem diese Ehre nach einer Pause von einhundertfünfzig Jahren zuteil wurde. Choates Witze und Schlagfertigkeiten wurden zur gesellschaftlichen Währung bei Dinner-Tischen in London und Wochenendpartys auf dem Land.

Choate schenkte Konventionen, die so viel bedeuten und so streng durchgesetzt werden, vor allem in königlichen Kreisen, wenig Beachtung. Ich war zur Zeit von Königin Victoria und auch König Edward häufig bei Empfängen, Gartenpartys und anderen Unterhaltungsveranstaltungen im Buckingham Palace. Bei einem Abendempfang stehen die Diplomaten, die alle Länder der Welt repräsentieren, in einer feierlichen Reihe, nach Rang und Dienstalter. Sie sind mit Orden und Goldborten bedeckt. Das Gewicht der Goldborten auf einigen Uniformen der kleineren Mächte ist so groß, als ob es sich um einen Rüstungsmantel handeln würde. Mr. Choate durfte gemäß den Vorschriften unseres diplomatischen Dienstes nur im gewöhnlichen Frack erscheinen.

Während die Diplomaten in feierlicher Aufstellung stehen, gehen der König und die Königin die Reihe entlang und begrüßen jeden mit den entsprechenden Worten. Außer einem Botschafter und einem Minister gelangt niemand in diesen glänzenden Kreis. Einmal sah mich Mr. Choate mit den anderen Gästen außerhalb des Zauberkreises stehen, verließ sofort die Diplomaten, kam zu mir und sagte: „Ich bin sicher, Sie möchten gern mit der Königin sprechen." Er ging zu Ihrer Majestät, legte den Fall dar und sagte, wer ich sei, und der Vorschlag wurde äußerst gnädig aufgenommen. Ich glaube, die Mitglieder des Königshauses waren erfreut über die Unterbrechung der formellen Etikette. Mr. Choate behandelte den Anlass, soweit es mich betraf, so, als ob es sich um einen Empfang in New York oder Salem gehandelt hätte und ein angesehener Gast die Gastgeber kennenlernen wollte. Der mit Gold, Juwelen und hochdekorierten diplomatischen Kreis war wie gelähmt.

Dank seiner angenehmen Persönlichkeit und seines originellen Gesprächsgeschicks war Herr Choate überall ein beliebter Gast. Auf der Bühne zeigte er sich aber auch durch die Reputation, die ihm den Ruf als einer der besten Redner der Vereinigten Staaten eingebracht hatte.

Choate fragte mich einmal, als ich fast jeden Abend bei einer Veranstaltung Reden hielt: „Wie machen Sie das?" Ich sagte ihm, dass ich meinen Ruf aufs Spiel setze, weil ich mich nur sehr dürftig darauf vorbereite, dass diese Reden meine Arbeit überhaupt nicht beeinträchtigen würden, sondern dass ich sie alle vorbereitete, nachdem ich am späten Nachmittag von meinem Büro nach Hause gekommen war. Manchmal fielen sie mir leicht und ich kam rechtzeitig zum Abendessen; manchmal waren sie schwieriger und ich kam erst an, als die Rede schon begonnen hatte. Dann sagte er: „Ich genieße es mehr als jede andere Arbeit, diese Ansprachen nach dem Essen zu halten. Es ist für mich ein wahres Vergnügen, vor einem solchen Publikum zu sprechen, aber ich habe nicht die Gabe, mich schnell und einfach vorzubereiten. Ich nehme verhältnismäßig wenige der ständigen Einladungen an, die ich erhalte, denn wenn ich eine solche Rede halten muss, setze ich mich morgens auf dem Weg in mein Büro in eine Ecke meines Autos, schließe die ganze störende Öffentlichkeit mit einer Zeitung aus und denke die ganze Zeit nach. Auf dem Heimweg am Abend führe ich dasselbe Verfahren durch, und es dauert ungefähr drei Tage dieser Vertiefung und Ausschließlichkeit, mit etwas Zeit am Abend, bis ich eine Ansprache habe, mit der ich zufrieden bin."

Der köstliche Humor dieser Bemühungen von Herrn Choate und die wunderbare Art und Weise, wie er eine aktuelle Täuschung oder etwas, das er für eine hielt, entlarven und nicht nur bei seinem Publikum, sondern bei der gesamten Gemeinschaft Eindruck machen konnte, wenn seine Rede in den Zeitungen abgedruckt wurde, war eine Art Anstrengung, die notwendigerweise Vorbereitung erforderte. Bei all den vielen Gelegenheiten, bei denen ich ihn im In- und Ausland hörte, hatte er nie einen Misserfolg und sorgte manchmal für Aufsehen.

Zu den vielen interessanten Persönlichkeiten , die ich an Bord kennenlernte, gehörte auch Emory Storrs, ein berühmter Anwalt aus Chicago. Storrs war ein Genie mit außergewöhnlichem Anwaltstalent. Gelegentlich hielt er auch eine äußerst erfolgreiche Rede, aber seine Bemühungen waren unerreicht. Bei einer Sitzung der National Bar Association heimste er bei ihrem Bankett alle Ehren ein. Natürlich wollten sie ihn im nächsten Jahr wieder haben, aber dann konnte er ihre Erwartungen überhaupt nicht erfüllen. Storrs war einer der erfolgreichsten Anwälte vor der Strafkammer, insbesondere in Mordfällen. Er schaffte es fast immer nicht, einen Freispruch für seine Klienten zu erreichen. Er erzählte mir viele interessante Geschichten über seine Erfahrungen. Aufgrund seines Rufs hatte er einen weiten Wirkungskreis und verhandelte Fälle weit entfernt von zu Hause.

Ich erinnere mich an eines seiner Erlebnisse in einem abgelegenen Bezirk von Arkansas. Das Hotel, in dem sie alle übernachteten, war sehr primitiv, und er hatte denselben Tisch wie der Richter. Das verlockendste Angebot der Wirtin zum Frühstück waren Buchweizenkuchen. Sie erschien mit einem Krug Melasse und sagte zum Richter: „Wollen Sie ein Rinnsal oder einen Klecks?" Der Richter antwortete: „Einen Klecks." Dann ließ sie ihre Finger um den Krug gleiten und klatschte eine riesige Menge Melasse auf die Kuchen des Richters. Storrs sagte: „Ich glaube, ich bevorzuge ein Rinnsal." Woraufhin sie ihre Finger erneut in den Krug tauchte und die Tropfen von ihnen auf Storrs Kuchen fallen ließ. Die Wirtin war enttäuscht, weil ihre Kuchen bei so vornehmen Herren unbeliebt waren.

Einmal reiste Storrs mit mir auf demselben Schiff ins Ausland, in einer Art halbdiplomatischer Mission. Er war sehr belesen in der englischen Literatur und, soweit das für einen Fremden möglich ist, mit den Orten vertraut, die in englischen und ausländischen Klassikern berühmt geworden sind.

Als Vorsitzender der Delegation aus Illinois war er einer der Faktoren, die die Voraussetzungen für die Nominierung von Garfield und Arthur schufen. Im darauffolgenden Präsidentschaftswahlkampf nahm er eine aktive und sehr nützliche Rolle ein. Dann übte er all seinen Einfluss – und davon gab es viele – auf Präsident Arthur aus, um ihn zum Justizminister zu machen. Arthur war ein strenger Formalist und konnte den Gedanken nicht ertragen, ein so exzentrisches Genie in seinem Kabinett zu haben. Storrs war nicht nur enttäuscht, sondern auch verletzt, dass Arthur sich weigerte, ihn zu ernennen.

Um ihn glücklich zu machen, schütteten seine reichen Klienten – und er hatte viele davon – eine stattliche Summe Geld aus und drängten ihn zu einer

Europareise. Dann steigerte der Präsident das Vergnügen seiner Reise noch, indem er ihn zu einer Art Wanderdiplomaten ernannte, mit Sonderaufgaben im Zusammenhang mit den damals akuten Problemen bei der Einfuhr amerikanischen Viehs nach Großbritannien. Wegen einer angeblichen Infektionskrankheit war die Einfuhr nach Großbritannien verboten.

Storrs' Schwäche waren Krawatten. Er erzählte mir, dass er dreihundertfünfundsechzig hatte, jeden Tag eine neue. Jeden Morgen kam er an Deck, zeigte seine frische Krawatte, erhielt ein Kompliment für ihre Farbe und Angemessenheit und zog dann einen riesigen wasserdichten Umschlag aus seiner Tasche. Daraus entrollte er seine Ernennungsurkunde zum Diplomaten und die Briefe, die er an fast jede angesehene Person in Europa geschrieben hatte. Am letzten Tag, als er dieselbe Zeremonie durchlief, sagte er zu mir: „Ich zeige Ihnen diese Dinge nicht aus Eitelkeit, sondern um Ihnen das eine zu vermitteln, was ich in London am meisten erreichen möchte. Ich möchte unseren Minister James Russell Lowell dazu überreden, mir ein Abendessen zu geben."

Es gibt wohl keinen Mann auf der Welt, der Lowell gegenüber so feindselig eingestellt ist wie Emory Storrs. Mr. Lowell erzählte mir, dass er verärgert darüber war, dass der Präsident einen Eindringling geschickt hatte, um sich in Verhandlungen einzumischen, die er bereits erfolgreich und zufriedenstellend abgeschlossen hatte. Also lud er Storrs zum Abendessen ein, und danach interessierte sich Storrs nicht mehr für seine diplomatische Mission.

Mr. Lowell erzählte mir, dass er Storrs gebeten hatte, die Namen der Personen zu nennen, die er einladen wollte. Aus seiner allgemeinen Analyse des Mannes ging er davon aus, dass Storrs die gesamte königliche Familie einladen wollte. Er war erfreut, als er feststellte, dass die Auswahl ausschließlich auf Autoren, Künstler und Wissenschaftler beschränkt war.

Auf meiner Rückreise war Mr. Storrs wieder mein Mitreisender. Er war sehr begeistert von den historisch interessanten Orten, die er besucht hatte, und beschrieb sie sehr eloquent und anschaulich. Er sprach auch über seine eigenen intensiven Gefühle, wenn er mit Dingen in Berührung kam, von denen er sein Leben lang geträumt hatte.

„Aber", sagte er, „ich werde Ihnen von meinem größten Abenteuer erzählen. Ich war in der Gemäldegalerie in Dresden und in dem kleinen Raum, in dem Raffaels ,Madonna' hängt. Ich stand vor diesem wundervollen Meisterwerk göttlicher Inspiration, als ich spürte, dass der Raum überfüllt war. Ich entdeckte, dass die Besucher alle Amerikaner waren und mich alle ansahen. Ich sagte zu ihnen: ,Meine Damen und Herren, Sie stehen hier vor dem wundervollsten Bild, das je gemalt wurde. Wenn Sie es studieren, werden Sie feststellen, dass es kaum Zweifel daran gibt, dass Raffael bei all seinem Genie bei diesem Werk Inspiration von oben hatte, und dennoch haben Sie als Amerikaner Ihre Augen auf mich gerichtet, anstatt diese seltene Gelegenheit zu nutzen. Ich bin nur ein Chicagoer Anwalt, der einen in Chicago gefertigten Anzug trägt.'

„Ein Herr trat vor und sagte: ‚Mr. Storrs, im Namen Ihrer hier anwesenden Landsleute möchte ich Ihnen sagen, dass Sie für uns interessanter sind als alle Werke Raffaels zusammen, denn wir haben erfahren, dass James Russell Lowell, der US-Gesandte in Großbritannien, für Sie ein Abendessen gegeben hat.‘"

Ein weiterer Vorfall aus meiner Bekanntschaft mit Mr. Storrs war originell. Ich hörte die Geschichte sowohl von ihm als auch von Lord Coleridge, und sie unterschieden sich nicht wesentlich. Lord Coleridge, der oberste Richter Englands, war ein höchst willkommener Besucher, als er in die Vereinigten Staaten kam. Er erhielt von den Anwaltskammern der Bundesstaaten allerorts Einladungen, ihre Gastfreundschaft anzunehmen. Ich begleitete ihn auf einem Teil seiner Reise und fand ihn als einen der fähigsten und liebenswertesten Menschen. Er war ein sehr guter Redner, mehr in unserer Art als in der englischen, und machte bei allen Zuhörern, vor denen er sprach, einen erstklassigen Eindruck.

In Chicago wurde Lord Coleridge von der Anwaltskammer des Staates Illinois empfangen. Storrs, ein angesehenes Mitglied der Anwaltskammer dieses Staates, kam zu ihm und sagte: „Nun, Lord Coleridge, Sie wurden von der Anwaltskammer empfangen. Ich möchte, dass Sie die wahren Männer des Westens kennenlernen, die Industriekapitäne, die diese Stadt geschaffen, unsere Eisenbahnen gebaut und den Großen Westen zu dem gemacht haben, was er ist." Coleridge antwortete, dass er nicht außerhalb der Anwaltskammern auftreten wolle und dass er sich nicht vorstellen könne, in Chicago noch einmal eine Rede zu halten. Storrs versicherte ihm, dass es sich um eine rein private Angelegenheit handele und keine Reden erlaubt seien.

Das Abendessen dauerte sehr lange, aber als sie sich hinsetzten, bemerkte Lord Coleridge einen vornehm aussehenden Herrn, der, anstatt zu essen, ein Manuskript korrigierte. Er sagte: „Mr. Storrs, ich habe verstanden, dass nicht gesprochen werden darf." „Nun", sagte Storrs, „man kann die Amerikaner nicht zusammenbringen, wenn nicht jemand das Wort ergreift. Der Mann mit dem Manuskript ist General und Senator John A. Logan, einer unserer vornehmsten Bürger." In diesem Moment kam ein Reporter zu Storrs und sagte: „Mr. Storrs, wir haben die Zettel mit Ihrer Rede in unserem Büro, und sie sind jetzt mit Gelächter und Applaus an den richtigen Stellen aufgestellt. Der Herausgeber hat mich nach oben geschickt, um zu sehen, ob Sie noch etwas hinzufügen möchten." Natürlich war Lord Coleridge dran und musste eine weitere Rede halten.

Der Grund für die Verspätung des Abendessens ist der originellste Vorfall, den ich bei historischen Banketten kenne. Storrs erhielt hohe Honorare und hatte ein hohes Einkommen, war aber sehr nachlässig in seinen Geschäftsangelegenheiten. Einer seiner Gläubiger erwirkte ein Urteil gegen ihn. Der Anwalt dieses Gläubigers war Gast bei diesem Abendessen und fragte den Wirt des Hotels, ob das Abendessen im Voraus bezahlt worden sei. Der Wirt bejahte dies, und so rief der Anwalt den Sheriff an und ließ das Abendessen pfänden. Der Sheriff verweigerte die Genehmigung, es zu servieren, bis das Urteil vollstreckt war. Unter den Gästen, Packern, Aufzugsmännern, Immobilienmaklern und Getreidehändlern waren mindestens hundert Millionen Dollar vertreten, aber Millionäre und Multimillionäre im Anzug bei einem Bankett haben nie Geld bei sich. Es dauerte also eine Stunde oder länger, bis der Sheriff zufrieden war. Lord Coleridge war äußerst amüsiert und erzählte das Abenteuer mit großer Freude.

Einige Jahre später hatte Lord Coleridge einige Schwierigkeiten mit seiner Familie, die vor den englischen Gerichten vor Gericht kamen. Ich weiß nicht mehr, worum es ging, aber Storrs entschied sich gegen den Obersten Richter, als er die Gerüchte las, die in dem Telegramm auftauchten. Lord Coleridge erzählte mir, er habe von Storrs ein Telegramm erhalten, das ungefähr so lautete: „Ich habe in unseren Zeitungen von Ihrer Haltung in dem derzeit anhängigen Verfahren gelesen. Ich teile Ihnen daher mit, dass ich die Höflichkeiten, die ich Ihnen in Chicago erwiesen habe, soweit wie möglich zurückziehe." Auf diese einzigartige Weise sagte Storrs das Abendessen ab, das vor Jahren vom Sheriff gegeben und beschlagnahmt worden war.

Ich traf Storrs oft und er war immer nicht nur charmant, sondern auch faszinierend. Er war sehr witzig, voller Anekdoten und erzählte Geschichten mit dramatischer Wirkung. Wären seine Exzentrizitäten nicht gewesen, hätte er den höchsten Rang in seinem Beruf einnehmen können. Tatsächlich erlangte er einen solchen Ruhm, dass ein Bewunderer eine sehr gute Biographie über ihn geschrieben hat.

XVII. GOUVERNEURE DES STAATES NEW YORK

Es gibt nichts Interessanteres, als den Beginn einer Kontroverse mitzuerleben, die Geschichte schreibt. Ich hatte das Glück, bei mehreren Gelegenheiten entweder Zuschauer oder Teilnehmer sein zu dürfen.

William M. Tweed war auf dem Höhepunkt seiner Macht. Er war der Herr über New York City und kontrollierte die Legislative des Staates. Das schnelle Wachstum und die Expansion von New York City hatten eine neue Charta oder sehr radikale Verbesserungen der bestehenden erforderlich gemacht. Tweed hatte als Vorsitzender des Senatsausschusses für Städte eine große und spektakuläre Anhörung im State Capitol in Albany inszeniert. Eine große Gruppe repräsentativer Bürger der Metropole nahm daran teil. Einige sprachen für städtische und kommerzielle Gremien, und es gab auch andere prominente Männer, die interessiert waren. Jeder, der sich damals für öffentliche Angelegenheiten in Albany interessierte, nahm teil. Es war nicht nur eine große Versammlung von Gesetzgebern, sondern im Publikum befanden sich auch Richter, Anwälte und Politiker aus allen Teilen des Staates.

Nachdem Herr Samuel J. Tilden die Informationen der Handelskammer und verschiedener Reformorganisationen angehört hatte, legte er eine vollständige Charta vor. Es wurde schnell klar, dass er besser vorbereitet und über das Thema informiert war als alle Anwesenden. Er kannte die Schwächen der aktuellen Charta genau und hatte mit großer Sorgfalt und Weisheit darüber nachgedacht, was in einer neuen Gesetzgebung erforderlich war.

Aus der Verachtung, mit der Senator Tweed Herrn Tilden behandelte, seine Pläne kritisierte und seine Vorschläge lächerlich machte, ging klar hervor, dass das ganze Komplott als landesweites Spektakel inszeniert worden war, um Samuel J. Tilden zu demütigen und seiner politischen Karriere ein Ende zu setzen.

Als Antwort auf Tildens Protest gegen diese Behandlung teilte Tweed ihm lautstark mit, dass er niemanden außer sich selbst vertrete, dass er weder Einfluss noch Ansehen in der Stadt habe, dass er sich in Dinge einmische, die ihn nichts angehe, und dass er allgemein ein Ärgernis sei.

Mr. Tilden wurde kreidebleich und zeigte Anzeichen unterdrückter Wut und Rachsucht, wie ich sie noch nie zuvor bei jemandem gesehen hatte, und verließ abrupt die Anhörung.

Ich kannte Herrn Tilden sehr gut und hatte durch den Kontakt mit ihm in Eisenbahnangelegenheiten eine hohe Meinung von seinen Fähigkeiten und

Kenntnissen. Er hatte einen scharfen, analytischen Verstand, unermüdlichen Fleiß und eine Begabung, Schwierigkeiten zu klären und scheinbar unlösbare Probleme in einem Ausmaß zu lösen, das an Genialität grenzte.

In Bezug auf das Geschehene sagte ich zu einem Freund: „Mr. Tweed muss sich seiner Position und seiner Leistungen sehr sicher sein, denn er hat die Angriffe eines unerbittlichen und gnadenlosen Gegners bewusst herausgefordert und mit jeder Beleidigung herausgefordert, die den Stolz des so verspotteten und beschimpften Mannes verletzen und seinen Hass schüren konnte. Mr. Tilden ist ein großartiger Anwalt. Er hat in finanzieller Hinsicht phänomenalen Erfolg erzielt , er hat einflussreiche Partner in Finanz- und Geschäftskreisen und ist Herr über seine Zeit, für jeden Zweck, für den er sie einsetzen möchte.“

Es dauerte nicht lange, bis eine der bemerkenswertesten und umfassendsten Untersuchungen, die je ein Einzelner in öffentlichen Aufzeichnungen, Büchern, Hauptbüchern, Bankkonten und Verträgen durchgeführt hatte, der Öffentlichkeit das gesamte System der Stadtverwaltung enthüllte. Dieser Meistergeist löste die Probleme so, dass sie für den Durchschnittsbürger so klar waren wie die einfachste Rechenaufgabe oder dass zwei mal zwei vier ergibt.

Das Ergebnis war die Zerstörung der Macht von Tweed und seinen Mitarbeitern, ihre Verfolgung und Verurteilung und die Erhebung von Samuel J. Tilden zu einer staatlichen und nationalen Persönlichkeit von höchster Bedeutung. Er wurde in der öffentlichen Meinung nicht nur zu einem Führer von Reformen in Regierung, Kommunen, Staat und Nation, sondern verkörperte in der Vorstellung der Bevölkerung die REFORM SELBST.

Diesen unermüdlichen Fleiß und Organisationstalent setzte Herr Tilden auch bei der Gouverneurswahl ein. Seine Agenturen erreichten nicht nur die Landkreise und Städte, sondern auch die Wahlkreise des Staates. Er rief eine neue politische Macht ins Leben: die jungen Männer. Die alten Führer waren im Allgemeinen gegen ihn, aber er entdeckte in jeder Gegend ehrgeizige, einfallsreiche und mutige junge Leute und machte sie zu seinen Stellvertretern. Diese beispiellose Vorbereitung machte ihn zum Meister seiner Partei und zum Gouverneur des Staates.

Nach der Wahl lud er mich ein, ihn in der Executive Mansion in Albany zu besuchen, und im Laufe des Gesprächs sagte er: „In Ihren Reden im Wahlkampf gegen mich waren Sie absolut fair, und als fairer und aufgeschlossener Gegner möchte ich ein offenes Gespräch führen. Ich bin Gouverneur des Staates und wurde aufgrund eines rein lokalen Themas gewählt. Die Demokratische Partei hat derzeit keine Prinzipien oder ein konkretes Thema, mit dem sie an die Öffentlichkeit appellieren könnte.

Wenn ich an der Macht bleiben will, müssen wir ein Thema finden. Der Eriekanal ist nicht nur eine Angelegenheit des Staates, sondern eine nationale. Sein früher Bau öffnete den großen Nordwesten, und er war jahrelang der einzige Zugang zur Küste. Die Öffentlichkeit nicht nur im Staat New York, sondern im Westen glaubt, dass es beim Bau und der Verwaltung des Kanals Korruption gab und gibt. Diese große Wasserstraße erfordert fortlaufende Verträge für fortlaufende Reparaturen, und die Menschen glauben, dass diese Verträge an Günstlinge vergeben werden und dass die Arbeiten entweder überhaupt nicht oder schlecht ausgeführt werden. Ich bin der Meinung, dass dieser Angelegenheit nachgegangen werden sollte, und das Ergebnis wird den in der Öffentlichkeit vorherrschenden Verdacht weitgehend bestätigen. Ich möchte Ihr Urteil zu dieser Frage und zu den Auswirkungen auf mich hören."

Ich antwortete ihm dann freimütig: „Herr Gouverneur, es besteht kein Zweifel, dass es eine Volksbewegung sein wird, aber Sie wissen, dass die Kanalbauunternehmer die Maschinerie Ihrer Partei kontrollieren, und ich kann nicht sagen, welche Auswirkungen dies auf Ihr Anliegen, nämlich eine zweite Amtszeit, haben könnte."

"Diese Vertragspartner", sagte er, "sind gute Demokraten, und ihre Fähigkeit, die Verträge zu erhalten, hängt von der Vorherrschaft der Demokraten ab. Eine Anklage gegen sie wurde so oft versucht, dass sie weder zivil- noch strafrechtliche Schritte fürchten müssen, und ich denke, sie werden das Problem als das einzige akzeptieren, das ihre Partei an der Macht hält."

Es ist Teil der Geschichte jener Zeit, dass er das Thema so interessant machte, dass er zu einer nationalen Persönlichkeit von höchster Bedeutung wurde und später zum Kandidaten seiner Partei für das Amt des Präsidenten der Vereinigten Staaten. Nicht nur das, er beeindruckte die Menschen so sehr, dass die öffentliche Meinung noch immer geteilt ist, ob er zu Recht zum Präsidenten gewählt wurde oder nicht.

Einmal kam ich von einer Inspektionstour aus dem Westen und als wir Albany verließen, sagte mir der Schaffner, Gouverneur Tilden sei im Zug. Ich rief ihn sofort an und fand ihn sehr unwohl, weil er sagte, er leide unter Furunkeln. Ich lud ihn in mein größeres Abteil ein und machte es ihm so bequem wie möglich. Sein Gespräch drehte sich sofort um die zweite Amtszeit und er fragte mich, was ich als Republikaner von seinen Aussichten als Ergebnis seiner Amtszeit halte. Wir hatten das Thema kaum angesprochen, als ein sehr aufgeregter Herr ins Abteil platzte und sagte: „Gouverneur, ich habe Sie überall gesucht. Ich ging zu Ihrem Büro im Kapitol und zum Regierungssitz, erfuhr aber, dass Sie hier waren und erwischte den Zug kaum. Sie wissen, wer ich bin." (Der Gouverneur wusste, dass er Bürgermeister einer Stadt war.) „Ich möchte Sie vertraulich sprechen."

Der Gouverneur sagte zu ihm: „Ich habe vollstes Vertrauen in meinen republikanischen Freund hier. Sie können ihm vertrauen. Machen Sie weiter."

Ich kannte den Bürgermeister sehr gut, und unter normalen Umständen hätte er darauf bestanden, dass das Gespräch mit dem Gouverneur privat und persönlich ablief. Aber er war so aufgeregt und platzte vor Wut, dass er einfach weitermachte. Der Bürgermeister schrie geradezu: „Ich beschwere mich über den Bahnhofsvorsteher der New York Central Railroad in unserer Stadt. Er ist politisch aktiv und kontrolliert die demokratische Organisation in unserem Bezirk. Er arbeitet daran, mich und meine Freunde und sogar Ex-Gouverneur Seymour daran zu hindern, Delegierte beim Nationalkonvent zu sein. Es liegt im Interesse unserer Partei, ja, ich kann sagen, im Interesse unserer Partei in unserem Bezirk, dass dieser New York Central-Vorsteher entweder entfernt oder zum Schweigen gebracht wird, und ich möchte, dass Sie zu diesem Thema mit Herrn Vanderbilt sprechen."

Der Gouverneur hatte Verständnis für den Bürgermeister und entließ ihn. Dann fragte er mich fragend: „Kennen Sie diesen Agenten?"

„Ja", antwortete ich.

"Was denkst du über ihn?"

„Über seine politischen Aktivitäten weiß ich nichts", antwortete ich, „aber er ist einer der tüchtigsten Mitarbeiter der Firma im Staat."

„Nun", sagte der Gouverneur, „es freut mich, das von Ihnen zu hören. Er war neulich bei mir, um mich zu besuchen. Ich habe sogar nach ihm geschickt und habe eine sehr hohe Meinung von seinem Urteilsvermögen und seinen Fähigkeiten."

Tatsächlich hatte ihn der Gouverneur ausgewählt, um genau dieses Ergebnis zu erreichen, von dem der Bürgermeister gesagt hatte, es würde die Party im Bezirk ruinieren.

Als die demokratische Delegation aus New York die Stadt verließ, um zum Parteitag der Demokraten zu fahren, hatten sie einen Sonderzug bestellt, der von der Grand Central Station abfuhr. Ich ging hinunter, um zu sehen, ob alles perfekt vorbereitet war. Es war eine urkomische Menschenmenge, und an den Seiten der Waggons hingen Tilden-Banner.

Auch Herr Tilden war da, um sie zu verabschieden. Nachdem er sich von den Führern verabschiedet und mit jedem geflüstert gesprochen hatte, wollte die Masse der Delegierten und insbesondere der Reporter, von denen es eine

Menge gab, mit ihm ins Gespräch kommen. Er erspähte mich und drängte mich sofort in eine der Nischen, anscheinend zu einem privaten Gespräch. Die Menge versammelte sich natürlich um ihn und wollte unbedingt wissen, worum es ging. Er stellte mir ein paar Fragen zum Gesundheitszustand meiner Familie und fügte dann hinzu: „Lassen Sie mich nicht allein. Ich möchte all diesen Leuten aus dem Weg gehen, und wir werden reden, bis der Zug abfährt und die Menge sich auflöst."

Den restlichen Tag und Abend über war das Leben für mich eine Last. Dazu kamen die Zeitungsleute und demokratischen Politiker, die herauszufinden versuchten, was mir der geheimnisvolle Chef in der Nische des Grand Central offenbart hatte.

Ich war sehr erfreut, als ich ihn nach dem erbitterten Kampf um die Präsidentschaft wieder traf und er mir die Hand reichte und sagte: „Sie waren so ziemlich der Einzige, der mich während des Wahlkampfes absolut fair behandelt hat."

Ich liebe kleine Begebenheiten über große Männer. Mr. Tilden war zutiefst menschlich und ein großartiger Mann.

Dr. Buckley, der Leiter des Methodist Book Concern in New York und einer der liebenswertesten Menschen, erzählte mir, dass eines Tages ein methodistischer Prediger aus einem der Bergbaugebiete Pennsylvanias in sein Büro kam und zu ihm sagte: „Meine Kirche ist niedergebrannt. Wir waren nicht versichert. Wir sind arme Leute, und deshalb bin ich nach New York gekommen, um Geld für den Wiederaufbau zu sammeln."

Der Arzt erzählte ihm, dass New York aus allen Teilen des Landes von Hilfesuchenden überschwemmt werde und dass er befürchte, dass sein Vorhaben auf große Schwierigkeiten stoßen werde.

„Gut", sagte der Prediger, „ich werde Herrn Tilden aufsuchen."

Doktor Buckley konnte ihn nicht davon überzeugen, dass seine Mission nahezu unmöglich war, und so machte sich der Landgeistliche auf den Weg nach Gramercy Park. Als er zurückkam, erzählte er dem Doktor von seinem Erlebnis.

„Ich klingelte", sagte er, „und als die Tür geöffnet wurde, sah ich Gouverneur Tilden die Treppe herunterkommen. Ich eilte hinein und sagte ihm hastig, wer ich sei, bevor der Mann an der Tür mich aufhalten konnte, und er lud mich in seine Bibliothek ein. Ich erklärte ihm meine Mission, und er sagte, er sei so überhäuft mit Bewerbungen, dass er nicht glaube, etwas tun zu können. ,Aber, Gouverneur', sagte ich, ,mein Fall unterscheidet sich von allen anderen. Meine Gemeinde besteht aus Bergarbeitern, ehrlichen, hart arbeitenden Leuten. Sie waren bisher in der Frage des Sozialschutzes

Republikaner, aber sie waren von Ihnen als großem Reformer so beeindruckt, dass sie bei der letzten Wahl alle für Sie gestimmt haben.' Der Gouverneur sagte: ‚Erzählen Sie diese Geschichte noch einmal.' Also begann ich erneut, ihm von meiner Kirche zu erzählen, aber er unterbrach mich und sagte: ‚Nicht davon, sondern von der Wahl.' Also erzählte ich ihm noch einmal, dass sie sich aufgrund ihrer Bewunderung für ihn als Reformer von der Republikanischen Partei abgewandt und die Demokraten gewählt hatten. Dann sagte der Gouverneur: „Nun, ich denke, Sie haben ein äußerst lohnendes Argument, und deshalb werde ich Ihnen alles geben, was ich habe."

Doktor Buckley unterbrach ihn hastig und sagte: „Großer Gott, wollen Sie eine Kathedrale bauen?"

„Nein", antwortete der Geistliche. „Er hatte nur zwei Dollar und fünfzig Cent in der Tasche."

Gouverneur Tilden hatte viele Anhänger und Freunde, deren Bewunderung für ihn fast schon Anbetung war. Sie glaubten, er sei zu allem fähig, und sie gehörten zu den intelligentesten und fähigsten Männern des Landes.

John Bigelow, Journalist, Autor und Diplomat, rühmte seine Größe immer mit Worten und Worten. Abram S. Hewitt war ein ebenso begeisterter Freund und Bewunderer. Beide Herren, insbesondere der letztere, waren meiner Meinung nach fähiger als Mr. Tilden, besaßen aber nicht dessen hypnotische Kraft.

Ich speiste eines Abends mit Mr. Hewitt, dessen Abendessen immer unvergessliche Ereignisse waren, als Mr. Tilden das Gesprächsthema wurde. Nachdem Vorfälle erzählt worden waren, die seine vielfältigen Auszeichnungen verdeutlichten, sagte Mr. Hewitt, dass Mr. Tilden der einzige in Amerika und außerhalb der europäischen Königshäuser sei, der Johannisberger mit blauem Etikett besitze . Dieser berühmte Wein aus den Weinbergen des Fürsten Metternich am Rhein wurde damals angeblich von den Königsfamilien Europas konsumiert.

Unser Gastgeber sagte: „Das Bukett dieses wundervollen Getränks ist ungewöhnlich durchdringend und diffus, und ein Beweis dafür ist, dass die Gäste eines Abends bei einem Abendessen im Sommer, bei allen geöffneten Fenstern, dieses eigenartige Aroma in der Luft bemerkten. Ich sagte ihnen, dass Gouverneur Tilden eine Flasche seines Johannisbergers geöffnet hatte ."

Die Residenz des Gouverneurs befand sich auf der anderen Seite des Gramercy Parks als die von Mr. Hewitt. Die Angelegenheit war so außergewöhnlich, dass alle am Tisch den Park durchquerten und als sie eingelassen wurden, fanden sie den Gouverneur in seiner Bibliothek, wo er seine Flasche Johannisberger mit dem blauen Etikett genoss .

Als Herr Tilden zum Gouverneur gewählt wurde, war mein Freund General Husted Sprecher der Versammlung, die größtenteils aus Republikanern bestand. Der Gouverneur bat General Husted, am Abend vorbeizukommen, weil er ihn zu den notwendigen Verbesserungen und Änderungen am Executive Mansion konsultieren und den Sprecher die Mittelzuweisungen sicherstellen lassen wollte. Während der Diskussion stellte der Gouverneur dem Sprecher eine Flasche seltenen Whiskys mit den üblichen Beilagen vor. Vor dem Gouverneur standen eine Flasche seines Johannisberger und ein kleines Likörglas, etwas größer als ein Fingerhut, aus dem der Gouverneur von Zeit zu Zeit einen Tropfen dieser seltenen und exquisiten Flüssigkeit probierte. Nach einer Weile konnte der General seine Neugier nicht mehr zurückhalten und sagte: „Gouverneur, was trinken Sie da?“

Der Gouverneur erläuterte den Wert des Geldes und die nahezu völlige Unmöglichkeit, es zu beschaffen.

„Nun, Gouverneur“, sagte Sprecher Husted, „ich habe noch nie welchen gesehen und ich denke, ich werde ihn probieren.“ Er ergriff die Flasche, leerte sie in seinen Kelch und teilte dem erstaunten Manager mit, dass er mit seiner Einschätzung der Vortrefflichkeit des Weins völlig richtig gelegen habe.

Der Gouverneur verlor eine Flasche seines wertvollsten Schatzes, erhielt jedoch vom republikanischen Parlament alle von ihm gewünschten Mittel für die Executive Mansion.

Ich hatte das Glück, die Gouverneure unseres Staates New York gut zu kennen, angefangen mit Edmund D. Morgan. Mit vielen von ihnen stand ich in engem Kontakt. Ich habe bereits über die Gouverneure Seymour, Fenton, Dix, Tilden, Cleveland und Roosevelt gesprochen. Es wäre vielleicht besser, meine Erinnerung auf diejenigen zu beschränken, die sich der Mehrheit angeschlossen haben.

Lucius Robinson war ein ausgezeichneter Geschäftsmann, ebenso wie Alonzo B. Cornell und Levi P. Morton. Frank S. Black war in vielerlei Hinsicht originell. Er war ein ausgezeichneter Manager, aber ganz anders als die übliche Routine. Im Spanisch-Amerikanischen Krieg hatte er die klare Vorstellung, dass die Nationalgarde unseres Staates nicht als Regimenter, sondern als einzelne Freiwillige in den Dienst der Vereinigten Staaten treten sollte. Das Siebte Regiment, die Eliteorganisation der Garde, wurde schwer kritisiert , weil es sich nicht freiwillig meldete. Es weigerte sich, anders als das Siebte Regiment zu gehen, und seine Feinde griffen es weiterhin als Zinnsoldaten an.

General Louis Fitzgerald und Colonel Appleton kamen zu mir, sehr beunruhigt über diesen Zustand. General Russell A. Alger, Kriegsminister, war ein enger Freund von mir, und ich ging nach Washington und sprach mit ihm und dem Präsidenten über den akuten Zustand, der den Ruf des Siebten Regiments beeinträchtigte.

General Alger sagte: „Wir stehen kurz vor einem verzweifelten Angriff auf die Befestigungen von Havanna. Natürlich wird es viele Opfer geben und die Kämpfe werden äußerst heftig sein. Wird sich die Siebte dieser Expedition anschließen?“

Die Antwort von General Fitzgerald und Colonel Appleton bestand nachdrücklich darin, dass die Siebte in kürzester Zeit in voller Stärke marschieren würde. Gouverneur Black änderte seine Ansicht über die Vorgehensweise der Nationalgarde nicht, und so wurde die Siebte nie einberufen. Es scheint mir nur angemessen, diesen patriotischen Vorschlag dieser Organisation aufzuzeichnen.

Gouverneur Black entwickelte sich nach seiner Ernennung zum Gouverneur und insbesondere nach seinem Ausscheiden aus dem Amt zu einem sehr wirkungsvollen Redner. Er hatte eine gute Erscheinung und eine ausgezeichnete Redekunst. Er war ein großer Anhänger der Epigramme und wurde ein Meister dieser Art von Literatur. Wenn er eine Ansprache hielt, bestand sie fast ausschließlich aus diesen einzelnen Juwelen, von denen jedes für sich perfekt war. Der einzige andere unserer amerikanischen Redner, der diesen Redestil erfolgreich kultivierte, war Senator John J. Ingalls aus Kansas. Es ist ein Stil, der sehr schwer zu erlernen oder erfolgreich zu machen ist.

David B. Hill war in vielerlei Hinsicht ein außergewöhnlicher Mann. Er war drei Amtszeiten lang Gouverneur und eine Amtszeit lang Senator der Vereinigten Staaten. Sein ganzes Leben drehte sich um die Politik. Er war ausgebildeter und hervorragender Anwalt, aber sein Herz und seine Seele waren die Parteiführung, der Sieg bei Volkswahlen und die Kunst des Regierens. Er konsolidierte die ländlichen Elemente seiner Partei so erfolgreich, dass er Tammany Hall dazu zwang, sich seiner Führung zu unterwerfen und ihn als ihren Meister anzuerkennen.

Viele Jahre lang kontrollierte Gouverneur Hill die Organisation und die Politik der Demokratischen Partei des Staates New York und gewann dabei jede Wahl. Er war zwar ein überzeugender Redner, aber keineswegs ein Redner. Er kandidierte mit Cleveland um die Präsidentschaft, trat jedoch gegen eine stärkere und größere Persönlichkeit an, als er je zuvor begegnet war, und verlor. Er übertraf den Durchschnitt bei weitem und prägte die Politik seines Staates und den Senat der Vereinigten Staaten, während er Mitglied war.

Levi P. Morton brachte in sein Gouverneursamt geschäftliche Fähigkeiten mit, die ihn zu einem der größten Kaufleute und führenden Bankiers gemacht hatten. Als Gouverneur des Staates New York, US-Gesandter in Frankreich, Kongressabgeordneter und Vizepräsident der Vereinigten Staaten füllte er jede Position mit Anmut, Würde und Können aus. Seine liebenswerte Persönlichkeit machte ihn äußerst beliebt.

Roswell P. Flower entwickelte nach einer erfolgreichen Karriere als Bankier politische Ambitionen. Er hatte das Talent, Freunde zu gewinnen, und hatte eine Menge davon. Er war Kongressabgeordneter und dann Gouverneur. Obwohl die Demokratische Organisation ihm feindlich gegenüberstand, war er vom Typ Mark Hanna und setzte seine erfolgreichen Geschäftsmethoden in den Wahlkampf um die Nominierung und den Wahlkampf ein – und war erfolgreich.

Als er Gouverneur war, kam ich durch Albany und machte einen Zwischenstopp, um ihm meinen Respekt zu erweisen. Ich mochte ihn persönlich sehr. Als ich an der Tür des Executive Mansion klingelte und nach dem Gouverneur fragte, sagte der Diener: „Der Gouverneur ist sehr krank und kann niemanden empfangen." Dann bat ich ihn, dem Gouverneur zu sagen, dass Chauncey Depew angerufen und sein tiefes Bedauern über seine Krankheit ausgedrückt habe, sobald er eine Nachricht empfangen könne. Plötzlich kam der Gouverneur aus dem Salon, ergriff meine Hand und sagte: „Chauncey, kommen Sie herein. Ich war noch nie in meinem Leben so froh, jemanden zu sehen."

Er erzählte mir, dass die Legislative ihre Sitzungen vertagt hatte und ihm mehrere tausend 30-Tage-Gesetze überlassen hatte – das heißt, Gesetze, die er innerhalb von 30 Tagen unterzeichnen oder ablehnen oder durch Nichtablehnung in Gesetze umwandeln konnte. Er musste sich also allen anderen verweigern, um die Muße zu haben, sie durchzulesen und Entscheidungen zu treffen.

"Wissen Sie, Chauncey", sagte er, "das ist ein neues Geschäft für mich. Die meisten dieser Gesetzesentwürfe betreffen Themen, die ich nie untersucht, studiert oder über die ich nachgedacht habe. Es ist sehr schwierig, ein vernünftiges Urteil zu fällen, und ich möchte in jedem Fall genau das Richtige tun." Für den Moment schwieg er, anscheinend in besorgte Gedanken über diese Gesetzesentwürfe vertieft. Dann rief er plötzlich aus: "Übrigens, Chauncey, Sie haben in Ihrem Leben viel nachgedacht, und ich habe nie darüber nachgedacht, außer über geschäftliche Dinge. Wirkt intensives Nachdenken auf Sie wie auf mich, indem es Ihnen den Magen verdirbt und Sie zum Erbrechen bringt?"

„Nein, Gouverneur", antwortete ich. „Wenn das der Fall wäre, fürchte ich, dass ich chronisch unter Verdauungsstörungen leiden würde."

Während seiner Amtszeit als Gouverneur bereiste er den Staat in einem Privatwagen und hielt viele Reden. In einem einfachen, einfachen Gespräch von Mann zu Mann war er auf dem Bahnsteig sehr wirkungsvoll. Sein Zug hielt an einem Bahnhof in einer republikanischen Gemeinde, in der es nur wenige Demokraten gab, während ich bei einer republikanischen Versammlung im Dorf sprach. Als ich meine Rede beendet hatte, sagte ich zu der großen Menge: „Gouverneur Flower ist am Bahnhof , und als ich vorbeikam, hörten ihm nur wenige Leute zu. Lasst uns alle hingehen und ihm eine Audienz geben."

Der Vorschlag wurde mit Jubel aufgenommen. Ich ging voran und stieg am anderen Ende des Gouverneurswagens ein, als an dem, wo er von der Tribüne aus sprach. Als die republikanische Menge hereinströmte, war es offensichtlich, dass er hocherfreut war, da ich hinter ihm stand, ohne dass er von meiner Anwesenheit wusste. Er rief: „Mitbürger, ich habe euch gesagt, dass sie kommen. Sie kommen aus den Bergen, von den Hügeln und aus den Tälern. Es ist der Massenansturm der Republikanischen Partei in unsere Reihen und für unser Programm. Dies ist der erfreulichste Beweis, den ich für die Popularität unserer Sache und den Erfolg unseres Programms erhalten habe."

Ich stand hinter ihm und gab ein Signal zum Jubeln, das von Herzen erwidert wurde. Der Gouverneur drehte sich um, sah den Scherz, drückte mir herzlich die Hand und die ganze Menge, einschließlich der erfahrenen und hartgesottenen Demokraten im Wagen, beteiligte sich an der Heiterkeit des Anlasses.

Er kam zu mir, als er zum zweiten Mal für den Kongress kandidierte, und sagte, dass einige Leute aus seinem Wahlkreis darauf brannten, dass ich eine Ansprache für eine ihrer Lieblingswohltätigkeitsorganisationen halte, und dass die Versammlung in Harlem stattfinden würde, wobei der Abend genannt wurde. Ich sagte ihm, dass ich hingehen würde. Er holte mich in seiner Kutsche ab, und ich sagte: „Herr Gouverneur, sprechen Sie mich bitte auf dem Weg nach oben nicht an. Ich war so beschäftigt, dass ich seit meinem Verlassen meines Büros heute Nachmittag keine Zeit hatte, diese Ansprache vorzubereiten, und ich brauche jede Minute, während wir zu der Versammlung fahren."

Die Versammlung war sehr groß. Der Gouverneur übernahm den Vorsitz und stellte mich auf originelle Weise vor: „Meine Damen und Herren", sagte er, „ich möchte über Chauncey Depew, den ich Ihnen jetzt als Redner des Abends vorstellen werde, sagen, dass er kein Demosthenes ist, denn er kann Demosthenes aus dem Blickfeld schlagen. Er hat seine Rede in der Kutsche vorbereitet, in der ich ihn hierher gebracht habe, und er muss nicht wie die alten Griechen Kieselsteine kauen, um eine Rede zu halten."

Gouverneur Flower war ein konservativer und erfolgreicher Börsenhändler. Wenn er das Gefühl hatte, etwas sicher zu wissen, teilte er es mit ein paar Freunden. Er hatte besondere Freude daran, auf diese Weise Männern zu helfen, die wenig Geld hatten und keine Ahnung von der Kunst des Geldverdienens. Viele profitierten von seiner Großzügigkeit.

Ich speiste eines Abends mit dem Gridiron Club in Washington und vor mir stand ein Teller mit Radieschen. Der Zeitungsmann neben mir fragte mich, ob ich etwas dagegen hätte, wenn die Radieschen entfernt würden.

Ich sagte: „Sie haben keinen Geruch und kein Parfüm. Was ist mit den Radieschen los?"

Nachdem sie weggebracht worden waren, erzählte er mir seine Geschichte. „Gouverneur Flower", sagte er, „war sehr freundlich zu mir, wie er es ausnahmslos zu allen Zeitungsleuten war. Eines Tages fragte er mich, wie viel ich in meinen zwanzig Jahren als Journalist gespart hätte. Ich sagte ihm zehntausend Dollar. Er sagte: ‚Das reicht für so lange Zeit nicht. Geben Sie mir das Geld.' Also übergab ich ihm mein Bankkonto. Ein paar Wochen später teilte er mir mit, dass aus meinen zehntausend Dollar zwanzig geworden seien und ich sie haben könne, wenn ich wolle. Ich sagte: ‚Nein, Sie machen das viel besser als ich. Behalten Sie es.' Nach etwa einem Monat oder mehr war mein Konto auf dreißigtausend Dollar angewachsen. Dann ging der Gouverneur an einem sehr heißen Tag irgendwo vor der Küste von Long Island angeln. Er war ein sehr großer, schwerer Mann, überhitzte und trank nach seiner Rückkehr viel Eiswasser und aß ein Bündel Radieschen. Er starb noch am selben Nachmittag. Am nächsten Tag brach Panik bei den Aktien aus, die seine Lieblingsaktien waren, und sie verschwanden aus dem Blickfeld. Das Ergebnis war, dass ich mein Vermögen von zehntausend Dollar und auch meinen Gewinn von zwanzig Dollar verlor. Seitdem wird mir beim Anblick eines Radieschens schlecht."

XVIII. SECHSUNDFÜNFZIG JAHRE BEI DER NEW YORK CENTRAL RAILROAD COMPANY

Die Vererbung hat viel mit der Karriere eines Mannes zu tun. Das Dorf Peekskill-on-the-Hudson, etwa vierzig Meilen von New York entfernt, war früher die Marktgemeinde eines großen Teils des umliegenden Landes, das sich bis zum Staat Connecticut erstreckte. Es war eine landwirtschaftliche Region, und die für New York City bestimmten Produkte wurden von den Kais in Peekskill auf Schaluppen auf dem Hudson verschifft, und die Rückreise brachte die vom Land benötigten Waren zurück.

Mein Vater und sein Bruder besaßen die meisten Schaluppen, die für dieses damals fast einzige Transportmittel eingesetzt wurden. Auf die Schaluppen folgten Dampfschiffe, an denen meine Leute ebenfalls interessiert waren. Als Commodore Vanderbilt in aktive Rivalität mit den anderen Dampfschifflinien zwischen New York und Albany trat, wurde der Wettbewerb sehr ernst. Rasch wurden neuere und schnellere Boote gebaut. Diese Rennschiffe erreichten die Bucht von Peekskill am späten Nachmittag, und die jüngere Bevölkerung des Dorfes stand am Flussufer und applaudierte ihren Favoriten enthusiastisch. Zu den bekannten Booten, deren Namen und Leistungen ebenso viel Interesse erregten und ebenso viel Parteilichkeit und Sportsgeist weckten wie heute berühmte Rennpferde oder Baseball-Champions, gehörten die folgenden: Mary Powell, Dean Richmond, The Alida und The Hendrick Hudson.

Ich erinnere mich, als wäre es gestern gewesen, als die Hudson River Railroad Peekskill erreichte und das Ereignis vor Ort gefeiert wurde. Die Leute kamen aus einem Umkreis von fünfzig Meilen, als kämen sie zu einem Jahrmarkt. Als die Lokomotive in den Bahnhof einfuhr, hatten viele der Anwesenden noch nie eine gesehen. Der Lokführer blies ununterbrochen in seine Pfeife, um das große Ereignis hervorzuheben. Dies sorgte für große Bestürzung und Verwirrung unter den Pferden, da alle Bauern mit ihren Familien in Kutschen oder Wagen dort waren.

Ich erinnere mich an ein Gespann junger Pferde, die in Raserei getrieben wurden; ihr Besitzer war nicht in der Lage, sie zu kontrollieren, aber er hielt sie auf der Straße, während sie in einem wilden Sprint über die Hügel davonrannten. Als ich diese Geschichte bei einem Abendessen im Ausland erzählte, um zu zeigen, wie neu die Eisenbahnentwicklung in den Vereinigten Staaten ist, erklärte ich, dass diese Pferde meines Wissens und meiner Überzeugung nach so verängstigt waren, dass sie nicht gestoppt werden konnten und weiterrannten. Ein sehr erfolgreicher und ernsthafter Industriekapitän unter den Gästen wies mich streng zurecht, indem er sagte: „Sir, das ist unmöglich; es wurden nie Pferde geboren, die 25 Jahre lang ohne

Pause laufen konnten." Amerikanische Übertreibungen waren bei unseren Freunden auf der anderen Seite damals nicht so bekannt wie heute.

Wenn wir Jungen des Dorfes am Ufer des Hudson versammelt waren und unseren Lieblingsdampfern zujubelten oder mit gespanntem Interesse die Züge beobachteten , drehten sich die Gespräche häufig um unsere Ambitionen im Leben. Jeder junge Bursche erzählte von einem Traum, von dem er hoffte, aber nie erwartete, dass er in Erfüllung gehen würde . Meine Kameraden warfen mir vor, die größte Vorstellungskraft zu haben und mehr Bilder in den Himmel zu malen als jeder von ihnen. Das lag daran, dass ich erklärte, in der Politik würde ich voraussichtlich US-Senator werden, da ich ein großer Bewunderer von William H. Seward war, dem damaligen Senator für New York. In der Wirtschaft hoffte ich, Präsident der Hudson River Railroad zu werden, da Commodore Vanderbilt damals die größte Persönlichkeit der Geschäftswelt war. Es ist einer der merkwürdigsten Vorfälle der scheinbar wilden Fantasie eines Dorfjungen, dass sich im Laufe langer Jahre beide Erwartungen erfüllten.

Als ich am 1. Januar 1866 in den Eisenbahndienst eintrat, bestand das Vanderbilt-System aus der Hudson River- und der Harlem-Eisenbahn, wobei die Harlem-Eisenbahn 128 Meilen lang war und die Hudson River-Eisenbahn 140 Meilen lang war. Das Vanderbilt-System umfasst heute 20.000 Meilen. Die gesamte Eisenbahnstrecke der Vereinigten Staaten betrug damals 36.000 Meilen, heute sind es 261.000 Meilen.

Meine Verbindung mit der New York Central Railroad umfasst praktisch die gesamte Zeit des Eisenbahnbaus, -ausbaus und -entwicklung in den Vereinigten Staaten. Es ist ein einzigartiger Beweis für die Geschwindigkeit des Wachstums unseres Landes und für die Art und Weise, wie dieses Wachstum stetig den Schienen folgte, dass all diese Entwicklung der Staaten, der Dörfer, die zu Städten wurden, der verstreuten Gemeinden, die zu großen Produktionszentren wurden , des Binnenhandels, der Ausmaße annahm, wo er ein größeres Volumen hatte als der Auslandsverkehr der ganzen Welt, während einer Zeit stattfand, die von der offiziellen Karriere eines Eisenbahners abgedeckt wird, der noch immer im Dienst ist: 1866 Anwalt, 1882 Vizepräsident, 1885 Präsident, 1899 Vorstandsvorsitzender und noch immer dieses Amt innehat.

Es gibt im Land keinen solchen Rekord für ununterbrochene Beschäftigung bei einem Unternehmen, das während der gesamten Zeit von einer Familie kontrolliert wurde. Diese mehr als ein halbes Jahrhundert währende Tätigkeit war in jeder Hinsicht zufriedenstellend. Es ist eine Freude zu sehen, dass die vierte Generation, die die Fähigkeiten des Vaters, Großvaters und Urgroßvaters geerbt hat, immer noch in der Geschäftsführung aktiv ist.

Ich möchte sagen, dass ich, wenn ich meine langjährige Beziehung zur Eisenbahn mit dieser wunderbaren Entwicklung verbinde, nicht behaupte, besser gewesen zu sein als die Eisenbahnbeamten, die während dieser Zeit ihre Aufgaben nach bestem Wissen und Gewissen erfüllt haben. Ich möchte auch den Männern mit originellem Genie, Weitblick und Wagemut meinen Tribut zollen, denen so viel zur Erweiterung und Verbesserung des amerikanischen Eisenbahnsystems zu verdanken ist.

Commodore Vanderbilt war einer der bemerkenswertesten Männer, die unser Land hervorgebracht hat. Er war mit wunderbarer Weitsicht, Verständnis für schwierige Situationen, der Fähigkeit, Chancen vor anderen zu erkennen, ernste Probleme zu lösen und dem Mut seiner Überzeugungen ausgestattet. Er hatte wenig Bildung oder frühe Vorteile, war aber in allem, was er unternahm, außerordentlich erfolgreich. Als Junge auf Staten Island sah er voraus, dass die Besiedlung, das Wachstum und der Wohlstand dieser Nation vom Transport abhingen. Er begann mit einem kleinen Boot, das über den Hafen von Staten Island nach New York fuhr. Sehr früh in seiner Karriere erwarb er ein Dampfschiff und war in wenigen Jahren Kapitän des Long Island Sound. Dann dehnte er seine Aktivitäten auf den Hudson River aus und erlangte schnell den beherrschenden Besitz an Booten, die zwischen New York und Albany konkurrierten.

Als in Kalifornien Gold entdeckt wurde, gründete er eine Linie auf der atlantischen Seite des Isthmus von Darién und sicherte sich von der Regierung Nicaraguas das Privileg, den Isthmus zu überqueren, um ein Transportsystem durch ihr Territorium zu errichten. Anschließend richtete er eine Dampfschifflinie auf dem Pazifik nach San Francisco ein. Innerhalb kurzer Zeit waren die alteingesessenen Linien sowohl auf dem Atlantik als auch auf dem Pazifik gezwungen, an ihn zu verkaufen. Dann stieg er in den transatlantischen Handel ein und bediente Dampfschiffe nach Europa.

Mit dieser Vision, die eine Gabe ist und nicht erklärt werden kann, entschied er, dass die Transportarbeit der Zukunft zu Lande und auf der Schiene liegen würde. Er gab die Seefahrt auf und sein erstes Unternehmen war der Kauf der New York and Harlem Railroad, die nur 128 Meilen lang war. Die Straße war bankrott und ihr Gleisbett und ihre Ausrüstung verschlechterten sich immer mehr. Der Kommodore baute die Strecke wieder auf, rüstete sie neu aus und steigerte, indem er sie für sein Gebiet nutzbar machte, den Verkehr und verwandelte sein Geschäft von einem Mangel in einen Gewinn. Das war im Jahr 1864. Der Kommodore wurde Präsident und sein Sohn William H. Vanderbilt Vizepräsident. Er sah ein, dass die Verlängerung der Harlem nicht ratsam war, und sicherte sich daher die Hudson River Railroad, die von New York nach Albany führte, und wurde 1865 deren Präsident. Ein paar Monate später luden er und sein Sohn mich ein, Mitglied ihres Personals zu werden.

Der Bahnhof der Harlem Railroad in der Stadt New York befand sich damals
an der Fourth Avenue und der Twenty-sixth Street und der der Hudson River
Railroad in der Chambers Street, in der Nähe des North River.

Innerhalb weniger Jahre kaufte William H. Vanderbilt das Gelände für die
Harlem Railroad Company, auf dem sich heute der Grand Central Terminal
befindet, und durch die Übernahme der Harlem Railroad durch die New
York Central und Hudson River Railroad wurden die Züge der New York
Central in die Grand Central Station verlegt.

1867, zwei Jahre nachdem Mr. Vanderbilt die Hudson River Railroad
erworben hatte, sicherte er sich die Kontrolle über die New York Central,
die von Albany nach Buffalo führte. Diese Kontrolle wurde durch die Lake
Shore auf der einen Seite der Seen und die Michigan Central auf der anderen
Seite bis nach Chicago fortgesetzt. Anschließend wurde das Vanderbilt-
System bis nach Cincinnati und St. Louis ausgedehnt. Es stand somit in
unmittelbarer Verbindung mit dem Westen und Nordwesten mit Mittelpunkt
in Chicago und dem Südwesten mit Cincinnati und St. Louis. Durch enge
Verbindung und Zugehörigkeit zur Chicago and Northwestern Railway
Company wurde das Vanderbilt-System darüber hinaus bis nach Mississippi
ausgedehnt. Ich wurde 1874 Direktor der New York Central und 1877 der
Chicago and Northwestern.

Ich hatte das Glück, viele der bemerkenswerten Männer in allen Bereichen
des Lebens mehr oder weniger vertraut kennenzulernen, aber ich denke,
Commodore Vanderbilt war der originellste. Ich kannte den Commodore
und seinen Sohn William H. seit einigen Jahren gut. Als ich Anwalt wurde,
waren meine Beziehungen enger als sonst. Ich stand in den zehn Jahren vor
seinem Tod in täglichem Kontakt mit dem Commodore und von 1866 bis
1885, als er starb, mit seinem Sohn.

Aufgrund seines Reichtums und seiner Macht wurde der Kommodore
ständig von Leuten bedrängt, die ihn für ihre Pläne interessieren wollten. Die
meisten großen und fortschrittlichen Unternehmungen seiner Zeit wurden
ihm vorgestellt. Er hörte geduldig zu, stellte ein paar Fragen und erfasste in
kurzer Zeit das gesamte Thema. Dann traf er mit erstaunlicher Schnelligkeit
und unfehlbarem Urteilsvermögen seine Entscheidung. Niemand wusste,
durch welchen Prozess er zu diesen Schlussfolgerungen gelangte. Sie
schienen sowohl das Ergebnis von Inspiration als auch von Einsicht zu sein.

Der Bürgerkrieg endete 1865, und eine seiner Lehren war die Notwendigkeit
weiterer Eisenbahnen. Das Land hatte erkannt, dass seine riesigen und
fruchtbaren Gebiete ohne Transportmöglichkeiten weder besiedelt noch
produktiv gemacht werden konnten. Jede Meile Eisenbahn beförderte
Siedler, eröffnete Farmen und vermehrte die nationalen Ressourcen und den
Reichtum. Die wirtschaftliche und kritische Lage des Landes, die auf die

Ausweitung der Währung und die Bankbedingungen zurückzuführen war, erleichterte und förderte umfangreiche Eisenbahnbauvorhaben. Dies und wilde Spekulationen führten zur Panik von 1873. Fast das ganze Land ging bankrott. Die Erholung verlief rasch, und das konstruktive Talent der Republik erkannte, dass die Wiederherstellung von Kredit und Wohlstand von der Zahlungsfähigkeit der Eisenbahnen getragen werden musste. Im August 1874 lud Commodore Vanderbilt die Vertreter der anderen und konkurrierenden Linien zu einer Konferenz nach Saratoga ein. Aufgrund der Eifersüchteleien und Feindseligkeiten der Zeit waren jedoch nur die New York Central, die Pennsylvania und die Erie Railways vertreten.

Die Eisenbahnsituation im Osten wurde damals von Commodore Vanderbilt, Colonel Thomas A. Scott aus Pennsylvania und John W. Garrett aus Baltimore und Ohio beherrscht. Sowohl Scott als auch Garrett waren originelle Männer und Erbauer von Imperien. Es gab weder staatliche noch staatliche Regulierung. Der Leiter eines Eisenbahnsystems hatte praktisch unbegrenzte Macht beim Betrieb seiner Strecke. Die Menschen waren so sehr auf den Bau von Eisenbahnen bedacht, dass sie dem Kapital jeden möglichen Anreiz boten. Das Ergebnis waren viele unrentable Bauvorhaben und enorme Verluste für die Projektträger.

Diese fähigen Männer erkannten, dass es bei einer Fortsetzung des uneingeschränkten Wettbewerbs nicht möglich war, die Eisenbahn zu bauen, zu betreiben und effizient zu betreiben. Es dauerte von 1874 bis 1920, bis die Eisenbahner, die Spediteure und die Regierung die Tatsache erkannten, dass die für die Bedürfnisse der Öffentlichkeit erforderlichen Transportmöglichkeiten nur durch den freiesten Betrieb und die strengsten staatlichen Vorschriften erreicht werden können; dass die Lösung des Problems ein so automatisches System ist, dass ein öffentliches Schiedsverfahren über die Gerechtigkeit der Arbeitsanforderungen entscheidet und die Tarife entsprechend der Entscheidung festgelegt werden, und dass die öffentliche Behörde auch die anderen Faktoren der erhöhten Kosten und der angemessenen Einrichtungen für die Eisenbahnen berücksichtigen muss und dass die Instandhaltung und höchste Effizienz sowie notwendige Erweiterungen aufrechterhalten werden müssen. Um Kapital zufriedenzustellen und anzuziehen, muss eine angemessene Rendite der Investition sichergestellt sein.

Die von Kommodore Vanderbilt 1874 in Saratoga einberufene Versammlung war ein epochales Ereignis. Wir müssen bedenken, dass die Eisenbahnen des Landes in der alleinigen Hand von etwa vier Männern lagen, von denen zwei zugleich die größten Eigentümer der von ihnen verwalteten Strecken waren. Heftiger Wettbewerb und Preissenkungen führten zu völliger Demoralisierung der Spediteure, die die Transportkosten nicht kalkulieren konnten, und zu großer Bevorzugung von Orten und

Einzelpersonen durch verantwortungslose Frachtagenten, die die Preise kontrollierten. Unter diesen Einflüssen schwankten die Einnahmen der Eisenbahnen und waren unsicher. Verbesserungen verzögerten sich und die Leute auf den schwächeren Strecken waren vom Bankrott bedroht.

Die öffentliche Meinung war jedoch der Ansicht, dass dieser wilde Wettbewerb das einzige Heilmittel für die Übel der Eisenbahn sei. Als Beispiel für den Wandel der öffentlichen Meinung und das bessere Verständnis der Eisenbahnprobleme geschah dies im Oktober 1920. Ein Komitee von Spediteuren und Produzenten, das die Landwirte, Hersteller und Geschäftsleute entlang eines großen Eisenbahnsystems vertrat, kam zum Manager der Eisenbahn und sagte zu ihm: „Wir haben uns in der Vergangenheit völlig geirrt. Wir haben uns immer um niedrigere Tarife bemüht, ohne Rücksicht auf die Notwendigkeiten der Eisenbahnen. Wir haben versucht, diese zu erreichen, indem wir Angebote von konkurrierenden Linien für unsere Sendungen eingeholt und uns an die Interstate Commerce Commission gewandt haben. Die Kosten der Eisenbahnen sind durch den Bedarf an Arbeitskräften, durch ständig steigende Preise und Kosten für Schienen, Waggons, Terminals und Einrichtungen gestiegen, aber wir waren dagegen, dass die Eisenbahnen diese erhöhten Betriebskosten durch entsprechende Tariferhöhungen decken konnten. Wir sehen jetzt, dass dieser Kurs die Eisenbahnen aushungert, und wir leiden unter dem Mangel an Waggons und Lokomotiven, um unseren Verkehr zu bewegen, und an Terminals, um ihn zu bedienen. Wir leiden auch darunter, dass die bisherige Behandlung der Eisenbahnen das Kapital abgeschreckt hat, so dass die Bahnen kein Geld bekommen, um ihre Strecken zu unterhalten und notwendige Verbesserungen vorzunehmen, um den Anforderungen der Wirtschaft gerecht zu werden. Wir wissen jetzt, dass die Tarife kaum einen Unterschied machen, weil sie von unserem Geschäft absorbiert werden können. Was wir brauchen, sind Einrichtungen zum Transport unserer Produkte, und wir wollen den Eisenbahnen helfen, Geld und Kredit zu bekommen, und wir betonen noch einmal, dass unser ganzes Problem der Mangel an Waggons, Lokomotiven und Terminaleinrichtungen ist."

Glücklicherweise spiegelte sich die öffentliche Meinung im letzten Kongress in der Verabschiedung des Cummins- Esch- Gesetzes wider, welches das aufgeklärteste und anpassungsfähigste Gesetz des letzten Vierteljahrhunderts darstellt.

Um auf die Konferenz in Saratoga zurückzukommen: Die New York Central, die Pennsylvania und die Erie kamen zu dem Schluss, dass sie die Zusammenarbeit der Baltimore and Ohio brauchten. Da Mr. Garrett, Präsident und Eigentümer dieser Bahn, nicht zur Konferenz kommen wollte, beschlossen die Mitglieder, dass der Notfall so groß war, dass sie sich an ihn wenden mussten. Dies war wahrscheinlich das Unangenehmste, was Commodore Vanderbilt je getan hat. Den wunderbaren Erfolg seines wundervollen Lebens hatte er sich erkämpft und seine Konkurrenten besiegt. Die Gefahr war so groß, dass sie als Partner gingen, und der Besuch interessierte das ganze Land und steigerte Mr. Garretts Meinung über seine Macht so sehr, dass er ihr Angebot ablehnte und sagte, er würde unabhängig handeln. Unmittelbar darauf folgte ein Eisenbahnkrieg, und in kurzer Zeit drohte allen Bahnen der Bankrott, und keiner mehr als der Baltimore and Ohio.

Die Hauptlinien schlossen sich dann zusammen und einigten sich auf eine Vereinbarung zur Stabilisierung und Umsetzung der Tarife. Sie ernannten Herrn Albert Fink, einen der fähigsten Eisenbahner jener Zeit, zum Kommissar. Herr Finks Verwaltung war erfolgreich, aber die Rivalitäten und Eifersüchteleien der Linien und die häufigen Vertragsbrüche waren zu viel für einen Mann.

Die Präsidenten und Generaldirektoren aller Eisenbahnen östlich von Chicago trafen sich damals und gründeten einen Verband, und dieser Verband war ein gesetzgebendes Organ ohne jegliche rechtliche Autorität, seine Beschlüsse durchzusetzen. Er hatte jedoch zwei Auswirkungen: Die entstandenen Streitigkeiten wurden öffentlich diskutiert und die Vorzüge jeder Seite so vollständig dargelegt, dass die Entscheidung des Verbands als gerecht und richtig akzeptiert wurde. Dann stand das Urteil des Verbands hinter der gesamten Investment- und Bankengemeinschaft und der Presse. Das Gewicht dieses Urteils reichte aus, um selbst das rebellischste Mitglied zur Befolgung seiner Entscheidungen zu zwingen. Kein leitender Angestellter konnte seine Position behalten, während er versuchte, den Verband aufzulösen.

Es ist eines der erfreulichsten Ereignisse meines Lebens, dass meine Kollegen in diesem großen und mächtigen Verband mich zu ihrem Präsidenten wählten. Ich blieb im Amt, bis der Oberste Gerichtshof in einer folgenschweren Entscheidung erklärte, dass die Eisenbahnen unter die Bestimmungen des Sherman Anti-Trust Law fielen, und diese Verbände im Osten, Westen und Süden auflöste.

Die Männer, die Mitglieder dieser Vereinigung wurden, vermittelten mir eine umfassende Einführung in die Eisenbahnprobleme. Die meisten von ihnen hinterließen einen unauslöschlichen Eindruck auf die damaligen Eisenbahnbedingungen und die Eisenbahnpolitik der Zukunft. Alle waren hochbegabte Führungskräfte und einige seltene konstruktive Genies.

In unserem System gab es John Newell, Präsident der Lake Shore und Michigan Southern, einen äußerst fähigen und effizienten Manager. Henry B. Ledyard, Präsident der Michigan Central, war hervorragend für die großen

Aufgaben ausgebildet, die er so gut verwaltete. Und dann war da noch William Bliss, Präsident der Boston und Albany, der eine Linie aufgebaut hatte, die zu einer der stärksten der New England-Gruppe wurde.

Melville E. Ingalls, Präsident von Cleveland, Cincinnati, Chicago und St. Louis, hatte mehrere schwache und bankrotte Straßen zusammengelegt und sie zu einer effizienten Organisation gemacht. Er hatte auch die Chesapeake Bay und die Ohio Bay saniert und in einen brauchbaren, bezahlbaren Zustand versetzt.

Ingalls erzählte mir eine sehr gute Geschichte über sich selbst. Er hatte das Dorf in Maine, wo er geboren wurde, verlassen und sich nach dem College-Abschluss und der Zulassung als Anwalt in Boston niedergelassen. Um die Interessen seiner Klienten zu schützen, war er nach Cincinnati, Ohio, gezogen und hatte Eisenbahngrundstücke gerettet, an denen sie interessiert waren. Als sein Erfolg vollkommen war und er ein großes und erfolgreich funktionierendes Eisenbahnnetz unter seiner Kontrolle hatte, besuchte er seinen Geburtsort.

Eines Abends ging er zum Laden, wo der Dorfkongress zusammentraf, und setzte sich auf die Fässer und die Theke. Sie hießen ihn sehr herzlich willkommen, und dann sagte ein neugieriger Bauer zu ihm: „Melville, hier wird berichtet, dass Sie ein Gehalt von fast zehntausend Dollar pro Jahr bekommen."

Mr. Ingalls, der ein Vielfaches dieses Betrags erhielt, gab bescheiden die zehn zu, was in dieser ländlichen Gegend eine enorme Summe war. Woraufhin der alte Bauer die lokale Stimmung mit den Worten ausdrückte: „Nun, Melville, das zeigt, was Frechheit und Umstände aus einem Mann machen können."

Ich erinnere mich an einen Vorfall, der mit einem der fähigsten Führungskräfte unseres Systems zusammenhing. Eines Tages hatten wir eine Konferenz rivalisierender Interessen, und viele Führungskräfte waren dort, um eine Einigung zu erzielen. Zu diesem Zweck hatten wir einen Schiedsrichter. Nach einem äußerst anstrengenden Tag, an dem ich mit Verstand und Erfahrung um Vorteile gekämpft hatte, kam ich erschöpft nach Hause, aber nach einer halben Stunde Schlaf erwachte ich erfrischt und sah in meinem Tagebuch nach, dass ich am Abend bei einem Bankett bei Delmonico eine Rede halten sollte.

Ich kam spät an, die Zwischenzeit wurde intensiven und schnellen Vorbereitungen gewidmet. Ich wurde früh aufgerufen. Die Rede erregte Aufmerksamkeit und nahm eine Kolumne in den Morgenzeitungen ein. Ich war um elf Uhr im Bett und hatte zwischen sieben und acht Stunden erholsamen Schlaf.

Als wir am nächsten Morgen an unserem Treffpunkt ankamen, nahm mich einer der bekanntesten Präsidenten beiseite und sagte: „Chauncey, mit Reden wie gestern Abend verlieren Sie das Vertrauen der Menschen. Sie sagen, Sie können solche Reden nicht vorbereiten und gleichzeitig Ihren Geschäften die nötige Aufmerksamkeit widmen."

„Nun", sagte ich zu ihm, „mein Freund, habe ich gestern vor dem Schiedsrichter etwas verloren?"

Er antwortete sehr wütend: „Nein, du hast viel zu viel zugenommen."

„Nun", sagte ich dann, „ich bin heute Morgen sehr frisch. Aber was hast du letzte Nacht gemacht?"

Er antwortete, er sei so erschöpft, dass er zu Delmonico ging und das beste Abendessen bestellte, das es gab. Dann fuhr er fort: „Ein Freund sagte mir, dass oben ein kleines Spiel lief, und in einem engen, von Tabakrauch erfüllten Raum spielte ich bis zwei Uhr Poker und trank mehrere Highballs. Das Ergebnis ist, dass ich denke, wir sollten dieses Treffen besser verschieben, denn ich habe heute keine Lust, etwas zu tun."

„Mein lieber Freund", sagte ich, „Sie werden die Anerkennung dafür erhalten, dass Sie Ihre ganze Zeit dem Geschäft widmen, während ich dadurch, dass ich Dinge tue, die meinen Geist erfrischen, diskreditiert werde, weil es in die Zeitungen kommt. Ich werde meine Methode beibehalten, ungeachtet der Konsequenzen."

Er hat seins behalten und ist, obwohl viel jünger als ich, vor Jahren gestorben.

George B. Roberts, Präsident der Pennsylvania, war ein sehr kluger und vielseitig begabter Manager. Frank Thompson, Vizepräsident und später Präsident derselben Straße, war einer der fähigsten Betriebsleiter seiner Zeit und eine äußerst liebenswerte Persönlichkeit. Mr. AJ Cassatt war ein großartiger Ingenieur und besaß eine seltene Weitsicht und Vision. Er führte die Pennsylvania durch einen Tunnel unter dem Hudson River nach New York City, führte den Tunnel quer durch die Stadt zum East River und dann unter dem Fluss hindurch, um eine Verbindung nach Long Island herzustellen, das er für sein System erworben hatte.

DW Caldwell, Präsident der New York, Chicago und St. Louis, bereicherte seine Eisenbahnfähigkeiten mit Witz und Humor. Er erzählte eine gute Geschichte über Mr. George Roberts. Caldwell war einst Divisionsleiter unter Präsident Roberts. Er hatte die Genehmigung zum Bau eines neuen Bahnhofs erhalten, an dessen Plan und Ausstattung er sehr interessiert war. Um seinen Untergebenen zu zeigen, dass er über ihre Aktivitäten genau im Bilde war, fügte Mr. Roberts ihren Projekten etwas hinzu oder ließ etwas weg.

Caldwell entwarf ein Bahnhofsgebäude nach seinen Vorstellungen, und um Roberts daran zu hindern, wesentliche Änderungen vorzunehmen, fügte er an der Vorderseite des Passagierraums ein unnötiges Erkerfenster hinzu. Roberts prüfte die Pläne sorgfältig und sagte: „Entfernen Sie dieses Erkerfenster", und dann genehmigte er den Plan, und Caldwell hatte, was er wollte.

Caldwell erzählte von einem anderen Vorfall, als er auf einer westlichen Linie einen sehr strengen und harten Disziplinarbeamten als Präsidenten über sich hatte. Dieser Präsident war ein gewalttätiger Prohibitionist und hatte gehört, dass Caldwell ein Lebemann war . Er ließ Caldwell rufen, um ihn zu disziplinieren oder zu entlassen. Nach einer langen und ermüdenden Reise kam Caldwell im Haus des Präsidenten an. Seine erste Begrüßung war: „Mr. Caldwell, trinken Sie?"

Caldwell antwortete völlig arglos: „Danke, Herr Präsident, ich bin furchtbar müde und nehme ein wenig Roggenbrot."

Herr EB Thomas, Präsident des Lehigh Valley, war ein wertvolles Mitglied der Vereinigung. Die Baltimore and Ohio hatte wie üblich ihren Präsidenten, Herrn Charles F. Mayer, in Begleitung eines fähigen Personals. Die Erie wurde von einem der fähigsten und freundlichsten ihrer vielen Präsidenten, Herrn John King, vertreten.

King war ein großartiger Geschichtenerzähler, und ich erinnere mich an diese eine: Er war einst Generaldirektor der Baltimore and Ohio unter John W. Garrett. Um Geld für seine geplanten Erweiterungen aufzutreiben, war Garrett nach Europa gegangen. Es waren finanziell sehr schwierige Zeiten. Johns Hopkins, der berühmte Philanthrop, starb. Sein unsterbliches Denkmal ist die Johns Hopkins University and Medical School. Alle in Baltimore nahmen an der Beerdigung teil. Unter den anwesenden führenden Persönlichkeiten war ein weiterer John King, ein Bankier, der Hopkins' Testamentsvollstrecker war. Ein Botenjunge eilte mit einem Telegramm für John King herein und überreichte es John King, dem Testamentsvollstrecker, der am Kopf der Trauernden saß. Er las es vor und gab es dann weiter, sodass jeder es lesen konnte, bis es John King von der Baltimore and Ohio erreichte, der am Ende der Reihe saß. Das Telegramm lautete wie folgt: „Übermitteln Sie der Familie mein Beileid und meine hohe Wertschätzung für Mr. Johns Hopkins und leihen Sie sich vom Testamentsvollstrecker so viel Sie können zu fünf Prozent. Garrett."

Nachfolger von Commodore Vanderbilt als Präsident wurde sein Sohn William H. Vanderbilt, der damals über vierzig Jahre alt war und ein erfolgreicher Farmer auf Staten Island gewesen war. Er engagierte sich in Nachbarschaftsangelegenheiten und in der Politik. Dadurch kam er in engen Kontakt mit den Menschen und war von unschätzbarem Nutzen für ihn, als er Präsident einer großen Eisenbahngesellschaft wurde. Als Direktor einer Eisenbahngesellschaft auf Staten Island erwarb er außerdem Erfahrung im Eisenbahnmanagement.

Mr. William H. Vanderbilt war ein Mann mit großen Fähigkeiten, und seine Ausbildung machte ihn in vielerlei Hinsicht zu einem fähigeren Mann als sein Vater für die neuen Bedingungen, denen er sich stellen musste. Aber wie so viele fähige Söhne berühmter Väter erhielt er aufgrund des überragenden Rufs des Kommodore nicht die Anerkennung, die ihm zustand. Trotzdem zeigte er bei mehreren Gelegenheiten höchste Führungsqualitäten.

Eine der großen Fragen der Zeit war die Verpflichtung der Eisenbahnen gegenüber den Städten, in denen sie endeten, und die Entscheidung, für die Straßen südlich von New York niedrigere Tarife nach Philadelphia und Baltimore zu erheben. New York fühlte sich in der Stärke seines konkurrenzlosen Hafens und seiner überlegenen Schifffahrtsmöglichkeiten so sicher, dass die Kaufleute und Finanziers nicht beunruhigt waren. Sehr bald jedoch kam es zu einer derartigen Umleitung der Fracht aus New York, dass der Exporthandel und die Überlegenheit seines Hafens ernsthaft bedroht wurden. Die Handelsführer der Stadt wandten sich an Herrn Vanderbilt, der ihnen nach der Konferenz sagte: „Ich werde in perfekter Harmonie mit Ihnen handeln und dafür sorgen, dass die New York Central Railroad New York City schützt, ungeachtet der Auswirkungen auf seine Finanzen." Die Stadtvertreter sagten: „Das ist sehr gut, und wir werden zusammenstehen."

Mr. Vanderbilt erließ sofort eine Erklärung, wonach die Tarife für die Seefahrt in allen Häfen gleich sein sollten und dass die New York Central die niedrigsten Tarife für alle Häfen anbieten würde, indem sie dieselben Tarife auf ihren eigenen Strecken einführte. Das Ergebnis war der größte Eisenbahnkrieg seit Beginn des Wettbewerbs zwischen den Eisenbahnen. Die Tarife fielen um fünfzig Prozent und es ging um das Überleben des Stärkeren. Der Handel kehrte nach New York zurück und die konkurrierenden Eisenbahnen schlossen sich zusammen, um dem Bankrott zu entgehen, und gründeten die Trunk Line Association.

New York City hat nicht immer bedacht, wie eng sein Wohlstand mit dem der großen Eisenbahn verbunden ist, deren Endstation innerhalb der Stadtgrenzen liegt. Mr. Vanderbilt musste feststellen, dass die Eisenbahn und ihre Leitung in der Presse, im Parlament und in den Gemeinderäten heftig angegriffen wurden. Er war überzeugt, dass die Öffentlichkeit es nicht hinnehmen würde, wenn eine große Linie einem einzigen Mann gehörte, egal wie klug oder gerecht oder fair die Eisenbahn im Interesse jeder Gemeinde und jedes Unternehmens sein mochte, die so stark von ihrem Transport abhängig waren. Vanderbilts Schnelligkeit bei der Entscheidungsfindung zeigte sich sofort. Er wandte sich an Mr. Pierpont Morgan, und durch ihn übernahm und verkaufte ein Syndikat, das Morgan gründete, den größten Teil von Mr. Vanderbilts New York Central-Aktien. Das Ergebnis war, dass die New York Central von diesem Zeitpunkt an im Besitz der Öffentlichkeit war. Es spricht für die Gerechtigkeit und Fairness des Vanderbilt-Managements, dass es, obwohl das Management seitdem jedes Jahr einer Abstimmung der Aktionäre unterzogen wurde, praktisch nie Widerstand gegen eine Fortsetzung der Vanderbilt-Politik und des Managements gab.

Zu den wichtigsten der vielen Probleme während der Präsidentschaft von Herrn Vanderbilt gehörte die Frage der Eisenbahnkommissionen sowohl auf nationaler als auch auf staatlicher Ebene. In meiner beruflichen Funktion als General Counsel und gemeinsam mit Vertretern anderer Eisenbahnen hielt ich argumentative Reden gegen sie. Die Diskussionen bekehrten mich und ich war von ihrer Notwendigkeit überzeugt. Die schnell wachsende Bedeutung des Schienenverkehrs hatte die öffentliche Meinung geschaffen, dass das Eisenbahnmanagement unter der Kontrolle und Aufsicht einer öffentlichen Stelle stehen sollte; dass alle Passagiere oder Spediteure oder diejenigen, deren Land für Bau- und Erschließungszwecke in Anspruch genommen wurde, über eine Regierungskommission gegen die Entscheidung der Eisenbahnmanager Berufung bei der Regierung einlegen sollten.

Sobald ich davon überzeugt war, dass Kommissionen zum Schutz der Öffentlichkeit und der Eisenbahnen notwendig waren, legte ich Herrn Vanderbilt diese Ansicht vor. Diese Idee widersprach seiner Ausbildung, seinem Training und seiner Meinung. Es schien mir, dass es entweder eine Kommission oder staatliches Eigentum war und dass die Kommission, wenn sie als juristisches Organ gestärkt würde, den Anleihe- und Aktieninhabern und der Anlegerschaft ebenso viel Schutz bieten würde wie der Allgemeinheit und den Angestellten. Herr Vanderbilt, immer aufgeschlossen, übernahm diese Ansicht, unterstützte das Kommissionssystem und befürwortete eine Gesetzgebung zu dessen Gunsten.

Im Jahr 1883 beschloss Herr Vanderbilt, aus gesundheitlichen Gründen von seinem Amt zurückzutreten, und Herr James H. Rutter wurde zu seinem Nachfolger gewählt. Herr Rutter war der fähigste Frachtmanager des Landes, aber seine Gesundheit ließ unter den Belastungen seiner Amtspflichten nach, und ich habe während seiner Dienstjahre weitgehend für ihn gehandelt. Er starb Anfang 1885, und ich wurde zum Präsidenten gewählt.

Der Krieg mit der West Shore hatte mehrere Jahre gedauert und für beide Gesellschaften verheerende Folgen gehabt. Die Ontario and Western, die große Terminalanlagen nahe Jersey City auf der Westseite des Hudson hatte, führ fünfzig Meilen den Fluss entlang, bevor sie ins Landesinnere abbog. Bei ihrer Reorganisation hatte sie zehn Millionen in bar in der Kasse. Auf dieser

Grundlage beschlossen ihre Direktoren, eine neue Eisenbahnlinie zu gründen, die West Shore heißen und auf ihrer gesamten Länge bis nach Buffalo parallel zur New York Central verlaufen sollte. Da die New York Central dieses ganze Gebiet effizient bediente, musste der Central das einzige Geschäft, das die West Shore bekommen konnte, weggenommen werden. Um dieses Geschäft anzuziehen, bot sie an allen Bahnhöfen niedrigere Tarife an. Um ihr Geschäft zu behalten und zu halten, bot die New York Central diese Tarife an allen Punkten an, so dass die West Shore finanziell in die Hände eines Konkursverwalters fiel.

Die New York Central konnte dank ihrer hervorragenden Einrichtungen und Verbindungen sowie der gut ausgebauten Straßen und Ausrüstung weiter bestehen. Aber alle neuen und notwendigen Bauten wurden aufgegeben, die Instandhaltung vernachlässigt und die Ausrüstung aufgrund erzwungener Kostensenkungen heruntergewirtschaftet.

Ich pflegte sehr freundschaftliche persönliche Beziehungen zu den Managern und Offizieren der West Shore und legte ihnen sofort einen Plan zur Übernahme ihrer Linie vor, anstatt den Kampf bis zur völligen Erschöpfung fortzusetzen. Mr. Vanderbilt billigte den Plan, ebenso wie die von Mr. Pierpont Morgan vertretenen Finanzinteressen.

Durch die Reorganisation und Konsolidierung der beiden Unternehmen begann die New York Central allmählich, ihre Effizienz zu steigern und an den notwendigen Verbesserungen zu arbeiten. Als Beweis für das Wachstum des Eisenbahngeschäfts des Landes hat die New York Central selbst seit der Reorganisation eine enorme Menge an zusätzlichen Gleisen hinzugefügt und als notwendige zweite Linie die West Shore praktisch neu gebaut und ihre sehr großen Terminalanlagen auf der Jersey-Seite des Hudson voll genutzt.

Während seines aktiven Lebens wurde Mr. Vanderbilt sehr oft gedrängt, eine New Yorker Tageszeitung zu kaufen. Er wurde persönlich heftig angegriffen und sein Eigentum durch Angriffe in der Presse in Gefahr gebracht. Er lehnte den Vorschlag, eine zu kaufen, immer ab. „Wenn ich eine Zeitung besäße“, sagte er, „würden sich alle anderen zusammentun und mich angreifen und ruinieren, aber da ich mich überhaupt nicht auf dem journalistischen Gebiet befinde, bin ich der Meinung, dass ich, wenn man die Presse als Ganzes betrachtet, ziemlich gut behandelt werde. Ich glaube nicht, dass sich irgendein großes Interesse, das mit der Öffentlichkeit zu tun hat, ein Organ leisten kann.“

Colonel Scott aus Pennsylvania war anderer Meinung, doch das Ergebnis seines Experiments bewies die Richtigkeit von Mr. Vanderbilts Urteil. Scott ernannte einen der brillantesten Journalisten seiner Zeit, William H. Hurlburt, zum Herausgeber der New York World. Als jedoch bekannt wurde, dass die World Colonel Scott gehörte, konnte Hurlburts Genie sie nicht meh retten. Die Auflage sank auf ein Minimum, die Anzeigen folgten und die Zeitung machte jeden Monat enorme Verluste. Mr. Joseph Pulitzer erkannte mit der seltenen Scharfsinnigkeit und Weitsicht, die ihn auszeichneten, was aus der World und ihren Privilegien bei Associated Press gemacht werden konnte. Er zahlte Scott den ursprünglich investierten Betrag, übernahm die Leitung und machte dieses bankrotte und scheinbar hoffnungslose Unternehmen zu einem phänomenalen Erfolg.

Während meiner Präsidentschaft versuchte ich, die New York Central bei der Öffentlichkeit beliebt zu machen, ohne ihre Effizienz zu beeinträchtigen. Der Beweis für den Erfolg dieser Maßnahme war, dass mich die New Yorker Delegation auf dem Nationalkonvent der Republikaner im Jahr 1888 ohne jegliche Anstrengung meinerseits und gegen meinen erklärten Wunsch mit beispielloser Einstimmigkeit als New Yorks Präsidentschaftskandidaten vorstellte. Ich zog mich aus dem Rennen zurück, weil die Eisenbahner in den westlichen Staaten so stark feindselig behandelt wurden. Diese Staaten konnten nicht verstehen, wie diese Feindseligkeit, die sie gegenüber der Eisenbahn und allen, die mit ihr in Verbindung standen, empfanden, im großen Staat New York verschwunden sein konnte.

Während meiner Präsidentschaft war die Arbeitsfrage sehr akut und ein Streik nach dem anderen war an der Tagesordnung. Die allgemeine Methode, den Forderungen der Arbeiterschaft zu dieser Zeit nachzukommen, bestand darin, dass ein Komitee von Angestellten oder ein Führer die Beschwerden dem Abteilungsleiter oder dem Leiter der Arbeitskraft vortrug. Diese Beamten waren willkürlich und feindselig, da die Forderungen, wenn sie erfüllt wurden, zu einer Kostensteigerung führten, was sie bei der Geschäftsleitung unbeliebt machte. Sie hatten eine schwierige Position. Die Angestellten kamen oft zu dem Schluss, dass der Streik der einzige Weg für sie war, die Aufmerksamkeit der höheren Angestellten und Direktoren zu erzwingen.

Gegen den Willen meiner Kollegen in der Bahnleitung beschloss ich, meine Türen für jede Person oder jeden Ausschuss des Unternehmens zu öffnen. Zunächst wurde ich mit kleinlichen Beschwerden überhäuft, aber als die Leute verstanden, dass ihre Fälle sofort angehört und bearbeitet würden, beschlossen sie untereinander, keine Angelegenheiten an mich heranzutragen, die sie nicht für lebenswichtig hielten. Auf diese Weise traten viele der früheren Ärgernisse, die letztlich zu ernsten Folgen führten, nicht mehr auf.

Ich hatte keine Probleme mit Gewerkschaften und fand ihre Vertreter in vertraulichen Gesprächen im Allgemeinen sehr vernünftig. Herr Arthur, Vorsitzender der Brotherhood of Locomotive Engineers, besaß viele Eigenschaften eines Staatsmannes. Er baute seine Organisation zur stärksten ihrer Art unter den Gewerkschaften auf. Ich genoss viele Jahre lang sein Vertrauen und seine Freundschaft.

Während meiner Amtszeit kam es bei der New Yorker Central nur zu einem Streik, und zwar während meiner Abwesenheit in Europa. Sein Ursprung und seine Folgen waren ziemlich dramatisch. Ich war vor lauter Überarbeitung fast zusammengebrochen, und die Direktoren rieten mir, mich völlig auszuruhen und ins Ausland zu reisen.

Ich ließ ausrichten, dass ich vor meiner Abreise alles geregelt haben wollte und ich ohne Sorgen gehen sollte. Ein paar Tage später erschien ein großes Komitee in meinem Büro. Zu meiner Überraschung war dort ein Vertreter aus jedem Zweig des Dienstes, Personen- und Güterzugführer, Bremser, Werkstattarbeiter , Rangierer, Weichensteller und so weiter. Diese waren immer über ihre örtlichen Gewerkschaften gekommen. Ich nahm schnell auf und passte an, was jeder der Vertreter seines Ordens behauptete, und dann sagte ein Mann: „Ich vertrete die Lokomotivführer."

Meine Antwort war: „Sie haben hier nichts zu suchen, und ich will nichts mit Ihnen zu tun haben. Ich werde keinen der Lokomotivführer empfangen, außer ihrem akkreditierten Vorgesetzten."

"Nun", sagte er, "Herr Präsident, es gibt eine neue Situation auf der Straße, einen neuen Gewerkschaftsbund, der sich Knights of Labour nennt. Wir werden alle anderen Gewerkschaften aufsaugen und nur noch eine haben. Das einzige Hindernis auf dem Weg sind die Lokomotivführer, die sich weigern, ihre Bruderschaft aufzugeben und sich uns anzuschließen, aber wenn Sie nur uns anerkennen, wird das sie zum Beitritt zwingen. Nun, die Bruderschaft beabsichtigt, sehr bald eine Forderung zu stellen, und wenn Sie unseren Orden, die Knights of Labour, und nicht die Brotherhood of Locomotive Engineers anerkennen, werden wir uns zwei Jahre lang um ihre Forderungen und die aller anderen aus jeder Abteilung kümmern, und Sie können Ihre Reise nach Europa in aller Ruhe antreten. Wenn Sie das nicht tun, wird es Ärger geben."

Ich lehnte es ab, mit ihnen als Vertreter der Bruderschaft der Lokomotivführer zu verhandeln. Dann sagte ihr Sprecher: „Da dies für Sie so ernst ist, geben wir Ihnen heute Nacht Zeit, darüber nachzudenken und kommen morgen früh wieder."

Ich ließ sofort den Leiter der Lokomotivführung rufen und wies ihn an, in jedem Lokschuppen telegrafisch bekannt zu geben, dass der Antrag der Bruderschaft der Lokomotivführer, von dem mir dieses Komitee erzählt hatte, genehmigt worden sei. Am nächsten Morgen kam das Komitee zurück und sein Leiter sagte: „Nun, Herr Präsident, Sie haben uns geschlagen und wir gehen nach Hause."

Dann wandte ich mich an sie und sagte: „Ich bin ein ziemlich gebrochener Mann. Die Ärzte sagen mir, wenn ich drei Monate ohne Behandlung auskomme, werde ich wieder so gesund sein wie vorher. Sie müssen zugeben, dass ich Ihnen gegenüber immer absolut ehrlich war und versucht habe, die Angelegenheiten, die Sie mir vorgetragen haben, fair zu regeln. Werden Sie sich nun um mich kümmern, während ich abwesend bin?"

Sie antworteten einstimmig: „Herr Präsident, das werden wir, und Sie können sicher sein, dass es während Ihrer Abwesenheit keine Probleme auf der New York Central geben wird."

Ich segelte mit einem Geist frei von Angst, voller Hoffnung und Glück und ließ mir weder Telegramme noch Briefe schicken. Nach einem Besuch der Passionsspiele in Ober- Ammergau in Oberbayern reiste ich weiter ins österreichische Tirol. Eines Nachts platzte plötzlich Mr. Graves, ein sehr unternehmungslustiger Reporter einer New Yorker Zeitung, in einem Hotel in Innsbruck in mein Zimmer und sagte: „Ich bin Ihnen durch ganz Europa hinterhergelaufen, um ein Interview über den Streik bei der New York Central zu bekommen." Das war das Erste, was ich über den Streik erfuhr.

Sobald ich New York verlassen hatte und auf dem Ozean war, entließen die jungen und ehrgeizigen Offiziere, die an der Spitze der Eisenbahn standen und meine Methode im Umgang mit den Angestellten missbilligten, jedes Mitglied des Komitees, das mich aufgesucht hatte. Natürlich folgte unmittelbar darauf ein Ausbruch der Sympathie für sie, und die Sympathisanten wurden ebenfalls entlassen. Dann wurde die ganze Bahn durch einen allgemeinen Streik lahmgelegt. Nachdem der Eisenbahn Millionen an Einnahmen und den Arbeitern Millionen an Löhnen verloren gegangen waren, wurde der Streik wie üblich durch einen Kompromiss beigelegt, der jedoch den Knights of Labour die Kontrolle übertrug, mit Ausnahme der Brotherhood of Locomotive Engineers. Die frühe Beilegung des Streiks war größtenteils der Loyalität und dem Mut der Brotherhood zu verdanken.

Während meiner Präsidentschaft wurde ich wegen meiner Aktivitäten in der Politik und auf der Plattform von der Öffentlichkeit stark kritisiert , aber nie von den Direktoren des Unternehmens. Als die Pflichten meines Amtes für einige Zeit sehr belastend wurden und ich es gewohnt war, den ganzen Tag und bis spät in die Nacht zu arbeiten, entdeckte ich, dass diese konzentrierte Aufmerksamkeit auf meine Eisenbahnprobleme und die intensive und kontinuierliche Beschäftigung mit ihrer Lösung nicht nur meine Leistungsfähigkeit, sondern auch meine Gesundheit beeinträchtigte. Da ich kein Sportfan war und nie Zeit für Spiele oder Pferde hatte, beschloss ich, eine Theorie auszuprobieren, die besagte, dass die täglichen Pflichten bestimmte Gehirnzellen beschäftigten, während die anderen untätig blieben;

dass die aktiven Zellen durch Überarbeitung müde wurden, während andere durch Untätigkeit in gewissem Maße ihre Leistung verloren; dass, wenn man sich nach angemessener Nutzung der arbeitenden Zellen einer anderen intellektuellen Beschäftigung widmete, dies ebenso viel Erleichterung oder Erholung bot wie jede Art von Bewegung im Freien. Ich hatte eine natürliche Begabung, mich schnell und einfach auf öffentliche Reden vorzubereiten, und machte dies zu meiner Freizeitbeschäftigung. Das Ergebnis war völlig erfolgreich.

Nach einem harten Arbeitstag gewöhnte ich mir an, wenn ich spätnachmittags nach Hause kam, ein kurzes Nickerchen von etwa fünfzehn Minuten zu machen. Dann schaute ich auf meine Notizblöcke, um zu sehen, ob ich am Abend eine Rede halten sollte, und ob die Vorbereitung der Rede dann einfach sein würde oder, wenn es schwierig war, dazu führen würde, dass ich zu spät zum Abendessen kam. Diese Reden wurden mehrmals pro Woche gehalten, und zwar hauptsächlich bei Banketten zum Abschluss der Sitzungen der Handelsorganisationen des Landes. Die gegenseitige Gunst und Freundschaft dieser Delegierten brachte der New York Central eine Menge Konkurrenzgeschäft ein.

Während meiner politischen Tätigkeit erließ ich strikte Anordnungen, dass jeder Angestellte die gleichen Freiheiten haben sollte und dass jeder Versuch eines Vorgesetzten, die politischen Handlungen eines Untergebenen zu beeinflussen oder zu lenken, ein Grund für seine Entlassung sein würde. Dies wurde so bekannt, dass der folgende, nicht seltene Vorfall die Folgen zeigt.

Als ich am Morgen nach meiner politischen Rede in Utica den Zug bestieg, begrüßte mich der Rangiervorsteher, ein Ire, sehr herzlich und sagte dann: „Wir waren gestern Abend alle auf, um Ihnen zuzuhören, Chef, aber dieses Jahr sind wir gegen Sie.“

Die Stellung, die mir diese Tätigkeit in meiner eigenen Partei verschaffte, und die Tatsache, dass ich im Gegensatz zu den meisten Arbeitgebern die Freiheit und politische Handlungsfähigkeit der Arbeitnehmer schützte, waren mir eine große Hilfe beim Schutz des Unternehmens vor Überfällen und Räubern.

Wir hatten ein Restaurant im Bahnhof von Utica, das sich verschlechtert hatte. Ich wurde auf die Situation aufmerksam gemacht, um die Übel zu beheben, indem ich den folgenden Brief eines empörten Passagiers erhielt: „Sehr geehrter Herr Präsident, Sie sind der beste Tischredner der Welt. Ich würde viel darum geben, die Rede zu hören, die Sie nach Ihrem Abendessen im Restaurant Ihres Bahnhofs in Utica halten würden.“

Nach dreizehnjähriger Tätigkeit als Präsident wurde ich zum Vorstandsvorsitzenden gewählt. Herr Samuel R. Callaway folgte mir als

Präsident nach, und nach seinem Rücktritt wurde Herr William H. Newman sein Nachfolger, und nach seinem Rücktritt wurde Herr WC Brown Präsident. Nach Herrn Brown wurde Herr Alfred H. Smith gewählt, der noch immer im Amt ist. Alle diese Amtsträger waren fähig und haben hervorragende Dienste geleistet, aber ich möchte Herrn Smith besonders würdigen.

Mr. Smith ist einer der fähigsten Betriebsleiter seiner Zeit. Als die US-Regierung die Eisenbahnen übernahm, wurde er zum Regionaldirektor der Regierung für die Eisenbahnen in diesem Gebiet ernannt. Er erhielt höchste Anerkennung von der Regierung und den Eisenbahneigentümern für die bewundernswerte Art und Weise, in der er sie während der Regierungskontrolle instand gehalten und ihre Effizienz gewährleistet hatte.

Nach der Übergabe der Eisenbahnen durch die Regierung wurde Mr. Smith von seinen Vorgesetzten als Präsident der New York Central willkommen geheißen. Der hervorragende Zustand der Central und ihrer angeschlossenen Linien ist größtenteils ihm zu verdanken. Während seiner Tätigkeit als Regionaldirektor wurde die schwierige Aufgabe des Präsidenten der New York Central von Mr. William K. Vanderbilt Jr. sehr kompetent ausgeführt. Obwohl er der jüngste unter den leitenden Angestellten der Eisenbahnen des Landes war, war er gleichzeitig einer der besten.

Unter den tüchtigen Beamten, die der New York Central während meiner Zeit bei der Gesellschaft gedient haben, erinnere ich mich an viele aufgrund ihres Wertes und ihrer Individualität. H. Walter Webb kam von einer aktiven Geschäftskarriere zum Eisenbahndienst. Mit außergewöhnlicher Intelligenz und Fleiß stieg er schnell in der Organisation auf und war ein sehr fähiger und tüchtiger Beamter. Da war Theo Voorhees, der General Superintendent, ein ungewöhnlich junger Mann für eine so verantwortungsvolle Position. Er war Absolvent der Troy Polytechnical School und ein sehr fähiger Betriebsleiter. Da er direkt vom College in eine verantwortungsvolle Position gewechselt war, verstand oder wusste er natürlich nicht, wie man mit Menschen umgeht, bis er lange Erfahrung hatte. Diesen Mangel an Erfahrung zeigte er auf sehr drastische Weise im Streik von 1892 und seiner Beilegung. Da er sehr willkürlich war, hatte er seine eigenen Maßstäbe. So wandten sich beispielsweise viele alte Bremser und Schaffner, die er entlassen hatte, an mich. Ich erwähne insbesondere einen, der 25 Jahre lang auf der Bahn gedient hatte. Voorhees' Antwort an mich war: „Diese alten Mitarbeiter sind Toucey , meinem Vorgänger, ergeben, und um effizient arbeiten zu können, muss man mir gegenüber Loyalität beweisen."

Ich nahm seinen Befehl zurück und teilte ihm mit, dass ich, falls nötig, damit beginnen würde, die zuletzt ernannten Männer, ihn selbst eingeschlossen, zu entlassen und die älteren Männer im Dienst zu behalten, die durch die

Erfüllung ihrer Pflichten ihre Loyalität gegenüber der Kompanie bewiesen hätten.

Herr Voorhees wurde später Vizepräsident und dann Präsident von Philadelphia und Reading. Dank seiner Erfahrung, seiner hervorragenden Ausrüstung und seinen außergewöhnlichen Fähigkeiten wurde er einer der besten Führungskräfte des Landes.

Mr. John M. Toucey , der sich von ganz unten zum General Superintendent und General Manager hochgearbeitet hatte, war ein fleißiger Schüler. Sein enger Kontakt mit seinen Kollegen gab ihm eine wunderbare Kontrolle über seine Mitarbeiter. Er ergänzte seine praktische Erfahrung durch hartes Lernen und war sehr gebildet. Obwohl er Autodidakt war, hatte er kein Vertrauen in die Absolventen der Berufsschulen.

Einer von ihnen erzählte mir, dass Toucey bei der Auswahl eines Assistenten diesen einer strengen Prüfung unterzogen und ihn dann gefragt habe: „Welche berufliche Laufbahn möchten Sie bei der Eisenbahn einschlagen?“

„Ich habe ganz unten angefangen“, antwortete der Assistent, „und habe jedes Amt auf meiner alten Straße bekleidet, bis hin zum Abteilungsleiter, den ich so viele Jahre lang innegehabt habe.“

„Das ist sehr schön“, sagte Toucey , „aber sind Sie Absolvent der Troy Technical School?“

"Nein Sir."

„Von der Stevens Tech.?“

"Nein Sir."

„Von Massachusetts Tech.“

"Nein Sir."

„Dann sind Sie verlobt“, sagte Toucey .

Herr Toucey war auf dem neuesten Stand und unterschied sich von einem Superintendenten einer anderen Strecke, bei der ich Direktor war. Der Vorortverkehr dieser Linie hatte sehr schnell zugenommen, aber es gab nicht genügend Züge oder Wagen, um die Passagiere aufzunehmen. Die Überfüllung verursachte viele ernsthafte Unannehmlichkeiten. Ich ließ den Superintendenten vor den Vorstand rufen und sagte zu ihm: „Warum setzen Sie nicht sofort mehr Züge und Wagen ein?“

„Aber, Mr. Depew“, antwortete er, „was würde das bringen? Sie setzen sich so schnell entlang der Strecke ab, dass die Leute sie genauso auffüllen und überfüllen würden wie zuvor.“

Einmal fuhr ich mit GH Burroughs, dem Leiter der Western Division, auf einer wichtigen Fahrt über die Gleise. Wir saßen auf seiner kleinen Lokomotive, mit Sitzen vorne neben dem Kessel, so dass wir direkt auf die Gleise sehen konnten. Burroughs saß auf der einen Seite und ich auf der anderen. Er diktierte seiner Stenografin, die hinter ihm saß, ständig laut Kommentare, und Lob und Kritik folgten rasch aufeinander. Ich hörte ihn in seiner monotonen Art sagen: „Weiche verstellt, wir werden alle in einer Minute in der Hölle sein", und dann eine Sekunde später weiter: „Wir haben die Weiche übersprungen und sind wieder auf den Gleisen. Entlassen Sie diesen Weichensteller."

Major Zenas Priest war fünfzig Jahre lang Abteilungsleiter. Es war eine wunderbare Erfahrung, mit ihm durch seine Abteilung zu gehen. Er kannte jeden in der Abteilung, war der Vertraute bei Familienproblemen und Schiedsrichter bei Nachbarschaftsstreitigkeiten. Er kannte jeden Angestellten persönlich und seine Charaktereigenschaften und seine häusliche Situation. Die Frauen halfen ihm im Allgemeinen, ihre Männer davon abzuhalten, Ärger zu machen. Um seine Kontrolle und Effizienz zu demonstrieren, sagte er immer Arbeitsprobleme voraus und wies nach, dass der Grund, warum sie nicht auftraten, die Art und Weise war, wie er die Situation handhabte.

Herr CM Bissell war ein sehr tüchtiger Leiter und lange Zeit für die Harlem Railroad verantwortlich. Er erzählte mir diesen Vorfall. Wir beschlossen, als Kontrolle für die Schaffner ein System einzuführen, bei dem ein Schaffner, wenn im Zug ein Fahrpreis bezahlt wurde, einen Beleg aus einem Buch herausreißen musste, den er dem Passagier gab, und den Betrag auf dem Abschnitt vermerkte, von dem der Beleg abgerissen wurde. Kurz darauf kam ein Komitee von Schaffnern zu Herrn Bissell und bat um eine Gehaltserhöhung. „Warum", fragte Bissell, „Jungs, warum verlangt ihr das jetzt?"

Nach einer ziemlich peinlichen Pause sagte der älteste Dirigent: „Mr. Bissell, Sie waren selbst Dirigent."

Dieses halbe Jahrhundert und sechs Jahre, die ich im Dienst der New York Central Railroad gestanden habe, waren eine Zeit ungewöhnlicher Freude und bemerkenswert frei von Reibereien oder Problemen. In dieser engen Verbindung mit den Eisenbahnmanagern der Vereinigten Staaten habe ich die besten und beständigsten Freundschaften geschlossen. Der Eisenbahnmanager ist selten ein Großaktionär, aber er ist ein äußerst ergebener und tüchtiger Beamter seiner Firma. Er gibt alles, was in ihm steckt, in den Dienst der Öffentlichkeit, der Angestellten, der Investoren und der Firma. In zu vielen Fällen sterben diese Beamten erschöpft vor ihrer Zeit, weil sie keine Abwechslung von ihrer Arbeit bekommen.

Die anschauliche Geschichte, die einer der ältesten und fähigsten Eisenbahner, Mr. Marvin Hughitt , lange Zeit Präsident und jetzt Vorsitzender der Chicago and Northwestern Railway, erzählt, veranschaulicht, was die Eisenbahn für das Land tut. Vor 25 Jahren verlängerte die Northwestern ihre Strecken durch Nord-Iowa. Mr. Hughitt fuhr mit einem Bockwagen über die geplante Verlängerung. Das Land war dünn besiedelt, weil die Bauern ihre Produkte nicht auf den Markt bringen konnten und das Land für sechs Dollar pro Acre verkauft wurde.

In einem Vierteljahrhundert entstanden entlang der Strecke wohlhabende Dörfer und Städte, und Bauernhöfe wurden für über 300 Dollar pro Acre verkauft. Während dieser enorme Gewinn von sechs bis über 300 Dollar pro Acre den Siedlern zugute kam, die ihre Bauernhöfe aufgrund der Möglichkeiten der Eisenbahn hielten, müssen sich die Menschen, deren Kapital für den Bau der Straße verwendet wurde, mit einer mäßigen Rendite in Form von Dividenden und Zinsen und ohne jegliche Kapitalvermehrung zufrieden geben, aber diese Investoren sollten vom Staat und den Menschen geschützt werden, denen ihre Kapitalausgaben einen so enormen Nutzen gebracht haben.

XIX. ERINNERUNGEN AUS DEM AUSLAND

Ich kenne für einen belesenen Amerikaner nichts Schöneres, als die Orte in Großbritannien zu besuchen, die er durch seine Lektüre kennengelernt hat. Egal, wie schnell er reist, wenn er die Orte besucht, die Sir Walter Scott in den „Waverley-Romanen" und in seinen Gedichten unvergesslich gemacht hat, wird er Eindrücke, Erregungen und Lernergebnisse haben, die ihm für den Rest seines Lebens eine Freude sein werden. Dasselbe gilt für einen glühenden Verehrer von Dickens oder Thackeray, der in die Fußstapfen ihrer Helden und Heldinnen tritt. Ich habe eine umfassende Bildung genossen und bei meinen Besuchen in England, Irland, Schottland und Wales die Lektüre und Studien meines Lebens noch einmal erlebt. Ich hatte auch eine ähnliche Erfahrung bei der Belebung und Vergeistigung meiner Bibliothek in Frankreich, Italien, Deutschland, Belgien und Holland.

London ist immer die gastfreundlichste und gesellschaftlich angenehmste Stadt. Obwohl Herr Gladstone Premierminister war und in den Augen der Welt mehr galt als jeder Staatsmann irgendeines Landes, wurde ihm ein Abendessen mit dem besonderen Ziel gegeben, mich mit ihm bekannt zu machen. Die Damen und Herren beim Abendessen waren allesamt angesehene Persönlichkeiten. Unter ihnen waren zwei amerikanische Bischöfe. Der Gastgeber und die Gastgeberin hatten vereinbart, dass ich, wenn die Damen das Esszimmer verließen, den frei gewordenen Platz neben Herrn Gladstone einnehmen sollte. Doch einer der amerikanischen Bischöfe, der in seinen jüngeren Tagen ein berühmter Sportler war, sprang mit einem Satz auf diesen Stuhl zu und stellte Herrn Gladstone, kaum gelandet, sofort diese überraschende Frage: „Da der Bischof der alten katholischen Kirche in Deutschland die Autorität des Papstes nicht anerkennt, wie kann er dann Absolution erhalten?" – und einige andere abstruse theologische Fragen. Dies erregte Herrn Gladstone sofort, der, als er einmal in Fahrt gekommen war, nur mit Mühe gestoppt werden konnte, und es gab keine Pause, bis der Gastgeber ankündigte, dass die Herren sich zu den Damen gesellen sollten. Ich legte Wert darauf, dass beim nächsten Abendessen, das für mein Treffen mit Herrn Gladstone vorgesehen war, kein amerikanischer Bischof anwesend sein sollte.

Ein anderes Mal, als ich aus New York in meinem Hotel in London ankam, fand ich eine Nachricht von Lord Rosebery, in der stand, dass Mr. Gladstone an diesem Abend mit Lady Rosebery und ihm selbst zu Abend speiste und keine anderen Gäste anwesend sein würden. Er lud mich ein, zu kommen. Ich kam früh an und fand Mr. Gladstone bereits dort vor. Während es damals in der Londoner Gesellschaft üblich war, dass die Gäste zu spät kamen, war Mr. Gladstone immer fünfzehn Minuten bis eine halbe Stunde früher da als in seiner Einladung angegeben. Er begrüßte mich mit großer Herzlichkeit, und sofort richteten sich die sogenannten Gladstone-Tentakel auf mich, um Informationen zu erhalten. Es war eine Besonderheit des großen alten Mannes, dass er einem Fremden praktisch alles entlockte, was dieser wusste, und die Informationen sofort in sein wunderbares Gehirn aufnahm. Er wurde zweifellos der bestinformierte Mann zu mehr Themen als jeder andere auf der Welt.

Mr. Gladstone sagte zu mir: „Hier regnet es seit vierzig Tagen. Wie hoch ist die durchschnittliche Niederschlagsmenge in den Vereinigten Staaten und in New York?" Wenn es ein Thema gab, über das ich weniger wusste als andere, dann waren es die meteorologischen Bedingungen in Amerika. Dann fuhr er voller Freude fort: „Unser Freund, Lord Rosebery, hat alles und weiß alles, daher ist es fast unmöglich, etwas Neues für ihn zu finden. Tolle Bücher sind weit verbreitet, aber bei meinen Streifzügen durch Antiquariate ist es mir gelungen, das dümmste Buch zu entdecken, das je geschrieben wurde. Es war von einem alten Lord Mayor von London, der einen ganzen Band mit seinen Erlebnissen bei einer Exkursion auf der Themse gefüllt hat, was zum Alltag eines jeden Engländers gehört." Zur Enttäuschung von Mr. Gladstone besaß Lord Rosebery dieses Buch ebenfalls. Der Abend war für mich unvergesslich.

Nach einer sehr vergnüglichen Zeit und einem Abendessen ging Lord Rosebery zu einer Verabredung, bei der er bei einem Treffen von Kolonialvertretern sprechen sollte, während Lady Rosebery Mr. Gladstone und mich in die Oper in Covent Garden führte. Im Unterhaus fand eine kritische Debatte statt, und die Einpeitscher liefen herein, um ihn über den Verlauf der Schlacht zu informieren und Anweisungen vom großen Führer zu erhalten.

Während der Zwischenakte sprach Herr Gladstone höchst interessant über seine sechzigjährige Erfahrung mit der Oper. Er kannte alle großen Opern jener Zeit und kritisierte mit wunderbarem Geschick die Komponisten und ihre Eigenschaften. Er beschrieb in Worten alle großen Künstler, die auf der englischen Bühne aufgetreten waren, und die Vorzüge und Fehler jedes einzelnen. Ein Fremder, der ihm zuhörte, hätte gesagt, dass ein erfahrener Musikkritiker, der sein Leben nur dieser und nichts anderem gewidmet hatte, in Erinnerungen schwelgte. Er sagte, dass der Manager von Covent Garden dreißig Jahre zuvor die Tonhöhe erhöht hatte, dass dies so schwierig geworden war, dass die meisten Künstler, um sie zu erreichen, das Tremolo verwendeten, und dass das Tremolo ihm das exquisite Vergnügen genommen hatte, das er früher beim Anhören einer Oper empfand.

Herr Gladstone war zu dieser Zeit der unbestrittene Herrscher des Unterhauses und sein bedeutendster Redner. Leider habe ich ihn nie in Bestform erlebt, aber ob die Frage nun von größerer oder geringerer

Bedeutung war, das Erscheinen von Herrn Gladstone erhob sie sofort über die gewöhnliche Diskussion hinaus zu einer wichtigen Debatte.

Mr. Gladstone stellte viele Fragen über große Vermögen in den Vereinigten Staaten, war neugierig, wie diese angehäuft wurden und ob sie in nachfolgenden Generationen erhalten blieben. Er wollte alles über den angeblich reichsten Mann unter ihnen wissen. Ich sagte ihm, dass ich die Höhe seines Vermögens nicht kenne, dass es aber mindestens hundert Millionen Dollar seien.

„Wie viel wurde investiert?", fragte er.

Ich antwortete: „Alles in liquiden Wertpapieren, die in kurzer Zeit in Bargeld umgewandelt werden können."

Er wurde darüber aufgeregt und sagte: „Ein solcher Mann ist nicht nur für sein eigenes Land, sondern für die ganze Welt gefährlich. Mit dieser Menge an Bargeld könnte er den Wechselkurs durcheinanderbringen und die Kreditaufnahmefähigkeit der Nationen lähmen."

„Aber", sagte ich, „Sie verfügen über ein riesiges Vermögen", und erwähnte den Herzog von Westminster.

„Ich kenne jedes Pfund von Westminsters Reichtum", sagte er. „Er steckt in Land, das er nicht verkaufen kann, und ist belastet mit Generationenverträgen und Verpflichtungen, die sich nicht vermeiden lassen."

„Wie wäre es mit den Rothschilds ?", fragte ich.

"Ihre Vermögen", antwortete er, "sind unter den Firmen in London, Paris, Wien und Frankfurt aufgeteilt, und es wäre unmöglich, sie zu bündeln und dazu zu verwenden, die Märkte der Welt in Unordnung zu bringen. Aber Herr ——— könnte dies tun und die Regierungen daran hindern, ihren Verpflichtungen nachzukommen."

Herr Gladstone hatte nichts gegen große Vermögen, egal wie groß, es sei denn, sie wurden so angelegt, dass sie einem einzelnen Mann sofort zur Spekulation zur Verfügung standen. Doch inzwischen wurden Vermögen von über hundert Millionen erworben, und ihre Verwaltung ist so konservativ, dass sie als Bremse und Schutz gegen unbegründete Panik dient. Die meisten davon wurden zum Wohle der Allgemeinheit eingesetzt. Die auffälligsten Beispiele sind die Rockefeller Foundation, die Carnegie Endowment und die Frick Foundation.

Henry Labouchere erzählte mir eine reizende Geschichte über die erste Begegnung zwischen Herrn Gladstone und Robert T. Lincoln, als dieser als amerikanischer Minister in London ankam. Herr Lincoln wurde kurz nach seiner Ankunft einer der beliebtesten Vertreter der angesehenen amerikanischen Repräsentanten in Großbritannien. Er war besonders bekannt für seine charmante Konversation. Labouchere sagte, Herr Gladstone habe ihm gesagt, er würde gern Herrn Lincoln kennenlernen, sowohl weil dieser der neue Minister der Vereinigten Staaten sei als auch wegen seines großen Vaters, Präsident Lincoln. Labouchere arrangierte ein Abendessen in seinem Haus, das eine Stunde von Herrn Gladstones Stadtresidenz entfernt auf dem Lande lag. Frau Gladstone ließ Herrn Labouchere als Bedingung für die Erlaubnis ihres Mannes, ausreisen zu dürfen, versprechen, dass Herr Gladstone um zehn Uhr wieder zu Hause sein sollte.

Das Abendessen hatte kaum begonnen, als eine Frage auftauchte, die Mr. Gladstone nicht nur interessierte, sondern auch erregte. Er begann sofort einen beredten Monolog zu diesem Thema. Es bestand keine Möglichkeit einer Unterbrechung durch irgendjemanden, und Mr. Lincoln hatte überhaupt keine Chance, eine Bemerkung einzubringen. Als es fast elf Uhr war, unterbrach Labouchere diesen Schwall von Reden mit den Worten: „Mr. Gladstone, es ist jetzt elf; es ist eine Stunde Fahrt nach London, und ich habe Mrs. Gladstone versprochen, Sie um zehn zurückzubringen." Als sie wieder in der Kutsche saßen, sagte Labouchere zu Mr. Gladstone: „Nun, Sie haben einen Abend mit Mr. Lincoln verbracht; was halten Sie von ihm?" Er antwortete: „Mr. Lincoln ist eine charmante Persönlichkeit, aber er scheint nicht viel zu reden."

Zu den sehr fähigen Männern, die ich in London traf, gehörte Joseph Chamberlain. Als ich ihn zum ersten Mal traf, war er einer von Herrn Gladstones vertrauenswürdigen Leutnants. Er war ein hervorragender Redner, ein scharfsinniger und scharfsinniger Debattierer und ein kluger Politiker. Als er mit Herrn Gladstone brach, behielt er seine Kontrolle über seinen Wahlkreis und blieb weiterhin ein Führer der Gegenpartei.

Herr Chamberlain erzählte mir, dass während einer kritischen Debatte im Unterhaus, als die Regierung in Gefahr war, Herr Gladstone, der allein die Situation hätte retten können, plötzlich verschwunden sei. Alle ihm bekannten Orte wurden abgesucht, um ihn zu finden. Herr Chamberlain erinnerte sich an Herrn Gladstones Interesse an einem bestimmten Thema und fuhr zum Haus der Dame, deren Autorität in diesem Thema Herr Gladstone sehr schätzte. Er fand ihn dabei, der Dame einige von Watts' Hymnen, die er ins Italienische übersetzt hatte, zur Kritik und Korrektur vorzulegen.

Die britische Regierung schickte Herrn Chamberlain nach Amerika, und er wurde von unseren Handels- und anderen Organisationen häufig öffentlich empfangen. Aufgrund seiner Trennung von Herrn Gladstone in Bezug auf die Home Rule stieß er hier bei den Iren auf große Feindseligkeit. Ich war bei einem öffentlichen Abendessen anwesend, bei dem es sehr viele Unterbrechungen und feindselige Demonstrationen gab. Aber Herr Chamberlain gewann sein Publikum durch sein Können und seine Kampfqualitäten.

Ich gab ihm ein Abendessen bei mir zu Hause und lud eine Reihe von repräsentativen Männern ein, ihn zu treffen. Er machte den Anlass außerordentlich interessant, indem er Ansichten über die innenpolitischen Verhältnisse in England und die internationalen Verhältnisse in diesem Land vorstellte, die für uns völlig neu waren.

Mr. Chamberlain war Gast auf der Teutonic bei der berühmten Parade der britischen Marine anlässlich des Thronjubiläums von Königin Victoria, wo ich das Vergnügen hatte, ihn wiederzusehen. Er hatte vor kurzem Miss Endicott geheiratet, die bezaubernde Tochter unseres Kriegsministers, und jeder wusste, dass dies die Flitterwochen eines britischen Staatsmannes waren.

Er gab mir ein Abendessen in London, bei dem eine große Gesellschaft anwesend war, und zwei Themen wurden sehr intensiv diskutiert. Es hatte kürzlich eine Hochzeit in der englischen Oberschicht gegeben, bei der beide Seiten einen wunderbaren Stammbaum und gute Beziehungen hatten, aber kein Geld. Schließlich ergab sich jedoch, dass das junge Paar nach Familienvereinbarungen fünfzehnhundert Pfund pro Jahr oder siebentausendfünfhundert Dollar haben könnte. Es wurde einstimmig beschlossen, dass sie mit dieser Summe sehr gut auskommen und ihre Position halten und die Aufmerksamkeiten, die sie erhalten würden, angemessen erwidern könnten. Nichts könnte den enormen Anstieg der Lebenshaltungskosten besser veranschaulichen als der Kontrast zwischen damals und heute.

Einer der Gäste beim Abendessen sagte, dass die Amerikaner durch die Einführung des Slangs die englische Sprache ruinierten. Mr. James Russell Lowell war offensichtlich auf diese Kontroverse vorbereitet. Er sagte, dass der amerikanische Slang die allgemeine Sprache des Teils Englands war, aus dem die Pilgerväter in See stachen, und dass er in bestimmten Teilen der Vereinigten Staaten, insbesondere im Norden Neuenglands, erhalten geblieben sei. Dann zog er ein altes Buch hervor, eine Art Wörterbuch aus dieser Zeit, und bewies seine Behauptung. Es war für alle eine Überraschung zu erfahren, dass der amerikanische Slang eigentlich klassisches Englisch war und in den entlegeneren Teilen von Massachusetts und New Hampshire noch immer gesprochen wurde, obwohl er in England nicht mehr verwendet wurde.

Die Regierungszeit von Herrn Gladstone als Premierminister war eine der interessantesten für einen amerikanischen Besucher, der das Privileg hatte, ihn und die hervorragenden Männer seines Kabinetts kennenzulernen. Die Damen des Kabinetts unterhielten die Gäste großzügig und hervorragend. Ein großer Favorit bei diesen gesellschaftlichen Zusammenkünften war Miss Margot Tennant, später Mrs. Asquith. Ihre Jugend, ihr Witz, ihre Originalität und Kühnheit machten jede Veranstaltung zu einem Erfolg, die durch ihre Anwesenheit geschmückt wurde.

Die Bitterkeit gegenüber Herrn Gladstone von der Oppositionspartei übertraf alles, was ich in der amerikanischen Politik erlebt habe, mit Ausnahme des Bürgerkriegs. Bei Abendessen und Empfängen, die meine Freunde von der Tory-Partei für mich veranstalteten, wurde von mir als Amerikaner erwartet, dass ich Herrn Gladstone und der Home Rule gegenüber freundlich gesinnt sei. Ich weiß nicht, ob dies der Grund war oder ob es üblich war, aber bei solchen Gelegenheiten wurde Herr Gladstone häufig als Verräter angeprangert und die Hoffnung geäußert, noch zu erleben, wie er hingerichtet wird.

Ich erinnere mich an einen wichtigen Mann des öffentlichen Lebens, der großes Interesse an den kanadischen und amerikanischen Eisenbahnen hatte und dort eine große Macht hatte. Er bat einen Freund von mir, ein Treffen mit mir zu arrangieren. Ich empfand ihn als äußerst angenehmen Mann und als sehr genau informiert über die Eisenbahnsituation in Kanada und den Vereinigten Staaten. Er bereitete sich auf einen Besuch vor und wollte, dass ich etwaige Wissenslücken in seinem Wissen über die Situation fülle.

Apropos der damaligen politischen Situation fragte er mich plötzlich, wie die Einstellung des amerikanischen Volkes gegenüber Herrn Gladstone und seinem Home Rule-Gesetz sei. Ich sagte ihm, sie seien praktisch einstimmig für das Gesetz und Herr Gladstone sei der beliebteste Engländer in den Vereinigten Staaten. Er geriet sofort in einen heftigen Wutanfall, was für einen Engländer das Seltenste auf der Welt ist, und verlor die Kontrolle über sein Temperament in einem solchen Ausmaß, dass ich dachte, der einfachste Weg, die Flut seiner Anschuldigungen einzudämmen, sei, sich auf eine andere Verpflichtung einzulassen und sich vom Feld zurückzuziehen. Ich traf ihn danach häufig, besonders als er in die Vereinigten Staaten kam, vermied aber sorgfältig seine Lieblingsfeindlichkeit .

Ein Jahr, auf dem Höhepunkt der Krise um Gladstones Bemühungen, das Home Rule-Gesetz durchzubringen, sagte mir ein Mitglied seines Kabinetts: "Wir im Kabinett sind uns keineswegs einig, was die Bemühungen von Gladstone angeht, aber er ist die mächtigste Macht in unserem Land. Das Volk glaubt blind an ihn und wir helfen ihm, so gut wir können."

Es ist bekannt, dass sich im Laufe der Zeit einer nach dem anderen von ihm abwandte. Derselbe Kabinettsminister fuhr fort: „Herr Gladstone ist bei den Zugeständnissen in seinem Home Rule-Gesetz bis zum Äußersten gegangen und kann die englischen, schottischen und walisischen Abgeordneten überzeugen. Aber jedes Mal, wenn die Iren zufrieden zu sein scheinen, stellen sie eine neue und noch größere Forderung. Wenn dies nicht aufhört und das vorliegende Gesetz nicht angenommen wird, wird das ganze Vorhaben scheitern. Viele der irischen Abgeordneten werden durch Beiträge aus Amerika unterstützt. Ihr Beruf ist die Politik. Wenn Home Rule angenommen werden sollte, könnten die ernsthaften Menschen Irlands, deren wirtschaftliche Interessen auf dem Spiel stehen, nach vorne treten und alle Repräsentantenämter selbst übernehmen. Wir sind zu dem Schluss gekommen, dass genügend irische Abgeordnete, um das Gesetz zu Fall zu bringen, Home Rule unter keinen Bedingungen wollen. Ich weiß, dass es jedes Jahr Brauch ist, wenn Sie nach Hause kommen, dass Ihre Freunde Sie unten an der Bucht treffen und Sie empfangen. Dann geben Sie hier ein Interview über Ihre Eindrücke, und dieses Interview wird in diesem Land ebenso weithin gedruckt wie in den Vereinigten Staaten. Nun wünsche ich mir, dass Sie Folgendes tun: Bringen Sie beim Empfang auf Ihre Weise zum Ausdruck, was ich Ihnen gesagt habe, und betonen Sie insbesondere, dass Herr Gladstone seine politische Karriere und seine gesamte Zukunft aufs Spiel setzt , um seiner Meinung nach Irland gegenüber Gerechtigkeit zu erlangen. Er kann nicht weiter gehen und seine englischen, schottischen und walisischen Wahlkreise behalten. Er glaubt, dass er das vorliegende Gesetz verabschieden und Irland auf eine Karriere als Home Rule vorbereiten kann, wenn er die Unterstützung der irischen Abgeordneten erhält. Die Amerikaner, die an Herrn Gladstone glauben und alle ehrliche Home Ruler sind, werden denken, dass dies eine indirekte Botschaft von ihm selbst ist, und das wäre es auch, wenn es klug von Herrn Gladstone wäre, diese Botschaft zu übermitteln."

Nach meiner Rückkehr nach New York kam ich der Bitte nach. Die Geschichte wurde überall veröffentlicht und kommentiert, und ob dies auf amerikanisches Drängen zurückzuführen war oder nicht, weiß ich nicht, aber kurz darauf gelang es Herrn Gladstone, seinen Home-Rule-Gesetzentwurf durch das Unterhaus zu bringen, doch er wurde von den Konservativen im Oberhaus abgelehnt.

Seine Irlandpolitik ist ein Beleg für Herrn Gladstones Urteilsvermögen und Weitsicht, denn im Lichte der heutigen Umstände ist es völlig klar, dass die Irlandfrage heute nicht die schwierigste und gefährlichste in der britischen Politik wäre, wenn Gladstones Maßnahme damals angenommen worden wäre.

Ich habe viele Gespräche mit Herrn Parnell geführt und viele Reden in seinem Namen und später auch in seinem Namen gehalten . Einmal habe ich ihn gefragt, ob die Iren eine vollständige Unabhängigkeit und die Bildung einer unabhängigen Regierung wünschten. Er antwortete: „Nein, wir wollen die Selbstverwaltung, aber in gewisser Weise unsere Verbindung zum Britischen Empire aufrechterhalten. Das Militär, die Marine und der öffentliche Dienst des Britischen Empire bieten unseren jungen Männern großartige Möglichkeiten. Irland ist im Verhältnis zu seiner Bevölkerung in diesen Abteilungen der britischen Regierung stärker vertreten als England, Schottland oder Wales.“

Im Zusammenhang mit der Spaltung in Herrn Gladstones Kabinett, die zu diesem Zeitpunkt noch nicht ausgebrochen war, stand eine meiner Geschichten im Mittelpunkt der Mode. Ich speiste mit Earl Spencer. Er war Lord Lieutenant von Irland gewesen und sehr beliebt. Vor allem seine Frau war ebenso erfolgreich wie der Vizeregent. Wegen seines wallenden rotbraunen Bartes wurde er der Rote Earl genannt. Er war ein sehr ernsthafter Mann, dem öffentlichen Dienst ergeben und überaus fähig. Er verehrte Gladstone beinahe und trauerte über die wachsende Opposition im Kabinett.

Die Gäste beim Abendessen waren alle Gladstonianer und beklagten diese Meinungsverschiedenheiten und waren voller Befürchtung, sie könnten zu einer Spaltung der Partei führen. Der Graf fragte mich, ob es in den Vereinigten Staaten jemals solche Zustände gegeben habe. Ich antwortete: „Ja.“ Mr. Blaine, damals als Außenminister an der Spitze von Präsident Harrisons Kabinett, hatte sehr ernste Meinungsverschiedenheiten mit seinem Chef, und die Leute fragten sich, warum er blieb. Mr. Blaine erzählte mir dazu folgende Geschichte: Der Autor eines Theaterstücks lud einen Freund ein, sich die erste Aufführung anzusehen, und schickte ihm eine Freikarte. Während des ersten Akts gab es Anzeichen der Missbilligung, die während des zweiten Akts in einen Aufruhr ausbrachen. Ein aufgeregter Mann, der neben dem Gast des Dramatikers saß, sagte: „Fremder, sind Sie blind oder taub, oder billigen Sie das Stück?“ Der Gast antwortete: „Mein Freund, meine Gefühle und Meinungen zu diesem Stück unterscheiden sich nicht von Ihren und denen der anderen, aber ich bin hier mit einer Freikarte. Wenn Sie ein wenig warten, bis ich rausgehe und eine Karte kaufe, komme ich zurück und helfe Ihnen, die Hölle heiß zu machen.“

Das brillanteste Mitglied von Herrn Gladstones Kabinett und einer der gebildetsten, vielseitigsten und redegewandtesten Männer Großbritanniens war Lord Rosebery. Ich habe ihn oft gesehen, als er Außenminister war und auch, nachdem er Premierminister geworden war. Lord Rosebery war nicht nur ein großartiger Debattierer in politischen Fragen, er war auch der gelehrteste Redner seines Landes in pädagogischen, literarischen und patriotischen Themen. Er versammelte immer die Leute um sich, die ein Fremder unbedingt kennenlernen wollte.

Ich erinnere mich an einen meiner Wochenendbesuche in seinem Haus in Mentmore , der zu meinen schönsten Auslandserinnerungen zählt. Er hatte die Führer seiner Partei dorthin mitgenommen. Das Abendessen dauerte bis nach zwölf Uhr, wobei die Gäste bis auf Lady Rosebery, die den Vorsitz hatte, ausschließlich Männer waren. Jeder, der das Privileg hatte, dabei zu sein, hatte das Gefühl, dass diese vier Stunden schneller und unterhaltsamer vergangen waren als je zuvor.

Es war eine wunderschöne Mondnacht und das beste englische Wetter, und wir begaben uns auf die Terrasse. Wir erinnerten uns an persönliche Erlebnisse, Reiseberichte von Männern, die überall auf der Welt gewesen waren und in vielen Ländern in kritischen Situationen gewesen waren, diplomatische Geheimnisse, die Krisen enthüllten, die europäische Kriege ernsthaft bedrohten, und wie diese abgewendet worden waren, Bündnisse wurden geschlossen und Gebiete erobert, spannende Abenteuer und persönliche Episoden, die jede Fiktion übertrafen. Die Gesellschaft trennte sich widerstrebend, als die aufgehende Sonne ihnen mahnte, dass die Nacht vorüber war.

Ich hatte das Glück, in vielen Ländern und bei denkwürdigen Anlässen Gast bedeutender Persönlichkeiten zu sein, aber das seltenste Privileg, das man sich je erträumen konnte, war, Gast bei Lord Rosebery zu sein, sei es in seinem Stadthaus oder in einem seiner Landsitze. Der wunderbare Charme des Gastgebers, sein Taktgefühl gegenüber seinen Gästen, sein Talent, Menschen aus der Reserve zu locken und sie von ihrer besten Seite erscheinen zu lassen, bleiben ihnen als unvergessliche Tage und Nächte in Erinnerung.

Alle Amerikaner interessierten sich sehr für die Karriere von Lord Randolph Churchill. Seine Frau war eine der schönsten und beliebtesten Frauen der englischen Gesellschaft und zudem Amerikanerin. Ich kannte ihren Vater, Leonard Jerome, sehr gut. Er war ein erfolgreicher Bankier und ein hochgebildeter und kultivierter Gentleman. Sein Bruder, William Jerome, war lange Zeit der beste Geschichtenerzähler und einer der geistreichsten New Yorker.

Lord Randolph Churchill machte in der britischen Politik sehr schnell Karriere und wurde nicht nur einer der brillantesten Debattierer, sondern auch einer der führenden Köpfe des Unterhauses. Bei einem meiner Auslandsbesuche erhielt ich eine Einladung der Churchills , sie auf ihrem Landsitz zu besuchen. Als ich ankam, stellte ich fest, dass sie ein Schloss bewohnten, das zu Zeiten von Königin Elisabeth erbaut worden war und an dem nur wenige moderne Veränderungen vorgenommen worden waren. Es war ein historisch einzigartiges und interessantes Bauwerk. Die nachfolgenden Generationen hatten Anbauten daran vorgenommen, wobei jeder Anbau ein neues Haus mit eigenen Ein- und Ausgängen darstellte. Lord Randolph sagte: „Ich heiße Sie in meinem Stammhaus willkommen, das ich für drei Monate gemietet habe."

Obwohl dieser vorübergehende Wohnsitz sehr alt war, wurde seine Gastfreundschaft von einem der modernsten und fortschrittlichsten Paare des Königreichs gewährt. In der Privatsphäre einer nicht zu großen Hausgesellschaft konnte man die Vielseitigkeit, den Charme, das umfassende Wissen und den scharfen politischen Scharfsinn dieses versierten und anziehenden britischen Staatsmannes genießen. Es war bedauerlich für sein Land, dass er aufgrund von Überarbeitung so früh im Leben zusammenbrach.

Niemand konnte zu seiner Zeit Baron Alfred Rothschild als Gastgeber übertreffen. Seine Abendessen in der Stadt, gefolgt von exquisiten Musicals, waren die gesellschaftlichen Ereignisse jeder Saison. Am attraktivsten war er jedoch in seinem herrlichen Landsitz. Ein Wochenende mit ihm war eine Begegnung mit der besten Tradition englischer Gastfreundschaft. Mit Sicherheit waren an der Gesellschaft Männer und Frauen von Rang und Namen beteiligt, und zwar genau die, über die ein Amerikaner gelesen hatte und die er unbedingt kennenlernen wollte.

Baron Rothschild war ein berühmter Musiker und ein leidenschaftlicher Musikliebhaber. Auf seinem Landsitz hatte er ein wunderbar ausgebildetes Orchester aus erfahrenen Musikern. Im Theater gab er zur Unterhaltung seiner Gäste Konzerte und leitete das Orchester selbst. Unter den Gästen befanden sich mit Sicherheit einer oder mehrere der berühmtesten Künstler der Oper von Covent Garden, und von diesen Experten erhielt seine eigene Leitung und die Leistung seiner perfekt ausgebildeten Truppe uneingeschränktes Lob und Beifall. Baron Rothschild besaß die Kunst, die für die Unterhaltung seiner Gäste so wichtig war, die richtigen Leute zusammenzubringen. Er riskierte nie die Harmonie seines Hauses, indem er Gegner einlud.

Lord Rothschild, das Oberhaupt des Hauses, unterschied sich völlig von seinem liebenswürdigen und gebildeten Bruder. Obwohl er auch Gäste unterhielt, war sein Geist in Geschäfte und Angelegenheiten vertieft. Ich hatte zur Zeit des Spanisch-Amerikanischen Krieges eine Konferenz mit ihm, die von historischer Bedeutung gewesen sein könnte. Er bat mich, ihn im Bankhaus Rothschild zu besuchen, wo die Traditionen eines Jahrhunderts bewahrt und unverändert bleiben. Er sagte zu mir: „Wir sind seit langer Zeit die Bankiers Spaniens. Wir fühlen die Verantwortung für ihre Wertpapiere, die wir auf den Markt gebracht haben. Die Vereinigten Staaten sind in ihren

Ressourcen und ihrem Geist so allmächtig, dass sie Spanien vernichten können. Dies wollen wir abwenden. Spanien, obwohl im Vergleich zu den Vereinigten Staaten schwach und arm, hat dennoch das stolzeste Volk der Welt, und es ist eine Frage des spanischen Stolzes, mit der wir uns befassen müssen."

In meiner Antwort sagte ich: „Lord Rothschild, ich glaube, wenn Sie einen Vorschlag hätten, sollten Sie ihn Herrn John Hay, unserem erfahrenen Minister, vorlegen."

"Nein", sagte er, "dann würde es eine Frage der Diplomatie und Publizität werden. Nun ist die spanische Regierung bereit, jeder Forderung der Vereinigten Staaten nachzukommen. Die Regierung ist bereit, Kuba absolute Unabhängigkeit zu gewähren oder, was sie vorziehen würde, eine selbstverwaltete Kolonie mit Beziehungen wie die von Kanada zu Großbritannien. Spanien ist bereit, den Vereinigten Staaten Puerto Rico und die Philippinen zu überlassen, aber es muss vorher wissen, ob diese Bedingungen akzeptiert werden, bevor es das Angebot macht, denn wenn ein so großes Angebot wie dieses, das einen solchen Verlust an Territorium und Prestige mit sich bringt, von den Vereinigten Staaten abgelehnt würde, würde es in Spanien eine Revolution geben, die nicht nur die Regierung, sondern auch die Monarchie stürzen könnte. Was als Beleidigung angesehen würde, würde von jedem Spanier bis zum bitteren Ende übelgenommen werden. Deshalb habe ich Sie gebeten, zu kommen, und möchte, dass Sie diesen Vorschlag Ihrem Präsidenten vorlegen. Natürlich bin ich weiterhin in der Lage, die ganze Sache zu dementieren, wenn es irgendeine Publizität darüber geben sollte ."

Der Vorschlag kam leider zu spät und Mr. McKinley konnte den Krieg nicht mehr stoppen. In Washington war allgemein bekannt, dass er Feindseligkeiten äußerst abgeneigt war und glaubte, die Schwierigkeiten könnten durch Diplomatie zufriedenstellend gelöst werden, aber die Menschen waren so aufgewühlt, dass sie nicht nur entschlossen waren, Kuba zu befreien, sondern auch diejenigen zu bestrafen, die die Kubaner unterdrückten.

Ein Vorfall, der damals wenig Aufmerksamkeit erhielt, war aller Wahrscheinlichkeit nach das Streichholz, das das Magazin entzündete. Einer der fähigsten und besonnensten Mitglieder des Senats war Senator Redfield Proctor aus Vermont. Seine Charakterstärke und sein Wissen, sein gesunder Menschenverstand und sein konservativer Geist machten ihn zu einer Macht im Kongress und er genoss das Vertrauen des Volkes. Er besuchte Kuba und schrieb einen Bericht, in dem er als Augenzeuge die Gräueltaten der Regierung und der Soldaten detailliert beschrieb. Er las diesen Bericht Mr. McKinley und Senator Hanna vor. Beide sagten: „Senator Proctor, wenn Sie das dem Senat vorlesen, sind unsere Verhandlungen beendet und ein Krieg ist unvermeidlich."

Der Präsident bat den Senator, seine Berichterstattung an den Senat zu verschieben. Die Aufregung und das Interesse in diesem Gremium waren nie einstimmiger und intensiver. Ich bezweifle, dass irgendein Senator dieser seltenen Gelegenheit hätte widerstehen können, nicht nur im Mittelpunkt der Bühne zu stehen, sondern die ganze Plattform zu besetzen. Senator Proctor legte seinen Bericht vor und das Land war in Aufruhr.

Eines Sommers kam ich in London an und litt an einem fürchterlichen Anfall von Muskelrheumatismus. Ich wusste genau, dass ich ihn mir durch Überarbeitung selbst zugezogen hatte. Ich hatte schon früher mehrere Anfälle gehabt, aber dieser war so heftig, dass ich Sir Henry Thompson aufsuchte, damals das anerkannte Oberhaupt der britischen Ärzteschaft. Er führte eine gründliche Untersuchung aller Organe durch und erzielte ein äußerst zufriedenstellendes Ergebnis. „Bei Ihrer perfekten Konstitution", sagte er, „ist dieser Anfall nicht normal. Erzählen Sie mir jetzt von Ihrem Tag und von jedem Tag zu Hause. Beginnen Sie mit dem Frühstück."

„Ich frühstücke um Viertel vor acht", sagte ich.

„Dann", fuhr der Arzt fort, „geben Sie mir den ganzen Tag."

"Ich komme um neun in mein Büro", sagte ich. "Als Präsident einer großen Eisenbahngesellschaft muss ich eine Menge Korrespondenz erledigen. Ich treffe die Leiter der verschiedenen Abteilungen und nehme Kontakt mit jedem Zweig des Unternehmens auf. Dann treffe ich mich mit Ausschüssen von Handelskammern oder Spediteuren oder mit Angestellten, die eine Beschwerde haben, und all das beschäftigt mich bis fünf Uhr, wenn ich nach Hause gehe. Ich mache ein sehr kurzes Mittagessen, oft an meinem Schreibtisch, um Zeit zu sparen. Wenn ich nach Hause komme, mache ich ein Nickerchen von zehn oder fünfzehn Minuten und schaue dann meine Termine für den Abend durch. Wenn es eine Rede ist, was wahrscheinlich an vier Abenden in der Woche der Fall sein wird, bereite ich sie in der nächsten Stunde vor und halte sie dann bei einem öffentlichen Bankett oder in einem öffentlichen Saal. Wenn ich eine formelle Ansprache oder, wie wir sie in Amerika nennen, Reden angenommen habe, schiebe ich sie auf einzelne Abende, Sonntagnachmittag und -nacht."

Der Arzt wandte sich abrupt zu mir und sagte: „Sie sollten tot sein. Sie haben jetzt die perfekteste Konstitution und sind weniger beeinträchtigt als alle, die ich in Ihrem Alter untersucht habe. Wenn Sie die Anweisungen befolgen, die ich Ihnen gebe, können Sie im Alter von hundert Jahren vollkommen gesund und munter sein. Wenn Sie Ihr bisheriges Leben bis zum siebzigsten

Lebensjahr fortsetzen, werden Sie einen Nervenzusammenbruch erleiden und danach für sich selbst und alle anderen eine Plage sein. Ich rate Ihnen zu absoluter Ruhe an einem abgelegenen Ort in der Schweiz. Dort erhalten Sie keine Zeitungen und hören nichts von der Außenwelt. Sie werden dort nur Engländer treffen, die sich um ihre Gesundheit bemühen, und sie werden nicht mit Ihnen sprechen. Verbringen Sie Ihren Tag damit, über die Berge zu wandern, und verlängern Sie Ihre Wanderung, wenn Ihre Kraft zunimmt, und liegen Sie stundenlang am Ufer eines ruhigen Baches dort und seien Sie sehr interessiert, wenn Sie Kieselsteine hineinwerfen, um zu sehen, wie weit Sie die Kreise von der Stelle aus ziehen können, an der der Kieselstein auf das Wasser trifft."

Ich dachte, ich verstünde mein Temperament besser als der Arzt und dass jede Ruhepause für mich keine Einsamkeit, sondern einen völligen Berufswechsel bedeutete. Also blieb ich in London und aß mehrere Wochen lang jeden Tag auswärts zu Mittag und zu Abend, und jeden Sonntag machte ich ein Wochenende dort. Ansonsten befolgte ich jedoch die Anweisungen des Arztes und kehrte nicht nur geheilt nach Hause zurück, sondern bin seitdem auch frei von Rheuma.

Ich war sowohl zum fünfzigsten Regierungsjubiläum der Königin als auch zu ihrem Thronjubiläum in London. Die Ehrfurcht und Liebe, die das englische Volk Königin Victoria gegenüber empfand, war ein wunderbarer Beweis ihrer Weisheit als Herrscherin und ihres Charmes und Charakters als Frau. Die sechzig Jahre ihrer Regentschaft waren eine wunderbare Epoche im Wachstum ihres Reiches und seiner Beziehungen zur Welt.

Einmal sagte ich zu einem Kabinettsmitglied, das als Außenminister in engen Kontakt mit der Königin gekommen war: „Ich bin sehr beeindruckt von der Hochachtung, die das Volk Königin Viktoria entgegenbringt. Welche besondere Funktion hat sie in Ihrem Regierungsplan?"

"Sie ist für jeden Premierminister und das Kabinett von unschätzbarem Wert", antwortete er. "Der Premierminister schreibt der Königin jeden Abend nach Abschluss der Debatte im Unterhaus einen vollständigen Bericht über die Geschehnisse in dieser Sitzung. Dies geschieht nun schon seit mehr als einem halben Jahrhundert. Die Königin liest diese Berichte sorgfältig und hat ein sehr gutes Gedächtnis. Wenn diese Mitteilungen der Premierminister jemals der Öffentlichkeit zugänglich wären, würden sie einen bemerkenswerten Kontrast zwischen den Denkweisen und Methoden verschiedener Premierminister und insbesondere dieser beiden extremen Gegensätze, Gladstone und Disraeli, darstellen. Die Königin mochte Gladstone nicht, weil er ihrer Meinung nach immer predigte, aber sie bewunderte Disraeli sehr, der in seine nächtlichen Memoranden all sein Können nicht nur als Staatsmann, sondern auch als Romanautor einfließen ließ. Die Königin wurde während all dieser Jahre auch zu jeder Krise, ob inländisch oder auswärtig, und zu jeder Angelegenheit von Kabinettsbedeutung konsultiert. Das Ergebnis ist, dass sie eine Enzyklopädie ist . Sehr oft kommt es zu Streitigkeiten mit einigen der Großmächte oder kleineren, das sich rasch zu ernsten Ausmaßen entwickelt. Wir können keinen Bericht über seinen Beginn finden. Die Königin wird sich jedoch daran erinnern, wann genau die Schwierigkeiten begannen, warum sie beiseite geschoben und nicht beigelegt wurden und wer die Hauptakteure bei den Verhandlungen waren. Mit diesen Daten gelangen wir oft zu einer zufriedenstellenden Lösung."

Ich erinnere mich an eine Gartenparty im Buckingham Palace. Der Tag war perfekt und die Besucherzahl außergewöhnlich groß und vornehm. Obwohl es auf dem Gelände Plätze gab, wo ein Mittagessen serviert wurde, vernachlässigten die Gäste diese Plätze und versammelten sich um ein großes Zelt, wo die Mitglieder des Königshauses ihre Erfrischungen einnahmen. Es war eine große Neugier, nicht so sehr, ihre Herrscherin essen und trinken zu sehen, sondern die Gelegenheit zu nutzen, sie aus nächster Nähe ehrfürchtig zu betrachten. Die Königin rief verschiedene Leute, die sie aus diesem Kreis von Zuschauern kannte, zu einem vertraulichen Gespräch zusammen.

Als das Mittagessen serviert wurde, holte die Kellnerin eine riesige Serviette hervor, die sie fast vom Hals bis zum Saum ihres Kleides über sich ausbreitete. Eine bezaubernde englische Dame, die neben mir stand, sagte: „Ich weiß, Sie lachen über die Sparsamkeit unserer Königin."

„Im Gegenteil", sagte ich, „ich bewundere ein Beispiel an Sorgfalt und Sparsamkeit, das, wenn es allgemein bekannt wäre, in den Vereinigten Staaten ebenso großen Nutzen bringen würde wie in Großbritannien."

„Nun", fuhr sie fort, „ich wünschte, die liebe alte Dame wäre nicht ganz so vorsichtig."

Zu einer Zeit, als das Leben der Herrscher des Kontinents durch Revolutionäre und Attentäter in großer Gefahr war, fuhr die Königin an ihrem fünfzigsten und ihrem Jubiläumsjahr in einer offenen Kutsche durch viele Meilen der Straßen Londons, während sich Millionen von Zuschauern auf beiden Seiten dicht an den Zug drängten, und es gab keinen Gedanken daran, dass sie in der geringsten Gefahr war. Sie selbst war furchtlos, aber sie trug die dreifache Rüstung der überwältigenden Liebe und Verehrung des ganzen Volkes. Die Amerikaner erinnerten sich daran, dass es in der Krise unseres Bürgerkriegs mehr als alles andere der Einfluss der Königin war, der Großbritannien daran hinderte, die Südstaaten-Konföderation anzuerkennen.

Zu den Ereignissen ihres Jubiläums gehörte die größte Marinevorführung aller Zeiten. Die Flotten Großbritanniens wurden aus allen Teilen der Welt zusammengerufen und ankerten in einer langen und imposanten Linie im Ärmelkanal. Mr. Ismay , damals Chef der White Star Line, nahm die Teutonic, die gerade gebaut worden war und noch nicht regulär in Dienst gestellt war, als seine Privatyacht. Er hatte eine namhafte Gesellschaft an Bord, die die besten Männer und Frauen des englischen Lebens repräsentierte. Er war ein äußerst großzügiger Gastgeber und sorgte mit aller Sorgfalt für das individuelle Wohlbefinden seiner Gäste. In der mehrtägigen Vertrautheit eines solchen Ausflugs lernten wir uns alle sehr gut kennen. Bei den Abendessen wurden Reden gehalten und anschließend auf Deck Tänze für die jüngeren Leute abgehalten. Die Kriegsschiffe wurden nachts mit elektrischem Licht beleuchtet, und der Stapellauf der Teutonic führte uns eine Gasse hinunter und eine andere hinauf durch die langen Linien dieser furchterregenden Verteidiger Großbritanniens.

Eines Tages herrschte große Aufregung, als ein Kriegsschiff in unsere Mitte dampfte und bekannt gegeben wurde, dass es dem deutschen Kaiser gehörte. Schon damals weckte er bei den Engländern Neugier und Besorgnis. Eine der häufigen Fragen, die mir damals und noch Jahre später bei englischen Abendessen gestellt wurden, war: „Was halten Sie vom deutschen Kaiser?"

Kurz nach seiner Ankunft kam er mit dem Prince of Wales, dem späteren König Edward VII., auf die Teutonic. Der Prinz kannte viele der Besatzungsmitglieder und war rundherum sehr herzlich. Der Kaiser war ganz in die Untersuchung dieses neuen Schiffes und seiner Möglichkeiten sowohl in der Handelsmarine als auch als Kreuzer vertieft. Ich hörte ihn zum Kapitän sagen: „Wie sind Sie bewaffnet?" Der Kapitän erzählte ihm, dass er unter seiner Ausrüstung eine neue Erfindung habe, ein Schnellfeuergewehr. Der Kaiser war sofort sehr aufgeregt. Er untersuchte das Gewehr und hinterfragte seine Eigenschaften und Möglichkeiten, bis er jedes Detail beherrschte. Dann wandte er sich an einen seiner Offiziere und gab schnell den Befehl, das Gewehr sofort zu untersuchen und alles Nötige für Deutschland bereitzustellen.

Von einem Mitglied des Hofes hörte ich eine bildhafte Geschichte über das Interesse von Königin Victoria an allen öffentlichen Angelegenheiten. Damals war, wie in europäischen Beziehungen üblich, von Krieg die Rede. Die Königin hielt sich in ihrem Schloss in Osborne auf der Isle of Wight auf. Er sagte, sie sei eines Nachts allein an die Küste gefahren und habe dort lange gesessen und diese große Flotte betrachtet, die der wichtigste Schutz ihres Reiches und ihres Volkes war. Es wäre interessant, wenn man erfahren könnte, was ihre Gedanken, ihre Ängste und ihre Hoffnungen waren.

Die Königin unterstützte die Regierung ständig bei der Aufrechterhaltung freundschaftlicher Beziehungen mit ausländischen Mächten, indem sie deren Vertreter auf Schloss Windsor bewirtete. Als General Grant nach seinem Ausscheiden aus dem Präsidentenamt seine Weltreise antrat, war die Frage, die unseren amerikanischen Minister bei seiner Ankunft in London beschäftigte, die, wie er angemessen empfangen und anerkannt werden könne. Natürlich war er nach unserem Brauch ein Privatbürger geworden und hatte keinen Anspruch auf offizielle Anerkennung wie jeder andere Bürger. Dies war in diplomatischen Kreisen wohlbekannt. Als man sich an die Botschafter und Minister ausländischer Länder in London wandte, sagten sie einstimmig, dass sie General Grant als Vertreter ihrer Herrscher nicht den Vorrang einräumen könnten, sondern er am Fuße der Tafel sitzen müsse. Der Prinz von Wales löste diese Frage mit seinem üblichen Taktgefühl und seiner Weisheit. Nach dem anerkannten Brauch kann der Prinz von Wales bei jeder Bewirtung eine Person als seinen besonderen Gast auswählen, der zu seiner Rechten sitzt und somit allen anderen den Vorrang einräumt. Der Prinz machte unserem Minister diesen Vorschlag und vollzog diese höfliche Geste bei allen Veranstaltungen, die General Grant übertragen wurden. Königin Victoria ergänzte dies, indem sie General und Mrs. Grant die gleiche Einladung zu einem Abendessen und einer Übernachtung mit ihr auf Schloss Windsor aussprach, eine Einladung, die nur an königliche Besucher ging.

Ich erinnere mich, dass die Potomac-Armee in einer unserer Städte ihre Jahresversammlung und Gedenkfeier abhielt, als das Telegramm verkündete, dass General Grant von Königin Victoria auf Schloss Windsor empfangen wurde. Die Konventionen der Diplomatie, die vorschreiben, dass alle Nachrichten über den Botschafter des eigenen Landes an den Außenminister des anderen Landes gehen müssen, bevor sie den Herrscher erreichen können, waren diesen alten Soldaten nicht bekannt, also telegraphierten sie eine herzliche Botschaft an General Grant, zu Händen von Königin Victoria, Schloss Windsor, England.

Einer der reizendsten humorvollen Momente meiner journalistischen Erinnerung war ein Leitartikel von Mr. Alden, einem der Herausgeber der New York Times. Mr. Alden beschrieb mit großer Genauigkeit, als würde er die Einzelheiten des Vorfalls schildern, dass der Botenjunge nachts in Windsor Castle ankam und an der Haustür klingelte; dass Ihre Majestät in ganz amerikanischer Manier aus dem Fenster rief: „Wer ist da?" und dass der Bote rief: „Telegramm für General Grant. Wohnt er in diesem Haus?" Ich kann nur eine Vorstellung von Aldens Scherz geben, der das ganze Land erschütterte.

Einer der Hofbeamten sagte mir während des Jubiläums: „Königshäuser aus allen Ländern sind hier, und unter denen, die herübergekommen sind, ist Liliuokalani, die Königin der Hawaii-Inseln. Sie besteht ebenso auf ihren königlichen Rechten wie der Kaiser von Deutschland. Wir haben zugestimmt, dass sie Gast bei einem Abendessen unserer Königin sein und die Nacht im Schloss Windsor verbringen darf. Wir haben ihr einen Platz unter den Königlichen bei der Prozession durch London zugewiesen und ihr die Husaren als Ehrenwache angeboten. Sie besteht jedoch darauf, dass sie dasselbe wie die anderen Könige haben soll, nämlich eine Kompanie der Wachen. Da wir sie anerkannt haben, müssen wir nachgeben." Derselbe Beamte erzählte mir, dass die dunkelhäutige Königin beim Abendessen zu Königin Victoria sagte: „Eure Majestät, ich bin eine Blutsverwandte von Ihnen."

„Wie das?", war die erstaunte Antwort der Königin .

„Warum", sagte Liliuokalani, „mein Großvater hat Ihren Captain Cook gefressen."

Einer der interessantesten der vielen angesehenen Männer, die entweder Gäste auf der Teutonic waren oder uns besuchten, war Admiral Lord Charles Beresford. Er war ein typischer Seemann der Spitzenklasse und sehr vielseitig. Er hielt gute Reden, egal ob gesellschaftlich oder politisch, und war bei allen Gelegenheiten ein angenehmer Begleiter. Er erlebte bemerkenswerte Abenteuer auf der ganzen Welt und war ein Wortmaler von künstlerischer Kraft. Er kannte Amerika gut und war unseren Idealen gegenüber sehr aufgeschlossen. Ich traf ihn viele Male bei vielen Gelegenheiten und immer mit wachsender Achtung und Wertschätzung.

Ich wurde einmal von Lord Beresford auf originellste Weise unterhalten. Er hatte ein Landhaus etwa eine Stunde von London entfernt und lud mich ein, an einem Sonntagnachmittag vorbeizukommen und ein paar Freunde zu treffen. Es war eine herrliche Gartenparty an einem idealen englischen Sommertag. Er drängte mich, zum Abendessen zu bleiben, und sagte: „Es werden ein paar Freunde kommen, die ich Ihnen unbedingt vorstellen möchte."

Die Freunde kamen immer weiter und nach einer Weile sagte Lady Beresford zu ihm: „Wir haben alle Tische gedeckt, die wir haben, und das Esszimmer und das angrenzende Zimmer bieten Platz. Wie viele haben Sie eingeladen?"

Der Admiral antwortete: „Ich kann mich nicht erinnern, aber wenn wir das Abendessen bis Viertel neun verschieben, bin ich sicher, dass sie alle hier sein werden."

Als wir uns setzten, waren wir über fünfzig. Lord Charles' überschwängliche und unwiderstehliche Gastfreundschaft hatte jeden eingeschlossen, den er am Tag zuvor getroffen hatte.

Kurz nachdem wir uns gesetzt hatten, kam der Butler zu Lord Charles und sagte: „Mylord, es ist Sonntagabend, und die Geschäfte sind alle geschlossen. Wir können dem, was wir im Haus haben, nichts hinzufügen, und die Suppe ist alle."

„Gut", sagte dieser bewundernswerte Stratege, „beginnen Sie mit denen, für die Sie keine Suppe zum Fisch haben. Wenn der Fisch aufgebraucht ist, beginnen Sie gleich mit dem nächsten Gang und so weiter bis zum Ende des Essens. Auf diese Weise bekommt jeder etwas."

Nach einer Weile näherte sich der Butler erneut dem Admiral und sagte: „Mylord, der Champagner ist alle."

„Gut", sagte Lord Charles, „fangen wir mit Apfelwein an."

Es war eine fröhliche Gesellschaft, und alle verstanden die Situation. Das Ergebnis war eine der lustigsten, unterhaltsamsten und originellsten Unterhaltungen meines Lebens. Sie dauerte bis spät in die Nacht, und jeder erklärte in aller Aufrichtigkeit, er oder sie habe die beste Zeit seines Lebens gehabt.

Ich wurde gebeten, Lord John Fisher kennenzulernen, in gewisser Weise einen Rivalen von Lord Beresford. Beide waren außerordentlich fähige und brillante Offiziere und erfolgreiche Männer, aber sie waren völlig verschieden; der eine hatte alle Eigenschaften eines Kelten und der andere eines Sachsen.

Einer der interessantesten Aspekte von Lord Fishers Rede, insbesondere im Hinblick auf spätere Entwicklungen, war seine Beschreibung der Entdeckungen und Annexionen des britischen Empires durch die britische Marine. In Bezug darauf sagte er: „Die britische Marine hat seit jeher Positionen von strategischer Bedeutung für die Sicherheit und das Wachstum des Empires erobert, und irgendein dummer Premierminister verschenkt aus reiner Gefühlssache immer wieder die eine oder andere dieser vorteilhaften Positionen an unsere möglichen Feinde." Er bezog sich insbesondere auf Helgoland, das Deutschland erst vor kurzem geschenkt worden war. Wäre Helgoland, das wie Gibraltar befestigt war, im Besitz der britischen Regierung geblieben, hätte Deutschland den jüngsten Krieg nicht begonnen.

Lord Fisher verkörperte das, was ich oft bei Männern erlebt habe, die in einer Karriere große Auszeichnungen erlangt haben und deren größter Wunsch es war, in einer anderen und völlig anderen Karriere berühmt zu werden. Offenbar wollte er, dass seine Freunde und die Menschen, die er traf, glaubten, er sei der beste Geschichtenerzähler der Welt; dass er den größten Vorrat an originellen Anekdoten hatte und sie besser erzählen konnte als jeder andere. Ich stellte fest, dass er äußerst ungeduldig und gereizt war, wenn jemand anderes mit dem unvermeidlichen „das erinnert mich daran" anfing, und er war intolerant gegenüber der Geschichte, die der andere zu erzählen versuchte. Aber ich entdeckte auch, dass die meisten seiner Geschichten, obwohl sie mit großer Begeisterung erzählt wurden, sehr vertraut waren oder, wie wir Amerikaner sagen würden, „altbekannte" Geschichten waren.

Während meiner Sommerferien verbrachte ich zwei Wochen oder mehr in Homburg, dem deutschen Badeort. Es war damals der interessanteste Badeort auf dem Kontinent. Der Prinz von Wales, der spätere König Edward VII., war immer dort, und seine Schwester, die Kaiserinwitwe von Deutschland, hatte ihr Schloss nur wenige Meilen entfernt. Es hieß, dass beide Häuser des Parlaments in Homburg beschlussfähig waren, während der Prinz dort war, aber seine Anwesenheit zog auch Vertreter aus allen Bereichen des englischen Lebens an, Richter und Anwalt, bedeutende Schriftsteller beiderlei Geschlechts, angesehene Künstler und berühmte Leute sowohl auf der Theater- als auch auf der Opernbühne. Der Prinz hatte mit seinem scharfen Unterscheidungsvermögen diese interessanten Leute immer um sich. Es gab auch gesellschaftliche Führer, deren Unterhaltungen in London berühmt waren, die ihr Bestes taten, um den Besuch des Prinzen angenehmer zu machen. Ich traf ihn häufig und war oft sein Gast bei seinen Mittag- und Abendessen. Er fand sofort Gefallen an der Homburger Art.

Die Kurroutine bestand darin, jeden Morgen um sieben Uhr an der Quelle zu sein, ein Glas Wasser zu trinken, eine halbe Stunde mit einer netten Begleitung spazieren zu gehen und dies zu wiederholen, bis drei Gläser getrunken waren. Dann gab es Frühstück und danach um elf Uhr das große Badehaus. Das Badehaus war ein Treffpunkt für alle. Ein weiterer Treffpunkt waren die Open-Air-Konzerte am Nachmittag. Am Abend folgten die formellen Abendessen und anschließend etwas Unterhaltung.

Sowohl zum Mittag- als auch zum Abendessen hatte der Prinz immer recht viele Gäste. Er war ein Gastgeber mit viel Charme, Taktgefühl und Charakter. Er hatte das Talent, das Beste aus den Gästen an seinem Tisch herauszuholen und insbesondere die Gelegenheit für Fremde sehr angenehm zu gestalten. Jeder, der bei seinen Bewirtungen anwesend war, weckte immer bleibende Erinnerungen, entweder an die Leute, die er traf, oder an die Dinge, die gesagt wurden, oder an beides.

Ich glaube nicht, dass sich der Prinz um innenpolitische Fragen gekümmert hat. Er achtete sehr auf die Beschränkungen und Einschränkungen, die die englische Regierung dem Königshaus auferlegte. Die Außenbeziehungen seines Landes waren ihm jedoch sehr wichtig. Für den Frieden in Europa war er ein wichtiger Faktor, da er so eng mit den Kaiserhäusern Deutschlands und Russlands verbunden war. Es besteht kein Zweifel, dass er den deutschen Kaiser daran hinderte, eine gefährliche Kontrolle über den Zaren zu erlangen. Er war sehr fest entschlossen, die freundschaftlichen

Beziehungen zwischen den Vereinigten Staaten und Großbritannien aufrechtzuerhalten und auszubauen. Nach vielen unterschiedlichen und lang anhaltenden Bemühungen gelang es ihm, die Vorurteile und Feindseligkeiten der Franzosen gegenüber den Engländern zu beseitigen, eine Leistung von unendlichem Wert für sein Land in diesen späteren Jahren.

Man sagte mir, der Prinz brauche sehr wenig Schlaf, gehe spät zu Bett und stehe früh auf. Eines Nachts weckte mich sein Stallmeister, der mich rief und sagte, der Prinz sei auf der Terrasse des Kursaals und wolle mich sehen. Das Licht war aus, alle waren gegangen, und er saß allein an einem Tisch, der von einer einzigen Kerze erhellt wurde. Er wollte über amerikanische Angelegenheiten sprechen und unsere öffentlichen Personen, unsere Ideale, unsere Politik und vor allem alle Ursachen besser kennenlernen, die möglicherweise die Spannungen zwischen seinem eigenen Land und unserem beseitigen könnten. Diese Diskussion dauerte bis zum Tagesanbruch.

Als ich ihn eines Tages auf der Straße traf, blieb er stehen und bat mich, in eine Öffnung in der Hecke zu treten. Er schien ganz aufgeregt zu sein und sagte: „Warum wollen die Menschen in den Vereinigten Staaten das Britische Empire zerschlagen?"

Ich wusste, dass er sich auf den Home-Rule-Gesetzentwurf für Irland bezog, der damals im Parlament und im Land für Aufregung sorgte, und auch auf die häufigen Demonstrationen zu dessen Befürwortung, die in den Vereinigten Staaten stattfanden.

Ich sagte zu ihm: „Sir, ich glaube nicht, dass es einen einzigen Amerikaner gibt, der auch nur im Traum daran denkt, das Britische Empire zu zerschlagen. Wir sind dem föderalen Prinzip unabhängiger Staaten verpflichtet, die in ihren lokalen und inländischen Angelegenheiten souverän sind, aber in allem, was Sie als imperial bezeichnen, haben die Vereinigten Staaten Vorrang. Um dieses Prinzip zu verteidigen, haben wir einen Bürgerkrieg geführt, in dem wir mehr Menschenleben verloren, mehr Geld ausgegeben, mehr Eigentum zerstört und mehr Schulden gemacht haben als in jedem anderen Konflikt der Neuzeit. Der Erfolg der Regierung war so vollständig, dass die Staaten, die rebellierten, und ihre Bevölkerung der Regierung gegenüber genauso loyal sind wie diejenigen, die für ihre Erhaltung gekämpft haben. Der Wohlstand des Landes hat nach der Klärung dieser Frage alle Vorstellungskraft übertroffen. Die Amerikaner betrachten Ihre Probleme mit Irland also als unsere föderierten Staaten und glauben, dass alle Ihre Schwierigkeiten auf die gleiche Weise gelöst werden könnten."

Wir hatten eine lange Diskussion, in der er unzählige Fragen stellte und das Thema nie wieder erwähnte. Später hörte ich von meinen englischen

Freunden, dass derjenige, der am feindseligsten gewesen war, nun Home Ruler werden würde.

Ein anderes Mal wollte er wissen, warum unsere Regierung den britischen Botschafter, Lord Sackville West, so schlecht behandelt und seine Karriere ruiniert hatte. Der Vorfall um Sackville West war bereits vergessen, obwohl er die lebhafteste Frage seiner Zeit war.

Cleveland war Präsident und Kandidat für die Wiederwahl. Sackville West war britischer Botschafter. Eine kleine Gruppe gerissener republikanischer Politiker in Kalifornien dachte, wenn sie ein Eingeständnis erreichen könnten, dass die britische Regierung unsere Wahl zugunsten Clevelands beeinflusste, wäre das ein großer Vorteil für den Wahlkampf. Also schrieben sie Lord Sackville West und teilten ihm mit, dass sie Engländer seien, die amerikanische Staatsbürger geworden seien. Bei der Abstimmung wollten sie unbedingt die Seite wählen, die für ihr Heimatland am besten sei; er solle ihnen freundlich und sehr vertraulich raten, ob sie die Demokraten oder die Republikaner unterstützen sollten. Sackville West schluckte den Köder, ohne Nachforschungen anzustellen, und schrieb ihnen einen Brief, in dem er ihnen riet, die Demokraten zu wählen.

In diplomatischen Kreisen in Washington hatte es noch nie eine solche Bestürzung gegeben. Natürlich mussten Herr Cleveland und seine Anhänger so schnell und würdevoll wie möglich aus der Situation herauskommen.

Die Regierung forderte sofort, dass die britische Regierung Lord Sackville West abberufen sollte, was auch geschah, und er wurde wegen seiner Aktivitäten in der amerikanischen Politik verstoßen. Es war merkwürdig, dass der Prinz anscheinend nie vollständig über die Fakten informiert worden war, sondern durch Sackville Wests Erklärung in die Irre geführt worden war, und der Prinz war einem Freund gegenüber immer loyal.

Ein Jahr lang besuchte Mr. James G. Blaine Homburg, und der Prinz lud ihn sofort zum Mittagessen ein. Blaines Antwort auf eine Frage entzückte jeden Amerikaner im Ort. Einer der Gäste war der damalige Herzog von Manchester, ein alter Mann und ein großer Tory. Als der Herzog begriff, dass Blaine ein führender Amerikaner war und für die Präsidentschaft der Vereinigten Staaten kandidiert hatte, erwachte sein alter Toryismus und er fühlte sich zurück in die Zeit von George III. Zum Entsetzen des Prinzen sagte der Herzog zu Mr. Blaine: „Das Ungeheuerlichste in der ganzen Geschichte war Ihre Rebellion und Trennung von der besten Regierung der Welt." Er sagte noch viel mehr, bevor der Prinz ihn unterbrechen konnte.

Blaine sagte lächelnd mit jener Anmut und jenem Taktgefühl, für das er so berühmt war: „Nun, Euer Gnaden, wenn Georg III. den Verstand, das Taktgefühl und die gewinnenden Eigenschaften seines Urenkels, unseres

Gastgebers, gehabt hätte, dann wäre es durchaus möglich, dass wir heute eine selbstregierte Kolonie im Britischen Empire wären."

Die Antwort entspannte die Lage und erfreute den Gastgeber ungemein. Lord Rosebery sagte einmal in einer Rede, dass angesichts des enormen Wachstums in allen Bereichen der Größe der Vereinigten Staaten die Hauptstadt Großbritanniens nach New York verlegt und der Buckingham Palace im Central Park wieder aufgebaut worden sein könnte, wenn die amerikanischen Kolonien mit ihrem überragenden Einfluss und Prestige im britischen Empire verblieben wären.

Bei einem anderen Abendessen stellte mir einer der Gäste des Prinzen plötzlich über den Tisch hinweg die überraschende Frage: „Kennen Sie bestimmte amerikanische Erbinnen" – er nannte sie beim Namen – „die derzeit London besuchen?"

Ich antwortete mit „Ja" und nannte dabei insbesondere eine Person, ein wunderschönes und gebildetes Mädchen, die mit Abstand die beliebteste Debütantin der Londoner Saison war.

„Wie viel hat sie?", fragte er.

Ich nannte die Millionen, die sie wahrscheinlich erben würde. „Aber", fügte ich hinzu, „bevor Sie eine amerikanische Erbin heiraten, sollten Sie sich besser vergewissern, dass sie das Vaterunser beten kann."

Voller Empörung sagte er, es würde ihn wundern, wenn in der englischen Gesellschaft ein amerikanisches Mädchen anerkannt würde, das eine so schlechte Erziehung genossen habe, dass es das Vaterunser nicht kenne.

„Das sind alle", antwortete ich, „aber nur wenige Erbinnen werden viel erben, es sei denn, sie haben ihr Erbe angetreten und können ‚Vater unser im Himmel' sagen, denn amerikanische Väter sind sehr spekulativ."

Er brachte weiterhin sein Erstaunen über diesen Mangel an religiöser Erziehung in einer amerikanischen Familie zum Ausdruck, während der Prinz den Scherz so sehr genoss, dass ich bei seinem krampfhaften Lachen befürchtete, er würde einen Schlaganfall erleiden.

Einmal, bei einem Abendessen, das der Prinz gegeben hatte, sagte eine alte Dame von sehr hohem Rang und führender Stellung plötzlich zu mir, und zwar auf eine Art, die die Aufmerksamkeit der ganzen Gesellschaft erregte : „Stimmt es, dass Scheidungen in Amerika sehr häufig sind?"

Ich wusste, dass eine Ablehnung durch mich sie oder andere, die diesen damals in Europa weit verbreiteten Glauben teilten, nicht überzeugen würde. Natürlich wusste der Prinz es besser. Ich sah an seinem Gesichtsausdruck, dass er wollte, dass ich die Gelegenheit nutzte. Ich beschloss schnell, dass der beste Weg, diesem Glauben zu begegnen, eine Übertreibung war, die seine Absurdität aufzeigen würde.

Nachdem ich einmal angefangen hatte, übertraf die imaginäre Situation meine Erwartungen. Ich antwortete: „Ja, Scheidungen sind bei uns so üblich, dass die Regierung einen unserer über vierzig Staaten für diesen besonderen Zweck reserviert hat. Es ist die Hauptaufgabe der Behörden. Die meisten dieser Scheidungsverfahren finden in der Hauptstadt statt, die immer von einer großen Zahl von Menschen aus allen Teilen des Landes überfüllt ist, die Erleichterung von ihren ehelichen Pflichten suchen.“

„Haben Sie diese Hauptstadt jemals besucht?“, fragte der Prinz.

„Ja, mehrmals“, antwortete ich, „aber nicht wegen einer Scheidung. Meine familiären Beziehungen waren immer sehr glücklich, aber es ist auch ein berühmter Kurort, und ich ging zur Kur dorthin.“

„Erzählen Sie uns von Ihrem Besuch“, sagte der Prinz.

„Nun“, fuhr ich fort, „als ich das erste Mal dort war, war gerade Saison, und die einzigen Vergnügungen oder öffentlichen Anlässe von Interesse waren die Gebetsversammlungen.“

Die alte Dame fragte aufgeregt: „Aktientreffen?“ Sie war eine große und glücklose Investorin in amerikanische Aktien gewesen.

Ich beruhigte sie mit den Worten: „Nein, keine gemeinsamen Versammlungen, sondern religiöse Gebetstreffen. Ich erinnere mich, dass sich der Herr, der neben mir saß, eines Abends plötzlich zu seiner Frau umdrehte und sagte: ‚Wir müssen sofort hier raus, die Luft ist zu stickig.‘ ‚Aber nein‘, sagte sie, ‚die Fenster sind alle offen und es weht eine frische Brise.‘ ‚Ja‘, bemerkte er schnell, ‚aber neben Ihnen sitzen Ihre beiden Vorgänger, von denen ich geschieden wurde, und das macht die Luft für mich zu stickig.‘“

Die alte Dame rief: „Was für ein schrecklicher Zustand!“

„Erzähl uns mehr“, sagte der Prinz.

„Nun“, fuhr ich fort, „eines Tages lud mich der Bürgermeister der Stadt ein, ihn zum Bahnhof zu begleiten, da der Scheidungszug gerade eintreffen würde. Ich traf am Bahnhof einen Richter und einen der Gerichtsdiener. Der Diener hatte ein großes Paket mit Scheidungsurteilen dabei, auf denen das Siegel des Gerichts angebracht war und auch die Unterschrift des Richters. Sie brauchten nur noch den Namen der Partei einzutragen, die die Scheidung wünschte. Neben dem Richter stand ein Geistlicher der Staatskirche in voller Amtstracht. Als alle Passagiere die Waggons verlassen hatten, sprang der

Schaffner auf einen der Waggonpodeste und rief der Menge zu: ‚Alle, die die Scheidung wünschen, sollen vor den Richter treten und ihren Antrag stellen.‘

"Als sie alle vom Gericht entlassen worden waren, rief der Schaffner erneut: 'Alle, die von ihren Partnern begleitet wurden oder bei denen beide heute von ihren früheren Ehemännern und -frauen entlassen wurden, um erneut zu heiraten, werden vor den Pfarrer treten.' Er traute sie in einer Gruppe, woraufhin sie alle ihre Plätze im Zug wieder einnahmen. Das Pfeifen und Läuten der Glocke auf der Lokomotive war die Musik ihrer ersten, zweiten oder dritten Hochzeitsreise."

Die alte Dame warf entsetzt die Hände in die Luft und rief: „Eine solch gottlose Zivilisation muss schnell nicht nur geistig und moralisch zugrunde gehen, sondern im Chaos versinken.“

Die meisten Anwesenden erkannten, was für eine erstaunliche Karikatur die ganze Geschichte war, und nahmen sie mit großer Heiterkeit auf. Die Folge war, dass zumindest für diesen Kreis und ihre Freunde eine ernsthafte Diskussion über die Allgemeingültigkeit amerikanischer Scheidungen beendet war.

Der Prinz war immer ein begeisterter und sehr ritterlicher Sportler. Bei einem der Rennen in Cowes empörte er sich über das Verhalten eines amerikanischen Seglers, der in sein Boot gestiegen war. Die anderen Teilnehmer warfen diesem amerikanischen Segler vor, alle ungeschriebenen Regeln des Wettbewerbs verletzt zu haben.

Nach dem Rennen sagte der Prinz zu mir: „Eine Jacht ist das Zuhause eines Gentlemans, egal ob sie an einem Rennen teilnimmt oder zum Vergnügen segelt. Der Besitzer dieser Jacht hat, um sie leichter zu machen und ihr eine bessere Chance zu geben, alle Möbel entfernt und sie leergeräumt. Er ging sogar so weit, wie man mir erzählte, dass er, als er feststellte, dass der Steward seiner Kabine eine Zahnbürste hinterlassen hatte, diese aus dem Backbordfenster warf.“

Aus diesen wenigen Anekdoten wird ersichtlich, wie überaus menschlich der Prinz von Wales war. Er tat viel für sein Land, sowohl als Prinz als auch als König, und erfüllte die Aufgaben seines Amtes auf kluge und fähige Weise. Sicherlich hat kein Beamter zu seiner Zeit so viel für den Frieden in Europa getan, und kein Mitglied des Königshauses hat jemals mehr getan, um den Thron beim Volk beliebt zu machen. Ich hörte ihn sowohl bei formellen als auch bei informellen Anlässen sprechen, und seine Ansprachen waren immer taktvoll und klug.

Während unseres Aufenthaltes in Homburg genossen wir die herrlichen Ausflüge nach Nauheim, dem berühmten Nervenkurort. Dort traf ich einmal einen besonderen Typ Amerikaner, der früher recht häufig war. Es waren junge Männer, die ein Vermögen geerbt hatten, das für ihren Lebensunterhalt ausreichte, und keine Ambitionen hatten. Nach einem anstrengenden gesellschaftlichen Leben zu Hause und in Europa wurden sie zu Hypochondern und suchten von einem Kurort zum anderen nach Heilmitteln für ihre eingebildeten Leiden.

Einer von ihnen, der die mittleren Lebensjahre erreicht hatte, war seiner Meinung nach natürlich ein bestätigter Invalide. Ich fragte ihn: „Was hat Sie hierher geführt? Sie sehen sehr gut aus."

"Das ist genau mein Problem", antwortete er. "Ich sehe sehr gut aus und bekomme deshalb kein Mitleid, aber mein Nervensystem ist so durcheinander, dass es nur eines kleinen Schocks bedarf, um es völlig aus dem Gleichgewicht zu bringen. Zum Beispiel die Ursache meines gegenwärtigen Problems. Ich speiste in Paris im Haus einer berühmten Gastgeberin, und eine angesehene Gesellschaft war anwesend. Die einzigen drei Amerikaner waren zwei Damen und ich. Ich wurde zwischen sie gesetzt. Sie wissen, dass eine dieser Damen, obwohl sie zu Hause eine große Führungspersönlichkeit ist, sehr nachdrückliche Worte verwendet, wenn sie gereizt ist. Das Abendessen, wie die meisten französischen Abendessen, mit vielen Gängen, dauerte ungewöhnlich lange. Plötzlich beugte sich diese Dame über mich und sagte zu ihrer Schwester: ‚Verdammt, Fan, wird dieses Abendessen nie enden?' Der ganze Tisch war geschockt und meine Nerven waren völlig zerrüttet." Der große Krieg, so glaube ich, hat diesen ganzen Stamm ausgerottet.

Ich freute mich, in Nauheim meine alten Freunde Mark Twain und Reverend Dr. Joseph Twichell aus Hartford, Connecticut, wiederzusehen. Dr. Twichell war Mark Twains Pfarrer in der Heimat. Er studierte mit mir in Yale, und ich war auch mit ihm im Verwaltungsrat der Yale University verbunden. Er war einer der besten Witzbolde und bemerkenswertesten Humoristen seiner Zeit. Witz und Humor waren bei ihm spontan, und er sprudelte davon über. Mark Twains Fähigkeiten in dieser Hinsicht waren mühsamer und mussten ausgearbeitet werden. Dr. Twichell lieferte oft Rohjuwelen, aus denen später in Mark Twains Werkstatt perfekte Edelsteine wurden.

Ich lud sie ein, herüberzukommen, den Tag zu verbringen und abends mit mir in Homburg zu speisen. Mark Twain hatte damals in England den Ruf, der größte lebende Witzbold und Humorist zu sein. Bald sprach es sich in Homburg herum, dass er in der Stadt war und abends mit mir speisen würde, und es gingen zahllose Einladungsanfragen ein. Mit diesen Anfragen vergrößerte ich meinen Tisch im Kursaal immer weiter, bis die Geschäftsleitung sagte, sie könnten nicht weiter gehen. Ich platzierte Mark Twain neben Lady Cork, einer der brillantesten Frauen Englands. Im Laufe der Jahre der Bekanntschaft hatte ich Mark Twain unter den verschiedensten

Umständen kennengelernt. Bei gesellschaftlichen Zusammenkünften war er sehr unsicher. Manchmal war er der Mittelpunkt des Anlasses und machte ihn zu einem unvergesslichen Erlebnis, aber im Allgemeinen trug er nichts bei. Bei diesem Abendessen herrschte jedes Mal, wenn er auch nur die geringste Andeutung machte, eine Bemerkung zu machen, Totenstille, aber die Bemerkung blieb aus. Er hatte eine bezaubernde Zeit, und Lady Cork auch, aber der Rest der Gesellschaft hörte nichts von dem großen Humoristen und war sehr enttäuscht.

Am nächsten Morgen kam Mark Twain in seinem Wanderanzug, der den Kontinent ziemlich überzogen hatte, zu den Quellen. Ich stellte ihn dem Prinzen von Wales vor, und er war von seiner Einstündigen Wanderung und Unterhaltung entzückt. Beim Abendessen an diesem Abend sagte der Prinz zu mir: „Ich hätte Mark Twain heute Abend eingeladen, wenn ich gedacht hätte, dass er Abendgarderobe dabei hätte.“

„Bei meinem Abendessen gestern Abend“, sagte ich, „erfüllte er alle konventionellen Anforderungen.“

„Dann“, fuhr der Prinz fort, „wäre ich Ihnen sehr verbunden, wenn Sie ihn morgen Abend zum gemeinsamen Abendessen einladen würden.“

Es war fast dieselbe Gesellschaft wie am Abend zuvor, als sie mit dem Prinzen gespeist hatten. Auch hier war Twain lange Zeit eine völlige Enttäuschung. Ich kannte jede Menge gute Dinge über ihn und versuchte mein Bestes, ihn in Fahrt zu bringen, aber ohne Erfolg. Auch der Prinz, der ungewöhnlich geschickt und taktvoll darin war, einen vornehmen Gast aus der Reserve zu locken, scheiterte. Als das Abendessen jedoch vorbei war und wir bei den Zigarren angekommen waren, begann Mark Twain auf seine fesselndste Art eine Geschichte zu erzählen. Sein eigentümlicher Slang und seine Angewohnheit, die Punkte durch Schütteln seines buschigen Haares zu betonen, machten ihn zu einem dramatischen Erzähler. Nie zuvor war er erfolgreicher. Sogar der erfahrene Mark war erstaunt über das schallende Gelächter, das fast jeden Satz begleitete und überwältigend war, als er schloss.

Es gibt Millionen von Geschichten auf der Welt, und mehrere Hundert davon sind gut. Niemand kannte sie besser als Mark Twain, und dennoch wählte er aus dieser riesigen Sammlung diejenige aus, die ich am Abend zuvor derselben Gruppe erzählt hatte. Das Lachen und die Freude galten nicht der Geschichte, sondern der Tatsache, dass die Engländer mich, wie sie dachten, dabei ertappt hatten, wie ich ihnen eine seiner Geschichten aus Mark Twains Repertoire erzählte. Es war eine Geschichte, die ich auf einer meiner Inspektionstouren über unsere Eisenbahn gehört hatte. Ich hatte sie in einer Rede erzählt, und sie war in den amerikanischen Zeitungen allgemein abgedruckt worden. Mark Twains Ruf als größter lebender Humorist ließ diese Leute an der Originalität meiner Geschichten zweifeln.

Mark hatte die Zigarren abgelehnt, aber der Prinz war so erfreut, dass er ihm eine der hochgeschätzten Zigarren aus seiner eigenen Kiste anbot. Dies entlockte ihm eine Geschichte, die ich in keinem seiner Bücher gelesen habe. Ich habe Mark Twain immer mit größtem Vergnügen gelesen. Seine Reisebücher waren für mich eine Quelle endlosen Interesses, und seine „Persönlichen Erinnerungen an Jeanne d'Arc" sind die beste Darstellung der Heiligen und Heldin, die ich kenne.

Als der Prinz ihm die Zigarre anbot, sagte Mark: „Nein, Prinz, ich rauche nie. In Hartford, Connecticut, habe ich den Ruf, bei meinen Veranstaltungen die schlechtesten Zigarren anzubieten. Als ich ins Ausland ging und mehrere Jahre weg sein würde, gab ich einen Empfang und lud alle meine Freunde ein. Ich hatte den Gouverneur des Staates Connecticut und die Richter der höchsten Gerichte sowie die angesehensten Mitglieder der Legislative zu Gast. Ich hatte die führenden Geistlichen und andere Bürger sowie den Präsidenten und die Fakultät der Yale University und des Trinity College zu Gast.

"Um drei Uhr nachmittags kam mein Butler, ein farbiger Mann mit Namen Pompey, zu mir und sagte: 'Mr. Clemens, wir haben keine Zigarren.' In diesem Moment hielt der Wagen eines Hausierers am Tor. In England nennt man sie billige Jacks. Ich rief den Händler an und fragte: 'Was haben Sie in Ihrem Wagen?' 'Nun', antwortete er, 'ich habe einige Gobelins , Porzellan aus Sèvres und japanische Cloisonné- Vasen und ein paar alte Meister.' Dann sagte ich zu ihm: 'Ich will nichts davon, aber haben Sie Zigarren und wie viel?' Der Hausierer antwortete: 'Ja, Sir, ich habe einige ausgezeichnete Zigarren, die ich Ihnen für siebzehn Cent pro Fass verkaufen werde.' Ich muss erklären, dass ein Cent ein englischer Farthing ist. Dann sagte ich ihm, er solle ein Fass hereinrollen."

"Es war ein großartiger Anlass, einer der großartigsten, die wir je im alten Staat Connecticut hatten", fuhr Mark fort, "aber mir fiel auf, dass die Gäste nach dem Abendessen ungewöhnlich früh gingen. Am nächsten Morgen fragte ich den Butler, warum sie so früh gegangen waren. 'Nun', sagte er, 'Mr. Clemens, allen hat das Abendessen geschmeckt, und sie hatten alle eine gute Zeit, bis ich ihnen die Zigarren gab. Nachdem der Herr drei Züge genommen hatte, sagte er: 'Pomp, du verdammter Nigger, hol mir schnell meinen Hut und Mantel.' Als ich hinausging, war mein Steinweg, der von der Haustür bis zum Tor hundert Meter lang war, geradezu mit diesen Zigarren gepflastert.'" Dieses Beispiel amerikanischer Übertreibung, erzählt auf Mark Twains originelle Art, war ein großer Erfolg.

Ich traf Mark Twain bei einem Theater-Dinner in London, das Sir Henry Irving gab. Das war kurz nachdem sein Verlag so katastrophal gescheitert war. Es war eine namhafte Gesellschaft von Literaten, Dramatikern und Künstlern. Der arme Mark war gesundheitlich und geistig angeschlagen. Er versuchte eine Rede zu halten, und zwar eine humorvolle, aber das machte die ganze Gesellschaft traurig.

Ich traf ihn wieder, nachdem er auf seiner bemerkenswerten Vortragsreise rund um die Welt das Geld verdient hatte, mit dem er alle seine Schulden beglich. Es war eine Leistung, die der berühmten Leistung von Sir Walter Scott würdig war. Jubelnd, triumphierend und frei war Mark Twain an diesem Abend der Held, den niemand, der das Privileg hatte, dabei zu sein, jemals vergessen würde.

Ein Jahr lang war ich nach anstrengender Arbeit und ungewöhnlichen Schwierigkeiten, die ich jedoch erfolgreich bewältigt hatte, völlig erschöpft. Man riet mir, eine kurze Reise nach Europa zu unternehmen, und wie üblich war der vierwöchige Wechsel von Luft und Beschäftigung eine vollkommene Heilung. Ich beschloss, Rom in meine Reiseroute aufzunehmen, obwohl ich das Gefühl hatte, mein Besuch würde der Erfahrung von Phineas Fogg ähneln, der ganz Europa bereiste und alles sah, was es davon in zehn Tagen gab.

Als ich in der Ewigen Stadt ankam, hatte ich laut Reiseplan vier Tage Zeit. Ich wollte alles sehen und, wenn möglich , auch einen der größten Päpste, Leo XIII., treffen. Ich war nur mit einem Brief meines versierten und angesehenen Freundes, Erzbischof Corrigan, bewaffnet. Ich sicherte mir den bekanntesten Führer, der mir mitteilte, dass meine Bemühungen, die Sehenswürdigkeiten in meiner begrenzten Zeit zu besichtigen, unmöglich sein würden. Trotzdem führte der Anreiz einer besonders hohen Provision, die von zurückgelegten Entfernungen und besichtigten Sehenswürdigkeiten abhing, dazu, dass ich hinter dem besten Pferdegespann Roms durch die Straßen fuhr, verfolgt von Polizisten und Hunden, und die Pferde wurden von einem nach Belohnung gierenden Kutscher und einem Führer angetrieben, der beruflich und finanziell den Stunt seines Lebens vollbrachte. Es war erstaunlich, wie viel Boden in der Stadt der Altertümer und der Kunst mit dieser Hingabe an die Geschwindigkeit und unter kompetenter Führung tatsächlich zurückgelegt wurde.

Als ich darum bat, den Papst zu sprechen, wurde mir mitgeteilt, dass sein Gesundheitszustand nicht gut sei und Audienzen ausgesetzt worden seien. Ich schrieb einen Brief an den Kardinalsekretär, dem ich den Brief von Erzbischof Corrigan beifügte, und erklärte, wie sehr ich mich darauf freue, Seine Heiligkeit zu treffen, und wie wenig Zeit mir zur Verfügung stehe.

Einige Stunden später erhielt ich einen Brief vom Kardinal, in dem er mir mitteilte, dass der Heilige Vater die Umstände zu schätzen wisse und mich sehr gern am nächsten Morgen um elf Uhr in einer Privataudienz begrüßen würde.

Als ich im Vatikan ankam, wurde ich als angesehener Besucher empfangen. Die päpstlichen Wachen wurden hinausgeschickt und ich wurde schließlich in das Zimmer von Kardinal Merry del Val geführt. Er war damals ein junger Mann und ein versierter Diplomat, der über alle Fragen von aktuellem Interesse bestens informiert war. Literatur, Musik, Theater und die politischen Verhältnisse in Europa gehörten zu seinen Kenntnissen. Er sagte, die übliche Vorgehensweise, wenn ein Fremder dem Papst vorgestellt wird, sei, dass der Gast niederkniet und seinen Ring küsst. Der Papst hat entschieden, dass dies alles in Ihrem Fall weggelassen wird. Er wird Sie genau wie einen bedeutenden Ausländer empfangen, der nach Vereinbarung den Präsidenten der Vereinigten Staaten aufsucht.

Als ich vor den Papst geführt wurde, verließ er seinen Thron, trat vor, ergriff meine Hand herzlich und hieß mich auf sehr charmante Weise willkommen. Er war kein gesunder Mann und sein blutleeres Gesicht war so weiß und blass wie seine Robe. Dies alles wurde jedoch durch den Glanz seiner wundervollen Augen aufgelockert.

Nach einigen einleitenden Bemerkungen stürzte er sich auf die Fragen, die ihn am meisten interessierten. Er fürchtete die Ausbreitung des Kommunismus und beschrieb anschaulich dessen Bemühungen, die Kirche zu zerstören, die Religion zu ruinieren und den Glauben auszurotten. Er sagte voraus, dass er, wenn er Erfolg hätte, die Zivilisation zerstören würde.

Ich sagte ihm, dass mich die Enzyklika, die er kürzlich herausgegeben hatte, um die Beziehungen zwischen Kapital und Arbeit zu versöhnen oder harmonischer zu gestalten, sehr interessierte. Er begann über dieses Thema zu sprechen, und nach wenigen Minuten war mir klar, dass ich das Privileg hatte, eine Ansprache von jemandem zu hören, der als Priester und Bischof einer der beredtesten Redner der Zeit gewesen war. In seiner Aufregung beugte er sich nach vorne und ergriff die Armlehnen des Throns, die Farbe kehrte in seine Wangen zurück, seine Augen blitzten, seine Stimme war lebendig, und ich war das Publikum, das hingerissene Publikum der besten Rede, die ich je über die Frage von Arbeit und Kapital gehört habe.

Ich hatte wegen seiner Gesundheit Angst, dass die Anstrengung zu groß sein könnte, und stand deshalb auf, um zu gehen. Er sagte noch einmal zu mir und nahm meine Hand: „Ich weiß alles über Sie und bin Ihnen sehr dankbar, dass Sie in Ihrer offiziellen Funktion als Präsident der New York Central Railroad die Katholiken so fair behandeln. Ich weiß, dass 28.000 Ihrer Angestellten katholischen Glaubens sind und keiner von ihnen jemals aufgrund seines Glaubens diskriminiert wurde, sondern dass alle die gleichen Chancen wie die anderen haben, die Belohnungen ihres Berufs und den Schutz ihrer Beschäftigung zu erhalten."

Am nächsten Tag schickte er einen Sonderboten, um das Gespräch wiederaufzunehmen, doch unglücklicherweise hatte ich Rom bereits am Abend zuvor verlassen.

Während meines viertägigen Aufenthalts in Rom habe ich die meisten Altertümer und berühmten Kirchen besichtigt und mehrere Stunden in der Vatikanischen Galerie verbracht. Unser amerikanischer Minister, einer unserer fähigsten Diplomaten, Mr. William Potter, hatte mir außerdem ein Abendessen gegeben, bei dem ich viele Berühmtheiten der damaligen Zeit kennenlernen durfte.

Unter den englischen Staatsmännern war Lord Salisbury für mich eine beeindruckende Persönlichkeit. In einem langen Gespräch, das ich mit ihm im Außenministerium führte, sprach er sehr freimütig über die Beziehungen zwischen den Vereinigten Staaten und Großbritannien. Er war äußerst darauf bedacht, dass die freundschaftlichen Verhältnisse anhielten, und wurde äußerst herzlich.

Die häufige Neigung amerikanischer Politiker, eine Herausforderung auszusprechen oder Ausbrüche zu verursachen, beunruhigte ihn. Ich glaube, er war sich nicht sicher, ob Präsident Cleveland, als er seine kategorischen Forderungen zur Grenzfrage in Venezuela stellte, deren ernste Bedeutung sowohl für die Gegenwart als auch für die Zukunft erkannte. Er unterwarf sich jedoch widerstrebend dem Schiedsgericht, errang einen vollständigen Sieg und war zufrieden, dass solche irritierenden Fragen hauptsächlich politischer Natur und Wahlzwecken waren und man ihnen besser in versöhnlichem Geist begegnen sollte.

Ich erinnere mich an eine Gartenparty in Hatfield House, dem historischen Wohnsitz der Cecils , die zu Ehren von König Viktor Emanuel III. gegeben wurde, der vor kurzem den Thron bestiegen hatte. Lord Salisbury war körperlich von gigantischer Statur, während der König untergroß war. Der Kontrast zwischen den beiden war sehr auffällig, besonders wenn sie sich lebhaft unterhielten – der riesige Premierminister sprach von oben herab zu Seiner Majestät, und er sprach mit lebhaften Gesten auf den Premier zu.

Wenn man weiß, welche Auswirkungen traditionelle Interviews und Gespräche zwischen europäischen Herrschern auf ihre gegenwärtigen und zukünftigen Beziehungen haben, muss man seiner Vorstellungskraft nicht allzu viel abverlangen, um in diesen Unterhaltungen und Konferenzen zu erkennen, dass dort der Keim für den Eintritt Italiens in eine der Krisen des

Ersten Weltkriegs auf der Seite der Alliierten und gegen Deutschland gelegt wurde, mit dem es durch den Dreibund verbunden war.

Mr. Gladstone sagte einmal zu mir: „Ich habe vor kurzem einen Ihrer höchst interessanten Landsleute kennengelernt. Er ist einer der bestinformierten und fähigsten Männer aller Länder, mit denen ich seit langem das Vergnügen hatte, zu sprechen, und er ist jetzt in London. Ich wünschte, Sie würden mir alles über ihn erzählen."

Herr Gladstone konnte sich nicht an seinen Namen erinnern. Da sich in London mehrere amerikanische Kongressabgeordnete aufhielten, fragte ich: „War er ein Kongressabgeordneter?"

„Nein", antwortete er, „er hatte ein wichtigeres Amt."

Dann fiel mir ein, dass DeWitt Clinton, einst US-Senator, zurückgetreten war, um Bürgermeister der Stadt New York zu werden. Auf diese Eingebung hin fragte ich: „Bürgermeister der Stadt New York?"

„Ja, das ist es", antwortete Mr. Gladstone.

Ich sagte ihm dann, dass es Abram S. Hewitt sei, und beschrieb ihm Mr. Hewitts beruflichen Werdegang. Mr. Gladstone war von ihm höchst begeistert.

Ich hatte das Glück, Herrn Hewitt viele Jahre lang sehr gut zu kennen. Er hat Herrn Gladstones Lobpreisung mehr als verdient. Er war zu seiner Zeit einer der vielseitigsten und fähigsten Amerikaner im öffentlichen und privaten Leben. Sein Vater war ein englischer Pachtbauer, der mit seiner Familie in die Vereinigten Staaten zog. Herr Hewitt erhielt eine liberale Ausbildung und war sowohl im Geschäftsleben als auch im öffentlichen Leben sehr erfolgreich. Er war viel mehr als ein Geschäftsmann, Bürgermeister von New York oder Kongressabgeordneter – er war gemeinschaftsorientiert und ein weiser Reformer.

Mr. Hewitt erzählte mir zwei interessante Ereignisse aus seiner Karriere. Als er England besuchte, wurde er mit vielen schmeichelhaften Aufmerksamkeiten empfangen. Zu seinen Einladungen gehörte ein Wochenende im Haus des Edelmanns, auf dessen Ländereien sein Vater Pächter gewesen war. Als Mr. Hewitt dem Edelmann, der ihn als angesehener Amerikaner bewirtete, von den früheren Verwandten seines Vaters als einem seiner Pächter erzählte, sagte der Edelmann: „Ihr Vater hat einen großen Fehler gemacht, als er seine Farm aufgab und in die Vereinigten Staaten auswanderte. Er hätte hier bleiben sollen."

Mr. Hewitt sagte: „Aber, Mylord, ich für meinen Teil glaube das nicht."

„Warum?", fragte Seine Lordschaft.

„Weil", antwortete Mr. Hewitt, „ich dann nie ein gleichberechtigter Gast in Ihrem Haus hätte sein können."

Mr. Hewitt war einer der bedeutendsten Eisengießer und Stahlproduzenten des Landes. Zur Zeit unseres Bürgerkriegs mangelte es unserer Regierung sehr an Waffen, und wir konnten keine herstellen, weil wir das Geheimnis des Waffenmetalls nicht kannten.

Die Regierung schickte Herrn Hewitt ins Ausland, um Waffen zu kaufen. Die englischen Büchsenmacher erkannten sofort die Schwierigkeiten, in denen er sich befand, und nutzten sie aus. Sie verlangten Preise, die um ein Vielfaches höher waren als bei anderen Kunden, und weigerten sich, ihm irgendwelche Informationen über die Herstellung von Waffenmetall zu geben.

Nachdem er den Vertrag mit all seinen exorbitanten Bedingungen abgeschlossen hatte, ging er in sein Hotel und lud die Vorarbeiter aller Abteilungen der Fabrik zu einem Treffen ein. Sie kamen alle. Mr. Hewitt erklärte ihnen seine Mission und stellte fest, dass sie mit Mr. Lincoln, seiner Regierung und der Sache der Union sympathisierten. Dann erzählte er ihnen von den Schwierigkeiten, die er mit ihren Arbeitgebern gehabt hatte, und den harten Bedingungen, die sie ihnen auferlegt hatten. Dann fragte er sie alles über die Herstellung von Rotguss. Jeder der Vorarbeiter war sehr klar und deutlich, was seine Rolle betraf, und als sie alle gesprochen hatten, kannte Mr. Hewitt mit seinem Fachwissen alle Geheimnisse der Herstellung von Rotguss, die er natürlich der Regierung in Washington zur Verwendung in ihren verschiedenen Arsenalen und Werkstätten weitergab.

„Nun", sagte er zu seinen Gästen, „haben Sie mir einen großen Gefallen getan. Ich werde ihn Ihnen erwidern. Ihr Unternehmen ist vertraglich verpflichtet, diesen riesigen Auftrag innerhalb einer begrenzten Zeit auszuliefern. Sie werden damit enorm viel Geld verdienen. Streiken Sie und fordern Sie, was Sie für richtig halten, und Sie werden es sofort bekommen."

Der Waffenhersteller machte einen riesigen Gewinn, musste aber einen Teil davon mit seinen Arbeitern teilen. Es war ein frühes Beispiel für die Einführung der Gewinnbeteiligung, die heute weltweit üblich ist.

Einer der interessantesten Engländer, den ich sowohl in London als auch in den Vereinigten Staaten oft sah, war Sir Henry Irving. Die Welt der Kunst, des Dramas und der Geschichte verdankt ihm viel für seine Wiederbelebung Shakespeares. Irving war ein Genie in seinem Beruf und in seinem Privatleben absolut entzückend.

Er gab mir ein Abendessen und es war, wie alles, was er tat, originell. Statt der üblichen formellen Unterhaltung veranstaltete er das Abendessen in einem der alten königlichen Schlösser des Landes, das zu einem sehr exklusiven Hotel umgebaut worden war. Er fuhr uns in Kutschen dorthin.

Die Gesellschaft von Autoren, Dramatikern und Geschäftsleuten machte die Unterhaltung bis ins späte Abendleben unvergesslich. Auf dem Heimweg auf dem Dach der Kutsche tauchte der Vollmond immer wieder auf, war aber meist von einer Wolke umhüllt. Irving bemerkte: „Mit dem alten Mond in meinem Theater komme ich viel besser zurecht. Ich lasse ihn leuchten oder verdecke ihn mit Wolken, je nach Anlass."

Bei seinem letzten Besuch in den Vereinigten Staaten erhielt ich eine Nachricht von ihm, in der er sagte, ein Freund aus dem Westen des Landes würde ihm vor seiner Abreise am frühen Morgen zu seiner Heimreise ein Abendessen bei Delmonico geben. Die Gesellschaft sollte groß und aus lauter guten Freunden bestehen, und er hatte die feste Zusicherung, dass es keine Gespräche geben würde, und wünschte, ich käme.

Das Abendessen ließ keine Wünsche offen. Die Gesellschaft bestand aus wunderbaren, angesehenen Vertretern des amerikanischen Lebens. Die Stunden vergingen schnell und freudig, da viele dieser ursprünglichen Männer Geschichten, spannende Abenteuer oder Lieder beisteuerten.

Plötzlich stand der Gastgeber auf und sagte: „Meine Herren, wir haben heute Abend bei uns –" Natürlich bedeutete das eine Einführungsrede über Irving und eine Antwort des Gastes. Irving wandte sich an mich und sagte mit seiner tiefsten und tragischsten Macbeth-Stimme: „Gott verdamme seine Seele zur Hölle!" Er war jedoch der Situation gewachsen und etwa eine Stunde später, als alle anderen gesprochen hatten, stand er auf und hielt eine viel bessere und längere Rede, nicht zufrieden mit seiner ersten Leistung. Er war ein bewundernswerter Tischredner und auch ein ungewöhnlicher Schauspieler. Seine wunderbaren Aufführungen, nicht nur von Shakespeares, sondern auch von anderen Dramen, haben der Bühne sowohl in seinem eigenen Land als auch in unserem sehr geholfen.

Diejenigen, die ihn erst in seinem letzten Lebensjahr hörten, hatten keine Vorstellung von seiner Blütezeit. In seinen späteren Jahren beging er den Fehler, der bei Rednern und Schauspielern so häufig vorkommt: Wörter ineinander zu reihen und nicht klar zu artikulieren. Ich habe erlebt, wie eine gute Rede, eine hervorragende Predigt und eine großartige Rolle in einem Theaterstück ruiniert wurden, weil man nicht klar artikulierte. Das Publikum konnte dem Redner nicht folgen und verlor so das Interesse.

Sir Henry erzählte mir eine reizende Geschichte über Disraeli. Ein junger Verwandter von Irving wurde Priester und Geistlicher der Staatskirche. Auf Irvings Bitte hin ernannte Disraeli diesen jungen Mann zu einem der Vikars in Windsor.

Eines Tages kam der Pfarrer in großer Not zu Irving und sagte: „Das Unerwartete ist passiert. Alle sind ausgestiegen, und mir wurde befohlen, am Sonntag zu predigen."

Irving brachte ihn zu Disraeli, um sich beraten zu lassen. Der Premierminister sagte zu dem jungen Geistlichen: „Wenn Sie dreißig Minuten predigen, wird Ihre Majestät sich langweilen. Wenn Sie fünfzehn Minuten predigen, wird Ihre Majestät erfreut sein. Wenn Sie zehn Minuten predigen, wird Ihre Majestät entzückt sein."

„Aber", sagte der junge Geistliche, „mein Herr, was kann ein Prediger in nur zehn Minuten sagen?"

„Das", antwortete der Staatsmann, „wird Ihrer Majestät gleichgültig sein."

Sir Frederick Leighton, der bedeutende englische Künstler und einst Präsident der Royal Academy, war einer der charmantesten Männer seiner Zeit. Seine Erinnerungen waren entzückend und mit seltener dramatischer Wirkung erzählt. Ich erinnere mich an eine lebhafte Beschreibung, die er mir von der Hochzeit eines britischen Königshauses mit einer deutschen Prinzessin gab. Sir Frederick gehörte zu der großen und angesehenen Delegation, die den Prinzen begleitete.

Das Fürstentum des Brautvaters hatte im Laufe der Jahrhunderte an Territorium, Macht und Einnahmen eingebüßt. Dennoch unterhielt er zur Zeit der Hochzeit ein Ministerium, wie im Mittelalter, und eine Miniaturarmee. Das Kabinett war in Palästen untergebracht, die Jahrhunderte zuvor erbaut worden waren.

Der Außenminister kam zu Sir Frederick und schüttete ihm seine Sorgen aus. Er sagte: „Nach dem üblichen Verfahren müsste ich zu Ehren der Vereinigung unseres Hauses mit der englischen Königsfamilie einen Ball geben. Mein Palast ist groß genug, aber mein Gehalt beträgt nur achthundert Pfund im Jahr, und die Ausgaben würden das Ganze auffressen."

Sir Frederick sagte: „Eure Exzellenz können diese Schwierigkeit auf originelle Weise überwinden. Die Staatskapelle kann für die Musik sorgen, und das kostet nichts. Wenn die Zeit für das Bankett gekommen ist, führen Sie die Gäste mit der gebotenen Zeremonie zu einem Mahl aus Bier und Brezeln."

Der Minister befolgte die Anweisungen. Die ganze Gesellschaft war von der Situation begeistert und dem Minister wurde der glänzendste und erfolgreichste Ball zugeschrieben, den die alte Hauptstadt seit einem Jahrhundert erlebt hatte.

von Aumale , Sohn von Louis Philippe , einer der interessantesten Männer Europas . Er war ein fähiger Staatsmann und Soldat und ein gesellschaftlicher Faktor ersten Ranges. Er war der einzige des französischen Königshauses, der von der ewigen Verbannung befreit wurde und nach Frankreich zurückkehren und seine Ländereien genießen durfte. Als Anerkennung dafür schenkte er sein berühmtes Schloss und Anwesen in Chantilly der französischen Akademie. Der Wert der Schenkung betrug zehn Millionen Dollar. Im Schloss in Chantilly befindet sich eine wunderbare Sammlung von Kunstwerken.

Ich erinnere mich an ein Abendessen, bei dem der Herzog Ehrengast war. Die Anwesenden, einschließlich des Gastgebers, waren größtenteils Neulinge im britischen Adel. Nachdem das Gespräch eine Zeit lang über die Tatsache geführt worden war, dass während der Herrschaft von Königin Victoria die Mehrheit des House of Lords in den Adelsstand erhoben worden war, versuchten die Anwesenden zu beweisen, dass sie aufgrund ihrer alten Abstammung von der Regel der Emporkömmlinge ausgenommen seien. Der Herzog war bei dieser Diskussion sehr tolerant und wie immer höflich wie keine andere Person.

Der Gastgeber sagte: „Eure königliche Hoheit, könnten Sie uns mit einer Skizze Ihrer Abstammung den Gefallen tun?“

„Oh, natürlich“, antwortete der Herzog. „Es ist sehr kurz. Meine Familie, die Philippes , stammen von Äneas von Troja ab, und Äneas war der Sohn der Venus.“ Die Pilze schienen sogar noch kleiner als die Gartenpilze.

Der Herzog erzählte mir einmal sehr interessant vom Besuch seines Vaters in Amerika. Zur Zeit der Französischen Revolution musste sein Vater um sein Leben fliehen und kam in die Vereinigten Staaten. Washington beherbergte ihn in Mount Vernon. Er erzählte mir, dass sein Vater, nachdem er König von Frankreich geworden war, oft zögerte oder sich weigerte, etwas zu tun oder zu schreiben, was seine Minister wünschten. Die Antwort des Königs war immer: „Als ich den größten Mann der Welt, General Washington, in seinem Haus besuchte, fragte ich ihn einmal: ‚General, ist es nicht möglich, dass Sie in Ihrer langen und wunderbaren Karriere als Soldat und Staatsmann Fehler gemacht haben?‘ Der General antwortete: ‚Ich habe nie etwas getan, an das ich mich erinnern wollte, oder etwas gesagt, was ich nicht wiederholen würde‘, und der König sagte: ‚Das kann ich nicht tun oder unterschreiben, denn wenn ich das tue, kann ich nicht selbst sagen, was General Washington über sich selbst gesagt hat.‘“

Der Herzog bat mich, ein Wochenende mit ihm in Chantilly zu verbringen, und dass ich diese Einladung nicht annehmen konnte, ist eines der größten Bedauern meines Lebens.

Ich war zufällig an zwei aufeinanderfolgenden Sonntagen in London. Am ersten ging ich zur Westminster Abbey, um Canon Farrar predigen zu hören. Die Predigt war der wundervollen Umgebung würdig. Westminster Abbey ist eines der inspirierendsten Gebäude der Welt. Der Redner muss ein hohes Niveau erreichen, um seiner Kanzel würdig zu sein. Ich habe dort viele langweilige Reden gehört, weil die Umgebung nicht mit Mittelmäßigkeit harmonieren wollte. Die Predigt von Canon Farrar war klassisch. Sie hätte leicht einen Platz unter den Juwelen der englischen Literatur einnehmen können. Sie schien mir jeder Kritik gerecht zu werden, die die in diesem alten Mausoleum begrabenen bedeutenden Toten an diesen modernen Äußerungen haben könnten. Ich verließ die Abtei geistig und seelisch beschwingt.

Am nächsten Sonntag ging ich zu Charles Spurgeon. Es war ein wunderbarer Kontrast. Spurgeons Metropolitan Tabernacle war ein sehr schlichtes Gebäude mit riesigen Ausmaßen, aber einer bewundernswerten Akustik. Es gab keine der historischen Verehrungen der Kirche, die den Ruhm der Westminster Abbey ausmachen, keine kirchlichen Gewänder oder Zeremonien.

Mr. Spurgeon, ein schlichter, stämmiger Mann, kam in gewöhnlicher Kleidung aus schwarzem Mantel, Weste und Hose auf die Bühne. Es war ein großes Publikum, das man als Mittelklasse bezeichnen könnte. Mr. Spurgeons Predigt war ein schlichter, direkter und äußerst eindringlicher Appell an ihr Urteilsvermögen und ihre Gefühle. Es gab keinen Versuch der Rhetorik, sondern harte, hammerartige Schläge. Als er sich in seiner Empörung erhob und einige aktuelle Übel anprangerte und seine Argumentation mit Beispielen der Bestrafung von Sündern aus dem Alten Testament illustrierte, geriet das Publikum in große Aufregung. Einer der Kirchenbeamten, in dessen Bank ich saß, stöhnte laut auf und umklammerte seine Hände, so dass die Nägel ihre Spuren hinterließen. Andere um ihn herum waren in derselben Geistes- und Gemütsverfassung.

Ich sah sofort, dass die Männer, die mit Cromwell kämpften und die Schlacht von Naseby gewannen, im modernen England viele Nachkommen hatten. Sie hatten sich nur äußerlich verändert, was die Anpassung an moderne Gepflogenheiten und Bedingungen anging. Wenn es die Gelegenheit dazu gegeben hätte, hätte Mr. Spurgeon sie zu jedem Opfer für das führen können, was sie für richtig hielten. Ich spürte die Macht dieses unterdrückten Gefühls – ich würde nicht Fanatismus, sondern intensive Gewissenhaftigkeit sagen – , das englische Politiker bei Wahlen gelegentlich sehr überrascht.

Die Predigt von Kanoniker Farrar findet sich problemlos unter den erlesenen Büchern der Bibliothek wieder. Spurgeons Ansprache kam direkt aus der Schulter, Schlag auf Schlag, auf die Erfordernisse der Stunde zugeschnitten.

Einer der neuartigen Momente der großzügigen Gastfreundschaft, die ich jedes Jahr in London genoss, war ein Abendessen im Athenaeum Club, das mir ein damaliges Regierungsmitglied gab. Es handelte sich um einen Herrn von hohem Rang und politischer Bedeutung. An dem Abendessen nahmen 26 Personen teil, und es war eine repräsentative Zusammenkunft.

Zum Abschluss hielt unser Gastgeber eine sehr herzliche Rede über die engeren Beziehungen zwischen den Vereinigten Staaten und Großbritannien und stellte mich dann in einer lobenden Bemerkung vor: „Ich hoffe, Sie werden frei und ohne Einschränkungen sprechen."

Ich wurde von einem äußerst sympathischen Publikum ermutigt und hatte während meiner Bemühungen viel Spaß. Niemand sonst wurde aufgerufen. Mein Gastgeber machte Komplimente und sagte: „Ihre Rede war so zufriedenstellend, dass ich dachte, es wäre besser, keine weitere zu hören."

Einige Zeit später sagte er zu mir: „Viele meiner Freunde hatten von Ihnen gehört, aber noch nie von Ihnen gehört, also beschloss ich, ihnen die Gelegenheit zu geben, und was für alle anderen Gäste eigentlich eine rein gesellschaftliche Angelegenheit war, machte ich zu einem internationalen Ereignis, nur um Sie aus der Reserve zu locken. Der Betrug, wenn es denn ein Betrug war, war jedoch ein großer Erfolg."

Niemand in England hat mehr für die Amerikaner getan als Sir Henry Lucy. Jeder Amerikaner kannte ihn aufgrund seines Rufs und vor allem, weil er der Autor der äußerst interessanten Kolumne im Punch mit dem Titel „Essence of Parliament" war.

Zu seinen Mittagessen versammelte er bedeutende Persönlichkeiten des öffentlichen Lebens und der literarischen und journalistischen Tätigkeit Großbritanniens. Diese Mittagessen waren höchst informell, und unter Lucys gastfreundlicher Art kamen die Gäste auf vertraute Weise zusammen. Es gab in ganz London keinen Tisch, an dem man so viele schlüpfrige Geschichten und manchmal wertvolle historische Erinnerungen hören konnte.

Als Gast bei einem von Sir Lucys Mittagessen traf ein Amerikaner auf vertraute Art und Weise mit angesehenen Männern zusammen, über die er alles wusste und die er unbedingt sehen und hören wollte.

Bei einem großen Abendessen hatte ich eine angenehme Begegnung mit Sir Henry. Um eine andere Verabredung wahrzunehmen, versuchte er, sich leise davonzuschleichen, während ich sprach. Ich erblickte seine sich entfernende Gestalt und rief laut den Refrain des bekannten Liedes: „Bleib länger, Lucy." Das Geschrei der Menge brachte Sir Henry zurück und die andere Unterhaltung verlor einen Gast.

Bei mehreren meiner Besuche in London habe ich mir nicht nur interessante Orte angesehen, sondern auch Häuser und Straßen, die in der englischen Literatur Berühmtheit erlangt haben. Bei einem meiner vielen Besuche in der St. Paul's Cathedral habe ich mir das Grab des Herzogs von Wellington in der Krypta angesehen und auch das bescheidene Grab des Künstlers Cruikshank in der Nähe .

Der Superintendent fragte mich, wer ich sei, und stellte mir viele Fragen über Amerika. Dann sagte er: „Viele Amerikaner kommen hierher, aber der bemerkenswerteste von allen war Colonel Robert G. Ingersoll. Er war sehr neugierig und wollte alles über Wellingtons Grab erfahren. Ich erzählte ihm, dass der Leichnam des Herzogs zunächst in einen Holzsarg gelegt wurde, der in Stahl eingehüllt war; dass dieser dafür eine Position in einem zwanzig Tonnen schweren Stein geschaffen hatte und darüber ein riesiger Stein von vierzig Tonnen Gewicht. Er gab mir einen Klaps auf den Rücken, der mich ziemlich weit durch die Luft schleuderte, und rief: ‚Alter Mann, Sie haben ihn in Sicherheit gebracht. Wenn er jemals entkommt, schicken Sie auf meine Kosten ein Kabel nach Robert G. Ingersoll, Peoria, Illinois, USA.'"

Ich hatte Gelegenheit, zu erfahren, dass der Krieg Deutschlands gegen Frankreich und England für beide Länder eine Überraschung war. Während eines Teils des Juni 1914 in London traf ich Kabinettsminister und Parlamentsabgeordnete, und ihre ganzen Gedanken und Sorgen konzentrierten sich auf die drohende Revolution in Irland.

Das Kabinett hatte den König gebeten, einzugreifen, und er hatte Vertreter aller Parteien zu einem Treffen in den Buckingham Palace gerufen. Nach zahlreichen Beratungen erklärte er, eine Einigung oder ein Kompromiss seien unmöglich. Die Situation war so kritisch, dass sie die Aufmerksamkeit der Regierung, der Presse und der Öffentlichkeit in Anspruch nahm.

Etwa am 1. Juli war ich in Paris und fand die Franzosen besorgt über ihre Finanzen und den Anstieg ihrer Militärausgaben, die bedrohliche Zahlen erreichten. Das Syndikat der französischen Bankiers war ernsthaft beunruhigt. Es gab keinen Verdacht auf deutsche Absichten und Angriffsvorbereitungen.

Als ich einige Wochen später in Genf war, erschreckten mich die Briefe von Verwandten aus Deutschland, die in gesellschaftlichem Kontakt mit Leuten standen, die sehr wichtige Positionen in Regierung und Armee innehatten. Ihre Befürchtungen aufgrund dessen, was ihre deutschen Freunde ihnen erzählten und was sie sahen, führten dazu, dass sie sich uns in der Schweiz anschlossen.

Eines Tages weigerten sich die Schweizer, ausländisches Geld anzunehmen oder Schweizer Geld umzutauschen oder Akkreditive oder Bankschecks einzulösen. Ich schloss sofort daraus, dass die Schweizer Bankiers die feindseligen Absichten Deutschlands kannten oder vermuteten, und in nur zwei Stunden und mit zwei Familien, die ihre Koffer packen mussten, gelang es uns, den regulären Zug nach Paris zu erreichen und eine Unterkunft zu finden. Weder am Bahnhof noch in der Stadt war etwas Ungewöhnliches zu sehen.

Einer der amüsanten Vorfälle, die mir das Leben retten, ereignete sich am Bahnhof. Zwei ältere englische Jungfern diskutierten aufgeregt über die Währungsprobleme. Eine von ihnen glättete eine Banknote der englischen Bank und sagte zu ihrer Schwester: „Da, Sarah, ist eine Banknote der englischen Bank, die seit Christi Geburt auf der ganzen Welt so gut wie Gold ist, und diese Schweizer Schweine wollen sie nicht nehmen."

Ich erzählte diesen Vorfall später einem Bankier in London. Er sagte, es seien sehr unwissende Frauen gewesen, damals habe es noch keine Banknoten der Bank von England gegeben.

Die deutsche Feindseligkeit entwickelte sich so schnell, dass unser Zug für fast zwei Monate der letzte war, der die Schweiz nach Frankreich verließ. Wir sollten um zehn Uhr abends in Paris eintreffen, kamen aber wegen der Mobilisierung französischer Rekruten erst am nächsten Morgen an.

In Paris herrschte große Aufregung. Ein französischer Staatsmann sagte mir: „Wir tun unser Bestes, um einen Krieg zu vermeiden. Unsere Truppen werden zehn Kilometer von der Grenze entfernt gehalten, aber die Deutschen sind überquert und haben strategische Punkte eingenommen. Sie hören nichts und akzeptieren nichts und sind entschlossen, uns zu vernichten, wenn sie können."

Aus allen Reihen des Volkes war zu hören: „Wir werden bis zum letzten Mann kämpfen, aber wir sind in der Unterzahl und werden vernichtet, wenn England nicht hilft. Wird England helfen? Wird England helfen?" Ich habe viele Krisen erlebt, aber noch nie habe ich eine so ekstatische Reaktion erlebt oder gespürt wie damals, als Großbritannien mit Frankreich zusammenarbeitete.

Die Ausreisebeschränkungen aus Paris erforderten Zeit, Geduld und alle Ressourcen unserer Botschaft, um uns aus Frankreich herauszuholen. Die Hilfsbereitschaft, der Einfallsreichtum und die unermüdlichen Bemühungen unseres Botschafters Myron T. Herrick haben die Dankbarkeit aller Amerikaner gewonnen, die der Krieg auf dem Kontinent interniert hatte und die nach Hause zurückkehren mussten.

In England gab es eine bemerkenswerte Veränderung. Als wir im Juli abreisten, herrschte wegen des drohenden Bürgerkriegs geradezu Hysterie. Im Oktober waren die Menschen ruhig, obwohl sie in den größten Krieg ihrer Geschichte verwickelt waren. Sie verharmlosten weder das Ausmaß des Kampfes noch die Opfer, die er erfordern würde. Es herrschte eine charakteristische grimmige Entschlossenheit, die Krise durchzustehen, koste es, was es wolle. Die Kabinettsminister, die ich traf, dachten, der Krieg würde drei Jahre dauern.

Der ständige Appell an mich und andere Amerikaner lautete: „Wann schließen Sie sich uns an? Wenn wir scheitern, sind Sie als Nächstes an der Reihe. Es ist Autokratie und Militarismus gegen die Zivilisation, die Freiheit und eine repräsentative Regierung für die ganze Welt."

Wir hatten eine gefährliche und sorgenvolle Heimreise vor uns und fanden außer Theodore Roosevelt und General Wood nur wenige, die die Situation begriffen oder sich auf das Unvermeidliche vorbereiteten.

XX. REDNER UND WAHLKAMPFREDNER

Während meiner College-Zeit in Yale hielten häufig Wendell Phillips, William Lloyd Garrison und Henry Ward Beecher Vorträge, meist über die Sklavenfrage. Ich habe die meisten großen Redner der Welt gehört, aber keiner von ihnen hinterließ bei seinem Publikum einen so unmittelbaren und nachhaltigen Eindruck wie Wendell Phillips. Er war der beste Typ eines kultivierten Neuenglanders. Er hatte die beste Ausbildung genossen, die zu seiner Zeit möglich war, und verfügte über unabhängige Mittel, die es ihm ermöglichten, seine Studien und seine Karriere fortzusetzen. Außerdem war er einer der attraktivsten Männer, die ich je auf dem Podium gesehen habe, und in seinen inspirierten Momenten entsprach er der phantasievollen Vorstellung eines griechischen Gottes.

Phillips machte selten eine Geste oder sprach über die Konversationslaute hinaus, aber seine musikalische Stimme erreichte die hintersten Winkel des Saals. Das eifrige Publikum, das Angst hatte, ein Wort zu verlieren, beugte sich mit offenen Mündern und aufmerksamen Ohren nach vorne. Zu Beginn von Mr. Phillips' Ansprache war das Publikum immer feindselig, aber vor dem Ende brachte er es als geschickter Spieler eines perfekten Instruments zu Applaus, Tränen oder Gelächter. Sein Thema war fast immer die Sklaverei, seine Ansichten waren sehr extrem und er war für die sofortige Abschaffung, aber zu dieser Zeit hatte er nur sehr wenige Anhänger. Trotzdem brachten seine Reden die Leute zum Nachdenken, insbesondere wegen der Unruhen und Kontroversen, die sie verursachten, und verstärkten die Feindseligkeit gegenüber der Sklaverei, insbesondere ihrer Ausweitung.

Ich traf Herrn Phillips eines Abends nach einer Vorlesung im Haus von Professor Goodrich. Er war den Studenten gegenüber äußerst höflich und rücksichtsvoll und lud zu Fragen ein. Obwohl ich von seiner Redegewandtheit bezaubert, ja sogar gefesselt war, hatte ich damals nur wenig Verständnis für seine Ansichten. Ich sagte zu ihm: „Herr Phillips, Ihr Angriff heute Abend auf Caleb Cushing, einen der bedeutendsten und fähigsten öffentlichen Männer des Landes, war sehr gehässig und äußerst charakter- und rufschädigend. Er kommt mir so fremd vor, wie ich ihn kenne, dass ich, wenn Sie mir verzeihen, gern wissen würde, warum Sie ihn taten." Er antwortete: „Ich habe festgestellt, dass sich die Leute in der Regel nicht für Prinzipien oder deren Diskussionen interessieren. Sie sind so in ihre persönlichen Angelegenheiten vertieft, dass sie kaum über Dinge nachdenken, die nichts mit ihrem Geschäft oder Beruf zu tun haben. Sie verkörpern ein Prinzip in einem öffentlichen Mann, an den sie glauben, und dieser Mann steht für eine große Menge an Wahrheit oder Lüge und kann äußerst gefährlich sein, weil eine große Anhängerschaft das Maß mit dem Mann verbindet. Wenn ich also den Mann zerstören kann, der ein bösartiges

Prinzip vertritt, habe ich das Prinzip zerstört." Das hat mich damals nicht positiv beeindruckt und tut es auch heute nicht. Dennoch stellt es in der Politik und in den politischen Kämpfen eine dynamische Wahrheit dar.

Die perfekte Vorbereitung einer Rede war nach Ansicht von Wendell Phillip diejenige, bei der die geistigen Vorgänge in keiner Weise durch äußere Hilfe unterstützt wurden. Nur zwei oder drei Mal in seinem Leben bereitete er mit Stift und Papier eine Rede vor, und er hatte das Gefühl, dass diese Reden die dürftigsten seiner Bemühungen waren. Er studierte ständig die Kunst der Redekunst. Auf seinen täglichen Spaziergängen oder in seiner Bibliothek kamen ihm Metaphern und Vergleiche in den Sinn, die er in seinem Gedächtnis speicherte, und er studierte sogar Handlungen, während er die Muskelbewegungen von Männern beobachtete, die er an öffentlichen Orten sah. Er glaubte, dass eine perfekte Rede nur nach intensiver geistiger Konzentration vorbereitet werden könne. Natürlich muss der Geist zuerst durch Lektüre gestärkt werden, die Fakten liefert. Nachdem er seinen Geist auf diese Weise mit Informationen gesättigt hatte, lag er oft stundenlang ausgestreckt auf seinem Sofa, mit geschlossenen Augen, und bereitete sich geistig auf die Rede vor. Tatsächlich schrieb er seine Reden im Kopf, so wie Victor Hugo einige seiner Gedichte geschrieben haben soll. Eine so vorbereitete Rede, dachte Phillips, stand dem Sprecher immer zur Verfügung. Es könnte bei jeder Darbietung anders sein und je nach Bedarf des Publikums geändert werden, wäre aber praktisch immer gleich.

Diese Vorbereitungsmethode erklärt, was für viele Menschen ein Rätsel war. Die verschiedenen Berichte über Phillips' Vortrag über „Die verlorenen Künste" unterscheiden sich in Ausdrucksweise und sogar in der Anordnung. Herr Phillips hat seine Reden nicht in gedruckter Form gelesen und daher nie eine überarbeitet. Er war der festen Überzeugung, dass der gedruckte Gedanke und der gesprochene Gedanke in unterschiedlicher Form ausgedrückt werden sollten und dass der Meister der einen Form nicht auch der Meister der anderen sein könne.

Ich habe bei der Wahlkampagne von 1856 viele junge Männer wie mich kennengelernt und auch viele Bekanntschaften gemacht, die mir später sehr wertvoll sein werden. Den älteren Wahlkampfrednern fiel es schwer, die Reden, die sie seit Jahren gehalten hatten, zu ändern, sodass die jungen Redner mit ihrem frischen Enthusiasmus, ihrer intensiven Ernsthaftigkeit und ihrem unerschütterlichen Glauben beim Publikum beliebter waren, das sich der Themen, die damals von der neuen Republikanischen Partei aufgeworfen wurden, sehr bewusst war.

Die Republikanische Partei bestand aus Whigs und Demokraten, die gegen die Sklaverei waren. In diesem ersten Wahlkampf konnten die alten Hasen unter den Whigs und den Demokraten ihre lange Feindschaft nicht überwinden und misstrauten einander. Die jungen Männer, ob sie nun Demokraten oder Whigs waren, waren das Amalgam, das alle Elemente rasch miteinander verschmolz, so dass die Partei im Wahlkampf vier Jahre später, als Lincoln gewählt wurde, eine einheitliche Front bildete.

Im Laufe dieses Wahlkampfes hatte ich viele Male Staatsmänner von nationalem Ruf als Mitredner auf der Bühne. Diese Herren hielten, mit wenigen Ausnahmen, schwere, schwerfällige und banale Reden. Wenn sie jemals Humor besessen hatten, hatten sie Angst davor. Die Menge jedoch verließ den Staatsmann ausnahmslos zugunsten des Redners, der sie unterhalten und belehren konnte. Die älteren Staatsmänner gaben als Ratschlag: „Obwohl die Leute unterhalten werden wollen, haben sie kein Vertrauen in einen Mann oder eine Frau mit Witz oder Anekdoten. Wenn es um die Wahl von Männern geht, die öffentliche Angelegenheiten leiten sollen, ziehen sie ausnahmslos ernsthafte Männer vor." Es besteht kein Zweifel, dass der Ruf des Witzes die Aussichten vieler der fähigsten Männer des Landes ernsthaft beeinträchtigt hat.

Die einzige Ausnahme von dieser Regel war Abraham Lincoln. Als er jedoch zum ersten Mal als Präsident kandidierte, war er außerhalb seines Staates Illinois relativ unbekannt. Die Wahlkampfmanager hoben in ihrer Literatur nur seine ernsthaften Reden hervor, die sehr bemerkenswert waren, insbesondere die, die er in Cooper Union, New York, hielt und die die nachdenklichen Männer des Ostens tief beeindruckte. Nachdem er seine Größe als Präsident unter Beweis gestellt hatte, konnte er unbesorgt Geschichten und Witze erzählen. Dann betrachteten die Leute sein Geschichtenerzählen als die notwendige Erleichterung und Entspannung eines überlasteten und überarbeiteten Staatsdieners. Aber bevor er sein Genie als Regierungsbeamter unter Beweis gestellt hatte, hätten sie diese gleichen Eigenschaften wahrscheinlich als Beweis für Frivolität angesehen, die den Inhaber für große und schwerwiegende Verantwortung ungeeignet macht.

Ich hatte ein sehr interessantes Gespräch zu diesem Thema mit General Garfield, als er für das Präsidentenamt kandidierte. Er sagte sehr freundlich zu mir: „Sie haben alle Voraussetzungen für Erfolg im öffentlichen Leben; Sie könnten es überall und in die höchsten Positionen schaffen, wenn da nicht Ihr Humor wäre. Ich weiß, dass Humor für einen Redner vor Publikum von großem Wert ist, aber bei Wahlen ist er gefährlich. Als ich kurz nach meinem Abschluss in die Politik einstieg, stellte ich fest, dass ich einen ausgeprägten Sinn für Humor hatte, und das machte mich zum gefragtesten Redner in unserer Nachbarschaft. Aber ich stellte auch bald fest, dass er die öffentliche Meinung über mich für verantwortungsvolle Positionen ernsthaft beeinträchtigte, also beschloss ich, damit aufzuhören. Es war sehr schwierig, aber ich war so erfolgreich, dass ich keine Geschichten mehr erzählen oder den Sinn einer Geschichte verstehen kann, wenn sie mir erzählt wird. Wäre ich meiner natürlichen Neigung gefolgt, wäre ich jetzt nicht der Kandidat meiner Partei für das Amt des Präsidenten der Vereinigten Staaten."

Der Grund, warum so wenige Männer Humoristen sind, ist, dass sie sehr humorscheu sind. Meine eigenen Beobachtungen beim Studium des Lebens und der Werke unserer öffentlichen Männer zeigen, wie sehr sie sich dieser Idee verschrieben haben. Die revolutionären Staatsmänner strahlen keinen einzigen Witz, kein Wort und keinen Funken Humor aus. Ihre Äußerungen sind von einer gekünstelten Würde geprägt, die zeigt, dass sie immer heroische Posen an den Tag legten. Wenn sie, wie wir es verstehen, ein Familien-, Gesellschafts- und Clubleben führten und pflegten, dann erklärt die Düsterkeit ihrer Kameradschaft die Freude, die ihre Zeitgenossen an den damals üblichen dreistündigen Predigten von der Kanzel empfanden.

Wenn wir die Ära von Washington, Hamilton, Jefferson und den Adams hinter uns lassen , finden wir in der nächsten Generation keinen Humor mehr. Die einzige Erleichterung von der Langeweile der Argumentation und der unerschöpflichen Logik bietet der wilde Sarkasmus von John Randolph, der weder Witz noch Humor war .

Eine witzige Illustration oder eine treffende Geschichte bewirken mehr als Kolumnen voller Argumente. Das Publikum früherer Zeiten verlangte eine Rede von mindestens zwei Stunden Dauer und erwartete drei. Das heutige Publikum wird nach der ersten Stunde unruhig und ist mit vierzig Minuten zufriedener. Es zieht Epigramme Argumenten und Humor der Rhetorik vor. Es ist jedoch immer noch wahr, dass die Presse den Lesern von einem Redner, der sich dem Humor hingibt, nur den lustigen Teil seiner Bemühungen präsentiert, und er ist ernsthaft in Gefahr, keine Anerkennung für seine Fähigkeiten bei der Diskussion großer Fragen zu erhalten, egal wie auffällig diese Fähigkeiten auch sein mögen. Einem häufigen Redner stellt sich immer die Frage, ob er den Applaus des Publikums gewinnen und die schmeichelhafte Meinung der Kritiker verlieren oder sein Publikum langweilen und von den Lesern für seine Weisheit gelobt werden wird.

Wenn ich auf meine 65 Jahre als Redner zurückblicke und den Erfolg verschiedener Methoden vor Publikum, sei es in der Politik, Literatur, Wirtschaft oder vor einem gesetzgebenden Ausschuss oder der gesetzgebenden Körperschaft selbst, und insbesondere wenn ich mir meine eigene Freude an meinen Bemühungen vorstelle, dann waren die Ergebnisse und Belohnungen weitaus größer als das Erreichen irgendeines Amtes. Denn schließlich kann ein Mann sein Leben lang langweilig und ein Langweiler für sich selbst und andere sein und den Ruf eines ernsthaften Denkers und soliden Bürgers haben und dennoch nie Präsident werden.

Es war immer ein Vergnügen, George W. Curtis zuzuhören. Er war ein vollendeter Redner des klassischen Typs, aber nicht der demosthenischen Art. Sein schönes Äußeres, seine wohlmodulierte und weitreichende Stimme und sein kultiviertes Auftreten gewannen sofort die Gunst seines Publikums. Er war ein großartiger Typ eines Politikwissenschaftlers. Bei der Vorbereitung einer Rede gab er sich ebenso viel Mühe wie bei einem Buch, das er gerade veröffentlichen wollte.

Ich nahm die Einladung, die Rede bei der Enthüllung der Bartholdi-Freiheitsstatue im New Yorker Hafen zu halten, unter großem Druck an, weil die Zeit so knapp war, nur ein paar Tage. Mr. Curtis sagte mir später: „Ich war sehr überrascht, dass Sie diese Einladung angenommen haben. Ich lehnte ab, weil bis zur Enthüllung nur noch ein Monat übrig war. Ich lehne eine Einladung zu einer wichtigen Ansprache grundsätzlich ab, es sei denn, ich habe drei Monate Zeit. Ich nehme mir einen Monat Zeit, um nach Autoritäten zu suchen und sie sorgfältig vorzubereiten, und lege sie dann einen Monat lang beiseite. Während dieser Zeit, in der Sie der Sache keine Aufmerksamkeit schenken, arbeiten Ihre Gedanken unbewusst daran. Wenn Sie mit der Korrektur Ihres Manuskripts fortfahren, stellen Sie fest, dass Sie in vielen Dingen, über die Sie gut nachgedacht haben, Ihre Meinung geändert haben. Durch gemächliche Korrekturen und Ergänzungen wird die Ansprache perfekt."

Da meine Reden und Ansprachen stets ein Nebenprodukt meiner freien Abende und Sonntage eines äußerst aktiven und arbeitsreichen Lebens waren, hätten meine zwölf Redenbände nie das Licht der Welt erblickt, wenn ich einem dieser Beispiele gefolgt wäre.

Einer der größten Redner seiner Generation, und ich könnte sogar sagen unserer, war Robert G. Ingersoll. Ich hatte die Ehre, Colonel Ingersoll viele Male zu treffen und bei mehreren Gelegenheiten auf derselben Bühne zu sprechen. Den Höhepunkt seines Ruhms erreichte er mit seiner Rede als „gefiederter Ritter", in der er James G. Blaine auf dem Nationalkonvent der Republikaner im Jahr 1876 zum Präsidenten nominierte. Alle Delegierten sagten aus, dass Mr. Blaine gewählt worden wäre, wenn die Abstimmung unmittelbar nach Abschluss der Rede hätte stattfinden können.

Colonel Ingersoll heimste in diesem Wahlkampf die rednerischen Ehren in einer Reihe von Reden ein, die er im ganzen Land hielt. Ich sage eine Reihe von Reden; eigentlich hielt er nur eine, die wirkungsvollste Wahlkampfrede, die ich je gehört habe, die er jedoch immer und immer wieder hielt, und jedes Mal mit phänomenalem Erfolg, einem Erfolg, wie ich ihn noch nie erlebt habe. Er hielt sie vor einem riesigen Publikum in New York und riss es mitgerissen. Diesen Triumph wiederholte er am nächsten Tag bei einer Freiluftversammlung in Wall Street und am Tag darauf bei einer großen

Versammlung in New Jersey. Die Zeitungen druckten die Rede jeden Tag nach ihrer Abhaltung vollständig ab, als wäre sie eine neue und erste Äußerung des großen Redners gewesen.

Ich habe mehrmals mit ihm gesprochen, als er nach einem wichtigen Abendessen einer der Redner war. Es war ein seltenes Vergnügen, ihm zuzuhören. Er hatte es offensichtlich spontan vorgetragen, was seine Wirkung auf seine Zuhörer noch verstärkte. Dass er es gründlich vorbereitet hatte, stellte ich fest, als ich es mehrmals hörte, immer unverändert und immer mit der gleichen mitreißenden Wirkung.

Eines Abends hielt er im Cooper Institute eine Rede bei einer Feier der Farbigen anlässlich von Lincolns Proklamation zur Befreiung der Sklaverei. Wie üblich beherrschte er die Situation und sein Publikum. Dann hielt er eine Reihe von Reden, in denen er die Bibel angriff. Sein Geist war voll von diesem Thema, und anscheinend konnte er nicht umhin, den Glauben der Neger anzugreifen, indem er fragte: Wenn es einen Gott der Gerechtigkeit und Barmherzigkeit gibt, warum hat er sie dann so lange in der Sklaverei gelassen oder zugelassen, dass sie jemals Sklaven waren?

Für ein emotionales Publikum wie das vor ihm war dies ein äußerst gefährlicher Angriff auf den Glauben. Ich mochte den Oberst so gern und war ein so großer Bewunderer von ihm, dass ich ihm nur ungern widersprach, aber ich hielt es für notwendig, dies zu tun. Der religiöse Eifer, der bei den Farbigen so stark ausgeprägt ist, machte es vergleichsweise einfach, ihren Glauben wiederherzustellen, wenn er geschwächt war, und sie zu der Erkenntnis zu bringen, dass ihre Segnungen alle von Gott kamen.

Der wahrscheinlich brillanteste Redner der Zeit unmittelbar vor dem Bürgerkrieg war Thomas Corwin aus Ohio. Wir haben in diesen Zeiten keinen Redner seines Typs auf der Bühne. Er hatte einen bemerkenswerten Einfluss, wann immer er an Debatten im Repräsentantenhaus teilnahm. Im Wahlkampf oder auf Wahlveranstaltungen zog er das Publikum von Henry Clay oder einem der berühmten Redner der Zeit weg. Ich frage mich manchmal, ob unser erfahreneres und allgemein gebildeteres Publikum von heute von Corwins Methoden beeinflusst werden würde. Er verfügte in höchstem Maße über alle Elemente einer wirkungsvollen Rede. Er konnte sein Publikum zu Tränen rühren oder zu urkomischem Gelächter bringen oder Jubel hervorrufen. Er erzählte mehr Geschichten und sie besser als jeder andere und gab sich freizügig dem hin, was man als Übertreibungen zum 4. Juli bezeichnet. Er konnte eine logische Präsentation hervorheben, die hervorragend war und nicht durch einen rhetorischen Höhenflug der Fantasie oder durch ansteckenden Humor bewiesen werden konnte. Gegen Ende seines Lebens sprach er in der Nähe von New York, und sein großer Ruf zog die Vertreter der Großstadtpresse zu dem Treffen. Er riss das

Publikum mit, aber die Kommentare der Zeitschriften waren sehr kritisch und ungünstig, sowohl hinsichtlich der Rede als auch des Redners. Es war ein Beispiel für das, was ich oft erlebt habe: eine Rede, die genau das Richtige für den Anlass und das Publikum war, aber in der Veröffentlichung ihre Wirkung verlor. Corwins Humor versperrte ihm den Weg zu einem hohen Amt, und er sah viele gewöhnliche Männer vor sich aufsteigen.

Der stärkste Faktor bei der Vernichtung seiner Feinde und der Stärkung seiner eigenen Sache waren sein unnachahmlicher Witz und Humor. In seiner umfassenden Staatskunst, seinen soliden Ansprüchen und seiner überzeugenden Redegewandtheit überragte er die erfolgreiche Mittelmäßigkeit seiner Zeit – die Buchanans und die Polks , die Franklin Pierces und die Winfield Scotts – wie ein Stern der ersten Größenordnung über der Milchstraße. Doch in späteren Jahren glaubte er, dass sein Versagen bei der Erlangung der ihm gebührenden höchsten Anerkennung darauf zurückzuführen sei, dass sein Humor in den Köpfen seiner Landsleute den Eindruck erweckt habe, er sei kein ernsthafter Mensch.

Wayne MacVeagh war ein sehr interessanter und origineller Redner. Er hatte einen vollendeten und kultivierten Stil und eine sehr ansprechende Vortragsweise. Er war ein Meister des Sarkasmus und der glühenden Beredsamkeit zu patriotischen Themen. Als ich ein Neuling in Yale war, war er im letzten Jahr. Ich hörte ihn sehr oft in unserer Debattiergesellschaft, der Linonian , wo er seinen zukünftigen Erfolg versprach. Sein Schwiegervater war Simon Cameron, Kriegsminister, und er gehörte zu der Gruppe, die mit Mr. Lincoln nach Gettysburg fuhr und Lincolns berühmte Ansprache hörte. Er erzählte mir, dass sie damals nicht viel Eindruck gemacht habe und es lange dauerte, bis das Land ihre überragende Vortrefflichkeit erkannte, und er glaubte die noch immer kursierende Geschichte nicht, dass Mr. Lincoln sie auf einen Umschlag geschrieben habe, während er im Zug nach Gettysburg saß.

MacVeagh wurde einer der führenden Anwälte der amerikanischen Anwaltskammer und war zeitweise Justizminister der Vereinigten Staaten. Als Gesandter in der Türkei und in Italien war er als Diplomat erfolgreich.

Ich habe ihn bei vielen Gelegenheiten gehört und auf vielen After-Dinner-Podiumsdiskussionen mit ihm gesprochen. Als After-Dinner-Redner war er immer dann am besten, wenn ihn jemand angriff, denn er hatte ein sehr hitziges Gemüt. Er ließ mir einen Witz entlocken, der damals ziemlich in Mode war. Als ich zum Präsidenten der New York Central Railroad gewählt wurde, gab mir die Yale Association of New York ein Abendessen. Es wurde hauptsächlich von angesehenen Yale-Absolventen aus verschiedenen Teilen des Landes besucht. MacVeagh war einer der Redner. Im Laufe seiner Rede sagte er: „Ich war beunruhigt, als ich erfuhr, dass unser Freund Chauncey zum Präsidenten der unbeliebtesten Eisenbahngesellschaft des Landes gewählt worden war. Aber seien Sie versichert, meine Freunde, dass er die Situation ändern und sie noch vor dem Ende seiner Amtszeit zur beliebtesten unserer Eisenbahngesellschaften machen wird, denn er wird die Aktien in die Reichweite der ärmsten Bürger des Landes bringen." Aufgrund des Kampfes auf Leben und Tod mit der West Shore Railroad befand sich die Aktie damals auf ihrem historischen Tiefstand, und so war es natürlich nicht schwer, die Vorhersage meines Freundes MacVeagh umzukehren .

Einer der größten und bemerkenswertesten Redner seiner Zeit war Henry Ward Beecher. Ich habe nie einen gefunden, der ihm an Gewandtheit und Vielseitigkeit ebenbürtig gewesen wäre. Seine Vitalität war ansteckend. Er war ein großer, gesunder, kräftiger Mann mit dem Körperbau eines Athleten, und sein intellektuelles Feuer und seine Kraft entsprachen seiner körperlichen Stärke. Seine Ideen, Anekdoten, Beispiele und Begebenheiten schienen keine Grenzen zu kennen. Er hatte eine glühende Vorstellungskraft und eine wunderbare Fähigkeit zur Assimilation und Wiedergabe und die aufmerksamsten Augen. Er bezog ständig Material aus den Wäldern, den Blumen, den Gärten und den Haustieren auf den Feldern und im Haus und verwendete es äußerst wirkungsvoll in seinen Predigten und Reden. Ein enger Freund von mir, ein Landarzt und großer Bewunderer von Herrn Beecher, wurde Abonnent der Wochenzeitung, in der seine Sonntagspredigten gedruckt wurden, und bewahrte sorgfältig eine von ihm erstellte Datei mit den Predigten auf. Er wollte nicht nur die Predigten seines Lieblingspredigers lesen, sondern war auch davon überzeugt, dass dieser über eine unendliche Vielfalt verfügte, und prüfte ständig die Werke seines Idols, um festzustellen, ob sich darin nicht eine Illustration, Anekdote oder Idee wiederholte.

Mr. Beecher schien ständig vor Ideen zu strotzen, die ihm fast aus dem Kopf gingen. Während die meisten Redner sich auf ihre Bibliotheken, ihr Sammelalbum und ihre Freunde als Material verlassen, fand er offenbar alle vierundzwanzig Stunden mehr, als er verwenden konnte. Seine Predigten erschienen jeden Sonntag in der Presse. Er hielt häufig Vorträge; mehrmals in der Woche hielt er Reden nach dem Essen und hielt in den Pausen, die ihm blieben, Volksansprachen, sprach bei Versammlungen über kommunale und allgemeine Reformen und bei patriotischen Anlässen. Eine der wirkungsvollsten und für die damalige Zeit auch beredtesten Ansprachen, die ich je in meinem Leben gehört habe, war die, die er bei der Beerdigung von Horace Greeley hielt.

Als die Stimmung in England zugunsten des Südens in unserem Bürgerkrieg so weit zu wachsen schien, dass Großbritannien die Südstaaten-Konföderation anerkennen würde, bat Herr Lincoln Herrn Beecher, rüberzugehen und die Seite der Union zu vertreten. Diese Reden von Herrn

Beecher, einem Fremden in einem fremden Land, vor feindseligem Publikum waren wahrscheinlich der außergewöhnlichste Beweis für rednerische Fähigkeiten, den man je gesehen hat. Er fesselte das Publikum, überwand die Feindseligkeit hartnäckiger Störenfriede und überwältigte mit seinem schlagfertigen Witz die Zwischenrufer.

Bei einer der großen Versammlungen, als die Stimmung schnell von Feindseligkeit zu Sympathie wechselte, stand ein Mann auf und fragte Mr. Beecher: „Wenn ihr Leute aus dem Norden so stark seid und eure Sache so gut ist, warum habt ihr dann nach all den Jahren des Kampfes den Süden nicht besiegt?" Mr. Beechers sofortige und äußerst kühne Antwort war: „Wenn die Südstaatler Engländer wären, hätten wir sie besiegt." Mit der englischen Liebe zum Fairplay wurde die Erwiderung mit Beifall aufgenommen.

Während andere Redner sich vorbereiteten, schien er nach Gelegenheiten zum Reden zu suchen und aus einem überquellenden Reservoir zu schöpfen. Häufig verbrachte er eine Stunde mit einer Menge von Bewunderern und sprach mit ihnen über jedes Thema, das ihm am wichtigsten war. Ich kannte eine Autorin, die bei diesen Zusammenkünften immer anwesend war, sich ausführlich Notizen machte und diese sehr getreu wiedergab. Es gab Kreise von Beecher-Verehrern in vielen Städten und in vielen Staaten. Diese Autorin kam in meinem letzten Jahr in Yale regelmäßig nach New Haven und gab in einem Kreis von Beecher-Verehrern, dem ich beitreten durfte, diese informellen Vorträge von Mr. Beecher wieder. Er war der schlagfertigste Redner und bereicherte seine formellen Reden mit seiner fast weiblichen Sympathie und emotionalen Art ungemein durch Ideen, die ihm in der Hitze des Vortrags einfielen, oder durch Kommentare zu Gesprächen, die er auf dem Weg zur Kirche oder zu Versammlungen gehört hatte.

Ich war zufällig mit ihm auf einer Tagesreise im Zug, und er hörte nie auf, auf höchst interessante und wirkungsvolle Weise zu reden und aus seinem reichen und unerschöpflichen Wissensschatz mit bemerkenswerter Klarheit und Eloquenz seine Ansichten zu aktuellen Themen sowie zur jüngsten Literatur, Kunst und Weltbewegungen preiszugeben.

Beechers berühmter Prozess wegen der von Theodore Tilton gegen ihn erhobenen Vorwürfe wegen seiner Beziehung zu Tiltons Frau erregte die Aufmerksamkeit der Welt. Die Anklage war ein Schock für das religiöse und moralische Empfinden unzähliger Millionen Menschen. Als der Prozess vorbei war, war die Öffentlichkeit praktisch von Mr. Beechers Unschuld überzeugt. Die Jury war jedoch anderer Meinung, einige wenige blieben gegen ihn. Der Fall wurde nie wieder vor Gericht gebracht. Der Prozess dauerte sechs Monate.

Eines Abends, als ich in Peekskill war, ging ich von unserem alten Gehöft in den überfüllten Teil des Dorfes, um mit alten Freunden zusammen zu sein. Ich sah dort eine große Menschenmenge und auch die Militär- und Feuerwehrkompanien des Dorfes. Ich fragte, worum es ging, und erfuhr, dass die ganze Stadt zu Mr. Beechers Haus ging, das etwa anderthalb Meilen vom Dorf entfernt war, um an einer Demonstration für seine Rehabilitierung teilzunehmen. Ich marschierte mit einer der Kompanien, zu denen ich als Junge gehörte, und marschierte mit der Menge hinaus.

Der Dorfpräsident und führende Bürger bestiegen nacheinander die Plattform, die die Piazza von Mr. Beechers Haus war, und drückten ihm und seinen Nachbarn, den Dorfbewohnern, ihr Vertrauen aus. Dann sagte Mr. Beecher zu mir: „Sie wurden in dieser Stadt geboren und sind im ganzen Land bekannt. Wenn Sie etwas sagen möchten, wird es weithin bekannt werden." Natürlich war ich sehr froh über die Gelegenheit, weil ich an ihn glaubte. Im Laufe meiner Rede erzählte ich eine Geschichte, die wunderbar in Mode kam. Ich sagte: „Mr. Lincoln erzählte mir von einem Erlebnis, das er zu Beginn seiner Praxis hatte, als er einen Mann verteidigte, der angeklagt war, einen Nachbarn brutal angegriffen zu haben. Es gab keine Zeugen, und nach den damaligen Beweisgesetzen konnte der Angeklagte nicht aussagen. Der Kläger hatte also alles, was er wollte. Die einzige Möglichkeit, die Mr. Lincoln hatte, um seinem Mandanten zu helfen, bestand darin, den Ankläger in einem Kreuzverhör zu entlarven. Mr. Lincoln sagte, er habe gesehen, dass der Ankläger ein prahlerischer und anmaßender Mann war, und fragte ihn deshalb: ‚Um wie viel Land haben Sie und mein Mandant gekämpft?' Der Zeuge antwortete stolz: ‚Sechs Morgen, Mr. Lincoln.' ‚Nun', sagte Lincoln, ‚glauben Sie nicht, dass das eine ziemlich kleine Kampffläche für eine so große Farm war?' Mr. Lincoln sagte, der Richter habe gelacht, ebenso der Staatsanwalt und die Jury, und sein Mandant sei freigesprochen worden."

Die Übereinstimmung lag in den sechs Hektar Land, auf denen der Lincoln-Prozess stattfand, und in den sechs Monaten des Beecher-Prozesses. Da es sich um eine neue Geschichte von Lincoln handelte, die noch nie gedruckt worden war, und da sie sich auf den Prozess gegen den berühmtesten Prediger bezog, der die schlimmste Anklage gegen einen Prediger erhoben hatte, wurde die Geschichte im ganzen Land gedruckt, und von Freunden und Konsularagenten, die mir Ausschnitte schickten, die ich fand, wurde sie in fast jedem Land der Welt kopiert.

Mr. Beecher war einer der wenigen Prediger, der sowohl auf der Kanzel als auch, wenn möglich, auf der Bühne am wirkungsvollsten war. Wenn es um moralische Fragen ging, sprach er vor politischem Publikum. In einem Wahlkampf wurden seine Reden weiter verbreitet als die der Senatoren, Abgeordneten oder Gouverneure, die dort sprachen. Ich erinnere mich an eine Illustration von ihm, in der sein Hund Noble stundenlang an dem Loch bellte, aus dem ein Eichhörnchen geflohen war, und ruhig in der Astgabel eines Baumes sitzend die Musik genoss. Die Illustration erregte die Aufmerksamkeit des Landes und brachte die Opposition zum Lachen.

Hugh J. Hastings, einst Herausgeber und Eigentümer des Albany Knickerbocker und später des New York Commercial Advertiser, war voller wertvoller Erinnerungen. Er begann seine journalistische Laufbahn als sehr junger Mann bei Thurlow Weed. Diese Verbindung machte ihn zu einem Whig. Nur sehr wenige Iren gehörten dieser Partei an. Hastings war ein geborener Politiker und organisierte einen Irish Whig Club. Er erzählte mir, dass er Daniel Webster verehrte.

Webster, sagte er, machte auf der Durchreise durch den Staat einmal in Albany Halt und wurde Gast eines der führenden Bürger Albanys und seines großzügigsten Gastgebers und Unterhalters. Der Gentleman gab zu Websters Ehren ein großes Abendessen, bei dem alle Honoratioren der Hauptstadt anwesend waren.

Hastings organisierte einen Festzug, der enorme Ausmaße annahm, als er das Anwesen erreichte, in dem Mr. Webster speiste. Als die Gäste herauskamen, war Hastings zufolge offensichtlich, dass sie zu gut gespeist hatten. Das war nicht verwunderlich, denn in Albany war kein Abendessen perfekt, wenn es nicht dreizehn Gänge und dreizehn verschiedene Weinsorten gab, und das Ganze wurde mit dem berühmten Regency-Rum abgerundet, den sich die albanischen Bonvivants gesichert hatten, bevor der Aufstand in Westindien seine Produktion stoppte. Er hatte eine Wirkung, die, wenn es vorher keine anderen Marken gegeben hatte, für alle außer den stärksten Köpfen tödlich war. Ich habe seine Wirkung selbst getestet, als ich vor über fünfzig Jahren in Albany im Amt war.

Hastings sagte, als Webster seine Rede begann, sei er seinem Idol so nahe wie möglich gewesen und habe direkt vor ihm gestanden. Als der Staatsmann eine Geste machte, um einen Satz zu betonen, verlor er den Halt an der Balustrade und stürzte nach vorn. Der junge Ire war der Situation gewachsen und legte einen athletischen Arm dazwischen, der Mr. Webster vor dem Fallen bewahrte und ihn festhielt, bis er seine Rede beendet hatte. Die Tatsache, dass er seine Rede unter solchen Bedingungen fortsetzen konnte, steigerte, wenn das überhaupt möglich war, die Bewunderung des jungen Hastings. Webster war einer der wenigen Männer, die, wenn sie völlig betrunken waren, einen nüchternen Kopf behielten.

Die Rede war sehr wirkungsvoll, nicht nur bei diesem Publikum, sondern, wie berichtet wurde, im ganzen Land. Man ließ nach Hastings schicken und begleitete ihn ins Esszimmer, wo sich die Gäste wieder versammelt hatten. Webster ergriff seine Hand und rief in seiner fröhlichsten Art aus: „Junger Mann, Sie haben mich davor bewahrt, mich zu blamieren. Ich danke Ihnen und werde Sie nie vergessen." Hastings drückte seine Gefühle so aus, dass er, wenn er in dieser Nacht gestorben wäre, vom Leben alles bekommen hätte, was es zu leben lohnte.

Ich weiß nicht, welche Trinkgewohnheiten Mr. Webster hatte, aber die Gerüchte, die darüber verbreitet wurden, hatten eine sehr schädliche Wirkung auf junge Männer und besonders junge Anwälte. Es war allgemein bekannt, dass Webster nur unter dem Einfluss großer Mengen Brandy seine beste Arbeit leisten und seine geistige Leistungsfähigkeit voll entfalten konnte. Viele junge Anwälte glaubten daran und tranken zu viel, nicht weil sie Alkohol liebten, sondern weil sie glaubten, sein Konsum könnte ihn zu einem zweiten Webster machen.

Nachdem ich in dieser Atmosphäre gelebt hatte, versuchte ich das Experiment selbst. Glücklicherweise stellte ich fest, wie falsch es war. Ich probierte die hochprozentigen Spirituosen, Brandy, Whisky und Gin und dann die Weine. Ich stellte fest, dass alle eine deprimierende und betäubende Wirkung auf den Geist hatten, dass Champagner jedoch eine gewisse, wenn auch keine gesunde, Erheiterung hervorrief. Ich entdeckte auch – und das galt auch für alle anderen – dass der Geist am besten funktioniert und zufriedenstellendere Ergebnisse erzielt, wenn überhaupt kein Alkohol vorhanden ist.

Ich bezweifle, dass ein Redner, sofern er nicht von Stimulanzien abhängig geworden ist, diese vor einer wichtigen Anstrengung verwenden kann, ohne dass sein geistiger Apparat mehr oder weniger verstopft. Ich weiß, dass berichtet wird, dass Addison, dessen Englisch für nachfolgende Generationen ein Vorbild war, beim Schreiben seiner besten Essays den Teppich abgenutzt hat, als er zwischen den Sätzen von der Anrichte, auf der der Brandy stand, zu seinem Schreibtisch ging. Aber die Menschen hatten damals eine heroische Konstitution und einen eisenharten Verdauungsapparat, was nicht an ihre Nachkommen weitergegeben wurde.

Eine andere Geschichte über Webster hörte ich von Horace F. Clarke, einem berühmten Anwalt aus New York und einem guten Freund von ihm. Mr. Clarke sagte, er habe einen Fall vor dem Kanzler, bei dem es um sehr große Interessen gehe. Er fand heraus, dass Mr. Webster im Astor House war, und besuchte ihn. Mr. Webster sagte ihm, seine öffentlichen und beruflichen Verpflichtungen seien überwältigend und es sei unmöglich für ihn, etwas Neues aufzunehmen. Clarke legte tausend Dollar auf den Tisch und flehte Mr. Webster an, ein Honorar anzunehmen. Clarke sagte, Webster habe sehnsüchtig auf das Geld geblickt und gesagt: „Junger Mann, Sie können sich nicht vorstellen, und ich habe keine Worte, um auszudrücken, wie sehr ich dieses Geld brauche, aber es ist unmöglich. Lassen Sie mich jedoch Ihr Schriftstück sehen." Webster las es durch und sagte dann zu Clarke: „Sie werden mit diesem Schriftstück nicht gewinnen, aber wenn Sie dies einbeziehen, denke ich, dass Ihr Fall in Ordnung ist." Clarke sagte, als er das Schriftstück vorlegte und seine Argumente vor dem Kanzler vortrug, entschied der Kanzler zu seinen Gunsten, ganz auf den Vorschlag von Mr. Webster hin. Ein bekannter Anwalt erzählte mir, dass er beim Studium der Argumente von Herrn Webster vor dem Obersten Gerichtshof und der in diesen Fällen getroffenen Entscheidungen sehr oft festgestellt habe, dass die Meinung des Gerichts der Argumentation dieses hervorragenden Anwalts folgte.

Henry J. Raymond erzählte mir die folgende Geschichte von Mr. William H. Seward. Er sagte, eines Morgens sei ein Bote in sein Büro gekommen (Raymond war damals Herausgeber der New York Times) und habe gesagt, Mr. Seward sei im Astor House und wolle mich sprechen. Als ich ankam, sagte Mr. Seward: „Ich bin auf dem Weg nach Hause in Auburn, wo ich eine Rede vor dem ganzen Land halten soll, in der ich unsere Regierung erkläre und verteidige. [Johnson war Präsident.] Wenn ich bereit bin, werde ich Ihnen ein Telegramm schicken und mir dann einen Ihrer besten Reporter schicken." Ungefähr zwei Wochen später erhielt Mr. Raymond dieses kryptische Telegramm von Mr. Seward: „Schicken Sie mir den Mann, von dem ich gesprochen habe."

Als der Reporter zurückkam, sagte er zu Mr. Raymond: „Als ich in Auburn ankam, erwartete ich, dass eine große Versammlung angekündigt worden war, aber es gab keine Handzettel, Anzeigen oder sonst etwas in den Lokalzeitungen, also ging ich zu Mr. Seward nach Hause. Er sagte zu mir: ‚Ich freue mich sehr, Sie zu sehen. Haben Sie Ihren Bleistift und Ihr Notizbuch? Wenn ja, werden wir eine Rede halten.' Nach dem Diktat sagte Mr. Seward: ‚Schreiben Sie das bitte bis zu jeder dritten Zeile durch, um Platz für Korrekturen zu lassen, und bringen Sie es mir am Morgen zurück.' Als ich Mr. Seward die Kopie gab, nahm er sie und behielt sie den ganzen Tag, und als ich am Abend zurückkam, war der freie Platz mit Korrekturen und neuem Material gefüllt. Mr. Seward sagte zu mir: ‚Jetzt machen Sie mir eine saubere Kopie mit Korrekturen.' Als ich mit der korrigierten Kopie zurückkam, bemerkte er: ‚Ich finde, Sie und ich haben eine sehr schlechte Rede gehalten. Versuchen wir es noch einmal.' Derselbe Vorgang wurde ein zweites Mal wiederholt, und diese korrigierte Kopie der Rede wurde teilweise an einige Freunde weitergegeben, die zu diesem Anlass in Mr. Sewards Bibliothek gerufen wurden. Am nächsten Morgen erschienen diese Schlagzeilen in allen führenden Zeitungen des Landes: „GROSSARTIGE REDE DES AUSSENMINISTERS IM NAMEN DER REGIERUNG BEI EINER GROSSEN MASSENVERSAMMLUNG IN AUBURN, NY"

In der Karriere eines Staatsmannes entscheidet oft ein Satz über seine Zukunft. Auf dem Höhepunkt der Sklaverei-Unruhen und während die

Durchsetzung des Gesetzes über entflohene Sklaven im Norden die größte Empörung hervorrief, hielt Mr. Seward in Rochester, NY, eine Rede, die das Land aufwühlte. In dieser Rede zollte er der Verfassung und den Gesetzen gebührenden Respekt, erklärte aber sehr feierlich, dass „es ein höheres Gesetz gibt". Mr. Seward lenkte manchmal die Aufmerksamkeit auf seine Position durch eine orakelhafte Äußerung, deren Interpretation er dem Volk überließ. Dieser Satz, „das höhere Gesetz", erlangte sowohl im Kongress als auch in der Presse und auf der Bühne höchste Bedeutung. Einerseits wurde es als Verrat und Anarchie angeprangert. Andererseits war es der Ruf des Gewissens und der neutestamentlichen Lehren über die Menschenrechte. Es war einer der Gründe für seine Niederlage bei der Präsidentschaftswahl.

Senator Henry Wilson aus Massachusetts, später Vizepräsident, war sehr gefragt. Seine historischen Aussagen waren klar und seine Ansichten nachdrücklich. Wenn er auch nur einen Hauch von Humor hatte, ließ er ihn in seinen Reden nie erkennen. Seine Karriere vom ungelernten Arbeiter über den Senat bis zum Vizepräsidenten war sehr ereignisreich. Er machte den Eindruck eines Beispiels für amerikanische Chancen, und seine Persönlichkeit und seine Geschichte waren beeindruckender und einflussreicher als das, was er sagte.

Einer der eindrucksvollsten und beliebtesten Wahlkampfredner war Daniel S. Dickinson. Er war Senator und Parteiführer der Vereinigten Staaten und eine nationale Persönlichkeit. Sein ehrwürdiges Erscheinungsbild verlieh seiner Redekunst Nachdruck. Er schien hochbetagt zu sein, war aber bemerkenswert energisch. Seine Reden bestanden aus Epigrammen, die zitierfähig und wirkungsvoll waren. Er sprang schnell von Argument zu Anekdote und griff bissig an.

Ich hatte eine interessante Erfahrung mit Mr. Dickinson, als ich 1863 für das Amt des Außenministers kandidierte. Der Hauptgewinner dieses Jahres und der begehrteste und beliebteste Wahlkampfredner war Gouverneur Andrew aus Massachusetts. Er hatte eine Reihe von Ämtern im Staat New York inne, sagte sie aber aufgrund eines Notfalls alle ab. Die nationalen und staatlichen Komitees wählten mich aus, um seine Ämter zu besetzen. Der unbefriedigendste und unangenehmste Job der Welt ist es, die Ämter eines beliebten Redners zu übernehmen. Die Erwartungen des Publikums wurden bis zu einem gewissen Grad durch Propaganda geweckt, die das Genie und die Leistungen des erwarteten Redners anpries. Der Ersatz kann diese Erwartungen nicht erfüllen, und eine verärgerte Menge macht ihn für ihre Enttäuschung verantwortlich.

Als ich am Bahnhof den Zug verließ, befand ich mich inmitten einer Massenversammlung mehrerer Bezirke in Deposit, NY. Ein großes Komitee, reich geschmückt mit Wahlkampfabzeichen, stand auf dem Bahnsteig, um den angesehenen Kriegsgouverneur von Massachusetts willkommen zu heißen. Ich entsprach äußerlich nicht ihren Erwartungen an einen beeindruckenden Staatsmann mit würdevoller Erscheinung, der einen Prinz-Albert-Anzug und einen Zylinder trug. Ich war schon lange im Wahlkampf, mein weicher Hut war anrüchig, und ich hatte meine Wahlkampfausrüstung um einen großen Schal erweitert. Außerdem war ich erst 28 und sah viel jünger aus. Das Komitee erwartete mindestens 60. Schließlich eilte der Vorsitzende auf mich zu und sagte: „Sie waren im Zug. Haben Sie Gouverneur Andrew von Massachusetts gesehen?" Ich antwortete ihm: „Gouverneur Andrew kommt nicht; er hat alle seine Termine abgesagt, und ich wurde geschickt, um seinen Platz einzunehmen." Der Vorsitzende schnappte nach Luft und rief dann: „Mein Gott!" Er rief seine Ausschusskollegen ganz aufgeregt zusammen und sagte zu ihnen: „Meine Herren, Gouverneur Andrew kommt nicht, aber der Staatsausschuss hat DAS geschickt", und zeigte dabei auf mich. Ich war der Kandidat meiner Partei für den Posten des Staatssekretärs und stand an der Spitze der Liste, aber niemand fragte mich, wer ich sei, und ich sagte es ihnen auch nicht. Ich wurde völlig in Ruhe gelassen.

Einige Zeit später kam der Vorsitzende des Komitees zu mir und sagte: „Junger Mann, wir werden nicht hart mit Ihnen umgehen, aber das Staatskomitee hat das schon einmal gemacht. Man hatte uns einen sehr beliebten und bei uns wohlbekannten Redner versprochen, aber an seiner Stelle schickten sie den größten Idioten, der je vor einem Publikum stand. Wir haben jedoch nach Binghamton geschickt, um Daniel S. Dickinson zu holen, und er wird in Kürze hier sein und unsere große Massenversammlung retten."

Mr. Dickinson kam und hielt eine typische Rede; jeder Satz war eine Bombe und seine Explosion sehr wirkungsvoll. Er hatte das Privileg des Alters und erzählte eine Geschichte, die ich nicht gewagt hätte zu erzählen, da das Publikum zur Hälfte aus Frauen bestand. Er sagte: „Diese Verfassungsrechtler, die verkünden, dass alle Taten von Mr. Lincoln verfassungswidrig sind, kennen kein Gesetz. Sie erinnern mich an einen Arzt, den wir in Binghamton haben, der wegen seines feinen Aussehens, seiner großen Worte und seines Stocks mit dem goldenen Knauf eine große Praxis hat. Er wurde zu einem jungen Jungen gerufen, der auf dem Schoß seiner Großmutter saß. Nachdem er die Zunge des Jungen untersucht und seinen Puls gefühlt hatte, legte er seinen Kopf eine Weile in tiefes Nachdenken auf seinen Stock mit dem goldenen Knauf und sagte dann: ‚Madam, dieser Junge hat solche Probleme mit der Epiglottis und einen so entzündeten Kehlkopf, dass wir eine Aderlassoperation durchführen müssen.' Die alte Dame drückte den Jungen ganz verzweifelt an ihre Brust und rief: ‚Um Himmels Willen,

Herr Doktor, was in aller Welt kann dem Jungen fehlen, dass Sie ihm das alles auf den Hintern schmieren?"“

Mr. Dickinson stellte mich als Spitzenkandidaten der Staatskanzlei vor. Meine Rede war ein Erfolg und der Vorsitzende machte mir das nette Kompliment, zu sagen: „Wir sind froh, dass sie Sie anstelle von Gouverneur Andrew geschickt haben."

Einer unserer wirkungsvollsten Wahlkampfredner war General Bruce aus Syracuse, NY. Der General hielt praktisch nur eine Rede, die voller bildhafter Illustrationen, markanter Anekdoten und höchst emotionaler Momente patriotischer Begeisterung war. Er hielt diese Rede mit den notwendigen Variationen während vieler Wahlkämpfe. Ich begleitete den General, der Kanalkommissar war, als ich Außenminister war, auf unserer offiziellen Tour auf dem Kanal.

Eines Nachts sagte der General zu mir: „Herr Blank, der einen hervorragenden Ruf genießt, hält in einer Nachbarstadt eine Rede, und ich werde ihn mir anhören." Er kam wütend und unglücklich zurück. Als er mir davon erzählte, sagte er: „Dieser teuflische Dieb hat meine Rede Wort für Wort wiedergegeben, und zwar besser, als ich es selbst könnte. Ich bin zu alt, um noch eine zu halten, und da ich gerne spreche, bin ich sehr unglücklich."

Dies veranschaulichte einen der Unfälle, denen ein Wahlkampfredner ausgesetzt ist. Der Mann, der die Rede des Generals stahl, spielte mir später denselben Streich. Er kam mit einem hervorragenden Ruf aus Neuengland in unseren Staat. Er war ein sehr guter Redner mit hervorragender Präsenz und Manieren, aber völlig unfähig, originelle Gedanken zu fassen. Er konnte keine Rede vorbereiten. Dafür hatte er ein phänomenales Gedächtnis. Er konnte der Rede eines anderen zuhören und sie perfekt wiedergeben. Sein attraktives Aussehen, seine gute Stimme und seine hervorragende Redekunst machten die Rede zu einem großen Erfolg. Mehrere Redner erzählten mir, dass sie, als sie feststellten, dass ihre Bemühungen fehlgeschlagen waren, nach der Ursache fragten und herausfanden, dass dieser Mann ihre Reden ein paar Nächte zuvor gehalten hatte und das Publikum natürlich dachte, der letzte Redner sei ein Betrüger und Dieb.

General Bruce erzählte mir eine gute Wahlkampfgeschichte über Senator James W. Nye aus Nevada. Nye war ein bekannter Anwalt im Westen des Staates New York und der eloquenteste und geistreichste Anwalt dieses Bezirks sowie der beliebteste Wahlkampfredner. Er zog nach Nevada und beeindruckte die Menschen dieses jungen Staates so sehr, dass er zum US-Senator gewählt wurde. Im Senat wurde er zu einer bemerkenswerten Persönlichkeit.

Nye und General Bruce wurden vom Nationalkomitee ausgesandt, um Neuengland zu bereisen. Nye hatte in seiner Redekunst den Rang eines Senators erreicht und hielt viel mehr Würde und Stil als zuvor. Seine erste Rede in Bridgeport, Connecticut, begann er folgendermaßen: „Mitbürger, ich bin 3.000 Meilen von meiner Bergheimat, 3.000 Fuß über dem Meeresspiegel, gekommen, um mit Ihnen diese lebenswichtigen Fragen zur Sicherheit unserer Republik zu diskutieren." Am nächsten Abend sagte er in New Haven: „Ich bin von meiner Bergheimat, 5.000 Fuß über dem Meeresspiegel, gekommen, um mit Ihnen diese lebenswichtigen Fragen zur Sicherheit unserer Republik zu diskutieren." Bruce unterbrach ihn und sagte: „Aber, Senator, letzte Nacht waren es nur 3.000 Fuß." Nye wandte sich wütend an Bruce: „Bruce, Sie gehen zum Teufel!" Er nahm die Zuhörerschaft wieder auf und bemerkte sehr eindrucksvoll: „Wie ich sagte, Mitbürger, ich bin von meiner Bergheimat, 10.000 Fuß über dem Meeresspiegel, gekommen, um usw."

Eine Geschichte, die das Argument illustriert und untermauert, hilft einer politischen Rede, und sie ist oft der einzige Teil der Rede, der in Erinnerung bleibt. Ich habe oft Leute zu mir sagen hören: „Ich habe Sie vor dreißig, vierzig oder fünfzig Jahren sprechen hören, und das ist die Geschichte, die Sie erzählt haben." Manchmal kann sich die Geschichte jedoch auf die unerwartetste Weise als Bumerang erweisen.

Viele Jahre lang wurde ich bei meinen Vorträgen im Norden New Yorks immer am Bahnhof von Syracuse von einem Leiter der Lackawanna Railroad mit einem Sonderzug voller Freunde abgeholt. Er brachte mich zu meinem Ziel und am nächsten Morgen wieder zurück. Es war sein schönster Tag im Jahr, und während der Fahrt schwelgte er in Erinnerungen, vor allem in den Vertraulichkeiten, die ihm der Präsident der Eisenbahn, mein alter und geschätzter Freund Samuel Sloan, entgegenbrachte.

Eines Herbsts erschien er nicht, und es gab keinen Sonderzug, der mich abholen sollte. Freunde erzählten mir, der Grund dafür sei der Tod seiner Frau und er trauere. Am Morgen nach dem Treffen wollte ich ihn besuchen, aber er wurde informiert, dass er sehr feindselig war und mich nicht empfangen wollte. Ich wollte einen alten Freund nicht auf diese Weise verlieren und ging in sein Büro. Sobald ich eintrat, sagte er: „Geh weg, ich will dich nicht wiedersehen." Ich appellierte an ihn und sagte: „Ich kann einen so guten Freund wie dich nicht verlieren. Wenn ich irgendetwas getan oder gesagt habe, werde ich alles in meiner Macht Stehende tun, um es wieder gut zu machen." Er wandte sich scharf zu mir und erzählte mir mit großer Ergriffenheit folgende Geschichte: „Meine Frau und ich lebten über dreißig Jahre in liebevoller Harmonie, und als sie vor kurzem starb, war ich zutiefst betrübt. Die ganze Stadt zeigte ihr Mitgefühl; die meisten Geschäfte hatten zur Stunde der Beerdigung geschlossen. Ich hatte dafür gesorgt, dass Pfarrer, die meine Frau bewunderte, mit mir zusammen Bibelstellen und Hymnen auswählten, die ihr am Herzen lagen. Ein neuer Pfarrer in der Stadt wurde von den anderen eingeladen, daran teilzunehmen, und zwar ohne mein Wissen. Ich blickte über die Gemeinde, alles Freunde von Mary. Ich hörte mir die Gottesdienste an, die Mary selbst ausgewählt hätte, und sagte zu Marys Geist, von dem ich wusste, dass er in ihrer Nähe schwebte: ‚Wir alle zollen dir unsere liebevolle Ehre.‘ Dann hatte der neue Pfarrer seinerseits die Ankündigung und das Vorlesen eines Kirchenliedes. Auf dem letzten republikanischen Parteitag in Saratoga erzählten Sie, um den Zustand der Demokratischen Partei zu veranschaulichen, eine Geschichte über einen Jungen, der zwischen den Kindergräbern auf dem alten Friedhof in Peekskill umherging, grüne Äpfel aß und ‚Näher, mein Gott, zu Dir‘ pfiff. Der neue Pfarrer trug das Kirchenlied ‚Näher, mein Gott, zu Dir‘ vor. Ihre Geschichte kam mir in den Sinn und ich brach in Gelächter aus. Ich habe mich blamiert, das Andenken an Mary beleidigt und möchte Sie nie wiedersehen.“

Nationale Republikanische Kongresse

Als der republikanische Parteitag 1912 zusammentrat, war ich erneut Delegierter. In meinen 56 Jahren auf den Parteitagen hatte ich noch nie eine so unangenehme Erfahrung gemacht. Ich hielt es für meine Pflicht, Präsident Taft bei seiner Wiedernominierung zu unterstützen . Ich dachte, er hätte sie sich durch seine hervorragende Verwaltung verdient. Ich hatte viele Verbindungen zu ihm, angefangen mit unseren Verbindungen als Absolventen von Yale, und hegte für ihn eine sehr herzliche Hochachtung. Ich war von meiner alten und unverminderten Liebe zu Roosevelt beeinflusst. In dieser Hinsicht waren Kompromisse und Harmonie unmöglich. Ich sah, dass die Nominierung eines der beiden Kandidaten eine sichere Niederlage sein würde, da Mr. Taft die Kontrolle über die Organisation und den Parteitag hatte und die Delegierten aus den Staaten Roosevelt mit großer Unterstützung unterstützten, was den Republikanern verlässlich Mehrheiten verschaffen würde.

Ich war erneut Delegierter beim Republikanischen Parteitag von 1916. Die Partei war einig. Progressive und Konservative handelten gemeinsam, und der Parteitag war in bester Stimmung. Es wurde allgemein angenommen, dass Richter Hughes nominiert würde, wenn man ihn dazu bewegen könnte, von seinem Amt als Oberster Gerichtshof zurückzutreten und die Wahl anzunehmen. Vorsitzender des Parteitags war Senator Warren G. Harding. Er hielt eine sehr ansprechende Grundsatzrede. Sein gepflegtes Auftreten, seine Fairness, Gerechtigkeit und sein gutes Temperament als Vorsitzender zogen die Aufmerksamkeit des Parteitags auf sich. Es herrschte allgemein die Meinung, dass die Partei, wenn Hughes ablehnte, nichts Besseres tun könne, als Senator Harding zu nominieren. Dieser Eindruck unter den Delegierten, von denen viele auch Mitglieder des Parteitags von 1920 waren, führte dazu, dass Warren G. Harding als Präsidentschaftskandidat des Parteitags ausgewählt wurde.

Meine gute Mutter war Presbyterianerin und gute Calvinistin. Sie glaubte an die besondere Vorsehung und prägte mir die Gewissheit ein. Für einen Republikaner ist es schwer zu glauben, dass die Wahl von Woodrow Wilson eine besondere Vorsehung war, aber wenn unser Kandidat, Mr. Hughes, gewählt worden wäre, hätte er im Kongress eine feindselige demokratische Mehrheit gehabt.

Als die Vereinigten Staaten in den Krieg eintraten, was sie sicher auch taten, wäre der Präsident durch diesen pazifistischen Kongress behindert worden. Die Wehrpflicht wäre abgelehnt worden, ohne die unsere vier Millionen Mann starke Armee nicht hätte aufgestellt werden können. Die autokratischen Maßnahmen, die für die Kriegsführung notwendig waren, wären abgelehnt worden. Angesichts des Konflikts zwischen Exekutive und Kongress wäre unsere Position unmöglich und unhaltbar gewesen.

Ich hatte auf dem Kongress ein persönliches Erlebnis. Vorsitzender Harding schickte einen der Sekretäre mit der Nachricht zu mir, dass es eine Pause von etwa einer Stunde gäbe, in der auf dem Kongress nichts zu tun sei. In dieser Zeit hatte der Spinner seine Chance und die Situation war gefährlich, und er wollte, dass ich auf die Bühne käme und so viel Zeit wie möglich von dieser Stunde in Anspruch nahm. Ich lehnte ab, weil ich völlig unvorbereitet war und es Wahnsinn wäre, zu versuchen, vor vierzehntausend Menschen im Saal und hundert Millionen draußen zu sprechen.

Ein paar Minuten später kam Gouverneur Whitman, Vorsitzender der New Yorker Delegation, zu mir und sagte: „Sie müssen einberufen werden. Der Vorsitzende wird ein paar Dinge organisieren, damit Sie 15 Minuten Zeit haben, sich Ihre Rede auszudenken." Ich spornte meine grauen Zellen an wie nie zuvor, wurde dann vorgestellt und sprach 45 Minuten. Ich war über 82. Die Rede war ein Erfolg, aber als ich zu meinem Platz zurückkehrte, erinnerte ich mich an das, was General Garfield mir so ernst gesagt hatte: „Sie sind der einzige Mann von nationalem Ruf, der ohne Vorbereitung spricht. Wenn Sie nicht kategorisch und entschieden aufhören, nachzugeben, werden Sie eines Tages einen solchen Misserfolg begehen, dass Sie den Ruf eines ganzen Lebens zerstören."

In einem Brief äußerte sich Präsident Harding zu diesem Anlass wie folgt: „Vor etwa einem Jahr (1916) hatte ich als Vorsitzender des republikanischen Parteitags in Chicago die Ehre, Sie um eine Ansprache zu bitten. Es gab eine Unterbrechung, die eine Rede erforderte, und Sie haben die schwierigen Anforderungen so wunderbar gemeistert, dass ich fasziniert und bewundert dasaß und Ihnen seitdem uneingeschränkt meinen Tribut zolle. In Ihren aktiveren Jahren waren Sie immer eloquent, aber ich halte Sie als alten Mann in Ihren Achtzigern für eloquent und unvergleichlich. Mögen Ihnen noch viele weitere hilfreiche und glückliche Jahre bevorstehen."

Im Juni 1920 war ich erneut Delegierter auf dem Parteitag. Während Wilsons zwei Amtszeiten waren die Republikaner acht Jahre lang nicht an der Macht gewesen. Die Delegierten waren äußerst darauf bedacht, keine Fehler zu machen und im Wahlkampf keine Reibereien zu verursachen.

Die beiden führenden Kandidaten, General Wood und Gouverneur Lowden, waren nahezu gleich stark und wurden von den enthusiastischsten Bewunderern und Befürwortern unterstützt. Im weiteren Verlauf der Abstimmung wuchsen die Rivalität und die Gefühle zwischen ihren Freunden. Es wurde notwendig, die Situation zu harmonisieren, und man war allgemein der Ansicht, dass dies am besten durch die Wahl von Senator Warren G. Harding erreicht werden könne.

Nur sehr wenige Versammlungen bieten dramatische Überraschungen, aber die Nominierung von Gouverneur Coolidge aus Massachusetts zum Vizepräsidenten kam auf sehr malerische Weise zustande. Er war unter den anderen zum Präsidenten ernannt worden, und die Rede in seinem Namen von Sprecher Frederick H. Gillett war ausgezeichnet. Irgendwie schien die Versammlung nicht zu begreifen, wofür der Gouverneur stand und wie stark er bei jedem Delegierten wirkte. Als die Nominierungen für den Vizepräsidenten ausgerufen wurden, stellte Senator Medill McCormick Senator Lenroot aus Wisconsin in einer ausgezeichneten Rede vor. Es gab auch sehr gute Ansprachen im Namen des Gouverneurs von Kansas und anderer.

Als die Abstimmung beginnen sollte, stand ein Delegierter aus Oregon, der sich hinten im Saal befand, auf und sagte: „Herr Vorsitzender." Der Vorsitzende sagte: „Der Herr aus Oregon." Der Delegierte aus Oregon rief mit weithin schallender Stimme: „Herr Vorsitzender, ich nominiere Calvin Coolidge zum Vizepräsidenten, einen hundertprozentigen Amerikaner." Der Kongress jubelte und Coolidge wurde zweifellos nominiert.

Wieder einmal machte ich eine persönliche Erfahrung. Da der Resolutionsausschuss nicht bereit war, einen Bericht zu erstatten, gab es jene Pause, die die Verzweiflung der Vorsitzenden von Versammlungen auslöst. Plötzlich begann die Menge nach mir zu rufen. Obwohl ich natürlich viel über das Thema nachgedacht hatte, hatte ich nicht damit gerechnet, aufgerufen zu werden, und hatte keine vorbereitete Rede. Glücklicherweise beruhigten und inspirierten mich fünfzehntausend Gesichter und fünfzehntausend Stimmen, die mich mit lautem Geschrei begrüßten. Obwohl ich über sechsundachtzig Jahre alt war, war meine Stimme in so gutem Zustand wie mit vierzig, und sie war praktisch die einzige, die diesen riesigen Saal füllte. Die Presse des Landes berichtete am nächsten Tag auf höchst erfreuliche Weise über die Veranstaltung.

Unter den Tausenden, die mich auf der Straße und in den Hotellobbys mit Glückwünschen begrüßten und versuchten, etwas Angenehmes und Komplimentäres zu sagen, wählte ich ein Kompliment als einzigartig aus. Er war ein Enthusiast. „Chauncey Depew", sagte er, „ich wollte Ihnen seit über zwanzig Jahren die Hand schütteln. Ihre Rede war ein Wunder. Ich war eine halbe Meile entfernt, ganz oben unter dem Dach, und hörte jedes Wort davon, und es war das einzige, das ich hören konnte. Dass Sie dies in Ihrem 87. Lebensjahr tun, ist ein Wunder. Aber mein Vater war auch ein Wunder. An seinem 85. Geburtstag war er in ebenso guter Verfassung wie Sie heute, und eine Woche später war er tot."

XXII. JOURNALISTEN UND FINANZIERE

In Erinnerungen an meine Journalistenfreunde schließe ich viele der am meisten geschätzten, noch lebenden Freunde nicht ein. Einer der treuesten und ergebensten der Verstorbenen war Edward H. Butler, Herausgeber und Eigentümer des Buffalo Evening News.

Mr. Butler begann als Zeitungsmann ganz unten und stieg sehr früh und schnell nach oben. Er sicherte sich die Kontrolle über die Evening News und machte sie bald zu einer der auflagenstärksten, einflussreichsten und erfolgreichsten Zeitungen im Westen New Yorks, wenn nicht sogar zur auflagenstärksten. Persönlich und durch seine Zeitung war er viele Jahre lang mein ergebener Freund. Denen, die er liebte, gegenüber war er grenzenlos treu und großzügig. Er besaß scharfe Einsichten und war über öffentliche Angelegenheiten bestens informiert. Er war ein Journalist von hohem Rang.

Ich hatte das Privileg, Charles A. Dana sehr gut zu kennen. Ich traf ihn zum ersten Mal, als er für die New York Tribune arbeitete und eng mit Horace Greeley verbunden war. Er machte die New York Sun zu einer der brillantesten, originellsten und am häufigsten zitierten Zeitungen der Vereinigten Staaten. Seine hohe Kultur, seine hervorragenden Englischkenntnisse und sein kultivierter Geschmack verschafften der Sun einen hohen literarischen Stellenwert, und gleichzeitig machten ihn seine Kühnheit und Kritikfähigkeit zu einem Schrecken für diejenigen, mit denen er anderer Meinung war, und seine Leitartikel zur Freude der Leser.

Persönlich war Mr. Dana einer der attraktivsten und charmantesten Männer. Als stellvertretender Kriegsminister während Lincolns Amtszeit kam er in engen Kontakt mit allen Persönlichkeiten des öffentlichen Lebens jener Zeit, und als Journalist wurde sein Arbeitszimmer in Beschlag genommen, und er empfing Männer und Frauen, die in allen Bereichen der intellektuellen Tätigkeit berühmt waren, äußerst freundlich. Seine Erinnerungen waren wunderbar und seine Charakterisierungen bemerkenswert. Er hätte eine Autobiographie von seltenem Wert und Interesse veröffentlichen können.

Als der ältere James Gordon Bennett starb, erkannte die Zeitungswelt den Verlust eines der bemerkenswertesten und erfolgreichsten Journalisten und Verleger. Sein Sohn hatte sich im Sport einen Namen gemacht, aber seine Zeitgenossen bezweifelten seine Fähigkeit, den Einfluss des New York Herald zu erhalten, geschweige denn zu vergrößern. Doch der junge Bennett zeigte bald eine seltene Originalität und Unternehmungsgeist. Er machte seine Zeitung zu einer Zeitung von nationaler und internationaler Bedeutung. Indem er eine Ausgabe in Paris herausbrachte, war er ein Segen für die Amerikaner im Ausland. Viele Jahre lang gab es in ausländischen Zeitungen kaum Nachrichten aus den Vereinigten Staaten, aber Amerikaner, die verrückt nach Nachrichten aus der Heimat waren, fanden sie in der Pariser Ausgabe des New York Herald.

Mr. Bennett war ein halbes Jahrhundert lang ein guter Freund von mir. Er war eine angenehme Gesellschaft, mit seinem Verständnis für das Weltgeschehen und seiner bildhaften Darstellung derselben. Ein Präsident der Vereinigten Staaten, der die feindselige Haltung des Herald gegenüber seiner Regierung und sich selbst ändern wollte , bat mich, Mr. Bennett zu interviewen. Der Herausgeber war höflich, offen, aber unerbittlich. Aber einige Zeit später wurde der Herald ein herzlicher Unterstützer des Präsidenten. Das Interview und sein anschließendes Ergebnis zeigten eine Eigenschaft von Bennett. Er wollte nicht erkennen, dass sein Urteil oder Handeln beeinflusst werden konnte, aber sein Geist war so offen und fair, dass er, wenn er davon überzeugt war, dass er im Unrecht war, auf seine eigene Weise und zu seiner eigenen Zeit das Richtige tat.

Mr. Bennett hat mir einmal einen wichtigen Dienst erwiesen. Das war zu der Zeit, als ich für die Wiederwahl in den US-Senat kandidierte. Ich habe ihm ein Telegramm nach Paris geschickt und ihn gebeten, die Situation durch seine vertrauten Freunde, Reporter und Mitarbeiter zu prüfen und, wenn er der Meinung sei, dass die Situation es rechtfertige, Stellung zu beziehen, dies zu tun. Natürlich war der Herald eine unabhängige und keine Parteizeitschrift und ergriff selten Partei. Aber nicht lange danach erhielt der Herald in redaktioneller und journalistischer Hinsicht nachdrückliche Unterstützung und positive Erfolgsvorhersagen, und das war eine große Hilfe. Er war einer meiner Trauzeugen bei meiner Hochzeit im Jahr 1901.

Unter den Tausenden von Geschichten, die wie Schmetterlinge auftauchen und verschwinden, ist es eine merkwürdige Frage, welche Popularität und Verbreitung eine Geschichte gegenüber anderen haben kann. Durch einen Unfall riss ich mir eine Fersensehne und war einige Zeit ans Haus gefesselt, unfähig zu gehen. Der Chirurg befestigte den Verband mit einem flüssigen Kleber, der bald zu Glas erstarrte.

Julian Ralph, ein brillanter junger Zeitungsreporter, schrieb in der New York Sun eine lange Geschichte über ein wunderbares Glasbein, das anstelle des natürlichen eingesetzt worden war und besser funktionierte. Die Geschichte wurde nicht nur in den Vereinigten Staaten, sondern auch im Ausland weltweit veröffentlicht und interessierte Wissenschaftler und Chirurgen. Meine Post wuchs enorm an mit Briefen eifriger Fragesteller, die alle Einzelheiten erfahren wollten. Die vielen Unglücklichen, die ihre Beine verloren hatten oder mit künstlichen Beinen unzufrieden waren, schrieben mir, um herauszufinden, wo diese wunderbaren Glasbeine erhältlich seien.

Die Geschichte mit dem Glasbein hat mich fast umgebracht, Ralph erlangte dadurch jedoch einen so großen Ruf, dass er im In- und Ausland in führende

Positionen aufstieg, wo er für sein literarisches Genie und seine Vorstellungskraft viele Auszeichnungen erhielt. Den Erfolg mit meinem Glasbein konnte er jedoch nie wiederholen.

Ich schätze, dass ich, da ich seit mehr als einem halben Jahrhundert in engem Kontakt mit Angelegenheiten stehe, die für die Öffentlichkeit von Interesse sind, oder offiziell Positionen innehabe, in denen ich an Unternehmensaktivitäten oder Bewegungen beteiligt war, die den Markt beeinflussen könnten, mehr Interviews gegeben habe als irgendjemand sonst und mehr Reporter gesehen habe. Kein Reporter hat jemals das Vertrauen missbraucht, das ich in ihn setzte. Er schätzte immer, was ich ihm sagte, selbst wenn es an die Grenze der Indiskretion ging, und wusste, was er preisgeben durfte und was nicht. In den kritischen Situationen, die bei Eisenbahnkontroversen oft auftraten, war diese herzliche Beziehung zu Reportern von großem Wert, um unsere Seite an die Öffentlichkeit zu bringen.

Besonders einem Reporter, einem Raumfahrtjournalisten, gelang es lange Zeit, fast täglich eine halbe bis ganze Kolumne von mir zu bekommen, manchmal in Form von Interviews und manchmal unter der allgemeinen Phrase: „Dies wurde aus zuverlässiger Quelle erfahren.“

Ich erinnere mich an einen ungewöhnlichen persönlichen Vorfall. In einer stürmischen Winternacht wurde ich von einem mir gut bekannten Reporter geweckt, einem jungen Mann mit ungewöhnlichen Versprechen. Ich traf ihn in Morgenmantel und Pantoffeln in meiner Bibliothek. Dort erzählte er mir, dass seine Frau krank sei und der Arzt ihm mitgeteilt habe, dass er sie in ein Sanatorium schicken müsse, um ihr Leben zu retten.

„Ich habe kein Geld“, fuhr er fort, „und werde weder Geld leihen noch betteln, aber Sie müssen mir eine Geschichte erzählen, die ich verkaufen kann.“

Wir diskutierten verschiedene Dinge, die eine Zeitung gerne hätte, und schließlich erzählte ich ihm eine verschleierte, aber dennoch verständliche Geschichte, von der wir beide wussten, dass die Zeitungen sie unbedingt haben wollten. Er erzählte mir später, dass er das Interview für genug Geld verkauft hatte, um seinen derzeitigen Lebensunterhalt und die Reise seiner Frau zu bestreiten. Einige Zeit später ging er an die Wall Street und hatte Erfolg.

Ich habe fast alle überaus erfolgreichen Geschäftsleute meiner Zeit gut gekannt. Es ist eine weit verbreitete Vorstellung, dass ihre Karrieren viel mit Glück oder Zufall zu tun hatten. Das ist ein Irrtum. Sie alle hatten eine Vision, die ihre Kollegen nicht besaßen. Sie konnten Chancen erkennen, wo andere die gegenteilige Ansicht vertraten, und sie hatten den Mut, zu ihren Überzeugungen zu stehen. Sie hatten ihre eigenen Maßstäbe, denen sie gerecht wurden, und diese Maßstäbe unterschieden sich stark von den ethischen Vorstellungen der Mehrheit.

Russell Sage, der in den Achtzigern starb, besaß ein Vermögen, das sich für jedes Jahr seines Lebens auf eine Million Dollar belief. Er war nicht immer ein Geldverdiener, aber er wurde als Banker ausgebildet, machte einen Abstecher in die Politik, wurde in den Kongress gewählt und wurde ein sehr nützliches Mitglied dieses Gremiums. Als sich die Politik änderte und er besiegt wurde, kam er nach New York und fand schnell seinen Platz unter den Überlebenden der Stärksten. Mr. Sage konnte vor anderen erkennen, wann auf schlechte Zeiten bessere folgen und Wertpapiere an Wert gewinnen würden, und er sah auch vor anderen, wann auf Wohlstand Katastrophen folgen würden. Indem er sich auf sein eigenes Urteil verließ, wurde er ein Gewinner, egal ob der Markt stieg oder fiel.

Ich traf Herrn Sage häufig und genoss seine schnelle und scharfe Wertschätzung von Menschen und Dingen. Natürlich wusste ich, dass er mich kultivierte, weil er dachte, dass er von meiner offiziellen Position möglicherweise Informationen erhalten könnte, die er auf dem Markt verwenden könnte. Ich habe nie irgendwelche Tipps von ihm erhalten oder einen seiner Vorschläge umgesetzt. Ich denke, der Grund, warum ich in meinem 88. Lebensjahr bei ausgezeichneter Gesundheit und Kraft bin, liegt größtenteils darin, dass mich die Tipps oder Vorschläge großer Finanziers nie interessiert haben. Ich habe Tausende gekannt, die durch sie ruiniert wurden. Der Finanzier, der Ratschläge erteilt, mag es mit den Wertpapieren, über die er vertraulich spricht, gut meinen, aber ein unerwarteter finanzieller Sturm kann alle Prophezeiungen wertlos machen, außer für diejenigen, die über das nötige Kapital verfügen, um ihn zu überbrücken.

Eine der sichersten Gelegenheiten, ein Vermögen zu machen, war der Kauf von Erie, nachdem Commodore Vanderbilt sich alle Aktien gesichert hatte und die Leerverkäufer wie verrückt das verkauften, was sie nicht hatten und nicht bekommen konnten. Eine Emission betrügerischer und nicht autorisierter Aktien überschwemmte plötzlich den Markt und Tausende wurden ruiniert.

Als Mr. Sages Reichtum zunahm, wurden die großzügigen und gemeinnützigen Impulse, die seine grundlegenden Eigenschaften waren, durch den Wahn nach Anhäufung völlig verdeckt. Seine Frau, der er innig zugetan war, war zu seinem Glück eine der großzügigsten, philanthropischsten und aufgeschlossensten Frauen. Sie war der Emma Willard School in Troy, NY, die sie absolvierte, äußerst treu ergeben. Mrs. Sage schrieb mir einmal eine Nachricht, in der stand: „Mr. Sage hat versprochen, der Willard School ein Gebäude zu bauen und zu schenken, das 150.000 Dollar kosten wird, und er möchte, dass Sie die Ansprache bei der Grundsteinlegung überbringen." Ich schrieb zurück, dass ich so mit Geschäften überlastet sei, dass ich das Angebot unmöglich annehmen könne. Sie antwortete: „Russell schwört, dass er keinen Dollar geben wird, wenn Sie nicht versprechen, die Ansprache zu überbringen. Dies ist der erste Versuch seines Lebens, großzügig zu spenden. Meinen Sie nicht, dass man ihn dazu ermutigen sollte?" Ich nahm das Angebot sofort an.

Mrs. Sage war eine Nachfahrin der Mayflower. Bei einem der Jubiläen der Gesellschaft lud sie mich ein, ihr Gast zu sein und eine Rede zu halten. Sie hatte eine ziemlich große Gesellschaft an ihrem Tisch. Als überall um uns herum die Champagnerkorken zu explodieren begannen, fragte sie, was ich dachte, was sie tun sollte. Ich antwortete: „Wie es die anderen tun." Mr. Sage protestierte energisch, dass es eine nutzlose und verschwenderische Ausgabe sei. Mrs. Sage gab jedoch den Befehl, und Mr. Sage und zwei Herren am Tisch, die Einwände erhoben, waren die großzügigsten Teilnehmer ihrer Gastfreundschaft. Die Inspiration des Phizzes brachte Sage auf die Beine, obwohl es nicht auf dem Programm stand. Er redete, bis es dem Organisationskomitee gelang, ihn davon zu überzeugen, dass die Gesellschaft vollkommen zufrieden war.

Jay Gould erzählte mir eine Geschichte über Sage. Der Markt hatte sich gegen ihn gewandt und ihn mit großen Verpflichtungen zurückgelassen. Der Schock trieb Sage ins Bett und er erklärte, er sei ruiniert. Mr. Gould und Mr. Cyrus W. Field fürchteten um sein Leben und suchten ihn auf. Sie fanden ihn mit gebrochenem Herzen und in ernster Verfassung vor. Gould sagte zu ihm: „Sage, ich übernehme alle Ihre Verpflichtungen und gebe Ihnen so und so viele Millionen Dollar, wenn Sie mir das Bargeld überweisen, das Sie bei Banken, Treuhand- und Depotgesellschaften haben , und Sie alle Ihre Wertpapiere und Ihren gesamten Immobilienbesitz behalten." Der Vorschlag erwies sich als der Schock, der notwendig war, um Sages Panik zu bekämpfen und sein Leben zu retten. Er schrie: „Ich werde es nicht tun!", sprang aus dem Bett, erfüllte alle seine Verpflichtungen und verwandelte die Niederlage in einen Sieg.

Sage konnte sein Vermögen nicht persönlich verschenken, also hinterließ er es vorbehaltlos seiner Frau. Die Welt ist besser und glücklicher, wenn sie sein Vermögen klug verteilt.

Einer von Mr. Sages Anwälten war ein enger Freund von mir und er erzählte mir diese Geschichte. Sage war von seinen Kollegen bei der Western Union Telegraph Company überredet worden, ein Testament zu machen. Da er Anwalt der Firma war, kam Sage zu ihm, um es aufzusetzen.

Der Anwalt begann zu schreiben: „Ich, Russell Sage, aus der Stadt New York, bin bei klarem Verstand" (Sage unterbrach ihn auf seine rasche Art mit den Worten: „Das wird niemand bestreiten"), „veröffentliche und verfüge hiermit wie folgt zu meinem letzten Willen und Testament: Erstens verfüge ich, dass alle meine berechtigten Schulden beglichen werden." („Das ist einfach", sagte Sage, „denn ich habe keine.") „Auch meine Beerdigungskosten und Testamentskosten." („Machen Sie die Beerdigung schlicht. Ich mag Prunk und Pomp nicht, besonders bei Beerdigungen", sagte Sage.) „Als nächstes", sagte der Anwalt, „verfüge, vermache und vermache ich" (Sage rief: „Das werde ich nicht tun! Das werde ich nicht tun!" und verließ das Büro.)

Nichts ist so fesselnd wie das Leben an der Wall Street. Es wird mehr missbraucht, missverstanden und beneidet als jeder andere Ort im Land. An der Wall Street konkurrieren die schärfsten Köpfe aus jedem Bundesstaat der Union und viele aus Südamerika und Europa miteinander um die großen Preise der Entwicklung, Ausbeutung und Spekulation.

Ich erinnere mich an einen Wall-Street-Mann, der belesen und hochgebildet war, sich aber dennoch sowohl dem Geschäft als auch der Romantik der Wall Street verschrieben hatte. Eines Nachts stürmte er in mein Zimmer im schweizerischen Luzern und sagte: „Ich bin gerade aus Griechenland angekommen und hatte sechs Wochen lang nichts mitbekommen. Ich lechze nach Neuigkeiten vom Markt."

Ich klärte ihn so gut auf, wie ich konnte, und dann bemerkte er: „Wissen Sie, als unsere kleine Gruppe in Athen auf der Akropolis stand und den Parthenon bewunderte, rief ein begeisterter Grieche aus: ‚Das ist das Weltwunder. Dreitausend Jahre lang hat seine Vollkommenheit die Genies jeder Generation verblüfft und gelehrt. Es kann kopiert werden, aber noch nie wurde es erreicht . Ganz sicher müssen Sie, ungeachtet Ihrer Liebe zu New York und Ihrer Hingabe an den Ticker, den Parthenon bewundern.' Ich antwortete ihm: Wenn ich in diesem Moment an die Fifth Avenue und den Broadway versetzt werden könnte und auf das Flatiron Building blicken könnte, würde ich das Geld geben, um diese alte Ruine wieder aufzubauen."

Obwohl die Lage in den Vereinigten Staaten aufgrund des Weltkriegs ernst ist, ist sie so viel besser als in den Jahren nach dem Ende des Bürgerkriegs, dass wir, die wir die doppelte Erfahrung gemacht haben, sehr ermutigt sein können. Damals war die Hälfte unseres Landes verwüstet, seine Industrien zerstört oder lahmgelegt; jetzt sind wir in jeder Hinsicht vereint und stärker. Damals hatten wir eine Papierwährung und eine gefährliche Inflation, jetzt haben wir einen Goldstandard und ein ausgezeichnetes Bank- und Kreditsystem. Die Entwicklung unserer Ressourcen und wunderbaren Erfindungen und Entdeckungen seit dem Bürgerkrieg versetzen uns in die beste Position, in den Welthandel einzusteigen, während alle anderen Nationen, wie es ihre Pflicht ist, zur Zusammenarbeit und Koordination im Sinne der Wahrung des Friedens und der Förderung des internationalen Wohlstands übergegangen sind.

Viele Ereignisse, die ich persönlich erlebt habe, veranschaulichen die Zustände nach dem Ende des Krieges zwischen den Staaten. Ich kannte sehr reiche Männer, die verarmten, und mächtige Institutionen und Unternehmen, die Konkurs anmeldeten. Ich war bei der Union Trust Company of New York, als unsere Finanzkreise von der Schließung ihrer Geschäftsräume nach der Schließung der New Yorker Börse schockiert waren.

Einer meiner Klienten war Mr. Augustus Schell, einer der fähigsten und erfolgreichsten Finanziers und bürgerschaftlich gesinnten Bürger. Die Panik hatte ihn ruiniert. Als wir die Union Trust Company verließen, hatte er seinen Hut über die Augen gezogen und seinen Kopf im hochgeschlagenen Mantelkragen vergraben. Als wir gegenüber der Trinity Church standen, sagte er: „Mr. Depew, nachdem man über vierzig Jahre lang ein reicher Mann war, ist es schwer, unter dem Hut eines armen Mannes durchzugehen." Als wir das Astor House erreichten, hatte sich eine vollständige Reaktion eingestellt. Sein Kragen war heruntergeschlagen, sein Kopf wirkte selbstbewusst und aggressiv, sein Hut war nach hinten gerutscht und in einem verwegenen Winkel. Der hoffnungsvolle Bürger rief geradezu: „Mr. Depew, die Welt hat sich immer gedreht, sie wird sich immer drehen." Mit Hilfe von Commodore Vanderbilt gelang es ihm, sein Vermögen vor dem Verlust zu retten. In wenigen Jahren erlangte es seinen normalen Wert zurück, und Mr. Schell mit seinem intakten Vermögen stellte fest, „die Welt hatte sich gedreht" und er war wieder obenauf.

Ich habe mich oft von Herrn Schells Zuversicht und Hoffnung inspiriert gefühlt und habe oft andere aus den Tiefen der Verzweiflung geholt, indem ich seine Geschichte erzählte und das Motto betonte: „Die Welt hat sich immer gedreht und wird sich immer drehen."

Das Folgende ist eine meiner zahlreichen Erfahrungen und veranschaulicht den wilden Spekulationsgeist einer Finanzperiode und die Gier, mit der Spekulanten nach dem griffen, was sie für den entscheidenden Punkt hielten.

Als ich eines Tages die Wall Street entlang rannte, weil ich zu spät zu einem wichtigen Meeting kam, hielt mich ein bekannter Spekulant an und rief: „Was ist mit Erie?" Ich wehrte ihn ungeduldig ab, rief: „Verdammter Erie!" und eilte weiter. Ich wusste nichts über Erie als Spekulant und war verärgert, dass ich noch länger auf mein Meeting warten musste.

Einige Zeit später erhielt ich eine Nachricht von ihm, in der er schrieb: „Ich kann Ihnen gar nicht genug für den Punkt danken, den Sie mir auf Erie gegeben haben. Ich habe dort den größten Abschuss meines Lebens gemacht."

Mir wurde oft der Satz zitiert: „Das Glück kommt nur einmal, und wenn es abgelehnt wird, kehrt es nie zurück." Als ich Präsident Harrisons Angebot, in seinem Kabinett Staatssekretär zu werden, ablehnte, hatte ich auf meinem Schreibtisch eine große Anzahl von Telegrammen, die von angesehenen Namen unterzeichnet waren und nur dieses Zitat enthielten. Es gibt viele Beispiele im Leben erfolgreicher Männer, in denen sie das Geschenk von Frau Fortuna wiederholt abgelehnt haben, und doch hat sie sie schließlich nach ihren Wünschen belohnt. Ich neige zu der Annahme, dass die wankelmütige Frau durch eine Ablehnung nicht immer tödlich beleidigt ist. Ich glaube, dass sich im Leben fast jedes Menschen mehrere Gelegenheiten ergeben, und nur wenige haben das Urteilsvermögen, um weise zu entscheiden, was sie ablehnen und was sie annehmen.

1876 war Gardner Hubbard Beamter des US-amerikanischen Eisenbahnpostdienstes. Da diese Verbindung zur Regierung eine meiner Aufgaben bei der New York Central war, trafen wir uns häufig. Eines Tages sagte er zu mir: „Mein Schwiegersohn, Professor Bell, hat eine meiner Meinung nach wunderbare Erfindung gemacht. Es ist ein sprechender Telegraph. Wir brauchen zehntausend Dollar, und ich gebe Ihnen ein Sechstel Zinsen für diesen Geldbetrag."

Ich war sehr beeindruckt von Mr. Hubbards Beschreibung der Möglichkeiten von Professor Bells Erfindung. Bevor ich jedoch zustimmte, sprach ich mit meinem Freund, Mr. William Orton, dem Präsidenten der Western Union Telegraph Company. Orton hatte den Ruf, der bestinformierte und versierteste Elektroexperte des Landes zu sein. Er sagte zu mir: „An diesem Patent ist überhaupt nichts dran, und auch an der Konstruktion selbst ist nichts dran, außer dass es ein Spielzeug ist. Wenn das Gerät irgendeinen Wert hat, besitzt die Western Union ein früheres Patent, das Gray's Patent, das das Bell-Gerät wertlos macht."

Als ich zu Mr. Hubbard zurückkehrte, überzeugte er mich erneut und ich hätte die Investition getätigt, wenn Mr. Orton nicht am selben Abend bei mir zu Hause angerufen und zu mir gesagt hätte: „Ich weiß, Sie können es sich nicht leisten, zehntausend Dollar zu verlieren, was aber sicherlich passieren wird, wenn Sie das Geld in das Bell-Patent stecken. Ich habe mir deswegen so viele Sorgen gemacht, dass ich entgegen meiner üblichen Gewohnheit gekommen bin, um Ihnen, wenn möglich, das Versprechen abzunehmen, es fallen zu lassen." Das habe ich getan.

Das Bell-Patent wurde vor Gericht gegen Gray bestätigt, und das Telefonsystem wurde sofort populär und profitabel. Es verbreitete sich rasch im ganzen Land, und unzählige lokale Unternehmen wurden gegründet, die großes Interesse an den Vorrechten der Muttergesellschaft hatten.

Ich trenne mich selten von etwas, und ich muss sagen, dass mir dieses Prinzip so viele Verluste und so viele Gewinne eingebracht hat, dass ich mir in meinem 88. Lebensjahr noch immer nicht sicher bin, ob es eine gute Regel ist oder nicht. Hätte ich jedoch das Angebot meines Freundes Mr. Hubbard angenommen, hätte das meinen gesamten Lebensweg verändert. Mit den Dividenden von Jahr zu Jahr und dem wachsenden Kapital hätte ich heute mindestens 100 Millionen Dollar netto verdient. Ich bereue nichts. Ich kenne meine Veranlagung, mit ihrer Liebe für die gesellige Seite des Lebens und seine guten Dinge und für schöne Zeiten mit netten Leuten. Ich kenne auch die Notwendigkeit von Aktivität und Arbeit. Ich bin ganz sicher, dass ich ohne diese Notwendigkeit und ohne meinen erstickten Ehrgeiz schon längst im Grab wäre und viele Jahre eines Lebens voller Glück und Zufriedenheit verloren hätte.

Meine große Schwäche war das Indossieren von Wechsel. Ein Freund kommt und bittet Sie um Hilfe. Wenn Sie von Natur aus sympathisch sind und ihn sehr mögen, aber kein Geld haben, das Sie ihm leihen können, ist es so einfach, Ihren Namen auf die Rückseite eines Wechsels zu setzen. Natürlich wird er bei Fälligkeit selten zurückgezahlt, weil Ihr Freund falsch eingeschätzt hat, und so wird der Wechsel verlängert und der Betrag erhöht. Wenn Sie schließlich erkennen, dass Sie mit Sicherheit ruiniert sind, wenn Sie nicht aufhören, geht Ihr Freund bei Fälligkeit des Wechsels bankrott und Sie haben die Ergebnisse jahrelanger Sparsamkeit und Ersparnisse sowie Ihren Freund verloren.

Ich weigerte mich zu heiraten, bis ich 50.000 Dollar hatte. Der glückliche Tag kam und ich fühlte, dass das Vermögen meiner Familie gesichert war. Mein Schwiegervater und sein Sohn gerieten in Schwierigkeiten mit ihrem Geschäft und natürlich indossierte ich ihre Wechsel. Ein paar Jahre später starb mein Schwiegervater, sein Geschäft ging bankrott, ich verlor meine 50.000 Dollar und hatte erhebliche Schulden. Als Beispiel für den Glauben meiner lieben Mutter, dass alle Unglücke zum Guten gesandt sind, führte die Notwendigkeit, dieses Unglück zu erleben und mich davon zu erholen, zu außerordentlichen Anstrengungen, die ich wahrscheinlich nie unternommen hätte, wenn es nicht notwendig gewesen wäre. Die Anstrengungen waren erfolgreich.

Horace Greeley konnte nie einer Aufforderung widerstehen, einen Wechsel zu indossieren. Sie wurden kaum jemals bezahlt, und Mr. Greeley war der Verlierer. Ich traf ihn einmal, kurz nachdem er sehr schwer unter seiner missverstandenen Freundlichkeit gelitten hatte. Er sagte mit großem Nachdruck zu mir: „Chauncey, ich möchte, dass Sie mir einen großen Gefallen tun. Ich möchte, dass Sie einen Gesetzesentwurf durch die Legislative bringen und dafür sorgen, dass er zum Gesetz wird, das es zu einem Verbrechen macht und mit lebenslanger Gefängnisstrafe bestraft, wenn jemand seinen Namen als Indossament auf die Rückseite eines fremden Papiers setzt."

Der gute alte Greeley führte die Praxis bis zu seinem Tod weiter, und das Gesetz wurde nie verabschiedet. Es gab einen Fall, mit dem ich etwas zu tun hatte, bei dem der Vater eines jungen Mannes, durch den Mr. Greeley viel Geld durch Indossamentwechsel verloren hatte, nach Mr. Greeleys Tod dafür sorgte, dass der volle Betrag des Verlustes an Mr. Greeleys Erben ausgezahlt wurde.

XXIII. SCHAUSPIELER UND LEKTEUR

Man kann nicht über Sir Henry Irving sprechen, ohne den wunderbaren Charme und das Genie seiner Hauptdarstellerin Ellen Terry zu erwähnen. Sie war es immer wert, an Irvings Triumphen teilzuhaben. Ihre bemerkenswerte Anpassungsfähigkeit an die verschiedenen Charaktere und ihr Verständnis ihrer Charakteristika machten sie zu einem der besten Shakespeare-Verkörperer ihrer Zeit. Sie war ebenso gut in den großen Charakteren anderer Dramatiker. Ihre Wirksamkeit wurde durch ihre ungewöhnliche Fähigkeit, Tränen und natürliche Tränen zu vergießen, noch gesteigert. Eines Abends wurde ich hinter die Kulissen eingeladen, nachdem sie in einer sehr ergreifenden Rolle großen Eindruck auf das Publikum gemacht hatte. Ich fragte sie, wie sie das schaffte, was sonst niemand schaffte.

„Nun", antwortete sie, „es ist so einfach, wenn man –" (er erwähnte die Figur) – darstellt, „und dann eine solche Krise in seinem Leben auftritt, dass natürlich und sofort die Tränen zu fließen beginnen." So war es auch, als sie mir die Rolle illustrierte.

Es war ein Privileg, Edwin Booth als Richelieu und Hamlet zu hören. Ich habe alle großen Schauspieler meiner Zeit in diesen Rollen erlebt. Keiner von ihnen kam an Edwin Booth heran. Mehrere Jahre lang war er von der Bühne verbannt, weil sein Bruder Wilkes Booth der Mörder von Präsident Lincoln war. Seine Bewunderer in New York empfanden es als Unglück für die dramatische Kunst, dass ein so vollendeter Künstler gezwungen war, im Privatleben zu bleiben. Um den Bann zu brechen, schlossen sie sich zusammen und luden Mr. Booth ein, in einem der größeren Theater eine Vorstellung zu geben. Das Haus war natürlich sorgfältig mit ausgewählten Gästen besetzt.

Die ältere Mrs. John Jacob Astor, eine sehr gebildete und kultivierte Dame und eine der anerkannten Führungspersönlichkeiten der New Yorker Gesellschaft, gab Mr. Booth zu Ehren des Ereignisses ein Abendessen. Die Versammlung repräsentierte die bedeutendsten Talente New Yorks in allen Bereichen der Aktivitäten dieser großen Stadt. Natürlich hatte Mr. Booth den Ehrenplatz rechts von der Gastgeberin. Links saß ein angesehener Mann, der Kabinettsminister und Diplomat gewesen war. Während des Abendessens sagte Mr. Evarts zu mir: „Ich kenne den und den schon unser ganzes aktives Leben lang. Er war in allem, was er unternommen hat, sehr erfolgreich, und das Wunderbare daran ist, dass er nie versagte, wenn er jemals die Gelegenheit hatte, das Falsche zu sagen oder zu tun."

Merkwürdigerweise drehte sich das Gespräch beim Abendessen um Männer, die ihre Nützlichkeit und ihren Ruf überlebten. Es wurden mehrere Beispiele angeführt, bei denen ein Mann auf dem Höhepunkt seines Ruhms allmählich weiterlebte und seinen Ruf auslebte. Woraufhin unser Diplomat mit seiner fatalen Neigung, das Falsche zu sagen, mit schriller Stimme einbrach: „Der bemerkenswerteste Fall eines Mannes, der zum richtigen Zeitpunkt für seinen Ruf starb, war Abraham Lincoln." Dann erklärte er weiter, wie er durch die Fehler seiner zweiten Amtszeit wahrscheinlich seinen Platz in der Geschichte verloren hätte. Niemand hörte mehr als die Worte „Abraham Lincoln". Zum Glück für den Abend und zur großen Verlegenheit von Mr. Booth änderte Mrs. Astors Taktgefühl das Thema und rettete die Gelegenheit.

Von all meinen Schauspielerfreunden war keiner auf der Bühne oder im Privatleben so entzückend wie Joseph Jefferson. Er hat mich schon früh wegen seines Rip Van Winkle angesprochen. Ich war immer ein großer Fan von Washington Irving und dem Hudson River. Alle Traditionen, die verschiedenen Orten an diesem Fluss eine romantische Note verliehen haben, stammen aus Irvings Feder. In meiner Jugend war der Einfluss Irvings auf diejenigen, die das Glück hatten, an den Ufern des Hudson geboren zu werden, in jeder Hinsicht sehr groß.

Da ich Jefferson ziemlich oft traf, erinnere ich mich an zwei seiner vielen bezaubernden Geschichten. Er sagte, er dachte einmal, es wäre eine gute Idee, Rip Van Winkle im Dorf Catskill zu spielen, in dessen Umgebung die Geschichte seines Helden spielt. Sein Manager wählte die Statisten unter den Bauernjungen der Nachbarschaft aus. An dem Punkt des Stücks, an dem Rip aufwacht und die lebhaften Geister der Hendrick Hudson-Crew findet, die in den Bergen Bowling spielen, sagt er zu jedem von ihnen, die alle gleich aussehen und gleich gekleidet sind: „Sind Sie sein Bruder?"

„Nein", antwortete der junge Bauer, der einen der Geister verkörperte, „Mr. Jefferson, ich habe noch nie einen dieser Menschen gesehen." Da Geister eigentlich schweigen sollten, hätte diese Unterbrechung die Vorstellung beinahe zum Abbruch gebracht.

Während des Spanisch-Amerikanischen Krieges kam ich mit Mr. Jefferson aus Washington im selben Zug. Das Interesse des ganzen Landes galt damals dem bemerkenswerten Sieg von Admiral Dewey über die spanische Flotte im Hafen von Manila. Die Leute fragten sich, wie Dewey jedes spanische Schiff versenken konnte, ohne selbst ein einziges Mal getroffen zu werden. Jefferson sagte in seiner eigentümlichen Art: „Alle, einschließlich des Marineministers und mehrerer Admirale, fragten mich, wie das passieren konnte. Ich sagte ihnen, das Problem sei vielleicht eines, das Marineoffiziere nicht lösen könnten, aber für einen Schauspieler sei es sehr einfach. Das Versagen des spanischen Admirals war ausschließlich darauf zurückzuführen, dass er nicht geprobt hatte. Erfolg ist ohne häufige Proben unmöglich."

Um noch einmal kurz auf Washington Irving zurückzukommen: Einer der interessantesten Orte in der Nähe von New York ist sein altes Zuhause, Wolfert's Roost, und auch die alte Kirche in Tarrytown, in der er betete und deren Pfarrer er viele Jahre lang war. Das Efeu, das die Kirche teilweise bedeckt, wurde Mr. Irving von Sir Walter Scott aus Abbotsford geschenkt. Damals, als der berühmteste britische Kritiker schrieb: „Wer hat jemals ein amerikanisches Buch gelesen oder liest es schon?", verkündete Sir Walter Scott das Verdienst und den kommenden Ruhm von Washington Irving. Aber wie Rip Van Winkle sagt: „Wie schnell sind wir vergessen, wenn er nach zwanzig Jahren in sein Heimatdorf zurückkehrt ."

In New York wurde ein Abendessen zur Feier des hundertsten Geburtstags von Washington Irving gegeben. Ich war einer der Redner. In einem Nebenraum saß eine Gruppe junger und sehr erfolgreicher Makler, deren Erfolge auf dem Markt den Neid des spekulativen Amerikas erregten. Während ich sprach, kamen sie in den Raum. Als ich fertig war, rief mich der Gastgeber des Makleressens heraus und sagte: „Ihre Rede hat uns sehr interessiert. Dieser Irving, von dem Sie gesprochen haben, muss ein bemerkenswerter Mann sein. Worum geht es bei diesem Abendessen?"

Ich antwortete ihm, es sei die Feier zum hundertsten Geburtstag von Washington Irving.

„Nun", sagte er und zeigte auf einen alten Herrn, der neben mir auf dem Rednerpult gesessen hatte, „es ist erstaunlich, wie vital er in seinem hohen Alter aussieht."

Ich hatte das Glück, Richard Mansfield oft zu hören und persönlich zu kennen. Er war in vielen Rollen sehr erfolgreich, aber seine Darstellung von Doktor Jekyll und Mr. Hyde war wunderbar. Einmal kam er mit einem gut durchdachten Plan für ein Nationaltheater in New York zu mir, das reichlich ausgestattet und die Heimat der höchsten Kunst des Schauspielberufs und gleichzeitig die beste Schule der Welt sein sollte. Er wollte, dass ich ein Komitee der führenden Finanziers des Landes zusammenstelle und sie, wenn möglich, so beeindrucke, dass sie die Millionen spenden würden, die für die Umsetzung seiner Ideen erforderlich sind. Ich war zu beschäftigt, um ein so schwieriges Projekt in Angriff zu nehmen.

Einer der farbigen Gepäckträger im Wagner Palace Car Service, der mich auf meinen Inspektionstouren über die Eisenbahn immer begleitete, erzählte mir eine amüsante Geschichte über Mr. Mansfields Hingabe an seine Kunst. Er fungierte als Gepäckträger in Mansfields Wagen, als dieser eine Tour durch das Land machte. Dieser Gepäckträger war ein überaus intelligenter Mann. Er schätzte Mansfields Leistungen und spielte mit seinem Humor, indem er ihn als Kontrastfigur benutzte, während er immer schauspielerte. Wenn sie in einem Bahnhof waren, verließ William nie den Wagen, sondern blieb Wache, um den wertvollen Inhalt zu schützen.

Nach einem Spiel in Kansas City kam Mansfield sehr spät ins Auto und sagte: „William, wo ist mein Manager?"

„Bin zu Bett gegangen, Sir, und die anderen Mitglieder der Gesellschaft auch", antwortete William.

Dann sagte Mansfield in seiner eindrucksvollsten Art: „William, sie fürchten mich. Übrigens , waren Sie heute Abend unten am Depot, als die Zuschauer aus den Vororten zurückkehrten, um ihre Züge nach Hause zu nehmen?"

„Ja, Sir", antwortete William, obwohl er nicht aus dem Auto ausgestiegen war.

„Haben Sie irgendwelche Bemerkungen zu meinem Stück gehört?"

"Jawohl."

„Können Sie mir ein Beispiel geben?"

„Gewiss", antwortete William. „Ein Herr meinte, er sei sein ganzes Leben lang im Theater gewesen, aber Ihr Schauspiel heute Abend sei das Schlimmste, was er je gehört oder gesehen habe."

„William", rief Mansfield, „hol mein Winchester und finde diesen Mann."

Also gingen Mansfield und William unter die Menge, und als William einen großen, aggressiv aussehenden Kerl sah, von dem er dachte, er würde aufstehen und kämpfen, sagte er: „Da ist er."

Mansfield ging sofort auf den Mann zu, nahm sein Gewehr in den Schutz und rief: „Hände hoch, du Schurke, nimm deine beleidigende Bemerkung über mein Stück und meine Schauspielerei sofort zurück und entschuldige dich."

Der Mann sagte: „Aber Mr. Mansfield, jemand hat Sie über mich belogen. Ihr Auftritt heute Abend war das Beste, was ich je in meinem Leben gesehen habe."

„Danke", sagte Mansfield, schulterte sein Gewehr und fügte in tragischem Ton hinzu: „William, führe den Weg zurück zum Auto."

Zu den interessantesten Erinnerungen alter New Yorker gehören die Abendessen, die Mr. Augustin Daly anlässlich der hundertsten Vorstellung eines Theaterstücks gab. Wie bei allem, was Daly tat, war die Unterhaltung perfekt. Ein häufiger und geehrter Gast bei diesen Gelegenheiten war General Sherman, der damals aus der Armee ausgeschieden war und in New York lebte. Sherman war ein militärisches Genie, aber noch viel mehr. Er war einer der sensibelsten Männer der Welt. Die Attraktion bei diesen Abendessen war natürlich Miss Rehan , Dalys Hauptdarstellerin. Ihr persönlicher Charme, ihre samtige Stimme und ihre unnachahmliche Koketterie machten jeden Gast begierig, sie zu begleiten. Sie tat so, als sei sie im Zweifel, ob sie die Aufmerksamkeiten General Shermans oder meine annehmen sollte, aber als der General begann, erhebliche Verärgerung zu zeigen, glättete Mars die Stirn und der Krieger beglückte ihn, indem er gnädig seinen Arm annahm.

Bei einer dieser Gelegenheiten hörte ich die beste Tischrede meines Lebens. Die Rednerin war eine der schönsten Frauen des Landes, Miss Fanny Davenport. An diesem Abend schien sie inspiriert zu sein, und ihre Beredsamkeit, ihr Witz, ihr Humor, ihr funkelndes Genie, zusammen mit dem Eindruck ihrer erstaunlichen Schönheit, waren sehr wirkungsvoll.

PT Barnum, der Schausteller, war ein vielseitiger und interessanter Charakter. Ich sah ihn oft, als er Jahr für Jahr den Madison Square Garden von der Harlem Railroad Company mietete. Barnum hatte in seinem Beruf nie seinesgleichen und war ein ausgezeichneter Geschäftsmann. Im Großen und Ganzen war er ein Geschäftsmann und mit seinem riesigen Fundus an Anekdoten und Erinnerungen in gesellschaftlichen Angelegenheiten sehr unterhaltsam.

Ein angesehener Engländer kam mit einem Empfehlungsschreiben zu mir und ich fragte ihn, wen er gerne kennenlernen würde. Er sagte: „Ich denke, vor allem Herrn PT Barnum." Ich erzählte dies Barnum, der alles über ihn wusste, und sagte: „Als Gentleman weiß er, wie er mich kennenlernen kann." Als ich meinen englischen Freund informierte, drückte er sein Bedauern aus und schickte Barnum sofort seine Karte und eine Einladung zum Abendessen. Beim Abendessen heimste Barnum mit seinem wunderbaren Fundus an ungewöhnlichen Abenteuern mühelos alle Ehre ein.

Mein erster Kontakt mit Mr. Barnum fand viele Jahre zuvor statt, als ich ein Junge in Peekskill war. Damals hatte er ein Museum und eine Ausstellung in einem Gebäude an der Ecke Ann Street und Broadway, gegenüber dem alten Astor House. Durch geschickte Werbung sorgte er dafür, dass die Menschen im ganzen Land etwas Neues und Wunderbares erwarteten und seine Ausstellung unbedingt besuchen wollten.

Auf den westlichen Ebenen hatte es ein Indianermassaker gegeben. Die Einzelheiten füllten die Zeitungen und führten zu Vergeltungsmaßnahmen der Regierung. Barnum gab bekannt, dass es ihm gelungen sei, die von der Regierung gefangen genommenen Sioux-Krieger zu retten, die nun jeden Tag die blutige Schlacht nachstellen würden, in der sie siegreich waren.

Es war einer der heißesten Nachmittage im August, als ich vom Lande dorthin kam. Die Indianer waren im obersten Stockwerk, unter dem Dach. Die Vorstellung war so blutrünstig, dass sie selbst den anspruchsvollsten Leser eines Groschenromans zufriedenstellen würde. Als das Publikum nach der Vorstellung ging, war ich zu fasziniert, um zu gehen, und blieb hinten im Saal, um diese schrecklichen Wilden anzustarren. Einer von ihnen nahm seine Kopfbedeckung ab, ließ sein Tomahawk und sein Skalpiermesser fallen und sagte in breitestem Irisch zu seinem Nachbarn: „ Moike , wenn das Wetter nicht abkühlt, bin ich nichts als ein Fettfleck." Dies war eine der vielen Illusionen, die sich in meinem langen Leben aufgelöst haben. Trotzdem habe ich immer noch Vertrauen und lasse mich gern täuschen, aber nicht, wenn der Betrug aufgedeckt wird.

Wyndham, der berühmte englische Schauspieler, spielte eines Abends in New York. Er sah mich im Publikum und schickte einen Boten, der mich zu einem Abendessen im Hoffman House einlud. Nach dem Theater ging ich ins Hotel, fragte an der Rezeption, in welchem Raum das Theater-Abendessen stattfände, und fand dort Bronson Howard, den Dramatiker, und einige andere. Ich erzählte ihnen, was ich suchte, und Mr. Howard sagte: „Sie sind genau am richtigen Ort."

Später kam noch der englische Schauspieler und eine große Zahl anderer Gäste. Ich war sehr überrascht und geschmeichelt, dass ich praktisch zum Ehrengast ernannt wurde. In den üblichen und unvermeidlichen Reden nach dem Essen schloss ich mich begeistert den Aussichten auf amerikanische Beiträge zum Drama und insbesondere auf das Genie Bronson Howards an.

Wie sich später herausstellte, war das Abendessen der Schauspieler für einige Tage später angesetzt, und ich war weder zu dieser Unterhaltung eingeladen noch erwartet worden, die Mr. Howard für meinen Schauspielerfreund veranstaltete, aber durch ein gemeinsames Vorgehen zwischen dem Dramatiker und dem Schauspieler wurde die ganze Angelegenheit für mich zu einem Abendessen. Broadway war über den Witz entzückt, hatte aber keinen besseren Spaß dabei als ich.

Die Abendessen nach dem Stück, das Wyndham gab, gehörten zu den unterhaltsamsten Unterhaltungen in London. Seine Gäste repräsentierten die Besten aus Gesellschaft, Politik, Kunst, Literatur und Drama. Sein Speisesaal war wie die Kabine einer Yacht gebaut und eingerichtet, und die Illusion war so perfekt, dass sensible Gäste sagten, sie hätten das Rollen des Meeres gespürt.

Eines Abends sagte er zu mir: „Ich erwarte einen Ihrer Landsleute, einen charmanten Kerl, aber der arme Kerl hat nur einhundertfünfzigtausend

Pfund im Jahr. Er ist noch jung, und alle geschäftstüchtigen Mütter sind hinter ihm her, um ihre Töchter zu bekommen."

Als der wohlhabende Amerikaner mit einem Einkommen von drei Viertelmillionen ankam, brauchte ich mich nicht vorzustellen. Ich kannte ihn sehr gut und seine Angelegenheiten. Er war kultiviert, weit gereist, sowohl musikalisch als auch künstlerisch, und seine Leidenschaft war die Vertrautheit mit prominenten Leuten. Seine Abendessen waren perfekt und Einladungen wurden eifrig gesucht. Unter dem Vorwand einer angeschlagenen Gesundheit blieb er auf dem Höhepunkt der Saison eine kurze Zeit in London und Paris. Aber während dieser wenigen Wochen gab er alles, was man mit verschwenderischem Reichtum und perfektem Geschmack erreichen konnte, und das mit einem Einkommen von zwanzigtausend Dollar pro Jahr.

Die meiste Zeit des Jahres lebte er bescheiden in den Schweizer Bergen oder auf Reisen im Osten, war aber in vielen Ländern ein gern gesehener Gast der wichtigsten Leute. Die einzige Täuschung daran, wenn es denn eine Täuschung war, war, dass er sich nie Mühe gab, seinen enormen Reichtum zu leugnen, und da er nie etwas verlangte, gab es auch keinen Anlass, sein Vermögen zu veröffentlichen. Den verfolgenden Müttern und Töchtern gelang es nie, ihn vor seiner Flucht weit genug zu bringen, um eine Auseinandersetzung zu fordern.

Während meiner Besuche in Europa wurde ich oft nach dem Einkommen eines Landsmannes gefragt. Da man dort an die enormen amerikanischen Vermögen glaubt, ist es nicht schwer, den Eindruck eines immensen Reichtums zu erwecken. Während der Mann eine Erklärung abgeben und Referenzen angeben müsste, wird die Geschichte der Dame selten hinterfragt. Ich habe erlebt, wie einige Hunderttausend Dollar in den leichtgläubigen Augen von Freiern zu Millionen wurden und einige Millionen zu Multimillionen. In mehreren Fällen wurden die Aussagen der Dame akzeptiert, da sie ihre Ambitionen erfüllt hatte.

Für einen müden Mann, der durch jahrelange, unermüdliche Arbeit erschöpft ist, gibt es keine bessere Erholung und Entspannung als mit einem Dampfer über den Ozean nach Europa zu fahren. Ich habe das im Hochsommer oft für ein paar Wochen gemacht und immer mit großartigen und höchst erfrischenden Ergebnissen. Durch glückliche Bekanntschaften lernte ich viele der führenden Männer anderer Länder kennen, und das war eine umfassende Ausbildung.

Auf jedem Schiff gibt es regelmäßig ein Wohltätigkeitskonzert zugunsten der Seeleute. Ich habe bei der Leitung solcher Konzerte viele amüsante

Erfahrungen gemacht. Ich erinnere mich, dass wir einmal eine harte Nacht hatten und eine unserer Künstlerinnen, eine berühmte Sängerin, die eine erfolgreiche Tournee durch die Vereinigten Staaten gemacht hatte, eine kleine Frau und ihr Mann ein Riese war. Während der Vorstellung kam er zu mir und sagte: „Meine Frau ist furchtbar seekrank, aber sie möchte singen, und ich möchte, dass sie es tut. In den Pausen ihrer Krankheit ist sie eine Zeit lang in ziemlich guter Verfassung. Wenn Sie alles stehen und liegen lassen, wenn Sie sehen, dass ich mit ihr nach Hause komme, wird sie ihren Teil dazu beitragen."

Ich sah ihn mit seiner Frau im Arm in den Salon eilen und kündigte sie sofort für die nächste Nummer an. Sie feierte einen großen Triumph, wurde aber im richtigen Moment von ihrem Mann aufgefangen und wieder an Deck getragen. Er sagte mir später: „Meine Frau war gestern Abend nicht in Bestform, denn Seekrankheit und Sänger haben eine Eigenart: Die tieferen Töne, die sie am besten singen kann, sind zu solchen Zeiten nicht verfügbar oder in einwandfreiem Zustand."

Augustin Daly erwies sich durch sein wunderbares Genie als Direktor dem Theater als großer Verdienst. Er entdeckte überall Talente und förderte sie. Er bildete seine Truppe mit der Geschicklichkeit eines Meisters aus und produzierte in seinen Theatern hier und in London eine Reihe wunderbarer Stücke. Normalerweise erlaubte er seinen Künstlern nicht, an diesen Konzerten auf dem Schiff teilzunehmen, aber es geschah einmal, dass wir den 4. Juli feierten. Ich ging zu Mr. Daly und fragte ihn, ob er nicht als Amerikaner die Leitung der gesamten Feier übernehmen wolle. Das gefiel ihm, und er wählte die besten Talente aus seiner Truppe aus. Unter ihnen war Ada Rehan . Ich kannte Miss Rehan , als sie in ihren frühen Tagen in der Aktiengesellschaft in Albany war. Mit Mr. Daly, der sie entdeckte, entwickelte sie sich bald zu einem Star ersten Ranges.

Mr. Daly bestand darauf, dass ich den Vorsitz übernahm, die Künstler vorstellte und auch die Rede zum 4. Juli hielt. Die Feier im Salon war so erfolgreich, dass Mr. Daly sie am nächsten Abend in der zweiten Kabine und am Abend darauf im Zwischendeck wiederholen ließ. Das Zwischendeck tat sein Bestes und war mit den schönsten Sachen ausgestattet, die es mitbrachte, um die alten Leute in der alten Heimat zu überraschen, und seine Begeisterung war, wenn überhaupt, größer als der Empfang, der den Künstlern von den Passagieren der ersten und zweiten Kabine bereitet worden war.

Nachdem Miss Rehan ihren Part vorgetragen hatte und immer wieder Zugaben bekommen hatte, fand ich sie in Tränen aufgelöst vor. Ich sagte: „Miss Rehan , Ihr Triumph war so groß, dass man darüber lachen müsste."

„Ja", sagte sie, „aber es ist so ergreifend, diese Menschen zu sehen, die wahrscheinlich noch nie zuvor mit der höchsten Kunst in Berührung gekommen sind."

Zu den vielen bedeutenden englischen Literaten, die einst in die Vereinigten Staaten kamen, gehörte Matthew Arnold. Die amerikanischen Vortragsveranstalter bemühten sich sehr, diese Herren zu gewinnen, und das amerikanische Publikum war ihnen sehr dankbar. Viele brachten Empfehlungsschreiben für mich mit.

Herr Arnold war ein großer Dichter, Kritiker und Schriftsteller und ein hervorragender Professor an der Universität Oxford, der unserem Volk wohlbekannt war. Seine erste Ansprache hielt er in Chickering Hall vor einem überfüllten Haus. Außerhalb der ersten Reihen konnte ihn niemand hören. Er erklärte mir dies wie folgt: „Mein Problem ist, dass meine Vorlesungen an der Universität in kleinen Hallen und vor einem begrenzten Publikum stattfinden." Ich riet ihm, sich, bevor er weiterginge, einen Vortragskünstler zu suchen und sich an große Hallen zu gewöhnen, da seine Tour sonst eine Enttäuschung werden würde.

Er erzählte mir einen amüsanten Bericht darüber, wie sein Lehrer sich für Chickering Hall entschied, wo er durchgefallen war, und ihn seine Vorlesung wiederholen ließ, während der Lehrer sich immer weiter von der Bühne entfernte, bis er die hinteren Sitze erreichte und sagte, er sei zufrieden. Es spricht für die Vielseitigkeit dieses großen Autors, dass er seine Lektion so gut lernte, dass seine nachfolgenden Vorlesungen in verschiedenen Teilen des Landes sehr erfolgreich waren.

Einmal sagte mir Herr Arnold: „Die Vorlesungen, die ich vorbereitet habe, sind für Universitätspublikum gedacht, an das ich gewöhnt bin. Ich habe meinen amerikanischen Manager gebeten, mich nur in Universitätsstädten unterzubringen, aber ich möchte, dass Sie sich meine Verpflichtungen ansehen."

Nachdem ich dies getan hatte, bemerkte ich: „Manager suchen nach großen und lukrativen Publikumskreisen. In keiner dieser Städte gibt es eine Universität oder Hochschule, obwohl es in einer von ihnen ein Alkoholheim und in einer anderen eine Irrenanstalt gibt. Beide Städte haben jedoch eine kultivierte Bevölkerung. Ihr lautestes und wahrscheinlich dankbarstes Publikum werden Sie in der Stadt finden, die ein großer Eisenbahnterminal ist. Unsere Eisenbahner sind auf dem neuesten Stand."

Ich sah Herrn Arnold auf der Rückreise. Er schilderte seine Erlebnisse sehr anschaulich und die Einnahmen waren überaus zufriedenstellend und übertrafen alle Erwartungen.

Er beschrieb die Eigenheiten der Vorsitzenden, die ihn vorstellten, und erwähnte einen von ihnen, der sagte: „Meine Damen und Herren, nächste Woche werden wir in unserem Kurs den berühmtesten Zauberer der Welt haben, und in der Woche darauf, das kann ich mit Freude sagen, werden wir durch die Anwesenheit eines großen Opernsängers, eines wunderbaren Künstlers, geehrt. Für heute Abend ist es mir eine Freude, Ihnen den angesehenen englischen Journalisten Edwin Arnold vorzustellen." Mr. Arnold begann seinen Vortrag mit einer energischen Ablehnung, dass er Edwin Arnold sei, den er, wie ich annahm, nicht als Mitglied seines Kurses betrachtete.

Mr. Arnold erfuhr in New York und in den größeren Städten, die er besuchte, die höchste gesellschaftliche Aufmerksamkeit der führenden Familien. Ich traf ihn mehrere Male und stellte fest, dass er sich nie mit unseren beiden berühmtesten Gerichten anfreunden konnte – Sumpfschildkröte und Riesenente – wobei die Ente fast roh war. Er sagte empört zu einer Wirtin, die ihn wegen seiner Vernachlässigung der Riesenente tadelte: „Madam, als Ihre Vorfahren England vor zweihundertfünfzig Jahren verließen, aßen die Engländer ihr Fleisch damals roh; heute kochen sie es." Worauf die Dame antwortete: „Ich kenne die Bräuche meiner Vorfahren nicht, aber ich weiß, dass ich meinem Koch, der die Ente zubereitet hat, dreihundert Dollar im Monat zahle."

Wir alle mochten Thackeray sehr. Er war nicht so beliebt wie Charles Dickens und besaß auch nicht Dickens' dramatische Kraft, aber er hatte eine große und begeisterte Anhängerschaft unter unseren Leuten. Ihm zuzuhören war ein intellektueller Genuss und eine Offenbarung. Sein wunderbarer Kopf schien eine enorme und immerwährende Quelle des Witzes und der Weisheit zu sein.

Im Century Club, unserem Athenaeum, erzählte man ihm eine gute Geschichte. Dorthin brachten ihn seine Freunde nach einem Vortrag und gaben ihm das damals übliche Centurion-Abendessen: Saddlerock- Austern. Die Saddlerock-Austern waren damals fast so groß wie ein Essteller. Thackeray fragte seinen Gastgeber: „Was soll ich mit diesem Tier machen?"

Der Moderator antwortete: „Wir Amerikaner schlucken sie ganz."

Thackeray, der den Ansprüchen amerikanischer Gastfreundschaft stets gewachsen war, schloss die Augen und schluckte die Auster hinunter. Als er sich wieder erholt hatte, bemerkte er: „Ich fühle mich, als hätte ich ein lebendes Baby verschluckt."

Die Geschichten der Entdecker haben uns zu verschiedenen Zeiten in fesselndem Maße gefesselt. Keine wurden allgemeiner gelesen als die Abenteuer des berühmten Missionars David Livingstone in Afrika. Als

Livingstone verschollen war, grüßte die ganze Welt Henry M. Stanley, als er sich auf seine berühmte Reise begab, um ihn zu finden. Stanleys Abenteuer, seine Gefahren und Fluchten endeten mit der Suche nach Livingstone. Die Geschichte entzückte und begeisterte alle. Die britische Regierung verlieh ihm den Ritterschlag, und als er in die Vereinigten Staaten zurückkehrte, war er Sir Henry Stanley. Er wurde von seiner Frau, einer schönen und gebildeten Frau, begleitet und mit offenen Armen empfangen.

Ich traf Sir Henry viele Male bei privaten und öffentlichen Veranstaltungen und fand ihn immer sehr interessant. Der Lotos Club gab ihm eines seiner berühmtesten Abendessen, berühmt bei den Eingeladenen und den Rednern.

Es wurde vereinbart, dass er seine Vortragsreise durch die Vereinigten Staaten in New York beginnen sollte. Auf Ersuchen von Sir Henry und seinem Komitee leitete ich die Veranstaltung und stellte ihn im Metropolitan Opera House vor. Der große Saal war bis zum Ersticken überfüllt und das Publikum war eines der besten und mitfühlendsten.

Damals wussten wir wenig über Zentralafrika und seine Menschen, und wir waren sehr neugierig, von Sir Henry einen persönlichen und vertraulichen Bericht über seine wunderbaren Entdeckungen und Erlebnisse zu hören. Er dachte, da ihm sein afrikanisches Leben so vertraut war, müsse es für alle anderen genauso sein. Deshalb hielt er statt eines Krimis einen banalen Vortrag über ein literarisches Thema, das das Publikum langweilte und einen Schatten auf eine Vortragsreise warf, die eine der erfolgreichsten zu werden versprach. Natürlich enttäuschte Sir Henrys Bemühen sein Publikum umso mehr, weil seine Gleichgültigkeit und Empörung ihn deprimierten und er weder sich selbst noch dem uninteressanten Thema, das er gewählt hatte, gerecht wurde. Er machte nie wieder denselben Fehler, und die Reise war sehr lohnend.

Fast eine Generation lang gab es kein Thema, das die Amerikaner so sehr interessierte wie die Abenteuer der Entdecker. Ich traf viele von ihnen und hielt bei Banketten, die zu ihren Ehren stattfanden, Lobreden auf sie. Überall waren die Menschen mit offenen Augen, offenen Ohren und offenem Mund willkommen und freuten sich, ihnen zuzuhören.

Dass diese universellen Favoriten so schnell aus der öffentlichen Aufmerksamkeit und Erinnerung verschwanden, ist ein Hinweis auf die Unbeständigkeit der Popularität.

XXIV. GESELLSCHAFTEN UND ÖFFENTLICHE BANKETTE

Das außergewöhnlichste Erlebnis meines Lebens waren die Abendessen, die mir der Montauk Club of Brooklyn an meinem Geburtstag gab. Der Montauk ist ein angesehener Gesellschaftsclub, dessen Mitglieder aus dem Berufs- und Geschäftsleben kommen und verschiedene politische und religiöse Überzeugungen haben.

Vor dreißig Jahren war Mr. Charles A. Moore Präsident des Clubs. Er war ein bekannter Fabrikant und ein Gentleman mit großem Einfluss in politischen und gesellschaftlichen Kreisen. Mr. McKinley bot ihm die Stelle des Marineministers an, die Mr. Moore jedoch ablehnte. Eines Tages kam er mit einem Komitee des Clubs zu mir und sagte: „Der Montauk möchte Ihren Geburtstag feiern. Wir wissen, dass er am 23. April ist und dass Sie zwei angesehene Kollegen haben, die ebenfalls am 23. Geburtstag haben – Shakespeare und St. George. Wir möchten sie nicht einbeziehen, sondern nur Ihren Geburtstag feiern."

Der Club führt diese Feierlichkeiten seit dreißig Jahren mit einem jährlichen Abendessen fort. Der feierliche Rahmen dieses Anlasses besteht aus einem Empfang, dann einem Abendessen und, nach einer Einführung durch den Präsidenten, einer Rede von mir. Jedes Jahr eine neue Rede zu halten, die für die Anwesenden und diejenigen, die sie lesen, von Interesse ist, ist nicht einfach.

Diese Festlichkeiten hatten einen glücklichen Anfang. Als ich darüber nachdachte, worüber ich beim ersten Abendessen sprechen sollte, beschloss ich, mich mit einer anschaulichen Beschreibung der städtischen Verhältnisse über die Gemeinde Brooklyn lustig zu machen. In den Zeitungen wurde behauptet, es habe bei einigen öffentlichen Verbesserungen schwere Korruption gegeben, die von den Behörden geduldet und durch ein Gesetz der Legislative entschuldigt worden sei. Es wurde auch behauptet, der Stadtrat habe wertvolle Konzessionen an seine Favoriten vergeben. Natürlich bot dies einen schönen Kontrast zwischen alten und modernen Zeiten. In alten Zeiten errichteten dankbare Bürger Denkmäler für bedeutende Männer, die sich im Militär oder im bürgerlichen Leben um ihr Land verdient gemacht hatten, aber Brooklyn hatte das alte Modell durch die Gewährung öffentlicher Versorgungsleistungen verbessert. Die Rede löste nach dem Abendessen einen Aufruhr aus, da sie nicht angemessen war. Viele argumentierten, sie sei eine Kritik und daher für den Anlass ungeeignet. Die Angelegenheit illustrierte jedoch eine meiner üblichen Erfahrungen, nämlich, dass ein bisschen Humor manchmal unerwartete Ergebnisse bringt, wenn in dem Humor ein Dynamitstab verborgen ist.

Die Kanzel in Brooklyn, die fortschrittlichste der Welt, griff das Thema auf und entfachte eine öffentliche Diskussion über kommunale Angelegenheiten. Das Ergebnis war die Bildung eines Ausschusses aus einhundert Bürgern, der die städtischen Verhältnisse untersuchen sollte. Sie fanden heraus, dass der Bürgermeister und einige andere Beamte zwar hochrangige und bewundernswerte Beamte waren, die allgemeine Verwaltung der Stadtverwaltung jedoch im Laufe der Jahre so schlecht geworden war, dass eine allgemeine Reform erforderlich war. Die Reformbewegung war erfolgreich; sie breitete sich nach New York aus und war auch dort erfolgreich , und die Bewegung für kommunale Reformen wurde im ganzen Land allgemein.

Das nächste Jubiläumsdinner zog mehr Publikum an als der Club fasste, und jedes der dreißig Abendessen war ein voller Erfolg. Viele Jahre lang wurde die Veranstaltung in den Vereinigten Staaten weithin bekannt gemacht und manchmal auch in ausländischen Zeitungen erwähnt. Ich erinnere mich, wie ich mit dem verstorbenen Vizegouverneur Woodruff in London war, als wir an einem Zeitungsstand am Strand folgende Schlagzeilen sahen: „Rede von Chauncey Depew bei seinem Geburtstagsdinner im Montauk Club, Brooklyn." In diesem knappen Dritteljahrhundert hat sich die Mitgliedschaft des Clubs geändert, Söhne sind den Vätern nachgefolgt und neue Mitglieder wurden aufgenommen, aber das Interesse an der Feier scheint zu wachsen.

In den letzten vierzehn Jahren war Mr. William H. English der Präsident des Clubs. Er hat in jeder Hinsicht so viel für die Organisation getan, dass die Mitglieder ihn gern auf Lebenszeit als ihren Geschäftsführer hätten. Mr. English ist ein großartiger Amerikaner, der in seinem gewählten Beruf überaus erfolgreich ist und dennoch auch außerhalb des Vereins Interesse am Wohl der Öffentlichkeit hat. Obwohl er bis zu einem gewissen Grad bescheiden ist und die Öffentlichkeit meidet, ist er dennoch die treibende Kraft vieler progressiver und wohltätiger Bewegungen.

Vor 24 Jahren gründete eine Gruppe ehrenamtlicher Frauen in der Stadt Des Moines, Iowa, einen Club. Sie benannten ihn nach mir. Fast ein Vierteljahrhundert lang war er ein wichtiger Faktor im gesellschaftlichen Leben von Des Moines. Mit Mut, Intelligenz und Unabhängigkeit hat er hervorragende Arbeit geleistet. Zum Zeitpunkt seiner Gründung gab es im Land nur wenige oder gar keine solcher Organisationen, und er kann die Position eines Pioniers in der Beteiligung von Frauen an öffentlichen Angelegenheiten für sich beanspruchen.

Glücklicherweise ist der Chauncey Depew Club frei von den internen Schwierigkeiten und Streitigkeiten, die freiwillige Vereinigungen so oft zerstören, und ist stärker als je zuvor. Er blickt voller Zuversicht einer erfolgreichen Feier seines Vierteljahrhundertjubiläums entgegen.

Ich konnte den Club nie besuchen, habe aber häufig und sehr angenehm mit ihm korrespondiert. Er erinnert sich immer auf die erfreulichste Weise an meinen Geburtstag. Ich bin seinen Mitgliedern dankbar, dass sie mir eines der erfreulichsten Komplimente meines Lebens gemacht haben.

Ein öffentliches Abendessen ist eine schöne Form der Anerkennung. Ich habe in meinem Leben viele davon gehabt, bei denen ich andere Dinge als meinen Geburtstag feierte. Eines der bemerkenswertesten wurde mir von den Bürgern Chicagos als Anerkennung für meine Bemühungen gegeben, ihre große Columbian-Ausstellung zu einem Erfolg zu machen. Richter John M. Harlan hatte den Vorsitz, und angesehene Männer aus verschiedenen Teilen des Landes, die wichtige Interessen vertraten, waren anwesend. Die Rede, die wahrscheinlich die meisten Kommentare hervorrief, war ein radikaler Angriff von Andrew Carnegie auf die Regierung Großbritanniens, die sich der Autorität eines Königs oder einer Königin unterwirft. Kanada wurde durch einige der hohen Beamten dieser selbstregierten Kolonie vertreten. Die Kanadier sind der englischen Regierungsform gegenüber loyaler als die Engländer selbst. Mein scharfer schottischer Freund erregte einen kanadischen Beamten, der seinen Angriff mit Nachdruck und Interesse erwiderte.

Für einen Amerikaner ist es eine sehr wertvolle Erfahrung, dem jährlichen Bankett der amerikanischen Handelskammer in Paris beizuwohnen. Die französische Regierung würdigt die Veranstaltung, indem sie eine Kompanie ihrer malerischsten uniformierten Soldaten innerhalb und außerhalb des Saals Wache stehen lässt. Die höchsten Beamten der französischen Regierung nehmen immer teil und halten Reden. Der amerikanische Botschafter antwortet in einer Rede, die teilweise auf Englisch und, wenn er ausreichend ausgerüstet ist, teilweise auf Französisch gehalten wird. General Horace Porter und Henry White waren sowohl in ihrer Muttersprache als auch in der der Franzosen gleichermaßen zufrieden. Die französischen Staatsmänner jedoch mochten Myron T. Herrick so sehr, dass sie anscheinend nicht nur seine Herzlichkeit begriffen, sondern auch seine Beredsamkeit vollkommen verstanden. Mir wurde mehrmals die Ehre zuteil, die amerikanische Rede in unverfälschtem Amerikanisch zu halten. Die Franzosen haben es vielleicht nicht verstanden, aber bei ihrer schnellen Auffassungsgabe folgten auf den Applaus oder das Gelächter der Amerikaner sofort gleichwertige Äußerungen seitens der Franzosen.

Zu den vielen Dingen, die wir von unseren englischen Vorfahren geerbt haben, gehören öffentliche Abendessen und Tischreden. Das öffentliche Abendessen hat in Großbritannien eine wichtige Bedeutung und wird zu jedem Anlass genutzt. Es ist für die Regierung die Plattform, auf der die Minister dem Land offen Angelegenheiten darlegen können, die sie im Unterhaus nicht vorbringen könnten. Durch die Tischrede ebnen sie den

Weg und wecken die öffentliche Aufmerksamkeit für Maßnahmen, die sie dem Parlament vorschlagen wollen, und bringen auf diese Weise den Druck der öffentlichen Meinung zu ihrer Unterstützung.

Ebenso haben jede Gilde und jeder Beruf ihre festlichen Veranstaltungen mit ernstem Zweck, und das gilt auch für religiöse, philanthropische, wirtschaftliche und soziologische Bewegungen. Wir sind in dieser Richtung schon recht weit gekommen, haben das System aber nicht so perfektioniert wie die anderen. Ich halte seit sechzig Jahren Tischreden vor Menschen aller Art und aus allen Lebenslagen und zu fast jedem erdenklichen Thema. Ich habe festgestellt, dass diese Anlässe sehr wertvoll sind, denn im geselligen Beisammensein kann man eine unpopuläre Wahrheit mit Humor beschönigen und mit Applaus aufnehmen, während sie am nächsten Tag im Verdauungsprozess auf das Publikum und die Presse einwirkt, wie die Pille gedacht war. Ein beliebtes Publikum wird fast alles verzeihen, womit es nicht einverstanden ist, wenn die humorvolle Art, wie es ausgedrückt wird, seine Lachlust kitzelt .

Herr Gladstone machte beim Abendessen des Lord Mayor in der Guild Hall, wo der Premierminister seine Politik entwickelt, einen sehr guten Eindruck. Dasselbe galt für Lord Salisbury und Balfour, aber der König der After-Dinner-Redner in England ist Lord Rosebery. Er hat den Humor, den Witz und das künstlerische Gespür, mit denen er sein Publikum fasziniert und hinreißt.

Ich habe in unserem Land alle Männer meiner Zeit getroffen, die in diesem Bereich der öffentlichen Rede Berühmtheit erlangt haben. Der bemerkenswerteste in puncto Wirksamkeit und Inspiration war Henry Ward Beecher. Ein Bankett war immer dann ein Erfolg, wenn zu seinen Rednern William M. Evarts, Joseph H. Choate, James S. Brady, Richter John R. Brady, General Horace Porter oder Robert G. Ingersoll zählen konnten.

Nachdem sich General Grant in New York niedergelassen hatte, war er häufig Gast bei öffentlichen Abendessen und machte stets durch seine einfache, direkte und wirkungsvolle Redekunst Eindruck.

General Sherman hingegen war sowohl Redner als auch Kämpfer. Er schien nie vorbereitet zu sein, aber wenn es darauf ankam, gab er soldatische, anschauliche und bildhafte Darstellungen seiner Gedanken und Beschreibungen.

Wenn Robert G. Ingersoll bei diesen Gelegenheiten nichts mitbekommen hätte, hätte er es verpasst, den ganzen Abend lang von einem Zauberer verzaubert zu werden. Ich wurde oft gefragt, ob ich mich an Gelegenheiten dieser Art erinnern könne, die von mehr als gewöhnlichem Interesse waren.

Reden nach dem Essen sind zwar zu dieser Zeit sehr ansprechend, aber flüchtig, aber einige Ereignisse sind in der Erinnerung interessant. Zur Zeit des Thronjubiläums von Königin Victoria war ich dabei, als ein Vertreter Kanadas zu einer Rede aufgefordert wurde. Mit Ausnahme des Kanadiers und mir waren die Gastgeber und Gäste alle Engländer. Mein kanadischer Freund sprach ausführlich über die Wunder seines Landes. Eine Aufzählung seiner Wunder schien ihm nicht ausreichend, wenn sie nicht durch Vergleiche mit anderen Ländern und dem Ruhm Kanadas ergänzt wurde, und so verglich er Kanada mit den Vereinigten Staaten. Kanada hatte bessere und dauerhaftere Institutionen, eine männlichere, intelligentere und fortschrittlichere Bevölkerung, und es hatte sich, was die Vereinigten Staaten nicht taten, gegen unerwünschte Einwanderung geschützt, und in allem, was einen modernen, fortschrittlichen, gesunden und hoffnungsvollen Staat ausmachte, war es den Vereinigten Staaten weit voraus.

Ich wurde gleich danach aufgerufen und sagte, ich stimme dem angesehenen Herrn aus Kanada zu, dass Kanada den Vereinigten Staaten zumindest in einem Punkt überlegen sei, nämlich dass es viel mehr Land habe, das aber größtenteils aus Eis bestehe. Ich muss leider daran denken, dass mein kanadischer Freund die Fassung verlor.

Eines der historischen Abendessen in New York, das niemand vergessen wird, der dort war, fand kurz nach dem Ende des Bürgerkriegs statt, oder, wie mein lieber alter Freund Colonel Watterson ihn nannte, des „Kriegs zwischen den Staaten". Die Hauptgäste waren General Sherman und Henry W. Grady aus Atlanta, Georgia. General Sherman beschrieb in seiner Rede die triumphale Rückkehr der Unionsarmee nach Washington, ihre Begutachtung durch den Präsidenten und dann die Rückkehr ihrer Offiziere und Soldaten ins Privatleben und die Wiederaufnahme ihrer Aktivitäten und Industrie als Bürger. Es war ein Wortbild von wunderbarer und verblüffender Bildhaftigkeit und Kraft und versetzte ein Publikum, das größtenteils aus Veteranen bestand, die sowohl an den Schlachten als auch an den Paraden teilgenommen hatten, in höchste Begeisterung. Mr. Grady folgte. Er war ein junger Mann mit seltener rednerischer Begabung. Er beschrieb die Rückkehr der konföderierten Soldaten in ihre Heimat nach der Kapitulation in Appomattox. Sie hatten vier Jahre lang gekämpft und marschiert. Sie waren zerlumpt und arm. Sie kehrten in ihre Häuser und auf ihre Farmen zurück, von denen viele zerstört worden waren. Sie hatten kein Kapital und kaum Tiere oder landwirtschaftliche Geräte, die für einen Neuanfang nötig waren. Aber mit ihrem unbändigen Mut, nicht nur von sich aus, sondern auch mit der Hilfe ihrer Frauen, Schwestern und Töchter, ließen sie das Wüstenland aufblühen und das Land wieder aufleben.

Diese bemerkenswerte Beschreibung von Grady, die ich hier nur skizziere, war das Gegenstück zum Triumph-Epos von General Sherman. Die

Wirkung war elektrisierend und übertraf fast alles, was jemals in New York oder anderswo vorgekommen ist, und Grady erlangte internationalen Ruhm.

Joseph H. Choate war für seine Kollegen, die vor ihm sprachen, ein äußerst gefährlicher Mitredner. Ich hatte im Laufe von fünfzig Jahren viele Begegnungen mit ihm und genoss es oft, unter seinem Witz und Humor zu leiden. Einmal gewann Choate die Ehre des Abends durch einen unerwarteten Angriff. Es gibt ein Dorf im Westen von New York, das nach mir benannt ist. Die unternehmungslustigen Einwohner, die nach dem suchten, was sich unter der Oberfläche ihres Bodens befinden könnte, entdeckten Erdgas. Nach amerikanischer Art gründeten sie sofort eine Gesellschaft und gaben einen Prospekt für den Verkauf der Aktien heraus. Der Prospekt fiel in die Hände von Mr. Choate. Mit großer Freude las er ihn und dann mit Nachdruck den Namen der Gesellschaft: „The Depew Natural Gas Company, Limited", und schwenkte den Prospekt vor mir und rief: „Warum Limited?"

Es gab zwei Anlässe in Mr. Choates Tischreden, die sowohl im In- als auch im Ausland viel kommentiert wurden. Da ich an beiden Abenden dabei war, sollten die Fakten wohl genau wiedergegeben werden. Das jährliche Abendessen der „Friendly Sons of St. Patrick" fand in einem der Jahre statt, in denen die Home-Rule-Frage in England am akutesten war und hier am aktivsten diskutiert wurde. Zur gleichen Zeit hatten unsere irischen Mitbürger mit ihrem Talent für das öffentliche Leben alle Ämter in New York City erobert. Sie stellten den Bürgermeister, die Mehrheit des Stadtrats und eine große Mehrheit der Richter. Als Mr. Choate sprach, griff er die Home-Rule-Frage auf und sagte, ohne seine eigene Meinung zu äußern, im Wesentlichen: „Früher konnten wir Yankees uns selbst regieren, aber Sie, Iren, sind hierhergekommen und haben uns die Regierung weggenommen. Sie haben unsere gesamte Stadtverwaltung in Ihren Händen und können mit uns machen, was Sie wollen. Wir sind der Home Rule beraubt. Was Sie jetzt im In- und Ausland fordern, ist Home Rule für Irland. Nachdem Sie so bewiesen haben, dass Sie die größte Stadt des westlichen Kontinents und eine der größten der Welt erobert haben, warum gehen Sie nicht nach Irland zurück und sorgen dort, wie Sie es möchten, für eine erfolgreiche Home Rule?"

Ich wurde wenige Minuten später zu einer Konferenz der anwesenden führenden Iren gerufen. Ich war Ehrenmitglied dieser Gesellschaft, und sie waren äußerst empört. Die Radikaleren waren der Meinung, dass Mr. Choates Rede sofort übelgenommen werden sollte. Diejenigen, die den Humor der Rede zu schätzen wussten, vermieden jedoch feindselige Maßnahmen, aber Mr. Choate wurde nie wieder zu einem irischen Bankett eingeladen.

Der zweite historische Anlass war, als die Schotten ihren Schutzheiligen, St. Andrew, ehrten. Die Teilnehmerzahl war größer als je zuvor und das Interesse intensiver, weil der Earl of Aberdeen anwesend war. Der Earl war zu dieser Zeit Generalgouverneur von Kanada, aber für die Schotten war er viel mehr als das, denn er war das Oberhaupt des Clan Gordon. Der Earl kam in voller Hochlandtracht zum Abendessen. Lady Aberdeen und die Damen des vizeköniglichen Hofes waren auf der Galerie. Ich saß neben dem Earl und Choate saß neben mir. Choate sagte: „Chauncey, sind Aberdeens Beine nackt?" Ich schaute unter die Tischdecke und stellte fest, dass sie aufgrund seiner Tracht natürlich nackt waren. Ich antwortete: „Choate, das sind sie."

Ich dachte mir nichts dabei, bis Choate seine Rede begann, in der er sagte: „Ich wurde vom Komitee nicht vollständig über die Wichtigkeit des Anlasses informiert. Ich wusste nicht, dass der Earl of Aberdeen als Ehrengast hier sein würde. Insbesondere war mir leider nicht bewusst, dass er in voller Pracht seines großen Amtes als Oberhaupt des Clan Gordon kommen würde. Wenn ich das gewusst hätte, hätte ich meine Hose zu Hause gelassen."

Aberdeen hatte Spaß daran, die Damen in der Galerie waren amüsiert, aber die Schotten waren sauer, und Choate verlor Einladungen zu künftigen schottischen Abendessen.

Nur wenige schätzen die Anziehungskraft der Metropolen. Sie ziehen die Erfolgreichen an, die mit ihren größeren Möglichkeiten noch erfolgreicher werden wollen. Sie übt einen unwiderstehlichen Charme auf die Ehrgeizigen und Unternehmungslustigen aus. New York ist mit seinen Vororten, die eigentlich ein Teil von sich selbst sind, die größte Stadt der Welt. Es ist die einzige wirklich kosmopolitische Stadt. Hier leben mehr Iren als in jeder anderen Stadt Irlands, mehr Deutsche und Italiener als in jeder anderen Stadt außer den größten Städten Deutschlands und Italiens. Hier leben mehr Südstaatler als in jedem anderen Südstaat, und dasselbe gilt für Westler und die von der Pazifikküste und aus Neuengland, außer in Chicago, San Francisco oder Boston. Es gibt auch eine große Gruppe von Westindischen, Südamerikanern und Kanadaern.

Die Gäste eines großen Abendessens sind das Überleben der Stärksten dieser verschiedenen Siedler in New York. Während Tausende scheitern und nach Hause zurückkehren oder auf der Strecke bleiben, haben sich diese Männer durch überlegene Fähigkeiten, Weitsicht und Anpassungsfähigkeit durch den erbitterten Wettbewerb der Großstadt durchgesetzt. Sie sind ungewöhnlich scharfsinnig und aufmerksam. Für den Abend des Banketts lassen sie ihr Geschäft und seine Sorgen hinter sich und legen Wert darauf, unterhalten, amüsiert und unterrichtet zu werden. Sie sind ein äußerst katholisches

Publikum, aufgeschlossen, gastfreundlich und Ideen gegenüber aufgeschlossen, ob sie mit ihnen übereinstimmen oder nicht, vorausgesetzt, sie werden gut präsentiert. Es gibt eine Sache, der sie sich nicht unterwerfen, und das ist Langeweile.

Diese Veranstaltungen sind normalerweise um Mitternacht vorbei und dauern selten so lange; auf dem Land und in anderen Städten hingegen ist es nicht ungewöhnlich, dass ein Abendessen mit Reden bis in die frühen Morgenstunden des nächsten Tages dauert. Während öffentliche Personen, Politiker und aufstrebende Redner in New York auf dieser Bühne nach ihren Chancen suchen, haben nur wenige Erfolg und viele scheitern. Für einen Fremden ist es schwierig, die Situation zu verstehen und sich sofort an ihre Atmosphäre anzupassen. Ich habe auf den vorhergehenden Seiten einige bemerkenswerte Erfolge geschildert und werde einige Beispiele sehr fähiger und angesehener Männer nennen, die den Kontakt zu ihrem Publikum verloren haben.

Einer der fähigsten Männer im Senat war Senator John T. Morgan aus Alabama. Ich mochte ihn persönlich sehr und bewunderte seine vielen und vielfältigen Talente sehr. Er war ein äußerst fleißiger und bewundernswerter Gesetzgeber und ein Debattierer von seltenem Einfluss. Er war ein Meister des korrekten und gelehrten Englisch und einer der ganz wenigen, die nie in den Reporterraum gingen, um ihre Reden zu korrigieren. Da sie immer perfekt waren, ließ er sie so stehen, wie sie gehalten wurden.

Senator Morgan war bei einem berühmten Anlass ein großer Gast unter den vielen bekannten Männern, die ebenfalls sprechen sollten. Senator Elihu Root leitete die Veranstaltung mit seiner üblichen Würde. Senator Morgan hatte eine vorbereitete Rede, die er vorlas. Sie war ungewöhnlich lang, aber sehr gut. Aufgrund seines Rufs war das Publikum für ein solches Publikum erstaunlich geduldig und applaudierte häufig und enthusiastisch. Senator Morgan missverstand seine positive Aufnahme und begann, nachdem er das Manuskript fertiggestellt hatte, eine längere Rede zu halten. Nachdem die Stunde auf fast zwei angewachsen war, wurde das Publikum ungeduldig, und der Senator missverstand erneut seine Stimmung, dachte, sie seien feindselig geworden und verkündete, dass er zu vielen Zeiten und an vielen Orten auf Widerstand gestoßen sei, aber dass er nicht niedergemacht oder zum Schweigen gebracht werden könne. Mr. Root tat sein Bestes, um den Frieden zu wahren, aber das Publikum, das gespannt darauf war, die anderen Redner zu hören, gab die Hoffnung auf und begann zu gehen, mit dem Ergebnis, dass um Mitternacht ein leerer Saal mit einem Vorsitzenden und einem Redner zu sehen war.

Bei einem anderen großen politischen Abendessen saß ich neben Gouverneur Oglesby aus Illinois. Er war als Kriegsgouverneur und Redner berühmt. Es gab sechs Redner auf dem Podium, einer davon war ich. Glücklicherweise kam ich früh an die Reihe. Der Gouverneur sagte zu mir: „Wie viel Evangelium können diese Neulinge ertragen?" „Nun, Gouverneur", antwortete ich, „heute Abend gibt es sechs Redner, und das Publikum wird nicht zulassen, dass die maximale Zeit dreißig Minuten überschreitet. Jeder , der diese Zeit überschreitet, verliert seine Anhänger, und schlimmer noch, er könnte von den beredten Herren erschlagen werden, die vor Ungeduld platzen, das Wort zu bekommen, und die ihm folgen sollen."

„Warum", sagte der Gouverneur, „ich sehe nicht, wie man in dreißig Minuten anfangen kann."

„Also", warnte ich, „bitte lass es nicht zu lange dauern."

Als es Mitternacht schlug, war der Saal praktisch wieder leer, der Gouverneur war mitten in seiner Rede, die offenbar etwa drei Stunden dauern würde, und der Vorsitzende erklärte die Sitzung für beendet.

Senator Foraker aus Ohio, einer der ernannten Redner, erzählte mir am nächsten Morgen, dass er im Fifth Avenue Hotel, wo er abstieg, gerade zu Bett gegangen sei, als der Gouverneur in sein Zimmer geplatzt sei und laut geschrien habe: „Foraker, kein Wunder, dass New York fast immer im Unrecht ist. Sie haben heute Abend gesehen, dass es nicht auf die Wahrheit hören will. Jetzt möchte ich Ihnen sagen, was ich sagen wollte." Er schrie mit leidenschaftlicher Beredsamkeit, seine Stimme wurde immer lauter, bis sie durch die offenen Fenster den Madison Square Park erreichte, als der Wachmann hereinplatzte und sagte: „Sir, die Gäste in diesem Hotel werden das nicht länger ertragen, aber wenn Sie Ihre Rede beenden müssen, gehe ich mit Ihnen in den Park."

Während Clevelands Amtszeit wurde eines der Bankette in New York zu einer nationalen Angelegenheit. Hauptredner war der Innenminister Lucius QC Lamar, der später US-Senator und Richter am Obersten Gerichtshof wurde. Herr Lamar war einer der fähigsten und kultiviertesten Männer des öffentlichen Lebens und ein hervorragender Redner. Ich wurde so spät aufgerufen, dass es unmöglich war, den ernsthaften Diskussionen des Abends länger zu folgen, und was die Leitung und das Publikum von mir wollten, war ein bisschen Spaß.

Lamar mit seinen Johnson-artigen Perioden und dem erhabenen Stil von Edmund Burke bot Gelegenheit für ein wenig Scherz. Als ich fertig war, kam er höchst beunruhigt zu mir und sagte: „Mein Auftritt hier ist nicht alltäglich und erlaubt keinen Humor. Ich bin Innenminister und Repräsentant des Präsidenten und seiner Regierung. Meine Rede ist in Wirklichkeit die Botschaft des Präsidenten an das ganze Land, und ich wünschte, Sie würden jeden Eindruck ausbügeln, den das Land sonst durch Ihren Humor bekommen könnte."

Dies tat ich sehr gern, aber es war ein Beispiel, wie ich es schon oft erlebt habe: ein sehr angesehener und brillanter Gentleman, der sich selbst zu ernst nimmt. Bei einer anderen, eher feierlichen Veranstaltung dieser Art tat ich dasselbe auf Ersuchen der Geschäftsleitung, aber wieder mit Protest des Redners und seiner Feindseligkeit.

In Erinnerungen an seine Amtszeit als Präsident sprach Herr Cleveland mit mir über seinen großen Respekt und seine Bewunderung für Herrn Lamar. Clevelands Reden waren immer kurz. Er hatte ein Talent für Zusammenfassung und Konzentration und konnte die Notwendigkeit einer so langen Rede nicht verstehen. Er erzählte mir, dass er eines Tages, als Richter Lamar Innenminister war, zu ihm kam und sagte: „Herr Präsident, ich habe eine Einladung angenommen, eine Rede im Süden zu halten, und da Ihre Regierung für meine Worte verantwortlich gemacht werden kann, möchte ich, dass Sie sie durchlesen und etwaige Korrekturen oder Vorschläge machen."

Herr Cleveland sagte, die Rede sei außergewöhnlich lang, aber sehr gut, und als er sie Minister Lamar zurückgab, sagte er zu ihm: „Diese Rede wird mindestens drei Stunden dauern. Ein Publikum im Norden würde sich niemals mehr als eine Stunde Zeit lassen. Glauben Sie nicht, Sie sollten sie kürzen?" Der Minister antwortete: „Nein, Herr Präsident; ein Publikum im Süden rechnet mit drei Stunden und wäre mit fünf Stunden zufriedener."

Richter Miller, einer der fähigsten Richter des Obersten Gerichtshofs zu dieser Zeit, war bei einer anderen Gelegenheit der Hauptredner. Er war in gewissem Maße schwerfällig und erreichte in der Betonung seiner Äußerungen beinahe das, was einst über Daniel Webster gesagt wurde, dass jedes Wort zwölf Pfund wiege. Ich folgte ihm. Der Generalstaatsanwalt der Vereinigten Staaten, der am nächsten Tag mit Richter Miller nach Washington zurückkehrte, erzählte mir, dass der Richter, sobald sie in den Zug gestiegen waren, anfing, sich darüber zu beschweren, dass ich seine Rede völlig missverstanden hätte und dass keine Übertreibung der Interpretation das rechtfertigen würde, was ich gesagt hatte. Der Richter fand meinen kleinen Versuch, die Situation zu entschärfen, nicht lustig und betrachtete ihn als Antwort des gegnerischen Anwalts. Er sagte, dass der Richter nach dem Verlassen von Philadelphia von einer anderen Seite aus weitermachte und seine Erklärung aus einem anderen Blickwinkel wieder aufnahm, was er meinte, nachdem sie Baltimore erreicht hatten. Als der Zug an seinem Ziel ankam und sie sich im Washingtoner Bahnhof trennten, wandte sich der Richter an den Generalstaatsanwalt und sagte: „Verdammter Depew! Gute Nacht."

Solchen Gefahren ausgesetzt ist derjenige, der gutmütig den Drängen einer Geschäftsleitung nachgibt, die befürchtet, dass seine Unterhaltung beim Publikum nicht gut ankommt.

Die großen Abendessen in New York sind die der Handelskammer, die eine nationale Veranstaltung ist, wie es auch lange Zeit, während der Präsidentschaft von Mr. Choate, die der New England Society waren. Die jährlichen Bankette der Iren, Schotten, Engländer, Waliser, Holländer, St. Nicholas und Franzosen sind ebenfalls höchst interessant und erlangen manchmal aufgrund der Anwesenheit einer nationalen oder internationalen Persönlichkeit große Bedeutung. Das Abendessen, das die Pilgrims Society dem britischen Botschafter gibt, gibt ihm die Gelegenheit, ohne die Formalitäten und Konventionen seines Amtes sowohl den Vereinigten Staaten als auch seinem eigenen Volk seine Meinung mitzuteilen.

Die jährlichen Bankette der Staatsgesellschaften gewinnen heute an Bedeutung. Jeder Staat hat Tausende von Männern, die Bürger waren oder noch sind, aber in New York leben. Diese Abendessen ziehen die führenden Politiker ihrer jeweiligen Staaten an. Es ist eine Plattform für diejenigen, die Präsident werden wollen und manchmal auch Erfolg haben.

Garfield machte bei einem dieser Staatsessen großen Eindruck, ebenso Foraker, und beim letzten Abendessen der Ohio Society war Senator Warren G. Harding der Star. Bei einer Gelegenheit, als McKinley und Garfield anwesend waren, machte ich im Verlauf meiner Rede eine Bemerkung, die seitdem als eine Art Motto des Buckeye-Staates übernommen wurde. Ich glaube, Ohio hat Virginia als Mutter der Präsidenten überholt. Es ist bemerkenswert, dass die Kandidaten beider großen Parteien jetzt aus diesem Staat kommen. Zum Schluss meiner Rede sagte ich in Anspielung auf die angesehenen Gäste und ihre Aussichten: „Einigen Männern wird Größe aufgezwungen, manche werden als Große geboren und manche werden in Ohio geboren."

Eine der wirkungsvollsten Reden hielt Henry Ward Beecher bei einem Jahresessen der Friendly Sons of St. Patrick. Damals war die Home Rule-Frage besonders akut und der Fenianismus war rasend. Während Mr. Beecher großen Einfluss auf sein Publikum hatte, hatte sein Publikum den gleichen Einfluss auf ihn. Als er ausführlich über die Missstände in Irland sprach, wurden die Reaktionen immer enthusiastischer und schließlich geradezu wild. Dies stachelte den Redner so sehr an, dass er die wildeste Zustimmung zu direkter Aktion und Revolution gab, was ihm den entsprechenden Applaus der Gäste einbrachte, die aufstanden und jubelten. Mr. Beecher erläuterte diese Rede etwa ein Jahr lang danach. Ich war ein Redner auf derselben Bühne.

Mr. Beecher kam immer zu spät, und alle dachten, er wollte damit Applaus ernten, als er hereinkam, aber er erklärte mir, das liege an seiner Zubereitungsmethode. Er sagte, sein Geist könne erst drei Stunden nach dem Essen frei arbeiten. Viele Redner haben mir dasselbe erzählt. Er sagte, wenn er abends eine Rede halten musste, sei es bei einem Abendessen oder anderswo, aß er sein Abendessen mitten am Tag, trank dann um fünf Uhr ein Glas Milch und Cracker und aß danach nichts mehr. Am Abend war sein Geist dann vollkommen klar und unter absoluter Kontrolle.

Der Lotos Club ist seit fünfzig Jahren für New York das, was der Savage Club für London ist. Er zieht die bedeutendsten Literaten, die dieses Land besuchen, als Gäste an. Seine Unterhaltungsveranstaltungen sind immer ein Erfolg. 29 Jahre lang hatte er Herrn Frank R. Lawrence als Präsidenten, einen Gentleman mit einem Talent dafür, angesehene Fremde mit äußerst gelungenen Reden vorzustellen, und ein Komitee, das mit wunderbarem Urteilsvermögen die anderen Redner des Abends auswählte. Ein Nachfolger von Herrn Lawrence mit gleichem Verdienst wurde in Chester S. Lord gefunden, dem heutigen Präsidenten des Lotos Clubs. Herr Lord war mehr als ein Dritteljahrhundert lang leitender Redakteur der New York Sun und ist heute Kanzler der University of the State of New York.

Ich erinnere mich an eine Gelegenheit, bei der der taktvollste Mann, der je vor seinem Publikum erschien, seinen Wagen fallen ließ, und das war Bischof Potter. Der Bischof war ein bemerkenswert guter Prediger und ein ungewöhnlich attraktiver Redner und ein Meister aller gesellschaftlichen Annehmlichkeiten des Lebens. Der Gast des Abends war der berühmte Kanoniker Kingsley, Autor von „ Hypatia " und anderen damals allgemein beliebten Werken. Der Kanoniker hatte die größte und röteste Nase, die man je gesehen hatte. Der Bischof spielte bei seiner Vorstellung unter anderem auf dieses Glanzstück der Religion und Literatur an. Der Kanoniker fiel in Ungnade und vergab dem Bischof nie.

An den Lotos- Abenden habe ich den Staatsmann und Dichter Lord Houghton, Mark Twain und den Entdecker Stanley in ihrer besten Form gehört, und ich betrachte es als eine der Auszeichnungen und Freuden meines Lebens, im letzten halben Jahrhundert öfter als jeder andere als Redner beim Lotos aufgetreten zu sein .

In Joseph Pulitzers frühen Auseinandersetzungen mit seiner Zeitung, der New York World, gab es in den Leitartikeln häufig sehr heftige Angriffe auf William H. Vanderbilt und die New York Central Railroad. Diese Angriffe waren natürlich Teil von Angriffen auf das Monopol. Ich war häufig in diese Kritiken einbezogen.

Der Lotos Club gab ein berühmtes Abendessen für den englischen Schriftsteller und Journalisten George Augustus Sala. Ich saß neben Mr.

Pulitzer, den ich nie zuvor getroffen hatte. Als ich aufgefordert wurde zu sprechen, brachte ich in das, was ich über den angesehenen Gast zu sagen hatte, diese Kühnheit ein. Ich sagte im Wesentlichen zusätzlich zu Herrn Sala: „Wir haben heute Abend einen großen Journalisten bei uns, der aus dem wilden Westen in die Metropole kommt. Nachdem er die World gekauft hatte, kam er zu mir und sagte: ‚Chauncey Depew, ich habe einen Plan, von dem ich sicher bin, dass er uns beiden zugute kommen wird. Jeder ist neidisch auf das Prestige der New York Central und den Reichtum von Herrn Vanderbilt. Sie sind als sein wichtigster Berater bekannt. Wenn ich nun in meiner allgemeinen Feindseligkeit gegenüber Monopolen Herrn Vanderbilt und die New York Central als Haupttäter betrachte, muss ich Sie einschließen, weil Sie in Ihrer offiziellen Beziehung zum Unternehmen und seinen Richtlinien und Aktivitäten der Verfechter sind. Ich möchte nicht, dass Sie deswegen irgendwelche Gefühle gegen mich haben. Die Politik wird für die World jeden absichern, der kein Aktionär der New York Central ist oder nicht Millionen von Geld besitzt. Wenn Herr Vanderbilt feststellt, dass Sie angegriffen werden, ist er ein Gentleman und großzügig genug, um Sie zu entschädigen und Ihnen sowohl eine bedeutende Beförderung als auch eine große Gehaltserhöhung zu gewähren. Gehalt.'" Dann fügte ich hinzu: "Nun, meine Herren, ich habe nur zu sagen, dass Mr. Pulitzers Experiment außerordentlich erfolgreich war. Er hat seine Zeitung zu einer anerkannten Macht und einem bedeutenden Organ der öffentlichen Meinung gemacht; ihr Vermögen ist gemacht und seines auch, und was mich betrifft, ist alles, was er vorhergesagt hat, wahr geworden, sowohl was die Beförderung als auch die Erhöhung des Einkommens betrifft." Als ich mich setzte, ergriff Mr. Pulitzer meine Hand und sagte: "Chauncey Depew, Sie sind ein verdammt guter Kerl. Ich bin falsch über Sie informiert worden. Sie werden künftig in jeder Zeitung, die ich kontrolliere, freundlich behandelt werden."

Der Gridiron Club von Washington bietet aufgrund seiner Fähigkeiten und seines Genies und insbesondere seiner nationalen Stellung eine wunderbare Plattform für Staatsmänner. Sein Genie bei der Schaffung von Karikaturen und gefälschten Darstellungen der aktuellen politischen Situation in der Hauptstadt und ihrer öffentlichen Personen ist äußerst bemerkenswert. Der Präsident ist immer anwesend, ebenso wie die meisten Kabinettsmitglieder und Richter des Obersten Gerichtshofs. Die Botschafter und Vertreter der in Washington vertretenen führenden Regierungen sind Gäste, ebenso wie die bekanntesten Senatoren und Vertreter der Zeit. Das Motto des Clubs lautet: „Reporter sind nie anwesend. Damen sind immer anwesend." Obwohl der Verein ausschließlich aus Reportern besteht, wird die Geheimhaltung so gut gewahrt, dass die Redner ungewöhnlich freimütig sind.

Eines Abends kam es dort jedoch zu einem berühmten Wettstreit zwischen Präsident Roosevelt und Senator Foraker, die damals äußerst feindselig waren und den die Anwesenden nie vergessen werden. Es kam zu einem reizvollen Zusammenspiel zwischen William J. Bryan und Präsident Roosevelt, als Bryan den Präsidenten beschuldigte, all seine Politik und Ideen gestohlen zu haben.

Wenn der Redner die Eigenheiten und das Temperament seines Publikums verstand, war seine Aufgabe zugleich die schwierigste und die reizvollste, und mein Freund, Mr. Arthur Dunn, hat äußerst nützliche Dienste geleistet, indem er in seinem Band „Gridiron Nights" einen Teil der Gridiron-Geschichte einbalsamierte.

Pierpont Morgan, der größte amerikanische Bankier, war viel mehr als ein Bankier. Er besaß in seiner Bibliothek und anderswo eine wunderbare Sammlung seltener Bücher und Kunstwerke. Er war immer ein entzückender Mensch, wenn es um gesellschaftliche Aktivitäten ging. Er war sehr erfreut, als er zum Präsidenten der New England Society gewählt wurde. Das jährliche Abendessen in diesem Jahr war eine bemerkenswert brillante Angelegenheit. Es war das größte in der Geschichte der Organisation. Der Hauptredner war William Everett, Sohn des berühmten Edward Everett und selbst ein Gelehrter mit großen Kenntnissen und großer Kultur. Seine Rede war ein weiterer Beweis dafür, dass ein sehr überlegener Mann sein Publikum falsch verstanden hatte. Er war Rektor der Adams Academy, dieser großen Vorbereitungsschule für die Harvard University, und er hatte deren Umfang und Nutzen erheblich erweitert.

Mr. Everett hatte offensichtlich geglaubt, dass die Gäste der New England Society of New York aus Literaten, Pädagogen und Harvard- Absolventen bestehen würden. Stattdessen bestand das Publikum vor ihm hauptsächlich aus Bankiers und erfolgreichen Geschäftsleuten, deren puritanische Charakterzüge es ihnen ermöglicht hatten, bei den Wettbewerben in der großen Metropole in allen Geschäftsbereichen große Erfolge zu erzielen. Sie wollten sich amüsieren und sonst nichts.

Mr. Everett zog einen dicken Stapel Manuskript hervor und begann, über die Geschichte des Bildungswesens in Neuengland und den Einfluss der Cambridge School darauf zu lesen. Er hatte mehr als eine Stunde Stoff vor sich und verlor sein Publikum in fünfzehn Minuten. Keine Anstrengung des Vorsitzenden konnte sie zur Aufmerksamkeit bringen, und schließlich verlor der Lehrer die Selbstbeherrschung, die er den Jungen immer beibrachte, und warf sein Manuskript den Reportern vor die Köpfe. Aus ihren Berichten in den verschiedenen Zeitungen am nächsten Tag ging hervor, dass sie die Rede auf diese originelle Art nicht aufgenommen hatten.

Choate und ich sollten beide sprechen, und Choate kam zuerst. Wie üblich warf er einen Ziegelstein nach mir. Er erwähnte, dass ein Reporter zu ihm gekommen sei und sagte: „Mr. Choate, ich habe Depews Rede sorgfältig vorbereitet, mit Applaus und Gelächter bereits. Ich möchte Ihre." Natürlich war kein Reporter bei uns gewesen. Mr. Choate hatte in seiner Rede etwas für ihn Ungewöhnliches, ein langes Gedichtstück. Als ich an die Reihe kam, zu antworten, sagte ich: „Der Reporter kam zu mir, wie Mr. Choate gesagt hat, und machte die Bemerkung: ‚Ich habe Choates Rede bereits. Sie enthält viel Poesie.' Ich fragte den Reporter: ‚Von welchem Autor ist das Gedicht?' Er antwortete: ‚Ich kenne den Autor nicht, aber das Gedicht ist so schlecht, dass ich glaube, Choate hat es selbst geschrieben.'"

Mr. Choate erzählte mir eine entzückende Geschichte über sein letztes Gespräch mit Mr. Evarts, bevor er nach Europa segelte, um seine Botschafterstelle am Hof von St. James anzutreten. „Ich besuchte Mr. Evarts", sagte er, „um mich von ihm zu verabschieden. Er war durch eine tödliche Krankheit lange Zeit an sein Zimmer gefesselt. ‚Choate', sagte er, ‚ich freue mich über Ihre Ernennung. Sie verdienen sie in hohem Maße und sind für diesen Posten bestens geeignet. Sie haben die größte Auszeichnung in unserem Beruf gewonnen und genug von ihren Belohnungen geerntet, um die finanziellen Verpflichtungen dieses Postens ohne Sorgen erfüllen zu können. Sie werden eine äußerst glänzende und nützliche Karriere in der Diplomatie haben, aber ich fürchte, ich werde Sie nie wiedersehen.'"

Herr Choate sagte: „Herr Evarts, wir haben über vierzig Jahre lang eine wunderbare Partnerschaft gepflegt, und wenn ich mich aus der Diplomatie zurückziehe und wieder als Anwalt arbeite, bin ich sicher, dass Sie und ich noch viele Jahre lang in der gleichen glücklichen alten Weise zusammenarbeiten werden."

Evarts antwortete: „Nein, Choate, ich fürchte, das kann nicht sein. Wenn ich daran denke, was für eine Last ich für mein ganzes Volk bin, wenn ich so hilflos hier liege und dass ich nichts mehr tun kann, um ihre Freundlichkeit zu erwidern oder in der Welt zu helfen, fühle ich mich wie der Junge, der seiner Mutter von der Schule aus einen zwanzigseitigen Brief schrieb und am Ende hinzufügte: ‚PS Liebe Mutter, bitte entschuldige meine Langlebigkeit.'"

Wenn jemand einen guten Ruf als Redner hat und dafür bekannt ist, Freunden entgegenzukommen und Aufdringlichkeiten kaum widerstehen zu können, sind die Anforderungen an ihn sehr hoch. Manchmal sind sie auch originell und einzigartig.

Einmal, am Tag vor Weihnachten, kam ein Vertreter der New York World zu mir und sagte: „Wir werden heute Abend den Landstreichern, die sich zwischen zehn und elf Uhr im Vienna Restaurant gegenüber dem St. Denis Hotel versammeln, um das Brot zu erhalten, das das Restaurant zu dieser Stunde verteilt, ein Abendessen geben." Diese Schlange stand jeden Abend in der Kälte und wartete, bis sie an die Reihe kamen. Ich ging zum Hotel hinunter, und ein junger Mann und eine junge Dame, die mit der Zeitung zu tun hatten, überquerten die Straße und wählten aus der Schlange hundert Gäste aus.

Es war eine bemerkenswerte Versammlung. Das Abendessen war wunderschön und ein ausgezeichnetes Weihnachtsessen. Wie ich ihre Geschichten hörte, war unter ihnen ein Vertreter aus fast jedem Bereich des amerikanischen Lebens. Einige waren vorübergehend und andere dauerhaft am Boden. Jeder der gelehrten Berufe war vertreten und viele Geschäftszweige. Die meisten von ihnen waren in dieser Lage, weil sie nach New York gekommen waren, um sich durchzuschlagen, und sich durchgeschlagen hatten, bis ihre Mittel aufgebraucht waren, und sich dann schämten, nach Hause zurückzukehren und ihr Versagen zuzugeben.

Ich leitete dieses bemerkenswerte Bankett und hielt nicht nur eine Rede, sondern mehrere. Um die Gäste zu ermutigen, hielten wir mehrere hervorragende Ansprachen von Predigern ohne Kanzel, Anwälten ohne Klienten, Ärzten ohne Patienten, Ingenieuren ohne Arbeit, Lehrern ohne Schulen und Reisenden ohne Geld. Ein Mann stand auf und sagte: „Chauncey Depew, die Welt hat uns ein so ausgezeichnetes Abendessen beschert und Sie haben uns einen so fröhlichen Heiligabend beschert, dass wir Ihnen beim Hinausgehen gerne die Hand schütteln würden.“

Ich hatte die Kunst des Händeschüttelns vor langer Zeit gelernt. So mancher Kandidat hatte seine Hände zerquetscht und durch den Schraubstockgriff eines glühenden Bewunderers oder eines bösartigen Gegners bleibende Verletzungen davongetragen. Ich erinnere mich, wie General Grant sich darüber beschwerte und wie sehr er litt, und ich erzählte ihm von meiner Entdeckung, die Hand zuerst zu ergreifen und sie dann schnell wieder fallen zu lassen.

Die Leute um mich herum beobachteten diese Männer, als sie vorbeikamen, um zu sehen, ob eine Gefahr bestand. Gegen Ende der Prozession sagte ein Mann zu mir: „Chauncey Depew, ich gehöre nicht zu dieser Menge. Mir geht es gut genug und ich kann für mich selbst sorgen. Ich bin ein Anarchist. Meine Aufgabe ist es, Unruhe und Unzufriedenheit zu schüren, und das bringt mich jeden Abend dazu, mich unter die Menge zu mischen, die auf ihre Brotration aus Fleischmanns Bäckerei wartet. Sie tun mehr als jeder andere im ganzen Land, um gute Stimmung zu erzeugen und Unruhe zu zerstreuen, und Sie haben heute Abend viel davon getan. Ich habe mich entschlossen, Sie hier und jetzt zu töten, aber Sie sind ein so verdammt guter Kerl, dass ich es nicht übers Herz bringe, also hier ist meine Hand.“

Einmal erhielt ich eine Einladung, vor einer soziologischen Gesellschaft zu sprechen, die im Haus eines der berühmtesten Entertainer New Yorks zusammenkommen sollte. Mein Gastgeber sagte, dass Edward Atkinson, der bekannte neuenglische Schriftsteller, Philosoph und Soziologe, vor der

Versammlung sprechen würde. Als ich im Haus ankam, fand ich Atkinson in Verzweiflung vor. Das Publikum bestand aus jungen Damen im Abendkleid und jungen Männern in weißen Westen, weißen Krawatten und Frack. Es war auch eine Band anwesend. Wir erfuhren, dass diese Gesellschaft versucht hatte, Bildung mit Vergnügen zu verbinden, und dass es sich eigentlich um einen Tanzclub handelte, aber sie hatten die Idee, vor dem Ball etwas Ernstes und Lehrreiches zu veranstalten.

Mr. Atkinson sagte mir: „Was mich dazu bewogen hat, hierher zu kommen, ist, dass wir in Boston eine Gesellschaft gleichen Namens haben. Sie besteht aus sehr ernsthaften Leuten, die sich mit Siedlungs- und soziologischer Arbeit beschäftigen. Sie tun ihr Bestes, um die Bedingungen der jungen Frauen und jungen Männer zu verbessern, die in Büro- und anderen Berufen tätig sind. Ich habe vor dieser Gesellschaft und vor den von ihr versammelten Zuhörern mehrere Ansprachen darüber gehalten, wie man bequem leben und mit möglichst geringem Aufwand heiraten kann. Für meinen Vortrag hier heute Abend habe ich zum Beispiel einen fertigen Anzug, für den ich gestern fünf Dollar bezahlt habe. In diesem großen Kessel steht ein Ofen, den ich erfunden habe. Im Ofen des Ofens befinden sich Rindfleisch und verschiedene Gemüsesorten, und zum Heizen dient eine Petroleumlampe mit einem Uhrwerk. Ein junger Mann oder eine junge Frau oder ein junges Ehepaar gehen auf den Markt und kaufen die billigen Rindfleischstücke, und dann legen sie sie gemäß meinen Anweisungen mit dem Gemüse in den Ofen, zünden die Lampe an, stellen das Uhrwerk ein und gehen an ihre Arbeit. Wenn sie um fünf, sechs oder sieben Uhr zurückkommen, finden sie ein ausgezeichnetes und sehr billiges Abendessen vor, das serviert werden kann. Was nützt dieser Horde Schmetterlinge nun mein Fünf-Dollar-Anzug und mein Fünfzig-Cent-Abendessen?

Mr. Atkinson und ich beschlossen jedoch, mit ihnen zu sprechen, als ob sie es brauchten oder eines Tages brauchen würden, und sie waren höflich genug, Fragen zu stellen und so zu tun, als ob es ihnen Spaß machte. Ich habe gehört, dass es beim Mitternachtsessen danach mehr Champagner und mehr Heiterkeit gab als bei früheren Treffen dieses soziologischen Clubs.

Während eines unserer Präsidentschaftswahlkämpfe kamen einige junge Männer aus der Bowery, um mich zu sehen. Sie sagten: „Wir haben es in unserem Bezirk sehr schwer. Die Leute sind hart, aber intelligent, und wir glauben, sie würden die Wahrheit empfänglich finden, wenn sie sie in ansprechender Form hören könnten. Wir werden ein großes Theater anmieten, das an eine Bowery-Bierkneipe angeschlossen ist, wenn Sie herkommen und vor der Versammlung sprechen. Die Neuheit Ihres Auftritts wird das Theater füllen.“

Ich wusste, dass es ein erhebliches Risiko war, und dennoch war es eine großartige Gelegenheit. Ich glaube, dass man bei Begegnungen mit einer solchen Menschenmenge so auftreten sollte, wie man es von einem erwartet, wenn man vor dem besten Publikum spricht. Diese Leute sind sehr stolz und sie ärgern sich über jeden Versuch Ihrerseits, jemand zu sein, von dem sie wissen, dass Sie es nicht sind, sondern dass Sie sich auf ihr Niveau herablassen, indem Sie eine Rolle annehmen, die Sie für ihre halten. Also kleidete ich mich ungewöhnlich sorgfältig, und als ich auf die Bühne trat, rief ein kurzärmliges, kurzhaariges Genie im Theater: „Chauncey glaubt, er ist in der Carnegie Hall."

Der berühmte Tim Sullivan, der mehrere Male Staatssenator und Kongressabgeordneter war und ein sehr guter Kerl, war der Leiter des Bowery und kontrollierte dessen politische Aktivitäten. Er kam zu mir und sagte: „Ich hoffe, Sie ziehen Ihr Amt zurück. Ich möchte nicht, dass Sie dorthin kommen. Erstens kann ich Sie nicht beschützen und ich glaube nicht, dass es sicher ist. Zweitens sind Sie bei unseren Leuten so bekannt und beliebt, dass ich befürchte, Sie werden Eindruck machen, und wenn Sie damit durchkommen, wird das unserer Maschinerie schaden."

Während meiner Rede stand ein Mann auf, den ich als Bezirksleiter sehr gut kannte und der häufig in meinem Büro war, um für seine Wähler Posten und andere Gefälligkeiten zu ergattern. An diesem Abend war er in Hemdsärmeln unter den Jungs. Mit dem Stolzieren eines alten freiwilligen Feuerwehrmanns und dem eigentümlichen Dialekt dieses Teils von New York sagte er: „Chauncey Depew, Sie haben hier nichts zu suchen. Sie sind der Präsident der New York Central Railroad, nicht wahr? Sie sind ein reicher Mann, nicht wahr? Wir sind arme Jungs. Sie kennen uns nicht und können uns nichts beibringen. Sie sollten lieber verschwinden, solange Sie können."

Meine Antwort war folgende: „Mein Freund, ich möchte ein kleines Gespräch mit Ihnen führen. Ich habe mein Leben ganz ähnlich begonnen wie Sie. Niemand hat mir geholfen. Ich war ein Junge vom Land und mein Kapital war dieser Kopf", und ich schlug darauf, „diese Beine", und ich schlug darauf, „diese Hände", und ich schlug darauf, „und indem ich sie so gut ich konnte benutzt habe, bin ich genau das geworden, was Sie sagen, dass ich bin, und bin dahin gekommen, wo Sie niemals ankommen werden."

Ein Bürger in Hemdsärmeln sprang aus dem Publikum auf und rief: „Nur zu, Chauncey, du bist ein Schatz." Diese Beschreibung eines Schatzes kam in die Zeitungen und blieb mir viele Jahre lang überall in Erinnerung, wo ich auftauchte, nicht nur in diesem Land, sondern auch im Ausland. Sie fand sogar einen Platz in der Slang-Spalte der großen Wörterbücher der englischen Sprache. Das Ergebnis der Versammlung war jedoch eine offene Diskussion im Bowery, und zum ersten Mal in seiner Geschichte gewannen die Republikaner in diesem speziellen Bezirk.

Nach ihrem Wahlsieg gab ich den Wahlkreisleitern im Union League Club ein Abendessen. Es waren ungefähr hundert. Die Bezirksleiter trugen alle ihre üblichen Geschäftsanzüge und waren so pfiffige, geistreiche, intelligente und moderne junge Männer, wie man sie sich nur wünschen kann. Die Clubmitglieder, die ich eingeladen hatte, um meine Gäste kennenzulernen, trugen natürlich konventionelle Abendgarderobe. Sie genossen die Neuheit des Anlasses so sehr, dass sie sich mit mehr als sonst üblicher Großzügigkeit dem Alkohol und dem Sekt hingaben und sehr urkomisch wurden. Keiner der Bezirksleiter trank auch nur einen Tropfen Wein.

Während die Clubmitglieder bei der Vorstellung, dass diese Leute aus dem Osten kommen würden, ein wenig Angst hatten, verstanden meine Gäste alle Konventionen des Anlasses und nahmen sie vor, während und nach dem Abendessen so wahr, als wäre es eine für sie gewohnte gesellschaftliche Veranstaltung. Das halbe Dutzend Redner zeigte ein Verständnis für die politischen Fragen der Stunde und die Fähigkeit, ihre Ansichten vor einem Publikum zu vertreten, was ein Beweis für ein hohes Maß an Intelligenz und Selbstkultur war.

Ich habe einige abgelegene Anlässe ausgewählt, die aber auch sehr interessant und lehrreich waren. Ich erinnere mich an einen mit einer Gesellschaft, die stolz darauf war, dass sie keine Engstirnigkeit an den Tag legte und frei in Gedanken und Diskussionen war. Die Redner waren äußerst kritisch gegenüber allem, was allgemein akzeptiert und geglaubt wird. Professor John Fiske, der Historiker, war der berühmteste anwesende Mann und sehr bibelkritisch. Meine gute Mutter hatte mich mit der Bibel großgezogen und mir die tiefste Ehrfurcht vor dem guten Buch eingeflößt. Die Kritik des Professors veranlasste mich zu einer Erwiderung. Ich war ihm mit seiner enormen Gelehrsamkeit und seinen wissenschaftlichen Leistungen natürlich in keiner Weise gewachsen. Ich konnte nur das vortragen, was der Bibelkritiker als wertlos ansehen würde, nämlich eine hammerharte Glaubenserklärung. Jemand nahm die Rede auf. Doktor John Hall, der berühmte Prediger und langjährige Pfarrer der Fifth Avenue Presbyterian Church, erzählte mir, dass die Bibel- und Kirchengesellschaften in England die Rede in ein Flugblatt gepackt hatten und viele Millionen davon auf den Britischen Inseln verteilten.

Es ist merkwürdig, wie viel Anklang und Verbreitung eine aktuelle Geschichte findet. Normalerweise verschwinden diese Ausschmückungen einer Rede mit dem Anlass. Als beschlossen wurde, den 400. Jahrestag der Landung von Kolumbus in Amerika zu feiern, herrschte zwischen New York und Chicago eine erbitterte Rivalität darüber, wer die Ausstellung halten sollte. Natürlich waren die westlichen Redner nicht gerade bescheiden in den Ansprüchen, die sie an die Stadt an den Seen stellten. Um ihren Eifer zu dämpfen, habe ich die folgende Geschichte ausgeschmückt, die wunderbar ankam, als ich sie in meiner Rede erzählte.

Es war das Eagle Hotel in Peekskill, in dem George Washington während des Unabhängigkeitskriegs angeblich oft als Gast übernachtete und wo man zu seinem Andenken die Traditionen der Revolutionszeit bewahrte. Damals war die Speisekarte noch nicht gedruckt, aber der Kellner verkündete dem Gast, was serviert würde, wenn er danach fragte. Ein Bürger Chicagos speiste im Hotel. Er bestellte jedes der vielen Gerichte, die ihm der Kellner verkündete. Als er zum Nachtisch kam, sagte der Kellner: „Wir haben Mince Pie, Apple Pie, Pumpkin Pie und Custard Pie." Der Mann aus Chicago bestellte Mince Pie, Apple Pie und Pumpkin Pie. Der angewiderte Kellner bemerkte: „Was ist mit dem Custard los?" Neben mir saß ein sehr bekannter englischer Gentleman von hohem Rang, der in dieses Land gekommen war, um eine Art Missions- und Evangelisationsauftrag zu erfüllen. Natürlich war er so ernst wie die Aufgabe, die er übernommen hatte, nämlich amerikanische Sünder zu bekehren. Er wandte sich plötzlich zu mir um und fragte mit lauter Stimme: „Was war mit der Puddingtorte los?" Die Geschichte machte jahrelang die Runde, wurde für viele Zwecke verwendet, wurde während der Erzählung oft verheimlicht, schaffte es aber, zu überleben, und wurde mir als origineller Witz von einem der Männer erzählt, die ich letzten Juni auf dem Kongress in Chicago traf.

Nachdem Chicago vom Kongress die Ernennung erhalten hatte, tat ich alles, was ich konnte, um die notwendigen Gesetze und Mittelbewilligungen zu unterstützen. Das Ergebnis war, dass ich, als ich die Stadt als Redner bei der Eröffnung der Ausstellung besuchte, zum Ehrenbürger der Stadt gewählt wurde, einen großartigen Empfang bekam und unter anderem die Schulkinder begutachtete, die zu meinen Ehren eine Parade abhielten.

Die Yale-Alumni von New York City hatten viele Jahre lang eine Organisation. In den Anfangstagen trafen sich die Mitglieder sehr selten zu einem Abendessen. Dies war eine formelle Angelegenheit und zog im Allgemeinen eine große Versammlung an, sowohl der örtlichen Alumni als auch von der Hochschule und dem Land. Diese Treffen fanden bei Delmonico's statt, das sich damals in der Fourteenth Street befand. Das letzte war so unglaublich langweilig, dass es keine Wiederholungen gab.

Die Redner wurden nach Klassen aufgerufen, und die ältesten Absolventen hatten das Podium. Das Ergebnis war katastrophal. Diese alten Männer sprachen alle zu lange, und es war ein endloser Strom von Plattitüden und Erinnerungen an längst vergangene Tage bis fast zum Morgen. Dann brachte ihn eine Eingebung dazu, zu sagen: „Ich denke, es wäre gut, wenn die jüngeren Absolventen ein Wort mit einbringen würden."

Einstimmig wurde ein bekannter Humorist namens Styles gefordert. Sein Humor wurde durch sein auffallendes Aussehen mit üppigem rotem Haar, einem aggressiven roten Schnurrbart und Augen, die ihm die Brille von der Nase zu schieben schienen, noch verstärkt. Aufgrund der Unvollkommenheit der Zahnmedizin jener Tage wiesen viele der Redner darauf hin, dass sie falsche Zähne hatten, da sie diese nur schwer an Ort und Stelle halten konnten und ihre Äußerungen pfiffen. Einem ehrwürdigen Redner fielen seine Zähne in seiner Aufregung mitten in seiner Rede in sein Glas.

Styles sagte zu diesem müden Publikum: „Zu dieser frühen Morgenstunde werde ich nicht versuchen zu sprechen, aber ich werde eine Geschichte erzählen. Unten in Barnegat, NJ, wo ich lebe, sind unsere Nachbarn sehr trinkfreudig. Einer von ihnen ließ sich in der Stadt seinen Krug füllen und sah auf dem Heimweg einen Freund über dem Tor lehnen, der so durstig aussah, dass er anhielt und ihm seinen Krug mit dem Angebot seiner Gastfreundschaft überreichte. Nachdem er gekostet hatte, gurgelte der Nachbar weiter, während der Krug höher und höher stieg, bis kein Tropfen mehr darin war. Der empörte Besitzer sagte: ‚Du verdammtes Schwein, warum hast du meinen ganzen Apfelsaft ausgetrunken?' Sein Freund antwortete : ‚Ich bitte um Verzeihung, Hiob, aber ich konnte nicht aus dem Hahn beißen, weil ich alle meine Zähne verloren habe.'" Die Passgenauigkeit der Geschichte war der Erfolg des Abends.

Einige Jahre später gab es ein Treffen der Alumni, um einen aktiven Verein zu gründen. Zu den Mitgliedern der Organisation gehörten William Walter Phelps, später Kongressabgeordneter und Gesandter in Österreich; Richter Henry E. Howland; John Proctor Clarke, heute oberster Richter der Appellationskammer; James R. Sheffield (einige Jahre später), heute Präsident des Union League Club; und Isaac Bromley, einer der Herausgeber des New York Tribune, einer der geistreichsten Schriftsteller seiner Zeit, und viele andere, die sich seither einen Namen gemacht haben. Sie wählten mich zum Präsidenten, und ich blieb dies durch aufeinanderfolgende Wahlen zehn Jahre lang.

Der Verband traf sich einmal im Monat und veranstaltete eine ernsthafte Lesung, Reden, ein einfaches Abendessen und einen geselligen Abend. Diese monatlichen Zusammenkünfte wurden zu einem besonderen Ereignis und wurden in der Presse ausführlich besprochen. Wir konnten uns auf einen oder mehrere Dozenten verlassen, und es war immer ein Alumnus von nationalem Ruf aus dem Ausland da. Wir veranstalteten ein formelles Jahresessen, das besser besucht war als fast jede andere Veranstaltung dieser

Art in der Stadt und aufgrund der Vielfalt und Exzellenz der Reden immer sehr unterhaltsam war.

Die Harvard- und Princeton-Absolventen hatten damals ebenfalls eine Vereinigung, die jährliche Abendessen veranstaltete. Es war üblich, dass die Funktionäre jeder dieser Organisationen Gäste der Organisation waren, die das Abendessen veranstaltete. Die Präsidenten der vertretenen Colleges kamen immer. Yale konnte sich auf Präsident Dwight verlassen, Harvard auf Präsident Eliot und Princeton auf Präsident McCosh .

Natürlich waren die Wortwechsel zwischen den Vertretern der verschiedenen Colleges ebenso aufregend und leidenschaftlich wie ihre heutigen Football- und Baseball-Wettbewerbe. Ich erinnere mich an einen Anlass, der über das übliche Interesse hinausging. Es war das Abendessen in Princeton, und die herausragende Persönlichkeit des Anlasses war der erfolgreichste und beeindruckendste aller College-Manager, Präsident McCosh . Er sprach mit starkem schottischen Akzent und war in jeder Hinsicht ein Wortkenner. Spät am Abend sagte mir Mr. Beaman , ein sehr brillanter Anwalt und Partner von Evarts and Choate, der Präsident der Harvard Alumni Association war: „Diese Vorgänge sind furchtbar prosaisch und intellektuell. Wenn Sie aufgerufen werden, greifen Sie Präsident McCosh an , und ich werde ihn verteidigen." Im Laufe meiner Bemerkungen, die Princeton und sein schnelles Wachstum unter Präsident McCosh sehr lobten , sprach ich also von seinem bemerkenswerten Erfolg beim Empfang von Geschenken und Vermächtnissen, die damals alle paar Monate in seine Kasse flossen und weit über alles hinausgingen, was Yale oder Harvard bekamen, obwohl beide in großer Not waren. Dann deutete ich an, dass dieser Reichtum möglicherweise darauf zurückzuführen sei, dass Präsident McCosh einen derart hypnotischen Einfluss auf die Absolventen Princetons und deren Väter, Mütter und Frauen hatte, dass keiner von ihnen eine Chance auf eine himmlische Zukunft für möglich hielt, wenn Princeton nicht zu den Erben gehörte.

Mr. Beaman war sehr empört und griff mich unter anhaltender Zustimmung und Beifall des ehrwürdigen Doktors wütend an. Seine Verteidigung des Präsidenten war unendlich schlimmer als meine Attacke. Er behauptete, ich hätte angedeutet, der Doktor behalte kranke vermögende Absolventen und ihre Familien im Auge und im entscheidenden Moment würde der Doktor mitfühlend vorbeikommen. Während er am Krankenbett stand, spendete er Trost und Zuspruch, machte dem Patienten jedoch klar, dass er nicht auf die Öffnung der Himmelspforte oder den Empfang durch den heiligen Petrus hoffen könne, wenn man nicht an Princeton denke. Dann schrieb Beaman in einem schönen Redeschwall diesen wunderbaren Wohlstand nicht persönlichen Bemühungen oder Appellen zu, sondern der Tatsache, dass die Söhne Princetons ihrem Präsidenten gegenüber eine solche Ehrfurcht und

Dankbarkeit empfanden, dass sie nur zu froh über die Gelegenheit waren, zum Wohl der Institution beizutragen.

Kaum hatte sich Beaman gesetzt, stand der Arzt auf und brachte dem eloquenten Präsidenten der Harvard-Alumni mit großem Nachdruck seinen Dank und seine Anerkennung zum Ausdruck. Dann rief er: „Ich habe nie, nie, nie einen Sterbenden um eine Spende für Princeton gebeten. Ich habe nie, nie, nie am Bett einer sterbenden Frau gesessen und ihr die Schrecken der Hölle und die Versprechen des Himmels in Aussicht gestellt, je nachdem, was sie über ihr Vermögen gesagt hatte. Ich habe nie, nie mit unsympathischer und gespannter Erwartung zugesehen, wenn einer unserer wohlhabenden Alumni krank zu sein schien."

Der Doktor revanchierte sich jedoch später. Er lud mich ein, vor dem College einen Vortrag zu halten, und bewirtete mich aufs allerbeste in seinem Haus. Der Eintritt war bezahlt, und als ich am Morgen abreiste, sagte er: „Ich möchte Ihnen im Namen unseres Colleges unseren Dank aussprechen. Wir haben gestern Abend durch Ihren Vortrag genug Geld gesammelt, um unser Baseballteam für das kommende Spiel gegen Yale fit zu machen." In diesem Spiel siegte Princeton.

Aus der Yale Alumni Association entwickelte sich später der Yale Club of New York, der in jeder Hinsicht phänomenal erfolgreich war. Er ist ein Faktor von nationaler Bedeutung, der Yale unterstützt und überall Wertschätzung und Begeisterung für den Yale-Geist und seine Ausübung am Leben erhält.

Mein Abschlussjahrgang 1856 in Yale bestand bei seinem Abschluss aus 97 Studenten. Nur sechs von uns haben überlebt. Auf diesen Seiten habe ich eine fortlaufende Klassenversammlung abgehalten. Von meinen Kollegen in der New Yorker Legislative von 1862 und 1863 leben nur sehr wenige, wenn überhaupt, noch, und keiner der Staatsbeamten, die in den darauffolgenden Jahren mit mir dienten. Es ist niemand mehr im Dienst, der da war, als ich bei der New York Central Railroad anfing, und kein leitender Beamter einer Eisenbahngesellschaft in den Vereinigten Staaten, der diese Position innehatte, als ich gewählt wurde, und noch aktiv ist.

Es ist eine Gewohnheit des Alters, sich über die Degeneration der Zeit zu beklagen und die guten alten Zeiten und ihre Überlegenheit zu beklagen, aber Yale ist unendlich größer und breiter als damals, als ich vor 65 Jahren meinen Abschluss machte. Die New Yorker Legislative und die Staatsführung regieren ein Imperium im Vergleich zu den Problemen, die wir vor 59 Jahren lösen mussten.

Ich glaube an die Notwendigkeit von Führung und bedauere, dass die Weltkrise, die wir durchlebt haben und die noch nicht vorüber ist, weder

Washington, Lincoln noch Roosevelt hervorgebracht hat. Ich freue mich, dass Präsident Harding unter dem Druck seiner beispiellosen Verantwortung die höchsten Führungsqualitäten entwickelt. Es ist ein besonderes Vergnügen, sich jede Regierung seit 1856 vorzustellen und während dieser 65 ungewöhnlich arbeitsreichen Jahre eine enge Vertrautheit mit den Regierungsführern und den Gestaltern der öffentlichen Meinung gehabt zu haben.

Viele, die ihre Erinnerungen geschildert haben, haben in regelmäßigen Abständen Tagebuch geführt. Aus diesen umfangreichen Aufzeichnungen haben sie nach eigenem Ermessen eine Auswahl getroffen. Wie ich bereits sagte, verfüge ich über keine Daten und muss mich auf mein Gedächtnis verlassen. Diese Fähigkeit ist nicht logisch, ihre Wirkungen erfolgen nicht nach Jahren oder Zeiträumen, sondern ihre Filme laufen ab, wenn sie durch die Verbindung von Ideen und Ereignissen in Bewegung versetzt werden.

Es war eine äußerst angenehme Aufgabe, diese Würdenträger der Vergangenheit wieder in mein Leben zu holen und Ereignisse von größerer oder geringerer Bedeutung wieder zu erleben. Manchmal erhellt eine Anekdote einen Charakter besser als eine Biographie, und ein persönlicher Vorfall hilft mehr zum Verständnis einer Zeit als ihre formale Geschichte.

Das Leben hatte für mich unermessliche Reize. Ich erkenne, dass mir zu allen Zeiten die liebevolle Fürsorge und Führung Gottes zuteil wurde. Mein Kummer wurde gelindert und verlor seine Schärfe durch den festen Glauben an eine engere Wiedervereinigung in der Ewigkeit. Meine Unglücksfälle, Enttäuschungen und Verluste wurden durch den reichlichen Beweis des Glaubens und der Lehre meiner Mutter ertragen und überwunden, dass sie die Disziplin der Vorsehung zu meinem eigenen Wohl waren, und wenn ich sie in diesem Geist und mit verdoppelter Anstrengung ertrage, um die scheinbare Tragödie wiedergutzumachen, würden sie sich als Segen erweisen. So war es auch.

Neue Freunde sind zwar nicht dasselbe wie alte, aber ich habe in der engen Gemeinschaft mit den jungen Menschen nachfolgender Generationen Freude und Inspiration gefunden. Sie haben diese Welt für mich zu einer unglaublich guten Welt gemacht und machen sie immer noch zu einer.

www.ingramcontent.com/pod-product-compliance
Lightning Source LLC
LaVergne TN
LVHW042353190726
843493LV00005B/1006